ANALECTA BIBLICA
INVESTIGATIONES SCIENTIFICAE IN RES BIBLICAS

―――――――― 156 ――――――――

MARCO CAIROLI

LA "POCA FEDE" NEL VANGELO DI MATTEO

Uno studio esegetico-teologico

EDITRICE PONTIFICIO ISTITUTO BIBLICO - ROMA 2005

ISBN 88-7653-156-4
© E.P.I.B. – Roma – 2005
Iura editionis et versionis reservantur

EDITRICE PONTIFICIO ISTITUTO BIBLICO
Piazza della Pilotta, 35 - 00187 Roma, Italia

PREFAZIONE

Solo nel vangelo di Matteo Gesù parla della poca fede. A prima vista può sembrare una tematica marginale, in paragone - per esempio - con il tema molto più presente della "giustizia". Questa impressione, però, viene corretta da tre osservazioni: 1. L'atteggiamento della poca fede attraversa tutta l'attività di Gesù. Egli ne parla nel Discorso sulla Montagna (6,30), che è il suo primo grande discorso, e il fenomeno si presenta fino alla fine quando Gesù risorto appare ai suoi undici discepoli (28,17). 2. La poca fede viene constatata e si manifesta come una caratteristica dei discepoli che costituiscono i più importanti interlocutori di Gesù. 3. Questo atteggiamento personale riguarda il loro rapporto decisivo quello cioè con Dio Padre e con Gesù.

Sono i discepoli - non gli estranei - che vengono presentati e rimproverati come gente di poca fede. Appaiono nella loro condizione genuinamente umana, sono benintenzionati e al contempo vacillanti e deboli. Si delinea pure il cammino che si apre davanti a loro e che devono seguire e percorrere. Essi si affidano con coraggio alla guida di Gesù ma diventano insicuri ed esitano a seguirlo dinnanzi alle minacce che incombono sul cammino di Gesù fino alla sua morte violenta in croce. Gesù, da parte sua, li rimprovera e critica la loro poca fede, mostrando loro la meta alla quale devono tendere e allo stesso tempo li aiuta su questo cammino. Il termine "poca fede" denomina un atteggiamento ambivalente, molto umano ma anche insufficiente. La gente di poca fede ha fiducia in Gesù ma la fiducia è limitata, non prende sul serio la potenza di Dio e non è capace di superare la paura che provocano le minacce.

Come in un'immagine completa, tutti i fattori che determinano questo rapporto sono presenti nella persona di Pietro che lascia la barca, va sulle acque verso Gesù, ma perde poi la fiducia e affonda. Le parole di Gesù: "Coraggio, sono io, non abbiate paura!" (14,27) e il suo camminare sulle acque riempiono Pietro di una fiducia illimitata e fanno sì che chieda: "Signore, se sei tu, comandami di venire verso di te sulle acque." (14,28) Finché il cuore di Pietro è dominato dal comando di Gesù: "Vieni!" (14,29) e il suo sguardo è fissato sulla persona di Gesù, egli cammina sulle acque. Quando i suoi occhi non vedono più Gesù ma vengono assorbiti dal vento e dalle onde e il suo cuore viene terrorizzato dai pericoli mortali, egli affonda. Perde la grande e forte fiducia ma conserva la poca fede che lo porta a gridare e a chiedere a Gesù: "Signore, salvami!" (14,30) Il Signore lo salva ma anche lo rimprovera: "Uomo di poca fede, perché hai dubitato." (14,31) In Pietro c'è fede, ma si tratta di una fede vacillante che ha continuamente bisogno dell'aiuto di Gesù.

L'atteggiamento appropriato del discepolo è la forte, illimitata e incondizionata fede che nota tutte le circostanze ma viene determinata unicamente dalla presenza potente del Signore e non si lascia impressionare da nessun'altra potenza. Sul cammino verso questa meta, il discepolo viene condotto dalla sua poca fede e vive in un permanente bisogno dell'aiuto del suo Signore.

Nel suo lavoro, Don Cairoli si cimenta non solo da acuto osservatore delle particolarità dei testi e sensibile interprete del loro significato ma anche da vero teologo e uomo spirituale. Egli contribuisce notevolmente alla riabilitazione dell'opera matteana come vangelo, come buona novella. Nonostante la sua insistenza sulla giustizia, Matteo non può essere unicamente compreso come codice di prescrizioni meramente moralistiche. Da vero vangelo, proclama Gesù come salvatore potente che invita a una fiducia illimitata e aiuta le persone nella loro condizione umana di poca fede a rimanere e a crescere nel loro profondo rapporto personale con lui.

P. Klemens Stock S.J.

7 dicembre 2004

PREMESSA

Il seguente studio è stato presentato come dissertazione per il dottorato in teologia biblica presso la Pontificia Università Gregoriana. La difesa si è svolta il 21 ottobre 2003. Il testo qui proposto è la pubblicazione integrale della tesi, arricchita e, in parte, già corretta, secondo i suggerimenti emersi durante la discussione.

La comparsa della tesi è occasione propizia anche per ringraziare, con viva cordialità, coloro che, a vario titolo, hanno contribuito alla sua realizzazione. Il primo e caloroso ringraziamento va a p. Klemens Stock, relatore della tesi. Senza la sua magistrale competenza, le sue puntuali e arricchenti correzioni e – soprattutto – senza il suo costante incoraggiamento, il presente lavoro non si sarebbe realizzato. Ha sempre "creduto" nella "poca fede", di Matteo e del candidato.

Un grazie cordiale desidero rivolgere anche a don Massimo Grilli, secondo relatore, per quanto mi ha suggerito in sede di discussione; alcune sue osservazioni sono state già recepite nel testo attuale e di altre terrò conto per approfondimenti ulteriori.

Insieme a p. S. Brodeur, presidente della Commissione, ringrazio il Pontificio Istituto Biblico e la Pontificia Università Gregoriana, sedi prestigiose di solida formazione. Un grazie speciale a P. Albert Vanhoye, che ha accolto benevolmente il lavoro in questa collana; sono grato anche a lui per le sue puntuali correzioni.

Non posso dimenticare coloro che per primi, nel Seminario di Como, mi hanno introdotto nello studio della S. Scrittura: mons. Franco Festorazzi e mons. Bruno Maggioni. In particolare quest'ultimo mi è sempre stato al fianco come maestro e amico. Un grazie anche ai tanti compagni dell'Istituto Biblico, alcuni dei quali mi hanno onorato della loro presenza anche in sede di discussione.

Ringrazio il Pontificio Seminario Lombardo, comunità di vera e semplice fraternità: ringrazio l'attuale Rettore, Mons. Tullio Citrini, il rettore precedente, Mons. Diego Coletti, i padri spirituali, gli alunni-amici incrociati in questi anni, il personale che lì lavora.

Un grazie al Vescovo di Como, mons. Alessandro Maggiolini, che mi ha lanciato in questa avventura accademica e che mi ha puntualmente sollecitato a concluderla con il ritornello: "a che pagina sei?"

Un grazie affettuoso al Seminario di Como ove svolgo, attualmente, il mio ministero: al Rettore, a tutti gli educatori e i professori, a tutti i seminaristi, al personale. Un grazie particolare al Direttore degli Studi, d. Ezio Prato: il suo robusto incitamento è stato decisivo per tutte le (tortuose) fasi del lavoro.

Un grazie ai tanti amici preti della diocesi che mi hanno sempre incoraggiato, circondandomi di stima cordiale e schietta amicizia; tra questi – per tutti – il parroco della mia parrocchia d'origine, d. Sergio Benzoni.

Sono grato anche alla parrocchia di S. Giustino, "famiglia d'adozione" nella splendida Roma: un ringraziamento particolare a chi la guidava quando ero studente (mons. Armando Brambilla, oggi Vescovo ausiliare della diocesi di Roma), a chi oggi la guida (don Giulio Villa), a tutta la gente semplice con la quale, in questi anni, ho condiviso la passione per il vangelo. Un grazie carico di riconoscenza a Maris Cesarini, per il prezioso lavoro di composizione della tesi.

Un grazie sentito a tutti gli amici che, in mille forme, hanno manifestato vicinanza e affetto.

Infine, il grazie più sentito intendo riservarlo alla mia famiglia, dalla quale tantissimo ho ricevuto e ricevo. Mi è stata accanto, passo dopo passo, con affetto e umile discrezione. Davvero non ci sono sufficienti parole per esprimere la riconoscenza.

E a loro dedico, con immensa gratitudine, questo semplice lavoro. E, con loro, a tutti quanti considero e mi considerano amico. C'è una parte di ciascuno in queste pagine.

Con un pensiero speciale a Matteo Mainetti, un giovane del Seminario di Como perito in un incidente stradale, che vede in Dio completata questa lieta fatica.

8 dicembre 2004

INTRODUZIONE

1. Argomento

Nel vangelo di Matteo, in cinque occorrenze (6,30; 8,26; 14,31; 16,8; 17,20) compare un vocabolario (ὀλιγόπιστος / ὀλιγοπιστία) che serve ad indicare un atteggiamento che si può qualificare, a livello etimologico, come "poca o piccola fede". E' una particolarità del testo di questo vangelo[1] che si applica sostanzialmente ai discepoli: in una sezione del discorso della montagna (6,25-34), durante la tempesta (8,23-27), nel cammino di Pietro sulle acque (14,22-33), durante la discussione dei lieviti (16,5-12) e, infine, nel caso della mancata guarigione del ragazzo epilettico (17,14-20).

Il presente lavoro si propone di analizzare i cinque brani appena citati in vista di una sintesi sul tema della "poca fede" come si dipana all'interno dell'opera di Matteo; a questi, sarà accostato anche il testo conclusivo dell'intero vangelo (28,16-20) che ci consegna l'ultima azione dei discepoli (28,17) in bilico tra adorazione e dubbio – esperienza, questa, che richiama implicitamente la "poca fede"[2].

La ricerca si presenta, dunque, come una sorta di "affondo" sia nella più vasta e articolata tematica del discepolato che nella tematica della fede *tout-court*: un "affondo" parziale e, insieme, molto ricco.

Siamo consapevoli del carattere, per un verso, parziale di questa pista. E' evidente che la figura del discepolo, in Matteo, non può esse-

---

[1] ὀλιγόπιστος appare 4x in Mt (6,30; 8,26; 14,31; 16,8) e 1x in Lc 12,28, nel passo parallelo a Mt 6,30; ὀλιγοπιστία (17,20) è un *hapax legomenon* all'interno del NT. I termini si ritrovano solo nella letteratura cristiana, ad es. in Sesto, *Sent.* 6: ὀλιγόπιστος ἐν πίστει ἄπιστος (cf. G. BARTH, "ὀλιγοπιστία / ὀλιγόπιστος", 581-582).

[2] Inoltre, durante l'analisi del brano di Mt 17,14-20 si terrà in considerazione anche Mt 21,18-22 per un'evidente affinità tematica.

re rinchiusa unicamente nella griglia della "poca fede" e nei brani che si segnalano per l'uso esplicito del suo vocabolario. Quello del discepolo – di sua natura – è un itinerario che abbraccia tutto il vangelo, con ben più ampie e variegate sfaccettature; lo stesso si può dire circa il tema della fede, che deborda dai limiti dei nostri testi sia in ordine ad una esatta presentazione del contenuto della fede che in ordine al ruolo di altri "personaggi di fede" presenti nel vangelo.

D'altro canto, un simile percorso, sostanzialmente tematico[3], si rivela molto suggestivo ed originale per presentare un'angolatura, avvincente e sempre attuale, della sequela e della fede che essa richiede. Così i cinque testi sulla "poca fede", come luminosi punti prospettici, uniti all'accenno del finale (28,17), nella loro distribuzione lungo tutta la trama di Matteo, sono in grado di offrirci un suggestivo ritratto del discepolo di tutti i tempi ossia di colui che liberamente è chiamato ad accogliere il Dio-con-noi nella persona di Gesù (1,23; 28,20).

2. Status quaestionis

Se il tema del "discepolato" in quanto tale nel vangelo di Matteo trascina con sé una ricca e sempre più debordante bibliografia[4], la stessa cosa non si può dire né per il tema della fede in generale in Matteo[5],

---

[3] E' evidente che un "tema" non è riducibile ad un "sintagma"; tuttavia, a motivo della (quasi) esclusività dell'uso di ὀλιγόπιστος /ὀλιγοπιστία da parte di Matteo entro il vasto panorama del NT e per evitare scelte troppo soggettive nell'individuare eventuali altre esperienze che possano meritare la qualificazione di "poca fede", il criterio del lessico ci è parso ancora di una sua utilità e oggettività. Il testo di 21,18-22 verrà preso in considerazione per completare quanto risulta da 17,14-20 mentre quello di 28,17 per gli evidenti motivi lessicali di cui si dirà e per la sua posizione conclusiva.

[4] E' scontato che, nell'esposizione del tema del discepolato, gli autori incrocino il tema della "poca fede". Senza pretesa di completezza, segnaliamo, in ordine cronologico, alcuni contributi che maggiormente offrono osservazioni attinenti il nostro tema: U. LUZ, "Die Jünger", 141-171; R.A. EDWARDS, "Uncertain Faith", 47-61; T.L. DONALDSON, "Guiding Readers", 30-49. Un'ottima visione d'insieme, anche dal punto di vista della storia dell'interpretazione, è offerta dalla monografia di M.J. WILKINS, *Discipleship in the Ancient World and Matthew's Gospel*. Anche l'opera di J. ZUMSTEIN, *La condition du croyant*, sarà spesso tenuta in attenta considerazione.

[5] Questo giudizio è maturato attraverso la consultazione sia di lessici e di dizionari che di studi che affrontano il tema della fede nell'insieme dei vangeli sinottici; in modo particolare per Matteo, il suddetto tema è scarsamente considerato dagli autori – salvo rare eccezioni delle quali daremo attestazione. Indichiamo sull'argo-

né per quella caratterizzazione della fede come "poca/piccola" che si applica ai discepoli.

Offriamo una rassegna dei principali studi nei quali il tema della fede/poca fede è stato affrontato; saranno disposti secondo un ordine cronologico. Ci si potrà subito rendere conto della scarsità dei contributi e della loro misurata estensione.

Il primo lavoro, in ordine cronologico, che prendiamo in considerazione è uno studio "classico" per la storia dell'esegesi del vangelo di Matteo: si tratta dell'ampio contributo di H.J. HELD, "Matthäus als Interpret der Wundergeschichten"[6] contenuto in un volume a più mani. HELD analizza i racconti di miracoli in Matteo per mostrare come l'evangelista abbia "riprodotto" Marco e/o Luca da vero interprete, con un preciso scopo in mente. Questo autore articola il proprio articolo in cinque parti: 1) la nuova narrazione dei miracoli da parte di Matteo[7]; 2) la forma dei racconti di miracoli in Matteo[8]; 3) i racconti di miracoli come testimonianze della cristologia di Matteo[9]; 4) l'interpretazione della fede da parte di Matteo nei racconti di miracoli[10]; 5) Matteo come colui che trasmette e interpreta la tradizione[11]. Come si può notare, è la quarta parte dello studio quella che mette esplicitamente a tema la questione della fede, quale si presenta in questi racconti. L'autore si concentra su quattro aspetti: A) il rapporto tra fede e miracoli nella tradizione sinottica; B) la fede come "fede in preghiera"; C) la fede come parteci-

---

mento una ridotta selezione di testi orientativa, in ordine cronologico; per i lessici e i dizionari, cf. P. ANTOINE, "Foi", 276-310; R. BULTMANN – A. WEISER, "πιστεύω", 338-488; H. ZIMMERMANN, "La fede", 512-532; O. MICHEL, "Fede", 619-637; J. DUPLACY, "Foi (dans l'Écriture)", 475-486; C. SPICQ, "πίστις", 388-395; G. BARTH, "ὀλιγοπιστία ὀλιγόπιστος", 581-582; ID., "πίστις / πιστεύω", 941-957; A. MAILLOT, "Fede", 535-549; B. MARCONCINI, "Fede", 536-552; D. LÜHRMANN, "Faith – New Testament", 749-758; A. VANHOYE, "Foi", 470-472; circa gli studi, cf. P. BENOIT, "La foi",143-159; E.D. O'CONNOR, *Faith*; J.M. FAUX, *La foi*; G. BARTH, "Glaube", 269-292; B. LIPERI, "La fede", 83-114.

[6] H.J. HELD, "Matthäus als Interpret der Wundergeschichten", in G. BORNKAMM – G. BARTH – H.J. HELD, *Überlieferung und Auslegung im Matthäusevangelium*, Neukirchen 1959,155-287; trad. inglese, "Matthew as Interpreter of the Miracle Stories", in G. BORNKAMM – G. BARTH – H.J. HELD, *Tradition and Interpretation in Matthew*, London 1963, 165-299. Le citazioni si riferiscono alla traduzione inglese.

[7] H.J. HELD, "Matthew as Interpreter", 165-211.
[8] H.J. HELD, "Matthew as Interpreter", 211-246.
[9] H.J. HELD, "Matthew as Interpreter", 246-275.
[10] H.J. HELD, "Matthew as Interpreter", 275-296.
[11] H.J. HELD, "Matthew as Interpreter", 296-299.

pazione al potere miracoloso di Gesù; D) la poca fede e il dubbio. Oltre ad un accenno al caso del ragazzo epilettico (17,14-20), messo in luce nel punto C, è il paragrafo D che raccoglie la posizione di HELD circa la tematica che ci proponiamo di esplorare. In poche pagine[12], egli sintetizza i dati di Matteo con una particolare attenzione allo sfondo rabbinico dell'espressione "poca fede" e al confronto con la presentazione dei discepoli in Marco (secondo l'autore, Matteo non "mitiga" in nulla l'immagine di Marco)[13]. La nozione di "poca fede", che appare in contesti di difficoltà (abbinata a quella di "dubbio": 14,31; 28,17) lascia emergere uno stato di interiore divisione: "una situazione di incredulità all'interno di una vita di credenti"[14]. Tutto è giocato su questo vitale paradosso, in un'accezione esclusivamente morale; non si affronta la questione del carattere cognitivo della fede. Le indicazioni di HELD ci sembrano in buona parte pertinenti, anche se telegrafiche e come tali non esaustive.

Segnaliamo l'articolo di H. KLEIN, "Das Glaubensverständnis im Matthäusevangelium"[15], perché tra i pochi dedicati alla ricerca della tematica della fede esclusivamente nel vangelo di Matteo. L'autore espone la materia in quattro sezioni: 1) le differenze tra Matteo e il testo di Marco[16]; 2) le differenze tra Matteo e la *Spruchquelle*[17]; 3) la peculiarità di Matteo[18]; 4) una essenziale sintesi[19]. L'analisi della "poca fede", affrontata molto brevemente[20], appartiene – è evidente – al terzo paragrafo. La nota saliente della presentazione di questo autore consiste nella marcata sottolineatura del fatto che i discepoli, in quanto costantemente rimproverati per la loro "poca fede", sono fortemente sollecitati ad accogliere la fede come un dono e – insieme – a rafforzarsi in esso. Sono in gioco grazia e responsabilità.

L'articolo che in modo più completo affronta il nostro tema è quello di V. FUSCO, "L'incredulità del credente: un aspetto dell'ecclesiologia di

---

[12] H.J. HELD, "Matthew as Interpreter", 291-296.

[13] H.J. HELD, "Matthew as Interpreter", 293-295.

[14] H.J. HELD, "Matthew as Interpreter", 294.

[15] H. KLEIN, "Das Glaubensverständnis im Matthäusevangelium", in F. HAHN – H. KLEIN, ed., *Glaube im Neuen Testament*, Neukirchen 1982, 29-42.

[16] H. KLEIN, "Das Glaubensverständnis", 29-33.

[17] H. KLEIN, "Das Glaubensverständnis", 33-35.

[18] H. KLEIN, "Das Glaubensverständnis", 35-39.

[19] H. KLEIN, "Das Glaubensverständnis", 39-42.

[20] L'autore vi dedica poco più di una pagina: H. KLEIN, "Das Glaubensverständnis", 37-38.

Matteo"[21], esemplare anche per il rigore metodologico e la chiarezza espositiva. Dopo una breve introduzione ("la fede in Mt, un tema sfuggente")[22], l'autore passa in rassegna, nella parte più estesa dello studio ("la poca fede")[23], tutti i testi nei quali ricorre il vocabolario ὀλιγόπιστος/ ὀλιγοπιστία con un'esegesi essenziale e pensata che terremo di frequente presente nel corso della nostra esposizione; le ultime pagine ("in conclusione: la fede è sempre "poca"?")[24] presentano la salutare tensione che attraversa ogni esistenza credente: essa appare caratterizzata da una fede che, per un verso, è sempre "poca", striata da egoismo e peccato, e, per un altro, è chiamata a lasciarsi sanare da Gesù facendo ogni giorno un passo avanti. Lavoro molto prezioso nella sua stringatezza, ci offre una pista che cercheremo di ampliare nella nostra ricerca sia in ordine allo studio dei testi che nella visione tematica finale.

Alla comprensione della fede nel vangelo di Matteo si dedica pure A. OGAWA, "Action-motivating Faith. The Understanding of 'Faith' in the Gospel of Matthew"[25], in un articolo complesso e non sempre lineare nella sua esposizione. L'autore affronta il tema della fede nella sua globalità e offre qualche spunto particolare circa la "poca fede". Dal complesso itinerario che lo studioso propone, raccogliamo due punti che ci sembrano maggiormente degni di nota per il nostro percorso. In primo luogo, OGAWA perviene alla conclusione che la "fede" in Matteo possiede un senso "largo": radicato nella tradizione sinottica, esso assume le connotazione tipiche della "miracle faith", radicate, tuttavia, in una precisa comprensione dell'identità di Gesù, Messia, Figlio del Dio vivente. Accettare una simile verità cristologica significa andare dietro a lui come discepoli. Allora la fede motiva e spinge all'azione, all'azione di compiere la "giustizia". Il concetto di fede in Matteo ha in sé un aspetto noetico e volitivo; fede e conoscenza non sono separate ma relative l'una all'altra[26]. In secondo luogo, l'esegeta offre una personale interpretazione del dato della "poca fede", con l'apporto che provie-

---

[21] V. FUSCO, "L'incredulità del credente": un aspetto dell'ecclesiologia di Matteo", *ParSpirV* 17 (1988) 118-142.

[22] V. FUSCO, "L'incredulità", 118-120.

[23] V. FUSCO, "L'incredulità", 121-139.

[24] V. FUSCO, "L'incredulità", 139-141.

[25] A. OGAWA, "Action-motivating Faith. The Understanding of 'Faith' in the Gospel of Matthew", *AnnJapanBibInst* 19 (1993) 53-86.

[26] A. OGAWA, "Action-motivating Faith", 83-84.

ne da alcuni studiosi di sociologia del cristianesimo primitivo[27]. Egli afferma che dall'accento di Matteo sulla poca fede dei discepoli si può dedurre la situazione attuale della comunità, una comunità che abbisogna, nella sua controversia sia con il giudaismo in formazione sia con la demoralizzazione interna, di un incoraggiamento per puntare diritto in avanti e compiere la giustizia perfetta in ordine alla giustificazione della propria identità come vero Israele: si presenta già come una setta nel giudaismo[28].

Spunti circa la fede si trovano pure nella recente opera di V. MORA, *La symbolique de Matthieu. II. Les groupes*[29]; l'esegeta benedettino consacra due capitoli del suo libro al tema: "La foi, marque du disciple" e "La foi et les dogmes"[30]. La prospettiva della sua stringata presentazione mira a sottolineare come la fede costituisca l'essenza del discepolato in Matteo[31], si coniughi con il riconoscimento della potenza di Dio e di Gesù[32] senza essere una fede "cieca": anzi, per l'autore la conoscenza fa parte della fede[33].

Questa breve rassegna ci permette di verificare come il tema della "poca fede" venga affrontato dagli studiosi sullo sfondo più vasto del tema della "fede" (o del discepolato)[34] senza essere oggetto di studi ampi e dettagliati. L'unica eccezione è l'articolo di FUSCO ove, tuttavia, la trattazione è limitata, appunto, allo spazio...di un articolo!

Manca un'analisi approfondita di tutti i testi relativi alla poca fede nelle loro possibili connessioni e nel contesto dell'opera di Matteo. Eccezion fatta per lo studio di FUSCO, gli autori si limitano a registrare e commentare le occorrenze senza prestare la dovuta attenzione al contesto – prossimo e remoto - nel quale esse sono inserite. Non si riscontra una riflessione attenta alla collocazione dei testi nell'impianto di tutto il vangelo.

Inoltre, non si presta la dovuta attenzione al "destinatario" della fede (il Padre e/o Gesù) così come si evince dal susseguirsi delle pericopi; ci si concentra sulla figura di Gesù; istruttivo, da questo punto di vista,

---

[27] Cf. lo studio "classico" di J.A. OVERMAN, *Matthew's Gospel and Formative Judaism*, citato in A. OGAWA, "Action-motivating Faith", nota 74, 85.
[28] A. OGAWA, "Action-motivating Faith", 86.
[29] V. MORA, *La symbolique de Matthieu. II. Les groupes,* LeDiv 187, Paris 2001.
[30] V. MORA, *La symbolique*, 71-95.
[31] V. MORA, *La symbolique*, 78.
[32] V. MORA, *La symbolique*, 81.
[33] V. MORA, *La symbolique*, 85.
[34] Cf. i contributi segnalati alla nota 4.

risulta essere il fatto che il primo testo (6,30) – forse perché presenta un passo parallelo in Lc 12,28 e quindi non risulta essere "proprio" del primo evangelista – riceve scarsa attenzione negli articoli. A nostro giudizio, al contrario, esso fornisce – da varie angolature, come si avrà modo di dimostrare – un *incipit* suggestivo per la traiettoria del tema.

Inoltre, ci sembra di dover registrare, nei contributi appena elencati, una marcata e – specie nei primi due – quasi esclusiva sottolineatura dell'aspetto morale della fede a scapito di una sua più precisa determinazione in ordine al suo contenuto. E' – questo – un punto delicato per l'intero lavoro; oltre che in alcuni degli studi citati (cf. in particolare HELD), questa posizione è spesso presente nei commentari che ci è capitato di consultare[35]. La fede risulta, in tal modo, compressa solo sulla dimensione fiduciale. Si cercherà di vagliare criticamente questo punto, spesso enfatizzato in modo unilaterale, e, all'occorrenza, di verificare come questa prospettiva, di certo presente, possa essere completata con la dimensione cognitiva della fede. Dal punto di vista contenutistico, la presente ricerca si giustifica anche per il suo modesto tentativo di affrontare questo aspetto parzialmente disatteso.

3. Percorso e metodo

La ricerca si presenterà come l'analisi dei testi nei quali è presente il vocabolario della "poca fede" (6,25-34; 8,23-27; 14,22-33; 16,5-12; 17,14-20) con uno sguardo al testo finale di 28,16-20, affrontati – come è ovvio – nella loro progressiva collocazione nella trama di Matteo.

Ogni pericope costituirà un "capitolo" della ricerca. Identico sarà l'approccio a ciascuno dei brani, attraverso il metodo della lettura sincronica.

Ogni testo sarà affrontato attraverso un percorso scandito in tre tappe. La prima tappa sarà costituita dalla delimitazione del testo e dall'analisi della sua articolazione interna alla ricerca di una possibile struttura.

Seguirà – come secondo momento – la spiegazione della pericope, esaminata in se stessa e in relazione al tema che si va investigando. Questo passaggio costituisce la parte più consistente di ogni capitolo. Con precisione saranno analizzate le singole parole ed espressioni di

---

[35] Le indicazioni verranno fornite di volta in volta nella terza parte di ogni singolo capitolo.

ciascun brano, con particolare attenzione ai rimandi che esse evocano nell'intero vangelo di Matteo. Il confronto sinottico – laddove si potrà effettuare – è volto a segnalare le peculiarità del racconto matteano, per raccoglierne le prospettive specifiche. Anche il confronto con il retroterra dell'AT, per un vangelo così ricco di citazioni e di allusioni come è Matteo, sarà utile in qualche occasione.

Infine, nella terza e ultima tappa del percorso di ogni capitolo, ci si concentrerà su due aspetti: dapprima, si allargherà lo sguardo al contesto, sia prossimo che remoto, nel quale ogni brano è inserito; in secondo luogo, si cercherà di raccogliere l'apporto specifico che proviene da ogni brano in ordine al tema della ricerca, raccogliendone, in sintesi, punti di evoluzione e arricchimento (sarà l'oggetto del paragrafo sempre intitolato: "sviluppo del tema").

Dopo aver concluso questo lungo e meticoloso viaggio nei testi, verranno offerte alcune conclusioni generali, elaborate attorno a tre nuclei tematici di maggior interesse. Nell'ordine, si affronterà la questione della distribuzione dei brani nell'intero vangelo; in seguito, si cercherà di focalizzare l'attenzione sul mancato contenuto che la "poca fede" mette in risalto e quindi, per capovolgimento, cercheremo di illustrare cosa la fede potrebbe e dovrebbe essere (il *"che cosa"* della fede); infine, a partire dall'analisi dei testi, proporremo una sorta di itinerario all'insegna della "pratica della fede" (il *"che cosa fa fare"* la fede).

Uno sguardo al testo di 28,16-20 chiuderà l'esposizione.

CAPITOLO PRIMO

AFFIDARSI SENZA AFFANNARSI (Mt 6,25-34)

Il percorso tematico sulla "poca fede" all'interno del vangelo di Matteo prende l'avvio da un testo collocato nel discorso della montagna: Mt 6,25-34. In esso ricorre, per la prima volta (6,30) il termine ὀλιγόπιστος che costituirà il segnale lessicale dell'itinerario. Anche Luca offre un passo parallelo (Lc 12,22-31), anche se in un contesto diverso da quello che si è soliti considerare come parallelo al discorso della montagna ossia il discorso della pianura (cf. Lc 6,17-49).

L'analisi, dopo l'illustrazione sobria di alcune questioni introduttive (delimitazione della pericope e sua articolazione), si concentrerà, anzitutto e diffusamente, sulla spiegazione del brano e, di seguito, sulla sua collocazione nell'ampio contesto dell'intero discorso al fine di raccogliere i primi dati circa il tema in esame.

1. Questioni introduttive

Si affrontano, in questo paragrafo, due questioni preliminari: la delimitazione della pericope e la sua articolazione interna.

1.1 *La delimitazione del testo*

Nella sequenza che si snoda nei capitoli 5-7 di Matteo, Mt 6,25-34 possiede una specifica compattezza contenutistica garantita dalla presenza, insistente e unificante, del verbo μεριμνάω (6x).

Esso compare, per la prima volta, al v. 25, nella forma dell'imperativo negativo presente (μὴ μεριμνᾶτε); scandisce i versetti successivi (6,27: μεριμνῶν; 6,28: μεριμνᾶτε; 6,31: μὴ οὖν μεριμνήσητε) ed appare in due ricorrenze in 6,34: μὴ οὖν μεριμνήσητε / μεριμνήσει. Dunque, il verbo μεριμνάω costituisce un prezioso indicatore per stabilire i confini del brano e la sua ripetizione orienta già, in prima battuta, a scovare in esso uno dei possibili messaggi del testo.

Un criterio essenzialmente di natura contenutistica sembra garantire una siffatta delimitazione, generalmente così accettata dagli studiosi. Resta vero, tuttavia, che Mt 6,25-34 si inserisce saldamente nel contesto, come segnala anche la formula introduttiva (διὰ τοῦτο); per questa ragione, alcuni autori, pur mantenendo nella loro spiegazione il testo secondo la partizione qui offerta, preferiscono rimarcare maggiormente l'aggancio con quanto precede o segue[1].

1.2 *L'articolazione del testo*

Si offre una prima lettura del testo con l'intenzione di mettere in risalto i collegamenti sintattici e contenutistici al fine di proporre un'articolazione ragionata della pericope.

Il brano si apre con una formula introduttiva (διὰ τοῦτο λέγω ὑμῖν)[2] seguita da una esortazione generale (v. 25). L'imperativo negativo (μὴ μεριμνᾶτε), al presente, propone una sorta di regola generale che si potrebbe forse rendere nella forma di "non continuate ad affannarvi"[3]. Attraverso un parallelismo sintetico, (τῇ ψυχῇ ὑμῶν / τῷ σώματι ὑμῶν; τί φάγητε / τί ἐνδύσησθε) si precisano gli ambiti sui

---

[1] Circa la delimitazione del contesto, le posizioni sono diversificate: a) collocazione "autonoma": P. BONNARD, *Matthieu*, 93; O. DA SPINETOLI, *Matteo*, 220-221; J. GNILKA, *Matteo*, I, 364; A. SAND, *Matteo*, I, 198; b) 6,19-34: J. SCHNIEWIND, *Matteo*, 161-162; I. GOMÁ CIVIT, *Mateo*, I, 372; E. SCHWEIZER, *Matteo*, 149-150; D.W. BEARE, *Matteo*, 204; W.D. DAVIES – D.C. ALLISON, *Matthew*, I, 625; D.A. HAGNER, *Matthew 1-13*, I, 160; R. GUNDRY, *Matthew*, 111; R. FABRIS, *Matteo*, 174-175; S. GRASSO, *Matteo*, 196; G. DE VIRGILIO, "Mt 6,19-34: provvidenza", 3-29; c) 6,19-7,11: U. LUZ, *Matthew 1-7*, 389-390; d) 6,19-7,12: W. TRILLING, *Matteo*, 123; R. GUELICH, *The Sermon*, 321-322; G. STRECKER, *The Sermon on the Mount*, 130; J. LAMBRECHT, *"Eh bien! Moi je vous dis"*, 149; D.J. HARRINGTON, *Matthew*, 100-101; A. MELLO, *Matteo*, 130-131; H.D. BETZ, *The Sermon*, 423.

[2] Il sintagma διὰ τοῦτο segnala sia l'avvio di una nuova pericope che lo stretto legame con quanto affermato in precedenza.

[3] Una speciale forza strutturante compete agli imperativi del verbo μεριμνάω, che non a caso troviamo collocati in posizioni strategiche: all'inizio (6,25: μὴ μεριμνᾶτε), al termine (6,34: μὴ μεριμνήσητε) – evidente inclusione segnata anche dalla congiunzione οὖν – e in 6,31 (μὴ οὖν μεριμνήσητε) sia come ripresa sintetica e riassuntiva di quanto affermato prima sia come apertura a nuove prospettive.

quali si desidera attirare l'attenzione[4]: il nutrimento e il vestito che saranno ripresi negli "esempi" successivi (v. 26.28). Segue la prima domanda retorica del testo[5]: c'è un "di più" (πλεῖον) da valutare con cura e attorno al quale prendere posizione: la vita più del cibo, il corpo più del vestito. In questa introduzione, sono messi in campo i termini della questione.

Per motivare il comando del v. 25, Gesù offre due "prove" (gli uccelli del cielo e i gigli del campo) che occupano i v. 26-30 offrendo una prima partitura del testo; degli uccelli si parla in 26-27; dei fiori in 28-30. Queste due categorie vengono presentate in modo quasi identico[6]:

6,26
a) ἐμβλέψατε εἰς τὰ πετεινὰ τοῦ οὐρανοῦ
b) ὅτι οὐ σπείρουσιν οὐδὲ θερίζουσιν οὐδὲ συνάγουσιν εἰς ἀποθήκας,
c) καὶ ὁ πατὴρ ὑμῶν ὁ οὐράνιος τρέφει αὐτά·
d) οὐχ ὑμεῖς μᾶλλον διαφέρετε αὐτῶν;

6,28b
a) καταμάθετε τὰ κρίνα τοῦ ἀγροῦ πῶς αὐξάνουσιν·
b) οὐ κοπιῶσιν οὐδὲ νήθουσιν·
6,30
c) ὁ θεὸς οὕτως ἀμφιέννυσιν,
d) οὐ πολλῷ μᾶλλον ὑμᾶς, ὀλιγόπιστοι;

Il versetto 26 è esemplare per illustrare la logica della dimostrazione. Si comincia con un imperativo aoristo (ἐμβλέψατε); vengono poi descritti, in contrasto, due comportamenti: le non-azioni degli uccelli (espresse con un indicativo presente) e l'azione del Padre (ὁ πατὴρ ὑμῶν ὁ οὐράνιος: tale formulazione ampia, tipica di Matteo, sarà ripresa anche nel v. 32). Alla fine, si colloca la domanda retorica, nella

---

[4] Si discute circa la lezione lunga della prima parte del parallelismo comprendente il riferimento, oltre che al cibo, anche alla bevanda (ἢ τί πίητε). Assente in alcuni testimoni, potrebbe essere un'aggiunta secondaria per correlare 6,25 con 6,31. Per questo, nel testo, è mantenuta tra parentesi. Cf B.M. METZGER, *A Textual Commentary*, 17.

[5] Abbondanti le domande retoriche in 6,25-34 (6,25.26.27.28.30); in un testo di 10 versetti, ben 5 sono occupati da interrogazioni. Si tratta di una efficace tecnica di coinvolgimento dell'uditore in vista della formulazione di un preciso giudizio.

[6] M. DUMAIS, *Le sermon*, 268.

forma *qal wahomer*[7]: gli ascoltatori sono interpellati personalmente, attraverso l'uso del pronome (ὑμεῖς) in vista di un discernimento. Notiamo ancora la presenza di un "più" (μᾶλλον).

Il v. 27 si propone come ulteriore prova persuasiva del ragionamento precedente[8] (appare di nuovo il verbo μεριμνάω): all'uomo non è dato di realizzare, con le sue sole forze[9], neppure ciò che è minimo[10].

I v. 28-30 sono occupati dalla seconda "prova" (i gigli del campo), più elaborata rispetto al v. 26. Si parte con un'introduzione che enfatizza, di nuovo, il verbo μεριμνάω per lasciare il posto ad un imperativo aoristo (καταμάθετε) che richiama l'attenzione su "come crescono" (πῶς αὐξάνουσιν) questi fiori; anche per i gigli si dice ciò che non fanno (due azioni al presente: οὐ κοπιῶσιν οὐδὲ νήθουσιν). Si prosegue con un contrasto (v. 29) che serve ad amplificare l'argomentazione (la gloria di Salomone). Infine, nel v. 30, si riprende e si conclude la trattazione della seconda prova nella logica della domanda *qal wahomer*. Al centro, si impone la fattiva cura di Dio, all'origine dello splendore dei gigli ("li riveste così") pur nella loro caducità[11], solida premessa per un "ancor più"[12] sollecito intervento divino anche a favore di chi è di "poca fede". Al termine delle due prove, compare, come enfatico vocativo, l'aggettivo ὀλιγόπιστοι[13].

Il v. 31 offre una ripresa del tema principale (cf. v. 25) attraverso l'uso del verbo μεριμνάω nella forma dell'imperativo negativo (in questa occorrenza all'aoristo) unito alla congiunzione "dunque" (οὖν). Si può scorgere, da qui, l'inizio di un'ulteriore scansione del testo nel quale si scontrano due sguardi opposti sulla vita, come si evince dai v.

---

[7] Molto in uso presso i rabbini, essa appartiene alle cosiddette "sette regole" attribuite ad Hillel ed è la "regola" più diffusa. Consente di operare una deduzione a partire dal più facile al più difficile (*a minore ad maius*) o viceversa, rendendo l'argomentazione particolarmente stringente: cf. G. STEMBERGER, *Il Talmud*, 80-81.

[8] Cf. la ripresa enfatica del pronome "voi" unita al "chi": τίς δὲ ἐξ ὑμῶν.

[9] lett. "non è in suo potere" (δύναται).

[10] Osserviamo la presenza del verbo προσθεῖναι che ricompare in 6,33: ciò che all'uomo è negato, è offerto da Dio.

[11] Suggestivo, in questo secondo esempio, l'amplificazione circa la precarietà dei fiori espressa all'inizio del v. 30.

[12] Notiamo come la pericope si muova in un crescendo segnalato dall'uso degli avverbi: πλεῖον (v.25); μᾶλλον (v. 26); πολλῷ μᾶλλον (v. 30).

[13] Da notare l'accostamento pronome e aggettivo sostantivato ὑμᾶς, ὀλιγόπιστοι. Si dà una sorta di identificazione, sulla quale torneremo.

32-33: riteniamo, quindi, i v. 31-33 un insieme coerente[14].

Molto efficace è la riproposizione delle "inquietudini" sotto forma di discorso diretto (v. 31) che richiamano il v. 25: si nota una fine tessitura del brano. La congiunzione γὰρ e il complemento oggetto πάντα ταῦτα legano i v. 31-32 e introducono un nuovo soggetto: τὰ ἔθνη. Anch'essi sono impegnati in una ricerca (ἐπιζητοῦσιν, al presente, dice l'azione distesa) che è giudicata errata perché chi si impegna in essa ignora l'azione del "Padre vostro celeste" (cf. v. 26), che ben conosce le necessità degli uomini. Non a caso – nel versetto in questione – all'inizio e alla fine ricorre la medesima locuzione (sia pure in due casi diversi): πάντα ταῦτα e τούτων ἁπάντων[15]; il problema di "tutte queste cose" interessa ogni uomo ma radicalmente diverso è lo sguardo dei pagani e di chi si affida al Padre celeste. Con il v. 33 il testo offre un imperativo positivo (ζητεῖτε) che segnala un orientamento opposto al precedente (cf. l'uso fortemente avversativo della particella δέ). Si tratta di assumere un comportamento che abbia la priorità su tutto (πρῶτον) e che si qualifichi come occupazione circa τὴν βασιλείαν [τοῦ θεοῦ] καὶ τὴν δικαιοσύνην αὐτοῦ[16]. La ricerca del Regno e della sua giustizia rende il discepolo libero dalla preoccupazione ansiosa per il domani. All'interno del versetto, inoltre, si incontrano due azioni: l'azione dell'uomo e la risposta di Dio. La finale del versetto, infatti, in modo discreto, lascia intravedere il coinvolgimento del Padre (attraverso l'uso del "passivo divino" προστεθήσεται) attento a quanto sopra risultava essere oggetto dell'umana preoccupazione: ταῦτα πάντα (v. 32: 2x).

Il versetto conclusivo (v. 34 con la presenza di οὖν) riprende il verbo-chiave del brano dapprima nella forma dell'imperativo aoristo negativo (μὴ μεριμνήσητε) e, in seguito, al futuro (μεριμνήσει): è il terzo e ultimo snodo del brano, centrato sull'affanno per il domani (εἰς τὴν αὔριον). E' saggezza concentrarsi sull'oggi, un "oggi" non ozioso ma faticoso; è l'oggi di chi deve fare i conti con una κακία.

---

[14] Le osservazioni critiche a questa soluzione saranno esposte al termine del paragrafo.

[15] πάντα e ἁπάντων si possono considerare sinonimi.

[16] La frase è gravata da un'incertezza testuale. Il Sinaitico presenta la lezione breve senza τοῦ θεοῦ. Numerosi manoscritti, al contrario, riportano il complemento di specificazione (K L W D Q P, numerosi minuscoli, vg). Non è facile optare per una soluzione che non lasci dubbi. E', dunque, un prudente compromesso riportare la lezione τοῦ θεοῦ tra parentesi quadrate. Cf. B.M. METZGER, *A Textual Commentary*, 19.

Tenendo presente questa lettura, attenta allo sviluppo sintattico e contenutistico, possiamo proporre una struttura del testo, articolata secondo un triplice movimento (A – B – C)[17] introdotto da una sentenza generale:

Introduzione
    Διὰ τοῦτο λέγω ὑμῖν, μὴ μεριμνᾶτε
    τῇ ψυχῇ ὑμῶν τί φάγητε [ἢ τί πίητε,] μηδὲ τῷ σώματι
    ὑμῶν τί ἐνδύσησθε.
    οὐχὶ ἡ ψυχὴ πλεῖόν ἐστιν τῆς τροφῆς
    καὶ τὸ σῶμα τοῦ ἐνδύματος; [v. 25]

A. ἐμβλέψατε εἰς τὰ πετεινὰ τοῦ οὐρανοῦ
    ὅτι οὐ σπείρουσιν οὐδὲ θερίζουσιν οὐδὲ συνάγουσιν εἰς
    ἀποθήκας,
    καὶ ὁ πατὴρ ὑμῶν ὁ οὐράνιος τρέφει αὐτά·
    οὐχ ὑμεῖς μᾶλλον διαφέρετε αὐτῶν; [v. 26]
    τίς δὲ ἐξ ὑμῶν μεριμνῶν δύναται προσθεῖναι ἐπὶ τὴν
    ἡλικίαν αὐτοῦ πῆχυν ἕνα; [v. 27]

    καὶ περὶ ἐνδύματος τί μεριμνᾶτε;
    καταμάθετε τὰ κρίνα τοῦ ἀγροῦ πῶς αὐξάνουσιν·
    οὐ κοπιῶσιν οὐδὲ νήθουσιν· [v. 28]
    λέγω δὲ ὑμῖν ὅτι οὐδὲ Σολομὼν ἐν πάσῃ τῇ δόξῃ αὐτοῦ
    περιεβάλετο ὡς ἓν τούτων. [v. 29]
    εἰ δὲ τὸν χόρτον τοῦ ἀγροῦ σήμερον ὄντα
    καὶ αὔριον εἰς κλίβανον βαλλόμενον
    ὁ θεὸς οὕτως ἀμφιέννυσιν,
    οὐ πολλῷ μᾶλλον ὑμᾶς, ὀλιγόπιστοι; [v. 30]

B. μὴ οὖν μεριμνήσητε λέγοντες, Τί φάγωμεν; ἤ, Τί πίωμεν;
    ἤ, Τί περιβαλώμεθα; [v. 31]
    πάντα γὰρ ταῦτα τὰ ἔθνη ἐπιζητοῦσιν·
    οἶδεν γὰρ ὁ πατὴρ ὑμῶν ὁ οὐράνιος ὅτι χρῄζετε τούτων
    ἁπάντων. [v. 32]

---

[17] Tale struttura si ispira alla proposta molto dettagliata di H.D. BETZ, *The Sermon*, 55-56; 465-466; vedi anche, nella stessa linea, con lievi varianti, M.F. OLSTHOORN, *The Jewish Background,* 18; U. LUZ, *Matthew 1-7,* 401; J.J. BARTOLOMÉ, "Los pajaros y los lirios", 172-173; R. FABRIS, *Matteo*, 177-178.

ζητεῖτε δὲ πρῶτον τὴν βασιλείαν [τοῦ θεοῦ] καὶ τὴν
δικαιοσύνην αὐτοῦ, καὶ ταῦτα πάντα προστεθήσεται ὑμῖν.
[v. 33]

C. μὴ οὖν μεριμνήσητε εἰς τὴν αὔριον,
ἡ γὰρ αὔριον μεριμνήσει ἑαυτῆς·
ἀρκετὸν τῇ ἡμέρᾳ ἡ κακία αὐτῆς. [v. 34]

Ogni proposta di articolazione del testo – specie di un testo di discorso – lascia necessariamente spazio ad altre soluzioni. Nel caso in questione, il punto più delicato è la collocazione dei v. 31-33[18]. Segnaliamo alcune posizioni – a mo' di integrazione – differenti da quella adottata; non ci pare, tuttavia, che incidano profondamente nell'interpretazione globale del testo.

Qualcuno riconosce al v. 31 una sostanziale autonomia, come conclusione-inclusione dell'argomentazione fin qui svolta, e preferisce collocare a specchio i v. 32-33[19].

Altri segnalano la novità del comportamento comandato dal v. 33 e preferiscono dare a questo imperativo una sua centralità o relativa[20] o assoluta[21].

Altri, infine, collegano i v. 31-33 con il v. 34 così da formare un'unità[22].

2. Spiegazione del testo

Affrontiamo la spiegazione del testo suddiviso secondo l'articolazione che abbiamo cercato di illustrare nel punto precedente.

---

[18] Ciò non significa che non ci siano indicazioni diverse anche per il resto del brano. Ma un confronto dettagliato tra le varie strutture esula dalla presente ricerca.
[19] Cf. D.A. HAGNER, *Matthew 1-13*, 162.
[20] E' il caso di R.H. GUNDRY, *Matthew*, 115 che preferisce unire insieme v. 31-32 mentre resta a sé il v. 33.
[21] Cf. M. DUMAIS, *Le sermon*, 268-269. E' forse questa la posizione più intrigante riguardo all'insieme del testo. Essa è articolata in tre momenti: A (a: 25; b:26-30; a: 31-32) – B (33) – A (34). Dunque il v. 33 appare come una "strofa".
[22] W.D. DAVIES – D.C. ALLISON, *Matthew*, I, 625, che parlano genericamente di "concluding observations".

2.1 Sentenza introduttiva (v. 25)

L'espressione διὰ τοῦτο, con la quale si apre il testo, segnala lo stretto legame con il contesto, in particolare con 6,24 ("non si può servire Dio e mammona"). Il comando di Gesù si inquadra nell'atmosfera di una scelta tra opzioni opposte che il credente è chiamato ad operare. Segue un'introduzione enfatica (λέγω ὑμῖν) che serve ad amplificare l'autorità di Gesù. Le parole di Gesù acquistano un rilievo particolare[23].

μὴ μεριμνᾶτε[24]: è l'imperativo che sostiene la sezione con le sue 6 ricorrenze[25]. Il suo significato equivale al nostro "curarsi, preoccuparsi, aver sollecitudine di qualcuno o di qualcosa". Ma non si tratta unicamente di "sforzarsi di fare qualcosa in vista di un certo fine"; esso implica anche un atteggiamento che rende tale sollecitudine come ansiosa; di qui la resa con il verbo "affannarsi". E' un senso complesso, quello di questo verbo, che mette in luce sia lo sforzo che si compie (l'attività) che la modalità della sua realizzazione (l'atteggiamento)[26].

Nella trama di Matteo, oltre che in Mt 6,25-34, il verbo μεριμνάω ricorre solo una volta[27] e così pure il sostantivo corrispondente μέριμνα[28].

L'oggetto dell'affanno è indicato come preoccupazione per cibo,

---

[23] L'uso del verbo λέγω ha scandito il capitolo 5 (5,22.28.32.34.39.44) – nella forma più incisiva con il pronome ἐγώ seguita dalla congiunzione δέ – ed è già ricomparsa in questo capitolo nella formula assertiva ἀμὴν λέγω ὑμῖν (6,2.5.16). Tale formula sarà utilizzata di nuovo in 6,29 per non apparire più nel corso del discorso della montagna; inoltre, osserviamo che, in questi capitoli così ricchi di imperativi, solo il nostro in questione è introdotto così (vedi, ad es., 6,19; 7,1).

[24] R. BULTMANN, "μεριμνάω", 65-80; D. ZELLER, "μέριμνα, μεριμνάω", 335-336

[25] Le ricorrenze del verbo e del sostantivo sono così distribuite nel NT: merimna/w: Mt 6,25.27.28.31.34; 10,19; Lc 10,41; 12,11.22.25.26; 1Cor 7,32.33.34; 12,25; Fil 2,20; 4,6. μέριμνα: Mt 13,22; Lc 21,34; 2Cor 11,28; 1Pt 5,7.

[26] Cf. R. GUELICH, *The Sermon*, 336: "In this context, the alternatives of either *anxious thought* or *putting forth effort* are too narrow. Both elements are present. Consequently, μεριμνάω connotes and the warning forbids any undue concern or crippling anxiety (an attitude) that drives one to seek security by one's own efforts apart from the Father (an activity)".

[27] Si colloca nel contesto del discorso apostolico (Mt 10,19) in merito alla testimonianza da rendere in favore di Cristo (10,17-23): lo Spirito *del Padre* libera da ogni preoccupazione; cf. M. GRILLI, *Comunità e missione*, 130-132.

[28] Il termine compare in 13,22 (= Mc 4,19; Lc 8,14) all'interno della spiegazione della parabola del seminatore (13,18-23). La "preoccupazione del mondo" soffoca la parola. E' un'antitesi che ripropone quella già espressa in 6,24.

(bevanda), vestiario (6,25)²⁹. Si tratta delle necessità elementari per l'esistenza secondo la tradizione biblica (Gn 28,20; Dt 10,18; Gc 2,15-16). Difatti "il Padre vostro celeste sa che avete bisogno di tutte queste cose (6,32)". I termini ψυχή / σῶμα sono utilizzati non in opposizione ma in parallelo e vanno interpretati non secondo la dicotomia greca (anima/corpo) bensì in base all'antropologia biblica che vede l'uomo come un'unità corporeo-spirituale³⁰. ψυχή si traduce pertanto, opportunamente, con "vita".

L'introduzione si chiude con una domanda retorica³¹, un espediente che sollecita gli ascoltatori ad assumere la visuale di chi lo formula: "non vale di più la vita del cibo e il corpo del vestito"? La domanda, redatta secondo lo stile rabbinico *a majore ad minus*, allude implicitamente alla cura di Dio per sua creazione³²: se Dio ha dato la vita e il corpo (ciò che è maggiore), non offrirà anche il resto (ciò che è minore)³³? Tale è il senso che il contesto (specie v. 26-30) fa emergere³⁴.

Il comando contro ogni preoccupazione ansiosa lascia intravedere una pista suggestiva, in ordine al nostro tema: l'ansia come nemica della fede. L'attività affannata rischia di non tener conto di quanto continua a fare Colui che ha dato vita e corpo³⁵; l'affanno segnala, allora, un errore di valutazione: non si vede bene l'agire del Padre. La fede è anche apertura degli occhi, occhi che, proprio ora, sono invitati a guardare.

2.2 Gli uccelli del cielo, i gigli del campo e la cura del Padre (v. 26-30)

Dopo l'esortazione generale, il testo procede con la presentazione

---

²⁹ Un invito simile contro l'ansia d'accumulo per i beni appare anche in 1Tm 6,8.

³⁰ J. SCHNIEWIND, *Matteo*, 166; J. GNILKA, *Matteo*, I, 368; A. SAND, *Matteo*, I, 200.

³¹ Notiamo che, nel testo parallelo, Lc 12,23 si esprime in forma affermativa (introdotta da γάρ), non interrogativa. Il giudizio è già operato esplicitamente da Gesù.

³² E. SCHWEIZER, *Matteo*, 154.

³³ J. SCHMID, *Matteo*, 191; W. TRILLING, *Matteo*, 127; J. SCHNIEWIND, *Matteo*, 166; I. GOMÁ CIVIT, *Mateo*, I, 384; R. GUELICH, *The Sermon*, 337; W.D. DAVIES – D.C. ALLISON, *Matthew*, I, 648; D.A. HAGNER, *Matthew 1-13*, 163; R. FABRIS, *Matteo*, 182.

³⁴ J. GNILKA, *Matteo*, I, 368, offre un'interpretazione più "sapienziale" ("non vale la pena di inquietarsi, ci si rovina la vita e non si ottiene nulla") sulla base di Sir 30,23b-31,2 mentre U. LUZ, *Matthew 1-7*, 405, parla di un moderato *carpe diem*.

³⁵ In modo incisivo scrive E. SCHWEIZER, *Matteo*, 155: "La preoccupazione non va evitata perché è un peso per l'uomo e lo priva della sua letizia, ma perché usurpa il posto di Dio".

di due esempi presi dall'ambito della natura per veicolare il messaggio dell'inutilità dell'affanno (v. 26-30).

2.2.1 Gli uccelli del cielo (v. 26)

L'argomentazione di Gesù contro l'affanno offre due prove dell'agire sollecito del Padre verso la sua creazione: gli uccelli e i gigli. Entrambe le categorie sono introdotte da imperativi che attirano l'attenzione dell'ascoltatore: ἐμβλέψατε (6,26) e καταμάθετε (6,28)[36].

Il primo imperativo dice che si è chiamati a "guardare con particolare attenzione", "a fissare lo sguardo in". Il verbo – un composto di βλέπω – vuole sottolineare la cura di chi è invitato ad osservare senza lasciarsi sfuggire nulla[37].

Gesù prende le sue argomentazioni attingendo dal mondo della natura, in linea con la tradizione anticotestamentaria di matrice sapienziale, che ampio spazio dedica al valore dell'esperienza e insieme tiene viva la coscienza del rapporto tra Dio e il mondo[38]. Dio si prende cura di tutti gli animali, anche di quelli che sembrano più spensierati e indifesi come gli uccelli (τὰ πετεινὰ τοῦ οὐρανοῦ; Lc 12,24: κόρακες)[39].

Colpisce la presentazione dettagliata delle azioni che gli uccelli non compiono (3x ciò che non fanno: οὐ σπείρουσιν οὐδὲ θερίζουσιν οὐδὲ συνάγουσιν εἰς ἀποθήκας)[40] a fronte dell'unica, potente e risolutiva azione di Dio (τρέφει). La grandiosità dell'azione del Padre è efficacemente presentata, dal punto di vista narrativo, da questo voluto e insistito confronto. Nelle non-azioni degli uccelli si intravede, in filigrana e per contrasto, lo schema di un lavoro umano "a catena" perfettamente riuscito: il primo tempo con la semina, quindi la mietitura –

---

[36] Si tratta di imperativi espressi entrambi all'aoristo, indice di un compito da eseguire *hic et nunc*, con una certa celerità. Lc presenta, in entrambi i casi, il medesimo verbo: κατανοήσατε (12,24.27).

[37] É interessante notare come l'azione descritta da questo verbo ricorra solo un'altra volta in Mt per indicare lo sguardo di Gesù sui discepoli disorientati circa la possibilità della salvezza (Mt 19,26). Per l'uso di questo verbo nella LXX, vedi Sir 2,10; 33,15; 42,12.18; Is 5,12.30; 8,22; 17,7; 22,8.11; 51,1.2.6.

[38] Per una panoramica generale, cf. R.E. MURPHY, *L'albero della vita*; per lo sfondo sapienziale del nostro testo, cf. lo studio dettagliato di F. FESTORAZZI, "Ecco, ora qui c'è più di Salomone!" (Mt 12,42)", 193-203; in particolare: 198-203.

[39] Questa attenzione di Dio è testimoniata da qualche testo dell'AT (vedi, ad es. Gen 1,30; Sal 104,12ss; 145,15-19; 147,9) e apocrifo (Salmi di Salomone 5,9-10): cf. V. MORA, *La symbolique de la création*, 184-187.

[40] Lc indugia sulla raccolta (12,24) : οἷς οὐκ ἔστιν ταμεῖον καὶ ἀποθήκη.

che è il risultato positivo del primo atto; infine la raccolta nel deposito, conclusione dell'opera e sua conservazione. Forse, attraverso queste immagini, siamo messi di fronte ad una sorta di caricatura ironica dell'*homo faber*, nella linea espressa da Luca in 12,16-21[41].

Non è l'attività precisa e frenetica dell'uomo che conta (seminare – mietere – raccogliere) quanto piuttosto la chiamata all'esistenza e la sua conservazione da parte di Dio. Dall'osservazione della natura, il discepolo è invitato a trovare una risposta all'ansia che lo agita. Sia gli uccelli (che i gigli) sono addotti da Gesù non tanto come modelli quanto come testimoni di una cura che il Creatore riserva nei loro confronti[42]. E' dunque evidente come "un'interpretazione oziosa" di questo brano non sia per nulla pertinente, sia nel suo contesto prossimo sia rispetto al messaggio globale del NT (es. At 20,33-35; 1Tess 4,9-12; 2 Tess 3,6-12)[43].

Ciò che occorre ricordare è che "il Padre vostro celeste li nutre". Entra in scena esplicitamente colui che è chiamato il "Padre vostro celeste", secondo la tipica fraseologia di Matteo[44] che sarà approfondita in seguito. Il pronome "vostro" segnala uno stretto legame con gli ascoltatori: colui che nutre *loro* è anche il Padre *vostro*. L'attenzione ricade su questo legame di reciproca appartenenza, sempre da richiamare per fugare l'affanno. C'è un Padre che nutre tutti.

L'Antico Testamento[45] presenta l'esperienza di un "Dio che nutre" collegata essenzialmente a due ambiti: l'ambito storico e l'ambito creazionistico. Dal primo[46] emerge la figura di Dio come colui che inter-

---

[41] Non a caso tale episodio, in Luca, precede il brano contro l'affanno: la vita non dipende da quanto si ha o si fa; cf. le osservazioni circa questo contesto in J. SCHMID, *Matteo*, 190-191.

[42] C. LEJEUNE, "Les oiseaux et les lis", 10: "Ce qu'il faut apprendre des oiseaux et des lis c'est l'activité du Dieu Créateur. C'est que Dieu *prend soin* d'eux [...] Les oiseaux et les lis ne sont présentés comme des *modèles* mais comme des *témoins*". Cf. anche W. TRILLING, *Matteo*, 128.

[43] Già i Padri scartavano una simile interpretazione: "Non dixit: nolite laborare sed nolite solliciti esse! Ergo solliciti esse vetamur, laborare autem iubemur". Cf. *Opus imperfectum in Matthaeum*, citato in J. KNABENBAUER, *In Matthaeum*, 334; cf. anche GEROLAMO, *PL* 26, 46: "labor exercendus est, sollicitudo tollenda". Cf. anche J. SCHMID, *Matteo*, 194; P. BONNARD, *Matthieu*, 94; D.W. BEARE, *Matteo*, 211-212.

[44] Lc 12, 24 presenta il sostantivo ὁ θεός. In Matteo la paternità di Dio è particolarmente enfatizzata: R. GUNDRY, *Matthew*, 116.

[45] Nel NT, la presentazione di Dio come colui che nutre è scarsissima. Vedi il nostro testo: Mt 6,26 e = Lc 12,24. Tuttavia, non a caso, Gesù è presentato come colui che nutre, specie nelle due moltiplicazioni e nell'eucaristia, come più avanti si vedrà.

[46] Dt 32,18 (cantico di Mosè): "hai dimenticato il Dio che ti ha procreato" (CEI);

viene a sostenere il popolo in marcia nel deserto⁴⁷; dal secondo proviene l'immagine di Dio come colui che non abbandona a sé il creato, uscito dalle sue mani, bensì come colui che ogni giorno lo ri-crea provvedendo ad esso attraverso il suo costante nutrimento⁴⁸.

Il Padre, attento agli animali e – come si vedrà – ai fiori, a maggior ragione è attento alla storia dei suoi figli. Con una domanda retorica che lascia intendere una risposta positiva (οὐχ ὑμεῖς μᾶλλον διαφέρετε αὐτῶν), Gesù si rivolge direttamente ai suoi ascoltatori. Se il Padre si comporta in questo modo con gli uccelli, a maggior ragione la sua cura si estenderà agli uomini. L'uomo è al vertice della creazione (cf. Gn 1-2; Sal 8): esiste una oggettiva differenza tra il "voi" degli uditori – posto enfaticamente all'inizio della frase – e "loro" cioè gli uccelli. Gli uomini "contano di più" (διαφέρετε)⁴⁹. L'enfasi posta sul valore più alto dell'uomo rispetto agli animali mira a convincere l'uomo circa la cura speciale di Dio⁵⁰. La preoccupazione del Padre deve togliere l'ansia ai figli che a lui si affidano.

2.2.2 L'affanno inutile (v. 27)

Il discorso continua in modo serrato (cf. particella δέ) attraverso una domanda retorica che espone un caso: esso mostra quanto l'affanno (μεριμνῶν⁵¹) sia stolto e vano. Gli ascoltatori sono fortemente stimo-

---

LXX: θεοῦ τοῦ τρέφοντός σε; Ne 9,21 (LXX 2Esdra 19,21: τεσσαράκοντα ἔτη διέθρεψας αὐτούς); Baruc 4,8.11.

⁴⁷ Siamo all'interno della grandiosa epopea liberatoria dell'Esodo (Es 16). Dio nutre il suo popolo, in particolare con le quaglie e la manna: cf. il midrash di Sap 16,2.3.20 e la finale in Sap 19,21; inoltre Sal 110,5; 135,25.

⁴⁸ Questo aspetto è cantato con una certa abbondanza nei salmi: ad es. Sal 32,19; 64,10; 103,27; 144,15; 145,7c; 146,9. Interessante per il confronto anche un testo presente nei Salmi di Salomone: Ps Sal: 5,9: "Tu nutri gli uccelli e i pesci donando pioggia ai deserti affinché cresca l'erba (τὰ πετεινὰ καὶ τοὺς ἰχθύας σὺ τρέφεις); 11: "Re e potenti e popoli tu nutri, o Dio, (τοὺς βασιλεῖς καὶ ἄρχοντας καὶ λαοὺς σὺ τρέφεις) e chi è la speranza del misero e del povero, se non tu, Signore?": cf. P. SACCHI, *Apocrifi*, 93.

⁴⁹ Matteo utilizza il verbo διαφέρω che, in senso intransitivo, significa "differisco, eccello, sono da più di qualcuno o di qualcosa": cf. K. WEISS, "διαφέρω", 989-995; L. OBERLINNER, "διαφέρω", 833.

⁵⁰ Mt 10,31: come il Padre si prende cura di creature che si possono vendere ad un prezzo irrisorio (passeri), così e a maggior ragione si cura dei suoi figli sottoposti alle prove e alle persecuzioni; cf. anche Mt 12,12.

⁵¹ In questa occorrenza, il significato del verbo potrebbe anche acquistare una

lati attraverso la formula partitiva τίς ἐξ ὑμῶν.

Il termine ἡλικία[52] può significare sia "età"[53] sia "statura"[54]. Il significato può oscillare tra i due. L'uomo non può aggiungere un solo attimo alla sua vita né cambiare di un solo centimetro la sua statura: qualunque sia la traduzione adottata, il senso non varia[55]. Matteo vuole sottolineare, forse ironicamente[56], l'impossibilità radicale dell'uomo a cambiare qualcosa che è già stato deciso per lui da parte del Creatore. La forza dell'immagine risiede nel vistoso contrasto tra quanto l'uomo si sforza di fare con inquietudine e la totale inutilità dello sforzo medesimo. L'inquietudine produce un esito frustrante: è assurdo affannarsi in modo ossessivo per gestire in modo autonomo un'esistenza ricevuta in dono[57].

2.2.3 I gigli del campo (v. 28)

Il v. 28 riprende – per confutare – il secondo motivo di affanno espresso in 6,25; infatti si apre con questa nuova domanda: καὶ περὶ ἐνδύματος τί μεριμνᾶτε; Ricompare enfaticamente, per la seconda volta, il verbo centrale del testo (μεριμνάω) preceduto da un perché (τί) che attira fortemente l'attenzione sulla inutilità di un simile comportamento[58]. Notiamo che il vestito[59] appartiene alle cose essenziali per la vita; non è una futilità accessoria[60]. Occuparsi del vestito, come del cibo, è questione di sopravvivenza. Ma il punto non è questo: infat-

---

sfumatura cognitiva: "riflettere, approfondire, calcolare con cura". Cf. M.-J. LAGRANGE, *Matthieu*, 139.

[52] Cf. T. SCHRAMM, "ἡλικία", 1552.

[53] E' l'opinione più comune: P. BONNARD, *Matthieu*, 94; E. SCHWEIZER, *Matteo*, 155; R. GUELICH, *The Sermon*, 338; J. GNILKA, *Matteo*, I, 369; A. SAND, *Matteo*, I, 201; R.H. GUNDRY, *Matthew*, 117; D.A. HAGNER, *Matthew 1-13*, 164; R. FABRIS, *Matteo*, 175; H.D. BETZ, *The Sermon*, 459.

[54] U. LUZ, *Matthew 1-7*, 406-407; J.J. BARTOLOMÉ, "Los pajaros y los lirios", 179; L. MORRIS, *Matthew*, 159.

[55] Cf. M. DUMAIS, *Le Sermon*, 270.

[56] C. TASSIN, *Matthieu*, 80.

[57] R. FABRIS, *Matteo*, 183.

[58] Lc 12,26 presenta un'affermazione più generica che è, insieme, uno sviluppo del versetto precedente: εἰ οὖν ἐλάχιστον δύνασθε, τί περὶ τῶν λοιπῶν μεριμνᾶτε;

[59] E' un sostantivo prediletto da Mt: 3,4; 6,25.28; 7,15; 22,11.12; 28,3 (Mt: 7; Mc: 0; Lc: 0).

[60] R. GUELICH, *The Sermon*, 339 il quale richiama il tema del mantello secondo Es 22,25-26, copertura e protezione.

ti, un conto è occuparsi, un conto preoccuparsi. Il punto delicato è la consapevolezza – sempre da richiamare – che il Padre si occupa prima e più di ognuno di queste cose.

E come seconda prova dell'interessamento del Padre si fornisce l'esempio dei gigli del campo (τὰ κρίνα τοῦ ἀγροῦ). Questo esempio è trattato da Matteo con maggior ampiezza rispetto al primo. Il testo dedica ad esso tre versetti: 6,28-30.

Un imperativo aoristo introduce la seconda categoria: καταμάθετε. Esso deriva dal verbo καταμανθάνω (un *hapax* nel NT) e rinvia all'ambito dello studio e della percezione. Esso indica l'atteggiamento di chi è chiamato a prestare attenzione propriamente *allo scopo di imparare*[61].

Già l'AT conosce l'utilizzo di una ricca simbologia vegetale. Nella Bibbia ebraica compare sia il riferimento al "fiore" come allusione alla transitorietà di ciò che è terreno (ad es. Sal 103,15; Is 40,6s) sia il paragone del "giglio" con varie applicazioni[62]. Come immagine generale, i gigli presentano sia i tratti dello splendore che quelli della caducità[63].

Si è invitati a contemplare "come crescono" (πῶς αὐξάνουσιν) mentre non si dice che facciano qualcosa per mantenersi nella loro condizione. Al contrario, si dice cosa non fanno: né lavorano né filano (οὐ κοπιῶσιν οὐδὲ νήθουσιν). Il contrasto che si nota nella sequenza dei verbi ("crescono" – sottolineatura *attiva* – eppure "non lavorano e non filano" – sottolineatura *passiva*) è molto eloquente: è la meraviglia di un dono che si sperimenta al di là di ogni sforzo.

Infatti, le due azioni negate sono azioni che pongono in primo piano l'applicazione umana. La prima è espressa con il verbo κοπιάω. Nei vangeli esso significa "lavorare duramente" – uso frequente nella LXX – e, in modo particolare, "affaticarsi, stancarsi"[64]. Potrebbe alludere alla dura fatica quotidiana, condizione abituale dell'uomo e della donna. La

---

61 Vedi M. ZERWICK, *Analysis philologica*, 15: "diligenter disco, noscendi causa observo". L'esortazione ad imparare va vista nel contesto del discepolato. L'ammaestramento dei discepoli è centrale per Matteo: cf. A. SAND, *Matteo*, I, 201.

62 Ad es., al popolo in Os 14,6 (chiamato a "fiorire come un giglio") o allo sposo e alla sposa del Cantico (Ct 2,1-2): cf. M. LURKER, "Fiori", "Giglio", 83-84; 96-97.

63 Va da sé che non importa l'identificazione botanica di questi fiori. Per queste precisazioni cf. U. LUZ, *Matthew 1-7*, 405, nota 41; J. GNILKA, *Matteo*, I, 370; W.D. DAVIES – D.C. ALLISON, *Matthew*, I, 654; J.J. BARTOLOMÉ, "Los pajaros y los lirios", 179, nota 53.

64 Più variegato è l'uso nell'epistolario paolino. Cf. F. HAUCK, "κόπος, κοπιάω", 771-778; C. SPICQ, "κοπιάω, κόπος", *Note*, I, 905-914.

seconda non-azione è un'azione tradizionalmente femminile: essi "non filano"⁶⁵. Forse è possibile qui ravvisare una sorta di caricatura dell'attività femminile, così come le azioni precedenti costituivano una caricatura dell'*homo faber*⁶⁶. Basti ricordare la donna di Pr 31,10-31⁶⁷. Non giova a nulla quello che fanno l'uomo e la donna, con la loro abilità, se diventa affanno di chi non si affida. E' ancora la fede ad essere chiamata in causa.

2.2.4 La gloria di Salomone (v. 29)

Per esaltare lo splendore immeritato dei gigli, Matteo opera un confronto con "tutta la gloria di Salomone"⁶⁸.

La figura di Salomone (1Re 1-11; 1Cr 29-2Cr 9)⁶⁹, complessa e poliedrica, è evocatrice, nella storia biblica, di aspetti diversi. Egli è esaltato per molteplici motivi: politico, militare, culturale, religioso⁷⁰. Sarà considerato come il prototipo del saggio.

Per operare il suo paragone, il testo di Matteo raccoglie, dal patrimonio della tradizione, la sottolineatura della proverbiale ricchezza di questo re ("tutta la sua gloria")⁷¹. Una tale imponente sontuosità, narrata nella Bibbia e tramandata "epicamente", svilisce di fronte a un

---

⁶⁵ Il verbo νήθω (forma secondaria di νέω) compare, nel NT, solo nel passo in esame e nel parallelo di Lc (12,27). Per l'AT (LXX) solo Esodo: 26,31; 35,25-26; 36,9.32.37; 37,3.5.16.

⁶⁶ E. SCHWEIZER, *Matteo*, 155; R. GUNDRY, *Matthew*, 117. Così sintetizza A. MELLO, *Matteo*, 135: "tutta l'attività umana, degli uomini come delle donne, risulta ridimensionata, poiché non è da essa che viene la "vita"".

⁶⁷ In questa pagina, l'autore, introducendo la descrizione dell'attività della donna, pone in risalto, come sua prima qualità, quella di tessitrice: "Si procura lana e lino e li lavora volentieri con le mani" (Pr 31,13). Si tratta di un testo altamente significativo, per la sua ampiezza e per la sua collocazione nel libro dei Proverbi. Esso offre la descrizione della donna e del suo lavoro: cf. A. BONORA, "La donna eccellente", 137-163.

⁶⁸ Solenne è l'introduzione: λέγω δὲ ὑμῖν. L'uso del verbo λέγω, la particella avversativa δέ, il pronome ὑμῖν che interpella gli ascoltatori: tutti gli espedienti sono messi in campo per segnalare la forza dell'esempio.

⁶⁹ Cf. J. BRIÈRE, "Salomon", *DBS* XI, 480-485; H. PEHLKE, "Salomone", 249-252.

⁷⁰ Cf. anche Sir 47,12-22: virtù e miserie di un re!

⁷¹ La sontuosità e la magnificenza del re sono esaltate dal testo biblico: "Salomone superò, per *ricchezza* e saggezza, tutti i re della terra" (1Re 10,23; =2Cr 9,22; si veda 1Re10; 2Cr 9 nel complesso). E' da notare che la LXX parla esplicitamente di gloria (δόξα: 1Re 3,13; 2Cr 1,12), sinonimo di ricchezza e abbondanza.

giglio: non esiste veste di Salomone che possa reggere il paragone con il "vestito" confezionato gratuitamente da Dio per un giglio[72]. In aggiunta, è da considerare il fatto che, per rimarcare la bellezza di questi fiori, si opera un paragone basato su un contrasto volutamente iperbolico. Esso è segnalato efficacemente dal paragone tra *tutta* (ἐν πάσῃ) la gloria di Salomone e *uno*, uno qualsiasi, generico (ἐν τούτων), di questi gigli. Così opera la gratuità del Padre e non solo verso i fiori, come il testo si premura di aggiungere per persuadere gli uditori[73].

2.2.5 L'erba e la poca fede (v. 30)

Il v. 30 conclude la "prova" desunta dal mondo vegetale e interpella gli ascoltatori apostrofandoli con il termine ὀλιγόπιστοι.

Se nei v. 28-29 l'attenzione si posava sulla *bellezza* dei gigli, nel v. 30 il contrasto è giocato tra *fragilità* e cura divina. Questi fiori, che crescono senza sforzo, di incantevole bellezza, sono oggetto di una cura speciale di Dio pur essendo fragilissimi e di scarsa durata[74]. Diventano erba (χόρτος)[75]. Dio si occupa di ciò che dura lo spazio di una giornata[76] (σήμερον/αὔριον), di ciò che ha un futuro segnato, senz'altra alternativa che di finire in un forno[77]; Dio[78] si dà gran pensiero per creature così effimere. Le "riveste" (ἀμφιέννυσιν)[79] con cura.

---

[72] Per amore di precisione, occorrerà notare - come fa J. GNILKA, *Matteo*, I, 370 - che "la ricchezza e lo splendore del re Salomone erano proverbiali, tuttavia *nell'AT la sua sontuosa veste non viene descritta*" (sottolineatura nostra).

[73] In un recente articolo W. CARTER, "«Solomon in All His Glory»: Intertextuality and Matthew 6.29", 3-25, ha sostenuto che la presentazione di Salomone in 6,29 sia una presentazione negativa. Gli ascoltatori, attraverso alcuni segnali del testo e il ricordo dei racconti del regno di Salomone, percepirebbero la sua ricchezza come frutto di oppressione e violazione della volontà di Dio; "Salomon is the anxious ruler and person who fails trust God and oppresses others" (25).

[74] I. GOMÁ CIVIT, *Mateo*, I, 385.

[75] Cf J. SCHMID, *Matteo*, 192; J. GNILKA, *Matteo*, I, 370.

[76] Per l'erba, immagine della caducità, vedi Sal 37,2; 90,5ss; 102,12; 103,15; Is 40,6 (= 1Pt 1,24).

[77] "L'erba secca era il materiale da ardere della povera gente": J. GNILKA, *Matteo*, I, 371. Cf. R. GUELICH, *The Sermon*, 340; U. LUZ, *Matthew 1-7*, 406.

[78] Qualche autore nota l'impiego del termine ὁ θεὸς per sottolineare la relazione con la creazione; si parla di Padre, invece, in riferimento ai discepoli. Cf. J. GNILKA, *Matteo*, I, 371; J.J. BARTOLOMÉ, "Los pajaros y los lirios", 180.

[79] Il verbo ἀμφιέννυμι ricorre tre volte nel NT (Mt 6,30; 11,8; Lc 7,25). Solo nel caso in esame Dio appare come soggetto. Per l'AT, cf. Gen 3,21. Lc 12,28 presenta una forma diversa: ἀμφιέζει.

Si potrebbe parlare di uno "spreco" della sollecitudine di Dio: così[80] tanto per così poco. Ma tale è la sua logica. Chi ascolta è chiamato a riflettere per applicare tale lezione alla propria vita. Come è possibile e pensabile che Dio trascuri l'uomo creato a sua immagine? Non si comporterà con i suoi figli con un'attenzione maggiore? Si applica qui la regola *qal wahomer* e si mette in luce il "molto di più" (πολλῷ μᾶλλον)[81] disponibile per i discepoli, direttamente interpellati (ὑμᾶς).

Essi sono bollati come ὀλιγόπιστοι. Sono così: è il loro "biglietto di presentazione", prima che possano dire o fare qualcosa (voi = uomini di poca fede!). Appaiono come credenti ma con una fede insufficiente. Il contesto lascia intendere che a rischio è il legame di fiducia con il Padre. La "poca fede" equivale a non credere totalmente nel Padre che possiede i lineamenti paradossali rivelati da Gesù: misericordia e intensa sollecitudine verso coloro che chiama e considera figli. Il tema sarà ripreso in modo più esteso nel terzo paragrafo.

2.3 *Preoccupazione dei pagani e occupazione per il Regno e la giustizia (v. 31-33)*

Il testo, dopo aver riproposto la posizione errata di coloro che si affannano (v. 31), presenta, in una suggestiva opposizione, due diverse "ricerche" (v. 32-33).

2.3.1 Il contenuto dell'affanno (v.31)

Il v. 31 è un versetto-ponte[82]. La congiunzione "dunque" (οὖν) può essere interpretata sia come segnale riassuntivo che come indizio di un nuovo sviluppo. Si offrono entrambe le possibilità. Da parte nostra, preferiamo vedere qui l'inizio di una nuova articolazione che si aggancia fortemente con quanto segue (vedi l'uso del γάρ nel v. 32).

L'imperativo è il medesimo del v. 25 (diverso il tempo, qui all'aoristo). La ripetizione dell'imperativo ha un effetto ridondante. Se il v. 31 appare simile, quanto a contenuto, al v. 25, diversa e più coinvolgente è la sua formulazione. In esso si dà – letteralmente – la parola a

---

[80] E' il testo stesso che usa questo avverbio (οὕτως: in questo modo) quasi per rimarcare – una volta di più – la magnanimità della cura di Dio.

[81] Il testo usa in crescendo la comparazione: πλεῖον (6,25); μᾶλλον (6,26); πολλῷ μᾶλλον (6,30).

[82] Lc 12,29 presenta una formulazione diversa: καὶ ὑμεῖς μὴ ζητεῖτε τί φάγητε καὶ τί πίητε καὶ μὴ μετεωρίζεσθε.

coloro che si affannano; infatti vengono riportate tre interrogative[83] che ribadiscono un preciso punto di vista[84]. E' sempre questione di cosa mangiare, di cosa bere, di cosa indossare[85]. "Che cosa" (τί): nella vita di questi tali, esagerando e semplificando, pare che questi interrogativi assorbano tutto il loro interesse. L'unica domanda che sanno porsi è questa. Sono centrati su di sé, sulle loro necessità e sulla possibilità di soddisfarle con le proprie forze.

Suggestivo, inoltre, è il legame che si crea nella pericope tra l'appellativo ὀλιγόπιστοι e la formulazione di queste domande. Chi è piccolo nella fede rischia di avere nel cuore, principalmente e affannosamente, questi interrogativi e quindi di assomigliare ai pagani, come la prosecuzione del testo illustra.

2.3.2 I pagani preoccupati e il Padre sollecito (v. 32)

Il testo procede in modo serrato[86]: nell'angustia eccessiva per i beni materiali si insidia una mentalità pagana (v. 32a) che trascura quanto il Padre celeste sa (e fa) per il bene dei suoi figli (v. 32b). E' un contrasto affascinante quello che regge il versetto.

a) i pagani: l'"antimodello"

Il testo, per la prima volta, collega esplicitamente la ricerca affannosa del cibo, della bevanda e del vestito ad un soggetto: τὰ ἔθνη[87]. Il termine indica, in questa occorrenza, i "pagani"[88]; nel contesto, essi

---

[83] L'uso della interrogativa diretta appartiene allo stile di Mt: cf. 1,20-21; 2,2.5.8: W.D. DAVIES – D.C. ALLISON, *Matthew*, I, 657.

[84] I tre verbi sono all'aoristo congiuntivo *deliberativo*: cf. M. ZERWICK, *Analysis philologica*, 15.

[85] Una piccola *variatio* nel vocabolario del vestito: in 6,26 il verbo è ἐνδύομαι; in 6,31 περιβάλλομαι. E' l'influsso di Salomone (6,29)?

[86] Cf. la distribuzione della congiunzione γάρ in ciascuna delle due parti del versetto.

[87] Mt è l'evangelista che impiega con maggior abbondanza il termine ἔθνος (Mt 15; Mc 6; Lc 13) e, in modo esclusivo, il sinonimo ἐθνικός (Mt 3; Mc 0; Lc 0). Il vocabolo ἔθνος ricorre sempre al plurale, eccetto Mt 21,43 e la locuzione ἔθνος ἐπὶ ἔθνος in Mt 24,7 = Mc 13,8. Cf. K.L. SCHMIDT, "ἔθνος, ἐθνικός", 110-120; N. WALTER, "ἔθνος", 1013-1018.

[88] L'impiego del sintagma in Mt è variegato e complesso. Ci appoggiamo allo studio di J.P. MEIER, "Nations", 94-102, la cui interpretazione adotteremo anche per 28,19. Secondo l'autore, l'uso di ἔθνος si può classificare in tre categorie: 1) applicato ai soli "pagani": 4,15; 6,32; 10,5; 10,18; 12,18.21; 20,19; 2) casi dubbiosi:

acquistano i tratti di quello che possiamo qualificare come "antimodello" dei discepoli[89], una sorta di *tipo umano* che si contrappone al credente in quanto tale[90]. Così il testo istruisce un sottile e allusivo confronto tra due *tipologie*: il pagano e il discepolo di Gesù.

Il pagano è colui che si preoccupa (affannosamente) del sostentamento e del vestito. Il verbo ἐπιζητεῖν dice la direzione e lo sforzo dell'azione. Il giudizio che emerge dal contesto, in merito ad un siffatto comportamento, è pesantemente negativo[91]. La ricerca è giudicata errata per due motivi.

In primo luogo, a motivo del suo *contenuto*. Il pagano – secondo il ritratto del testo, volutamente caricato – è colui che assolutizza i beni materiali. La sua ricerca - ed è qui lo sbaglio - è indirizzata *solo* attorno al mangiare, al bere, al vestirsi; non c'è altro nel suo orizzonte[92].

In secondo luogo, tale ricerca è sbagliata perché lascia emergere la figura di un uomo che, di fatto, si appoggia alle sue sole forze e non riesce ad accorgersi di quanto Dio fa per lui. La differenza di comportamento tra il pagano e il discepolo tradisce, dunque, un diverso modo di porsi di fronte a Dio[93]. La differenza è *teologica*. L'ansioso ἐπιζητεῖν dei pagani mette in luce una distorta idea di Dio (quando c'è un'idea di Dio!)[94]. Non a caso, il v. 6,32b evidenzia precisamente quanto il Padre sia

---

20,25; 24,9; 3) non solo "pagani" ma i "popoli" in un senso allargato: 21,43; 24,7 (2x); 24,14; 25,32; 28,19.

[89] Cf. J.J. BARTOLOMÉ, "Los pajaros y los lirios", 181 parla di "controfigura de los discípulos".

[90] R. GUELICH, *The Sermon*, 341: "fail to recognize God as God"; W.D. DAVIES – D.C. ALLISON, *Matthew*, I, 658: "represent the misguided, those who, because they know not the God of the OT, fail to exhibit the proper religious behaviour"; D.A. HAGNER, *Matthew 1-13*, 165: "here is a negative word, referring to those outside the family of faith".

[91] Nel corso del vangelo, il tipo di ricerca espressa dal verbo ἐπιζητέω è sempre connotata negativamente. Il verbo ricompare in 12,39 e 16,4. Posto sulle labbra di Gesù, esso serve ad indicare la ricerca di un segno (σημεῖον) da lui negato; la ricerca stessa è orientata in un'altra direzione.

[92] Cf. J. GNILKA, *Matteo*, I, 371-372; W.D. DAVIES – D.C. ALLISON, *Matthew*, I, 658. Secondo H.D. BETZ, *The Sermon*, 480, il paganesimo è identificato con il materialismo e il consumismo (sic!).

[93] D.E. GARLAND, *Reading Matthew*, 84 scrive che i pagani "do not know God as a loving Father".

[94] Non è facile identificare il retroterra religioso "pagano" corrispondente al testo in esame. Utili al nostro scopo le sintetiche note in R. PENNA, "Componenti essenziali della religiosità", 89-109.

sollecito verso coloro che hanno bisogno. La sua azione previene le necessità dell'uomo.

C'è da aggiungere, poi, il fatto che il verbo di 6,32a (ἐπιζητέω), impiegato per descrivere il comportamento dei pagani, sembra utilizzato ad arte, in parallelo e in contrasto con il verbo di 6,33 (ζητέω), quasi a lasciare intendere due diversi e inconciliabili percorsi: c'è una ricerca "sbagliata" e c'è una ricerca "giusta"; e la fede vi gioca un ruolo decisivo[95].

b) *comportamenti "pagani" nel discorso della montagna (5,47; 6,7)*

E' interessante notare, in Matteo, la presenza di altri due testi che presentano i "pagani" mentre compiono un'azione in contrasto con quanto viene richiesto al discepolo: si trovano in 5,47 e in 6,7[96]. L'analisi di questi passi consente di comprendere con maggior precisione questi "tipi umani".

Nel primo testo (5,43-48), il tema è l'amore del prossimo. Il discepolo è esortato ad un amore capace di includere anche i nemici, distinguendosi sia dal comportamento dei pubblicani sia da quello dei pagani i quali limitano il loro amore e il loro saluto unicamente a coloro che li contraccambiano (5,46-47). E' in riferimento al *Dio in cui credono* che discepolo e pagani si comportano in modo differente. Un certo tipo di teo-logia genera una certa prassi. Il modo di comportarsi del discepolo (in questo caso nei confronti del prossimo) lascia trasparire - o dovrebbe lasciar trasparire - un certo volto di Dio che "fa sorgere il suo sole sopra i malvagi e sopra i buoni e fa piovere sopra i giusti e sopra gli ingiusti" (5,45b).

Il secondo testo si colloca nella vasta istruzione circa la preghiera (6,5-15). La preghiera dei pagani è qualificata con il verbo βατταλογέω, di oscuro significato e che può essere variamente interpretato. In senso molto vasto, si potrebbe rendere con "dire cose senza senso"[97]. Alla radice di un simile comportamento, soggiace la visione di un Dio o disinteressato delle vicende umane o di un Dio in qualche misura

---

[95] A. SAND, *Matteo*, I, 202.

[96] Matteo utilizza in 5,47 e 6,7 l'aggettivo sostantivato ἐθνικός che ricompare solo in 18,17.

[97] Cf. J. GNILKA, *Matteo*, I, 315. Vari sono i modi attraverso i quali si manifesta una preghiera "senza senso": attraverso la richiesta di cose inutili oppure attraverso una lunga lista di nomi e formule utilizzati in modo magico allo scopo di piegare o impietosire la divinità: cf. ad es. 1Re 18,28s.

"manovrabile" secondo le esigenze e le pretese loquaci dei richiedenti. Si tratta, in questo caso, di una Divinità che non è il Padre celeste di cui parla in continuazione Gesù: il Padre di Gesù previene le richieste dei suoi figli (6,8) e di fronte a lui si può stare con la tranquilla sicurezza di un bambino che si sente amato[98]. Il "pagano" diventa l'antimodello del discepolo a motivo della sua visione di Dio. La posta in gioco è una "fede" diversa.

c) *il Padre vostro celeste sa*

Davanti al discepolo c'è il "Padre vostro celeste" (cf. 6,26)[99]. Tutto si misura nell'orizzonte di comprensione di tale paternità: non una divinità indefinita ma un Padre. E il Padre celeste "conosce" le necessità (οἶδεν). La sua è una partecipazione attiva alle vicende degli uomini, non distaccata o lontana. Lo sguardo di Dio si posa quotidianamente sui discepoli. Il primo interesse del Padre è il futuro dei figli. Inoltre, questo Padre è a conoscenza di "*tutto* ciò" (ταῦτα ἅπαντα)[100] di cui si ha bisogno. Dio è attento a *tutti* i bisogni dell'uomo. L'uomo ha bisogni spirituali ma non solo: ha bisogno del cibo, della bevanda, del vestito, ecc. Nessun rigorismo né ascetismo a basso prezzo. Dio è attento a ciò che rende umanamente vivibile e piacevole la vita. E sa, appunto, che tutto ciò non è qualcosa di accessorio (χρῄζετε: "avete *bisogno*"). E vi provvede. Questo può e deve generare una vita di fede libera e luminosa.

2.3.3 Il Regno, la giustizia, i doni del Padre (v. 33)

A fronte dell'imperativo negativo contro l'affanno, si colloca l'imperativo positivo che comanda al discepolo di cercare il Regno e la giustizia.

a) *Cercare il Regno di Dio e la giustizia*

La "ricerca" (ζητεῖτε) si presenta, anzitutto, come la concreta modalità per vivere senza affannarsi: "affannarsi" e "cercare" sono

---

[98] Cf. J. DUPONT," "En priant ne ressemblez pas aux païens" (Mt 6,7-8)", 862-868.
[99] Il confronto con Lc 12,30 fa risaltare la fraseologia di Mt: ὑμῶν δὲ ὁ πατὴρ οἶδεν ὅτι χρῄζετε τούτων.
[100] Si è già notato sopra l'uso incrociato, in 6,32-33, del sintagma ταῦτα (ἅ)παντα.

comportamenti opposti. La ricerca è lo stile di vita di chi si libera da un'ideologia "pagana", che rinchiude l'uomo in un orizzonte centrato su di sé e sui beni per dilatare l'orizzonte a misura di Dio e del suo regno, agendo nel presente senza eliminare, anzi attendendo, il futuro.

Cercare[101] (ζητεῖν) è un verbo che esprime la passione, la tensione, l'iniziativa e la progettazione. Non è un comportamento facoltativo: l'imperativo dice tutta la serietà e l'obbligatorietà di questa ricerca. L'uso dell'imperativo al presente suggerisce, inoltre, la continuità: "continuate a cercare". Inoltre, il discepolo deve essere impegnato in una ricerca che ha una priorità (πρῶτον)[102]. L'avverbio πρῶτον dice la precedenza, ma anche, in un certo senso, l'esclusività. Non molte ricerche ma una sola; un solo padrone, non due. Le troppe ricerche distraggono e svuotano.

Matteo presenta il contenuto della ricerca come ricerca del *regno di Dio* e della *giustizia*.

Il "Regno"[103] è ciò che costituisce l'oggetto principale della predicazione e della missione di Gesù[104]. "Cercare il Regno di Dio" è un'espressione di non facile interpretazione[105], che non appare né nell'AT

---

[101] Cf. H. GREEVEN, "ζητέω", 1529-1533; E. LARSSON, "ζητέω", 1511-1514.

[102] Cf la differente formulazione di Lc 12,31: πλὴν ζητεῖτε τὴν βασιλείαν αὐτοῦ.

[103] Cf. in generale: A. FEUILLET, "Règne de Dieu", 62-165; R. SCHNACKENBURG, *Signoria e Regno di Dio*; J. SCHLOSSER, *Le règne de Dieu dans les dits de Jésus*; H. MERKLEIN, *La signoria di Dio nell'annuncio di Gesù*; in particolare: J.D. KINGSBURY, *Matthew: Structure, Christology, Kingdom*, 128-160; K. STOCK, *Discorso della montagna*, 31-39. Sul tema "regno" e "giustizia", vedi anche J. DUPONT, *Les Béatitudes*, III, 272-305; G. SEGALLA, "La ricerca di Dio", 213-233; J. LAMBRECHT, *"Eh bien! Moi je vous dis"*, 161-174.

[104] E' una realtà difficile da definire nei suoi contorni precisi. In collegamento con il retroterra anticotestamentario che indicava l'azione regale di JHWH su Israele (Sal 22,29; 103,19; 145,11; Es 15,18; 1Sam 12,12; Is 6,5; 33,22; ecc.), indica il dominio di Dio sulla storia degli uomini. La presenza di Gesù instaura la presenza del Regno nel mondo; l'intera sua vita è la modalità che "visivamente" manifesta come il Padre ami i suoi figli, ognuno dei suoi figli.

[105] Cf. la sintesi ordinata secondo quattro posizioni in W.D. DAVIES – D.C. ALLISON, *Matthew*, I, 660-661: 1) il Regno è futuro; qui si offrono le indicazioni per entrarci; 2) cercare = pregare per la venuta del Regno; 3) darsi da fare "through missionary work"; 4) il regno è già presente in Gesù e ciascuno può appartenervi qui e ora, "to come into its sphere of working". Gli autori adottano la quarta soluzione. Vedi anche M.F. OLSTHOORN, *The Jewish Background*, 73-78; R. GUELICH, *The Sermon*, 342-345.

né nella tradizione giudaica[106]. Ha a che fare con la ricerca di Dio stesso[107], di quel Dio, il Padre, che Gesù ha reso vicino[108] e che si presenta come il fine delle nostre aspirazioni. E' una ricerca che non riguarda solo – anche se l'include – l'impegno in attesa di un dono escatologico (la pienezza del Regno verrà al termine della storia umana quando tutte le potenze maligne saranno distrutte) ma che consente già ora di scorgere il Regno presente nella storia[109]; è la ricerca di chi si dispone a far regnare il Padre, in Cristo, nella propria vita, e per questo rinuncia a servire "mammona" (6,24) e a farsi tesori sulla terra (6,19-21). La ricerca sottolinea l'azione dell'uomo, anche se il Regno viene compiutamente all'uomo a mo' di dono. Dono e ricerca non si elidono ma sono dialetticamente presenti.

Secondo la peculiare visione di Matteo[110], la ricerca del Regno si sposa – di fatto – con la ricerca della *giustizia (di Dio)*[111].

Per comprendere correttamente questa espressione ($\delta\iota\varkappa\alpha\iota\sigma\sigma\acute{\upsilon}\nu\eta$), è necessario collocarla sullo sfondo dell'intero discorso della montagna. E' in questo contesto che il termine ricorre 5x (5,6.10.20; 6,1.33). Attraverso l'analisi delle varie ricorrenze[112], si può sensatamente affermare che, nell'espressione "giustizia *di Dio*", non siamo in presenza di

---

[106] J. DUPONT, *Les Béatitudes*, III, 285.

[107] K. STOCK, *Gesù annuncia la beatitudine*, 57: "Il Regno di Dio significa Dio stesso, che si è rivelato come Signore ricco di grazia e ci ha accolti nella sua comunione di vita". Cf. anche W. TRILLING, *Matteo*, 129.

[108] P. BONNARD, *Matthieu*, 95: "dans la persone de Jésus, ce Royaume et cette justice sont offerts à l'homme".

[109] S. GRASSO, *Matteo*, 203.

[110] Vedi, in particolare, lo studio di G. SEGALLA, "La ricerca di Dio", 220-231, che analizza le diverse sfumature di tale ricerca, prima nella fonte Q e poi in Matteo.

[111] J. DUPONT, *Les Béatitudes*, III, 278: "chercher le Royaume et la justice de Dieu doit s'entendre comme un seul tout"; W.D. DAVIES – D.C. ALLISON, *Matthew*, I, 661: "righteousness is the narrow gate that leads to the life of God's kingdom"; H.D. BETZ, *The Sermon*, 483: "by seeking righteousness one seeks that quality which characterizes the kingdom of God, and indeed, God himself"; cf. anche D.A. HAGNER, *Matthew 1-13*, 166.

[112] Cf. K. STOCK, *Discorso della montagna*, 80-81, per la distribuzione concentrica delle ricorrenze e la loro coerenza interna:
5,6 forte impegno per la giustizia
    5,10 pratica senza riguardo per gli uomini (disposti alla persecuzione)
        5,20 necessità assoluta della giustizia
    6,1 pratica senza riguardo degli uomini
6,33 forte impegno per la giustizia

un genitivo soggettivo[113] (l'agire di Dio che rende giusto per pura grazia il peccatore – visione tipicamente paolina) bensì di un genitivo oggettivo che indica una "giustizia di vita"[114]. Essa si può qualificare come "giustizia *di Dio*" in quanto è richiesta da lui, egli ne stabilisce le norme ed essa rende graditi ai suoi occhi[115]. Tale "giustizia" è quella che Gesù insegna nel discorso della montagna sul giusto comportamento verso Dio (6,1-18), verso gli uomini (5,20-48) e nel rapporto con le cose materiali (6,19-34)[116]. La giustizia è il proposito deciso di fare la volontà di Dio (cf. 7,21), condizione indispensabile per l'entrata nel regno[117].

L'accostamento "ricerca del Regno" come "ricerca della giustizia", peculiare di Matteo[118], diventa capacità e impegno nel trascrivere storicamente le esigenze del Regno, che sgorgano da quel centro dinamico che è l'amore e che liberano il vero discepolo da altri interessi distraenti. Non c'è nessuna utopica fuga dalla realtà storica; al contrario, si impone una vita serena e seria[119].

b) *I doni del Padre*

Nella vita di chi ricerca il Regno e la giustizia, Dio interviene: "tutte queste cose" (ταῦτα ἅπαντα) – ciò che serve all'uomo per vivere – "saranno poste innanzi" (προστεθήσεται: 6,33). Siamo di fronte a un cosiddetto "passivo divino": è Dio all'opera[120]. Egli non è estraneo alla concretezza della vita ma *agisce* per i suoi figli: provvede "a ciò di cui hanno bisogno". Si tralascia, però, il chiarimento circa il contenuto

---

[113] Così, invece, è inteso, seppur con sfumature diverse, ad es., da J. SCHNIEWIND, *Matteo*, 170; A. SAND, *Matteo*, I, 202; A. MELLO, *Matteo*, 136.

[114] J. SCHMID, *Matteo*, 193; W. TRILLING, *Matteo*, 129; J. DUPONT, *Les Béatitudes*, III, 304; O. DA SPINETOLI, *Matteo*, 223-224; J. LAMBRECHT, *"Eh bien! Moi je vous dis"*, 168.

[115] Cf. M. DUMAIS, *Le Sermon*, 270.

[116] Cf. M. DUMAIS, *Le Sermon*, 271; K. STOCK, *Discorso della montagna*, 82.

[117] Cf. J. GNILKA, *Matteo*, I, 373; K. STOCK, *Discorso della montagna*, 79.

[118] Alcuni autori ritengono di poter individuare un fronte comunitario verso il quale Matteo si rivolge; così G. SEGALLA, "La ricerca di Dio", 230: " Sono i mistici e gli entusiasti antinomisti che Matteo combatte. Essi pretendono di arrivare a Dio senza passare attraverso la fatica del perdono, dell'amore al nemico, delle opere di misericordia".

[119] R. FABRIS, *Matteo*, 184.

[120] R. GUELICH, *The Sermon*, 348; W.D. DAVIES – D.C. ALLISON, *Matthew*, I, 661-662; D.A. HAGNER, *Matthew 1-13*, 166.

della promessa[121]. Se "tutte queste cose poste davanti" vengono da Dio, si intuisce che esse sono un dono, da accogliere nella gratitudine e nello stupore, liberi dall'arroganza di chi si crede padrone.

E tuttavia occorre notare che il tempo del verbo è il futuro ("*saranno poste*"). Ciò significa che queste cose verranno *dopo* la ricerca del Regno e della giustizia di Dio. In questo senso si possono dire "secondarie". Ciò è da intendere non nel senso che se ne possa fare a meno ma nel senso che esse si reggono e acquistano il loro giusto valore – non idolatrico ma realizzante l'uomo – a patto di essere collocate all'interno di una corretta ricerca e di un desiderio purificato.

Da notare, infine, il richiamo terminologico che nel brano si intesse tra il versetto 27 (προσθεῖναι) e il versetto 33 (προστεθήσεται). Il contrasto è evidente e suggestivo. Da un lato, l'uomo che affannandosi non riesce ad aggiungere un'"ora" alla sua vita; dall'altro, Dio che si china sull'uomo, centrato sulla ricerca del regno, ricolmandolo gratuitamente di doni.

2.4 *L'affanno per il domani (v. 34)*

Il versetto finale presenta, in una scansione tripartita, una sorta di proverbio che presenta molteplici attestazioni nella saggezza popolare[122]. Alcuni autori ritengono tale espressione poco in linea con il contesto perché l'attenzione si sposta dai beni al tempo[123] e cercano di mostrare come il proverbio in sé possa essere interpretato in modo ottimista o pessimista[124].

Tuttavia, l'aggancio con ciò che precede attraverso la ripresa del verbo μεριμνάω, l'uso della congiunzione οὖν e del termine αὔριον, rendono tale versetto una chiusa efficace del brano che si propone di mettere in fuga, fino all'ultimo, ogni genere di ansietà[125]. L'affanno per il futuro è la conseguenza dell'atteggiamento esistenziale di chi vuole pianificare e controllare tutto come se tutto dipendesse da lui. Non v'è

---

[121] J. SCHNIEWIND, *Matteo*, 170.
[122] Vedi i riferimenti in W.D. DAVIES – D.C. ALLISON, *Matthew*, I, 662-663.
[123] Cf. J.J. BARTOLOMÉ, "Los pajaros y los lirios", 183.
[124] Cf. U. LUZ, *Matthew 1-7*, 409: ottimista (nella linea del *carpe diem*) oppure pessimista (è inutile fare piani; non sappiamo quali novità porterà con sé il domani e neppure sappiamo se domani ci saremo noi! Cf. Gc 4,13-14). Cf. anche D.W. BEARE, *Matteo*, 214; M. DUMAIS, *Le Sermon*, 271.
[125] Efficace, a questo fine, l'impiego della tecnica retorica della personificazione del "domani": C.S. KEENER, *Matthew*, 155.

chi non veda come quest'ansia per il futuro tradisca una mancanza di fiducia in Dio. Siamo in linea con il rimprovero di 6,30. Solo la fede in Dio che è Padre e la ricerca totalizzante del suo Regno sono in grado di liberare l'uomo dalle angosce per il domani[126].

Il v. 34 si presenta, dunque, come un incoraggiamento e un messaggio di consolazione: il domani è nelle mani del Padre[127]. Al discepolo è richiesta la fiducia e la dedizione al regno giorno in giorno, la fede vissuta nella ferialità dell'esistenza[128] segnata da un male (κακία) che c'è ma che non è più forte di Dio.

3. Il testo nel contesto e lo sviluppo del tema

Questo terzo paragrafo dell'esposizione si concentra su due aspetti: il legame che collega Mt 6,25-34 con il contesto del discorso della montagna (3.1) e una prima raccolta di indicazioni sintetiche circa il tema in esame (3.2).

3.1 *Mt 6,25-34 nel discorso della montagna*

Forniamo alcuni dati circa la collocazione di Mt 6,25-34 nell'ampio discorso della montagna (3.1.1); da esso emerge la centralità della figura del Padre, alla cui illustrazione daremo abbondante spazio (3.1.2); si cercherà, in seguito, di identificare con precisione i destinatari del discorso (3.1.3) per dedicare, infine, qualche nota di spiegazione alla collocazione dell'appellativo "uomini di poca fede" all'interno di Mt 5-7 (3.1.4).

3.1.1 Il contesto

Mt 6,25-34 appartiene al primo discorso del vangelo di Matteo. L'analisi della sua collocazione all'interno del discorso della montagna contribuirà a mettere in luce quegli aspetti che derivano dall'interazione del nostro testo con altre pericopi. Proponiamo, in via preliminare, una sorta di visione dall'alto dell'intera sezione[129] di Mt 5-7:

---

[126] P. BONNARD, *Matthieu*, 95 : "il ne s'agit plus d'un simple conseil de sagesse pratique" (!).

[127] J.J. BARTOLOMÉ, "Los pajaros y los lirios", 184: "Dios se ocupará mañana de sus hijos como lo ha echo ya hoy".

[128] S. GRASSO, *Matteo*, 204. Cf. anche W. TRILLING, *Matteo*, 130.

[129] E' la struttura proposta da U. LUZ, *Matthew 1-7*, 212, con le osservazioni di K. STOCK, *Il discorso della montagna*, 6. Esula dal nostro compito la presentazione e

5,1-2: la situazione
   5,3-16: introduzione generale
      5,17-20: introduzione alle norme particolari
         5,21-48: rapporto con il prossimo
            6,1-18: rapporto con Dio
         6,19-7,11: rapporto con le cose; 'giudicare'; 'dare'
      7,12: conclusione per le norme particolari
   7,13-27: conclusione generale
7,28-8,1: la situazione

Come si evince dallo schema, al centro della composizione si colloca la sezione 6,1-18 che mette a tema il rapporto con Dio. All'interno di questa sezione, poi, il "Padre nostro" (6,9-13) occupa una posizione strategica, quasi fosse il centro del centro[130].

In 6,1-18 ritroviamo con abbondanza la parola "Padre" (ὁ πατήρ): delle 17 ricorrenze di questo termine nel discorso della montagna, ben 10 sono collocate da Matteo in questa parte e non sono distribuite a caso. Compaiono infatti in apertura della sezione (6,1 secondo la formula estesa ὁ πατήρ ὑμῶν ὁ ἐν τοῖς οὐρανοῖς), al termine di ognuna delle tre azioni che esprimono la "giustizia" (6,4; 6 [2x]; 18 [2x]: ὁ πατήρ σου), all'inizio della preghiera (πάτερ ἡμῶν ὁ ἐν τοῖς οὐρανοῖς), in ciò che immediatamente precede e segue la preghiera stessa (6,8.15 [ὁ πατήρ ὑμῶν] 6,14 [ὁ πατήρ ὑμῶν ὁ οὐράνιος]). Da questo centro illuminante, la figura del Padre domina in tutto il discorso della montagna e si riverbera, di conseguenza, anche sul testo di Mt 6,25-34. E' un dato importante anche per il percorso intrapreso: la fede – e lo stile di vita che da essa scaturisce – si misurano precisamente in base ad una certa "teo-logia".

Inoltre, è importante analizzare anche il contesto prossimo di Mt 6,25-34 ossia la sezione 6,19-7,11, sopra denominata "rapporto con le cose". In essa, è possibile scorgere delle affinità tra il brano di Mt 6,25-34 e quello di 7,7-11 per le seguenti ragioni: 1) la presenza, in entrambi i testi, dell'argomentazione *a minore ad maius*; 2) l'articolazione dei testi attorno a parole-chiave ripetute: μεριμνάω e αἰτέω; 3) l'utilizzazione, in entrambi i casi, di due grandi esempi illustrativi (gli uccelli del cielo e i

---

l'analisi delle diverse strutture del discorso della montagna. Cf. la bibliografia proposta in M. DUMAIS, *Le sermon*, 79-80.

[130] E' la posizione, ad es., di M. DUMAIS, *Le sermon*, 89, in quella sede dettagliatamente documentata.

gigli del campo, nel primo caso; il figlio che chiede al padre il pane e il figlio che chiede il pesce, nel secondo)[131]. I due testi si illuminano reciprocamente. La loro funzione consiste nell'affermare con chiarezza la cura di Dio verso i suoi figli e il radicamento della vita del discepolo nella grazia divina di fronte alla radicalità evangelica proposta da Gesù[132].

In sintesi, dal contesto, emerge con chiarezza la necessità di esplorare con particolare attenzione il tema *teo-logico*.

3.1.2 Il Padre

Nel corso della spiegazione, la centralità della figura del Padre è stata sottolineata a più riprese. Tra i Sinottici, Matteo è quello che più spesso parla del Padre[133]. E' significativo che in ciascuno dei cinque discorsi del suo vangelo la tematica della paternità ricorra in modo puntuale. Tutto ha origine in Dio Padre e tutto a lui deve essere finalizzato. In questa sede, l'attenzione sarà concentrata sull'analisi del volto del Padre a partire dai riferimenti presenti in Mt 6,25-34 per allargare, in seguito, lo sguardo al più ampio contesto del discorso della montagna[134]: la questione della fede si confronta precisamente con il "tipo" di paternità qui descritta.

a) *"il Padre vostro celeste" (6,26.32)*

Nelle due ricorrenze (6,26.32) riferite al Padre presenti nel brano di Mt 6,25-34, Matteo utilizza l'espressione "il Padre vostro celeste"[135].

---

[131] Cf. D.C. Jr. Allison, "The Structure", 435.

[132] D.C. Jr. Allison, "The Structure", 439.

[133] Mt 42; Mc 4; Lc 15. 31 enunciazioni sul Padre sono patrimonio particolare di Matteo: cf. A. Sand, *Matteo*, I, 187. In ordine all'esplorazione della tematica nell'intero vangelo, segnaliamo a titolo orientativo: R. Fabris, "Il Dio diverso", 62-83; J. Schlosser, *Le Dieu de Jésus*; R. Fabris, "Il Dio di Gesù Cristo", 121-148; S.A. Panimolle, "Dio Padre", 82-164; P. Grelot, *Dieu le Père*; S.A. Panimolle, "Dio", 142-243; E. Manicardi, "Dio Padre", 195-215. Molto utile per l'intero panorama del NT: R. Penna, "I tre livelli della paternità", 645-679.

[134] Cf. P. Schruers, "La paternité divine dans Mt V,45 et VI,26-32"; R.L. Mowery, "From Lord to Father in Matthew 1-7", 642-656; E. Manicardi, "La paternità di Dio", 101-118. Interessanti note sul tema anche in K. Stock, "I figli", 150-157.

[135] La locuzione ὁ πατὴρ ὑμῶν ὁ οὐράνιος ricorre in sette testi: quattro casi riguardano il "Padre vostro" (5,48; 6,14.26.32), due il "Padre mio" (15,13; 18,35) e uno parla in senso assoluto di "Padre celeste" (23,9). E' un tratto distintivo di questo vangelo: cf. R. Fabris, "Il Dio di Gesù Cristo", 125.

"Padre" è il nome del Dio di Gesù Cristo, del Dio del vangelo. Dio è giudice, Signore della storia e della creazione, onnipotente e onnisciente ma questi titoli sono da leggere a partire dalla paternità. La sua onnipotenza è quella dell'amore, la sua giustizia è per offrire il perdono[136]. E l'esatto contenuto di ciò che è racchiuso nell'espressione "Padre" si scorge nelle parole e nelle opere di Gesù, il Figlio per eccellenza (cf. soprattutto Mt 11,27), colui che, solo, compiutamente e definitivamente, lo rivela.

Il Padre è detto, in rapporto ai discepoli, "vostro". La paternità di Dio si esprime al plurale. Essa dice efficacemente appartenenza, legame intimo e stabile di un "noi" con Dio. E' dalla paternità che scaturisce una vera fraternità. Inoltre, egli è colui "che è nei cieli, il Celeste". Si tratta di una metafora ricca di svariate risonanze. Essa esprime non tanto la "lontananza" di Dio quanto la sua alterità, la sua trascendenza, la sua indisponibile libertà, la sua capacità di dominare sul "cielo", su tutte le potenze ribelli a Dio e ostili all'uomo[137]. Dio sfugge all'umana tentazione di impossessarsi in modo magico della sua presenza. Ma è proprio questo Dio "totalmente Altro" che è il Padre nostro. Dio non è un estraneo, l'Essere perfettissimo che non si occupa degli uomini. Perché è Padre, non può non amare tutti coloro che sono i suoi "figli"[138].

b) *Il Padre nel discorso della montagna*

E' opportuno, a questo punto, allargare sia pur brevemente lo sguardo sul resto del discorso della montagna per concentrarsi su alcuni passaggi che possono illuminare, con maggior precisione, il volto del Padre[139].

Nel primo riferimento al "Padre vostro celeste" (5,16) risalta l'atteggiamento dei discepoli: "così risplenda la vostra luce davanti agli

---

[136] B. MAGGIONI, *Padre nostro*, 28: "Padre è il nome di Dio, e figlio, *sempre* figlio, è il nome dell'uomo".

[137] Secondo E. MANICARDI, "La paternità di Dio", 105-106, l'espressione "Padre celeste" è altresì imparentata con la predicazione del "regno dei cieli" (3,2; 4,17), con il racconto del battesimo (3,16-17) ove i cieli si aprono per la discesa dello Spirito e da essi proviene la voce che attesta Gesù come il Figlio e, infine, con alcuni testi che parlano della Chiesa (cf. 16,19)

[138] Cf. S.A. PANIMOLLE, "Dio Padre", 101-104.

[139] Va da sé che non è nostra preoccupazione fornire un'esegesi dettagliata dei testi bensì offrire brevi annotazioni tematiche. Anche per questo la bibliografia è ridotta.

uomini perché vedano le vostre opere buone e rendano gloria al vostro Padre che è nei cieli" (5,16). Il Padre si rivela nella prassi di coloro che gli sono figli; questa prassi si ispira al discorso della montagna e diventa testimonianza eloquente anche per coloro che non conoscono Dio[140].

Le modalità di comportamento in base alle quali i credenti sono chiamati ad agire si fanno evidenti in Mt 5,43-48, l'ultima delle cosiddette "antitesi" che ha come tema l'amore ai nemici[141]. Due sono i riferimenti teologici ivi contenuti: in 5,45 ("Il Padre vostro celeste fa sorgere il suo sole sopra i malvagi e sopra i buoni e fa piovere sopra i giusti e sopra gli ingiusti") e in 5,48 ("Il Padre vostro celeste è perfetto").

L'immagine di Dio che emerge da questi versetti è caratterizzata da un amore senza discriminazioni: egli è generoso verso tutti; il sole e la pioggia sono per tutti. Questa immagine di Dio si inserisce nella tradizione di alcuni testi dell'AT (cf. Es 34,6; Is 53,12; Sal 25,8; Os 11,4.8-9) a fronte di altri che esprimono una presa di distanza dal peccatore[142]. La bontà divina illimitata è presentata con tranquilla sicurezza, come un dato basilare che si impone per la sua evidenza. E' un'immagine di Dio che forza e spezza i rigidi schemi della "giustizia" umana, di un Dio "diverso" da quello comunemente rappresentato e atteso[143]. Ed è nella misura in cui il discepolo imita, pur sempre imperfettamente, il comportamento sconvolgente del Padre, che cresce nella sua figliolanza - che già possiede come dono - e la rende sempre più manifesta (ὅπως γένησθε: "per essere veramente, per dimostrarvi"). Ed è in tale *imitatio Dei* che risiede la "perfezione" (5,48).

La perfezione del Padre è narrata in tutto il discorso della montagna, non solo in questi versetti. Il Padre è "perfetto" perché ama, sempre e tutti. La sua perfezione è il suo amore di benevolenza e di perdono. Applicato al discepolo, l'ideale della "perfezione" (τέλειος) deve essere inteso non secondo l'ideale greco (una personalità autosufficiente, arrivata al culmine della propria vita nella pienezza delle virtù) ma nell'accezione squisitamente biblica, che consiste nel dedicarsi esclusiva-

---

[140] K. STOCK, "I figli", 153. Cf. anche E. MANICARDI, "La paternità di Dio", 103-104.

[141] Cf. GNILKA, *Matteo*, I, 283 300; W.D. DAVIES – D.C. ALLISON, *Matthew*, I, 548- 564.

[142] Ad es. Sir 12,6: "Anche l'Altissimo odia i peccatori e farà giustizia degli empi"

[143] Cf. J. SCHLOSSER, *Le Dieu de Jésus*, 253-260 che, come titolo per questa parte, reca: "Un Dieu déconcertant".

mente e totalmente, in modo indiviso, a Dio[144]. Il termine del confronto che determina la perfezione biblica è il comportamento di Dio[145], non un'idea di uomo. Vivere la perfezione significa vivere una relazione personale e intima con il Padre in modo tale che il discepolo impari a compiere la sua volontà, così come essa è "incarnata" nel volto del Figlio. Tale perfezione è in contrasto con l'*apparire* tipico dell'ipocrita (ad es. 6,1.2 ecc.) ed è sempre in divenire (cf. ἔσεσθε – futuro).

Un ulteriore passo in avanti nell'esplorazione del volto del Padre si compie con l'analisi dei versetti 6,4.6.18. In questa nuova sezione (6,1-18) si opera un triplice confronto tra il discepolo e l'*ipocrita* in merito a tre pratiche ebraiche essenziali: l'elemosina (6,2-4), la preghiera (6,5-6), il digiuno (6,16-18). Il confronto è tra chi opera per essere visto e lodato dagli uomini e chi, invece, opera per piacere a Dio, tra chi è centrato su di sé e chi, invece, è aperto e rivolto verso Dio.

Dio è il "Padre che vede nel segreto" (6,4.6.18)[146]. Egli è colui che scandaglia l'intenzione recondita del cuore. Non si lascia ingannare solo da ciò che appare, fossero anche azioni "buone e religiose". Ciò che conta è la loro origine e il loro scopo: che provengano da un cuore "puro" e che lascino trasparire il volto del Padre (cf. 5,13-16). Chi agisce così riceverà una ricompensa. Sarà il Padre a ricompensarlo (ἀποδώσει): egli è colui che "dà in cambio" (lett.). Non si dice esplicitamente in cosa consista questa ricompensa né se essa sia presente o futura[147]. Si potrebbe, nel contesto, pensare al fatto che il Padre "restituisca" la relazione che si instaura con lui; la ricompensa, in un certo senso immanente, è la crescita della relazione Padre-figli[148].

Ancora del Padre si parla nell'introduzione e nella conclusione del "Padrenostro" (6,7-8; 14-15)[149]. In 6,8 si legge: "Il Padre vostro sa di quali cose avete bisogno ancor prima che gliele chiediate". Il contesto è ancora un contesto di opposizione: i pagani, da un lato, il "voi" dei discepoli, dall'altro[150]. Non si tratta solo di preghiere più lunghe o più

---

[144] L'aggettivo, caratteristico di Matteo (cf. 19,21) recupera il valore semantico dell'ebraico *tamim* (indiviso, completo, intatto, integro): cf. il documentato *excursus* in R. GUELICH, *The Sermon*, 234-237.

[145] J. GNILKA, *Matteo*, I, 295: "Dio nella sua bontà si rivolge indiviso agli uomini".

[146] L'immagine è sapienziale: cf. J. GNILKA, *Matteo*, I, 308.

[147] Richiamo escatologico in R. GUELICH, *The Sermon*, 280; W.D. DAVIES – D.C. ALLISON, *Matthew*, I, 584.

[148] Così in M. DUMAIS, *Le Sermon*, 231.

[149] Cf. E. MANICARDI, "La paternità di Dio", 109-110.

[150] Cf. la spiegazione di 6,32.

brevi: in gioco c'è il volto del Dio al quale ci si rivolge. Per discepolo è quello *del Padre* e proprio per questo egli è sollecito verso i suoi figli. In questa occorrenza ci si esprime come in 6,32: il Padre *sa* (οἶδεν). E sa che ciò che il figlio chiede non è "un di più" ma un necessario bisogno (χρείαν ἔχετε). Questo testo, a confronto con il v. 6,32, esprime semmai con maggior precisione il fatto che l'attenzione del Padre verso coloro che pregano è così intensa che precede persino le richieste stesse (πρὸ τοῦ ὑμᾶς αἰτῆσαι αὐτόν). Il Padre abbraccia con la sua conoscenza amorosa tutti i bisogni dei figli, in ogni momento; il suo è uno sguardo totalizzante sulla loro vita. E' un tratto – questo – che deve sostenere la confidenza senza riserve dell'orante.

Dopo il "Padrenostro", Gesù parla ancora del "Padre vostro celeste" in riferimento al perdono che i discepoli, dopo averlo invocato dal Padre (6,12), sono chiamati, a loro volta, ad offrire ai fratelli (6,14-15). Il Padre celeste è colui che, per primo, perdona. Se non si è disposti a perdonare il fratello, significa che il perdono divino non ha preso corpo nel discepolo né l'ha interiormente rinnovato (vedi anche Mt 18,23-35); il discepolo non sta seguendo l'esempio della misericordia del Padre[151].

L'esordio della preghiera che Gesù consegna come distintivo ai discepoli ("Padre nostro che sei cieli": 6,9) assomma in sé tutti i tratti che sono stati finora rinvenuti. La novità del volto di Dio come Padre che Gesù è venuto a rivelare trova un eccellente compendio in questo testo (6,9-13).

Dell'azione del Padre verso i discepoli parla ancora un testo che ha come tema la preghiera: 7,7-11[152]. Evidenti sono gli agganci con i versetti 6,7-8[153]: è un insegnamento che continua e si completa con nuove sfumature. Interessante il movimento del testo: in 7,7-8 in primo piano sta l'invito pressante a chiedere con perseveranza; in 7,11 l'attenzione è tutta concentrata sulla bontà del Padre che dispensa con larghezza i suoi doni. Si passa da chi chiede a chi dona. L'argomentazione *a fortiori* è giocata tra quanto fanno i padri terreni e quanto farà il Padre celeste (7,9-11). Essa si basa su un motivo desunto dall'esperienza (il padre soddisfa le esigenze essenziali dei figli: pane e pesce) e si chiude (7,11) con un motivo desunto dall'esperienza religiosa: la sicurezza

---

[151] K. STOCK, "I figli", 152.

[152] Cf. sopra per la collocazione del testo all'interno del discorso. Per un primo orientamento: cf. J. GNILKA, *Matteo*, I, 386-392; W.D. DAVIES – D.C. ALLISON, *Matthew*, I, 677-685; R. FABRIS, *Matteo*, 189-190.

[153] Ad es. l'uso del verbo αἰτέω.

e l'assoluta affidabilità dell'amore del Padre. Il Padre veglia sulla vita dei figli; essi invocano un Dio ricco di misericordia; di qui la fiducia nell'esaudimento.

I padri terreni vengono qualificati come "cattivi". Questo serve per far risaltare, per contrasto, l'assoluta bontà di Dio: "uno solo è il buono, (Dio) (Mt 19,17). E' necessario chiedere ("a coloro che gliele chiedono") perché, nella richiesta, l'uomo riconosca la sua dipendenza ossia il suo statuto creaturale. E il Padre darà "cose buone"[154]. Matteo è volutamente generico: lo spettro è vasto e come tale va mantenuto. Nel contesto del discorso, si potrebbe forse pensare a quanto può aiutare a *vivere bene* la relazione da figli con il Padre. Da notare, infine, che il Padre accorderà precisamente *queste cose* buone a coloro che chiedono; non si dice che esaudirà *ogni tipo* di richiesta.

Infine, l'ultima ricorrenza del Padre nel discorso lega strettamente la paternità con la figliolanza divina di Gesù; per la prima volta, si parla della "volontà del Padre mio che è nei cieli" (7,21). Il riconoscimento di Gesù come Signore non ha concretezza se non è accettazione del fatto che nelle parole di Gesù si manifesta la volontà del Padre suo[155].

Da questa estesa indagine, emerge come, di fronte al discepolo, ci sia un Padre, amante dell'uomo, sollecito per le sue necessità, pronto ad intervenire nella sua vita. La paternità divina è stata analizzata con meticolosità perché la fede dei discepoli, in 6,25-34, trova nel Padre il suo destinatario.

3.1.3 L'identificazione dei destinatari

Determinare a chi sia rivolto il rimprovero contenuto in 6,30 significa, più ampiamente, affrontare la questione dei destinatari del discorso della montagna. Tale questione ci interessa da vicino per cogliere, nell'analisi progressiva del tema, se, eventualmente, ὀλιγόπιστος designi una o più categorie di persone.

Per offrire una risposta a questo interrogativo è necessario ricostruire l'uditorio così come appare all'inizio del discorso. In Mt 5,1-2 si legge che "vedendo le folle, Gesù salì sulla montagna e, quando fu

---

[154] Diverse le interpretazioni a proposito di queste ἀγαθά: i doni chiesti attraverso il Padre nostro, lo Spirito Santo (come in Lc), beni escatologici connessi con il Regno, tutto ciò che è utile al singolo, sia al livello materiale che spirituale: cf. l'elenco in W.D. DAVIES – D.C. ALLISON, *Matthew*, I, 684.

[155] E. MANICARDI, "La paternità di Dio", 114.

seduto, gli si avvicinarono i suoi discepoli e, presa la parola, li ammaestrava..."

In 5,1a, Matteo segnala anzitutto la presenza delle folle. Di folle (ὄχλοι) Mt ha già parlato nel versetto precedente (4,25): esse, beneficiarie delle cure amorevoli di Gesù (cf 4,23-24), lo seguono (ἠκολούθησαν). E' l'unico caso, nel corso del vangelo, in cui Mt elenca con precisione i luoghi di provenienza delle folle: attorno a sé, Gesù raduna gente numerosa e variegata.

Assieme alle folle, appaiono altri personaggi, "i discepoli". Il testo di Mt 5-7 presuppone almeno la chiamata dei primi quattro che lo "seguirono" (4,18-20). In 5,1 compare per la prima volta il termine μαθητής con il pronome possessivo αὐτοῦ che qualifica una speciale relazione tra Gesù e questi uomini[156]. Viene da chiedersi se "discepoli" siano soltanto i quattro chiamati: probabilmente, all'inizio del discorso Mt dà per scontato che un gruppo più numeroso si sia già formato. Sono essi che si "avvicinano" (azione espressa con un verbo tipico del vocabolario di Mt: προσέρχομαι). Diversa è la loro azione rispetto alla folla, diverso il loro ruolo. I discepoli sono coloro che hanno preso posizione nei confronti di Gesù, la folla è sempre in bilico, neutrale o possibilista. Ci sono quindi diversi gradi di ascolto.

Il discorso della montagna è dunque rivolto direttamente ai discepoli: il loro è un gruppo scelto e privilegiato; la parola di Gesù li raggiunge per primi[157]. Essi avranno un compito di mediazione in rapporto al suo insegnamento che può (e deve) raggiungere e ispirare le scelte e il comportamento della folla[158]. Le folle, anch'esse, ascoltano e reagiscono: al termine del discorso (7,28-29), Matteo rileva che "restarono stupite del suo insegnamento". La loro reazione di meraviglia per l'autorità di Gesù mette in luce un atteggiamento neutro, tipico di chi è posto di fronte ad una scelta: la scelta di voler passare dall'*ascoltare* (ἀκούω) "queste parole" (7,24.26.28) al *fare* (ποιέω), distintivo del discepolo saggio[159].

---

[156] Matteo utilizzerà per la seconda volta l'espressione "i suoi discepoli" in 8,23, quando inizia la narrazione della tempesta sedata – il secondo testo che contiene il vocabolo ὀλιγόπιστος.

[157] Cf. R. GUELICH, *The Sermon*, 52-53; J. GNILKA, *Matteo*, I, 174-175; W.D. DAVIES – D.C. ALLISON, *Matthew*, I, 425.

[158] S. GRASSO, *Matteo il vangelo narrato*, 46-51.

[159] Cf. M. DUMAIS, *Le sermon*, 111: "Les gens qui composent les foules demeurent des disciples potentiels".

Di conseguenza, possiamo ritenere che l'apostrofe di Gesù in 6,30 sia primariamente per i discepoli. Su questo sfondo, anche il rimprovero acquista una peculiare densità che merita di essere approfondita.

3.1.4 Gli "uomini di poca fede" in Mt 5-7

Non è senza interesse cominciare ad annotare un dato: il primo riferimento alla "poca fede" (6,30) compare quasi all'inizio della narrazione evangelica; o meglio, pressoché all'*inizio* della narrazione della vicenda dei *discepoli*.

Difatti – come si accennava sopra – la loro prima comparsa avviene nell'episodio della chiamata, collocata in 4,18-22: Gesù chiama quattro persone, a due a due, alla sequela (δεῦτε ὀπίσω μου) e, insieme, afferma che "li farà pescatori di uomini" (4,19). Il testo (4,20) annota la loro pronta risposta (εὐθέως): si lascia e si segue. E' una scena naturalmente aperta: non si sa a cosa condurrà tale sequela né cosa significhi, per il momento, essere pescatori di uomini. Solo il cammino potrà istruire il discepolo in proposito: e il discorso che Gesù pronuncia ha, come scopo, quello di mettere in luce le caratteristiche del discepolo ideale, del discepolo in quanto tale e per sempre. Gesù, attraverso le sue parole, educa il "suo" discepolo[160]. La "comprensione" di tale esigenze stacca il discepolo dalla folla: è ciò che ne costituisce lo statuto proprio. Al termine dell'itinerario evangelico, si scoprirà apertamente che, per Matteo, discepolo è colui che conserva quanto gli è stato comandato per poterlo trasmettere (28,20).

Il riferimento alla "poca fede" dei discepoli appare, dunque, nel cuore di tale discorso con il vocativo di 6,30. Il punto critico riguarda la cura di Dio verso le sue creature ossia la sua paternità sollecita e amorosa. Attraverso un gioco di parole, si può affermare che non fa problema l'"essere" di Dio bensì il suo "esser-ci" come Padre; non una generica esistenza bensì una concretissima e liberissima presenza. Presentiamo tre telegrafiche osservazioni per mettere in luce le risonanze che questo appellativo esercita nella trama di Mt 5-7, più una nota sul finale.

a) *"Uomini di poca fede" dall'inizio*

Curiosamente e efficacemente, Gesù apostrofa i suoi come "gente

---

[160] S. GRASSO, *Matteo il vangelo narrato*, 53-58.

di poca fede" e li colloca, di fatto, in questa condizione senza che il testo abbia dato – finora – motivo per qualificarli così. E' Gesù, semmai, che mette in luce un loro possibile punto di vista attraverso le tre domande circa il mangiare, il bere, il vestirsi (6,31). Siamo dinanzi ad una sorta di "definizione prolettica": i discepoli sono gente di poca fede *tout-court*; questo è il primo messaggio che il testo lancia. Il seguito della narrazione potrà precisare meglio se e come questa definizione colga nel segno e potrà contribuire ad illustrarla efficacemente.

Tuttavia, questa apostrofe risuona fin d'ora sia come un avvertimento e come un monito per un rischio sempre in agguato che come constatazione di un difficile e tortuoso percorso.

b) *La forza di un'interpellazione diretta*

Segnaliamo una particolarità di carattere "stilistico", consapevoli della parzialità e della marginalità di questa osservazione che vuole confermare la precedente. L'espressione "uomini di poca fede" - già si è detto – appare, nel testo, come un vocativo. L'impiego di questo espediente letterario serve per dare risalto e/o interpellare un singolo o una categoria di persone. Chi è "chiamato" (*vocatus*) in causa si distacca dalla massa ed è posto prepotentemente in primo piano.

E' interessante notare che, nel discorso della montagna – se l'analisi è corretta – il vocativo ricorre, oltre al caso in questione, altre due volte: 7,5 e 7,23[161]. Il primo (7,5) è il caso dell'"ipocrita": si tratta di colui che osserva la pagliuzza nell'occhio del fratello mentre non si accorge della trave che è nel suo (7,3): zelante nel correggere gli altri, incurante di modificare se stesso; è un caso particolare e circostanziato.

Il secondo (7,23) è il caso degli "operatori di iniquità" (οἱ ἐργαζόμενοι τὴν ἀνομίαν). Costoro si vantano di aver profetato, di aver compiuto esorcismi e miracoli,; tuttavia sono bollati come coloro che vivono senza legge (cf. ἀνομία) cioè vivono un'esistenza che non rispecchia le esigenze radicali dell'amore espresse nella nuova "legge" che Gesù ha appena rivelato. Anche in questa occorrenza, il vocativo fotografa una precisa categoria di persone, giudicate secondo un criterio altrettanto preciso.

In ciascuna delle tre ricorrenze, la categoria evocata presenta dei tratti negativi; è stigmatizzato un modo di fare errato, dal quale occor-

---

[161] Il secondo riferimento è, di fatto, un nominativo, utilizzato, però, come vocativo. Cf. M. ZERWICK, *Analysis philologica*, 17.

re guardarsi. Tuttavia, a confronto con 7,5 e 7,23, l'appellativo "uomini di poca fede" ci pare risalti con più forza a motivo della sua maggiore estensione: non è questione di aver compiuto o meno certe azioni (giudizio contro il fratello o azioni spettacolari); è questione di un'opzione più ampia e radicale nei confronti del Padre, quasi – prendendo in prestito un termine della teologia morale – una sorta di "opzione fondamentale" alla rovescia.

L'uso in sé del *vocativo* e la sua *"estensione"*, a confronto con gli altri presenti nel testo, serve ad enfatizzare, agli occhi del lettore, una certa *immagine* del seguace di Gesù: il discepolo è così. Lo sarà fino alla fine?

Inoltre, è interessante annotare come, nei successivi discorsi che Matteo distribuirà nel vangelo (Mt 10; 13; 18; 24-25), non compaia nessun vocativo rivolto direttamente ai discepoli nel loro complesso. La forza di questo ὀλιγόπιστοι si impone.

c) *"Siate perfetti, uomini di poca fede": una salutare tensione*

E' altamente istruttivo che il discepolo venga presentato come "uomo di poca fede" all'interno di un testo che mira a tratteggiarne la "giustizia superiore" (5,20). Si è già parlato del testo di Mt 5-7 (non solo ma anche) come di una sorta di "identikit del discepolo". Risalta in modo significativo il fatto che, dentro la perfezione alla quale è chiamato chi segue Gesù (5,48), trovi posto la "poca fede".

Tra il ritratto ideale del discepolo e la sua attuazione concreta, si gioca il cammino di una faticosa consegna della libertà personale al Padre, mai pienamente raggiunta. Tale tensione accompagnerà il ritratto del discepolo nel percorso dell'intero vangelo, con un costante alternarsi di progressi e regressi.

d) Una nota sul "finale"

Il discorso della montagna ha presentato, all'inizio, i discepoli come interlocutori privilegiati dell'insegnamento di Gesù (5,2: "insegnava loro"). Si presume che essi abbiano prestato un ascolto attento alla sua parola, trovandosi nella condizione di essere direttamente interpellati. Al termine di questa istruzione, Matteo mette in risalto lo stupore che coglie le folle a motivo dell'"autorità" (ἐξουσία) che connota l'insegnamento di Gesù (7,28-29). Solo delle folle si registra una reazione, reazione che è di meraviglia. Matteo nulla dice dei discepoli, ai quali, del resto, queste espressioni erano dirette in modo specialissimo.

Occorrerà attendere la prosecuzione della narrazione per rendersi conto della reale incidenza di questi discorsi nella loro esperienza. Il loro silenzio rilancia la narrazione a successive verifiche.

3.2 *Primi spunti sulla (poca) fede*

Scopo di questo paragrafo finale è quello di raccogliere alcune osservazioni circa la "poca fede" e, insieme, circa la fede quale dovrebbe essere nel discepolo. Va da sé che, in ordine all'approfondimento del tema, questi punti sono da integrare con le osservazioni appena svolte in merito alla "figura" del Padre e alla collocazione del monito di Gesù di 6,30 all'interno dell'intero discorso della montagna.

3.2.1 La fede in un Dio che è il Padre

La poca fede dei discepoli lascia trasparire l'atteggiamento esistenziale di chi non si affida totalmente a Dio: essa si presenta con la caratterizzazione della mancanza di fiducia; è un dato evidente, attestato in modo concorde nei vari commentari[162]. Tuttavia, il contrasto più volte rimarcato con i "pagani" lascia trasparire un ulteriore dato, non sempre messo in luce con cura: nel caso della "poca fede" non si tratta solo di una generica mancanza di fiducia in Dio bensì di quella mancanza di fiducia che si sposa con la mancata accoglienza di quel Padre che ha il volto manifestato nella prassi e nelle parole di Gesù. Si intravede una sorta di sovrapposizione di piani: il piano morale e il piano cognitivo: la fede è povera come tenuta e come contenuto. Infatti, al discepolo, nel corso del discorso della montagna, Gesù rivela un Dio che si prende cura di tutte le sue creature, attento alle necessità dei suoi figli, in grado di prevenire i loro bisogni, generoso nel perdono. Il Padrenostro (6,9-13), centro del discorso della montagna, dice la reale centralità della

---

[162] Moltissimi autori si allineano su questa pozione; ne offriamo un saggio indicativo: W.C. ALLEN, *Matthew*, 65; W. TRILLING, *Matteo*, 129; J. SCHNIEWIND, *Matteo*, 168; P. BONNARD, *Matthieu*, 94-95; W.F. ALBRIGHT – C.S. MANN, *Matthew*, 82; E. SCHWEIZER, *Matteo*, 157; J.C. FENTON, *Matthew*, 107; D. HILL, *Matthew*, 145; G. STRECKER, *The Sermon*, 138; J. GNILKA, *Matteo*, I, 371; W.D. DAVIES – D.C. ALLISON, *Matthew*, I, 656; R.B. GARDNER, *Matthew*, 128; R. FABRIS, *Matteo*, 183. Per la storia dell'esegesi, segnaliamo CRISOSTOMO, *PG* 57, 301; PASCASIO RADBERTO, *PL* 120, 311 e, tra i moderni, CORNELIUS A LAPIDE, *Commentaria*, XV, 202: "modicae fidei, id est *parum fidentes* in Deo Deique providentia. […] Si illi (Deo) plane confiderent homines, non essent adeo solliciti, sed in ea providentia secure conquiescerent, tumque Deus moderate laborantibus sibique fidentibus de necessariis omnibus provideret".

tematica paterna e, al centro del Padrenostro, la richiesta del pane rimarca ancor di più questo aspetto[163]. Fede, allora, significa accogliere il dono di questa amorosa paternità e vivere in essa come figli, figli coscienti che la loro sorte sta a cuore al Padre più che a se stessi. Avere fede non significa essere di fronte a un Dio lontano o disinteressato o – peggio – geloso bensì consegnarsi nelle mani di Chi conosce ciò di cui si ha bisogno e vi provvede[164]. Ciò non esclude prove e tribolazioni; il discepolo deve aspettarsele (cf. 5,10-12; 10,16-39; 24,9-13) mentre svolge un compito nel quale non è mai solo[165].

La fede, dunque, nel primo testo, si gioca tutta in riferimento al Padre; occorre tenere presente questa sottolineatura perché gli altri testi sposteranno l'accento: si parte dal Padre e da una paternità *attiva*.

3.2.2 Il contrasto fede/affanno

Vivere con affanno/vivere nella fede: sono due modi, volutamente opposti nel testo senza troppe sfumature, per delineare due modi di concepire l'esistenza[166].

Chi vive fidandosi si libera dall'affanno; chi si affanna si rivela come uomo di poca fede. L'affanno è tipico di chi ritiene, magari

---

[163] Ci sembra suggestiva l'osservazione di R. MEYNET, *"E ora, scrivete"*, 15: "a stretto rigor di termini, solo la richiesta centrale richiede il nome di Padre: l'esperienza comune di tutti i bambini – almeno dell'epoca – è che il padre fornisce il pane quotidiano".

[164] Il testo di Mt 6,25-34 è stato considerato, fin dall'antichità, come un *locus* classico in merito alla dottrina della provvidenza (cf. le citazioni dei Padri in H.D. BETZ, *The Sermon*, 464). La nozione speculativa di "provvidenza" (πρόνοια) è di derivazione ellenistica (cf. J. BEHM J., "προνοέω, πρόνοια", 1197-1220; W. RADL, "προνοέω", 1121 e, in dettaglio, G. REALE, *Storia della filosofia antica*. III, 369-372 per la presentazione e il confronto con la filosofia stoica popolare; cf. anche J. SCHMID, *Matteo*, 195) e il suo impiego nel NT è legato unicamente all'azione dell'uomo (At 24,2; Rm 12,17; 13,14; 2Cor 8,21; 1Tm 5,8). Tuttavia, dall'AT (e propriamente dalla riflessione sapienziale) proviene quella visione religiosa dell'intervento di Dio nella natura, nella storia e nella vita di singoli individui che prende il nome di "provvidenza" come vigile sollecitudine del Creatore (per la documentazione di queste affermazioni, cf. G. DE VIRGILIO, "Mt 6,19-34: provvidenza", 3-6). La predicazione di Gesù si ricollega, in Mt 6,25-34, ad un simile contesto sapienziale, offrendo tuttavia maggior enfasi alla *relazione* padre-figli più che alla nozione di *creatio continua*. Il testo coniuga insieme motivi sapienziali e motivi etici (6,33): la certezza della cura del Padre deve muovere all'azione i figli.

[165] Cf. W.D. DAVIES – D.C. ALLISON, *Matthew*, I, 664.

[166] J. SCHNIEWIND, *Matteo*, 169; D. SENIOR, *Matthew*, 88.

inconsciamente, che tutto dipenda da sé, che "tutto" possa provenire dallo sforzo delle sue mani. In questo caso, il Padre resta nell'ombra. La vita dominata pesantemente dall'affanno è una possibile "controfigura" della fede[167]. C'è da aggiungere, poi, che questo *modus vivendi* si manifesta come attaccamento avido ai beni. Ci si affanna, stoltamente, per avere, ci si affanna, altrettanto stoltamente, per mantenere.

La poca fede si esprime come stoltezza dell'uomo che ricerca e si appoggia a beni incerti, friabili, illudendosi circa la loro reale consistenza; in modo molto realistico, è la doppiezza dell'uomo che guarda a Dio ma, di più, ai beni che possiede o che desidera[168]. Il rapporto con le cose non è dunque da computare come un problema di ordine etico; la sua radice è di natura teologica: dipende primariamente dall'immagine, deviata o evangelica, che di Dio si possiede[169].

E' da notare, infine, che nell'uomo, spesso e volentieri, affanno e fede convivono. L'affanno può essere superato nella misura in cui, gradualmente, si lascia agire la forza della fede per vivere, ogni giorno, un più cosciente affidamento. La fede si inscrive, di sua natura, nella categoria del cammino.

3.2.3 Fede e ricerca

La fede genera uno stile di vita. Il credente non vive in modo passivo il suo rapporto con Dio: è chiamato ad esercitare le sue responsabilità, a mettere in atto, attraverso scelte concrete, la sua libertà[170]. E' marcatamente indirizzato – come si è potuto notare nelle pagine precedenti – ad una intensa "ricerca" del Regno di Dio e della giustizia. La fede esige una corretta impostazione della vita: prima il Regno e la giustizia, poi il resto.

Questa ricerca oppone i credenti ai pagani. Questi due gruppi sono mossi (o dovrebbero esserlo) da due *ricerche* diverse[171]. I pagani ricercano/si preoccupano (ἐπιζητοῦσιν) del cibo, del bere, del vestito, erigendoli a interessi supremi e lasciando intendere una qualche sfiducia

---

[167] Cf. G. LAFON, "La gratuité de Dieu", 493-497.
[168] E. SCHWEIZER, *Matteo*, 156.
[169] S. GRASSO, *Matteo*, 203.
[170] Questo richiamo è necessario per liberare il testo di Mt 6,25-34 dall'accusa di ingenuità che gli autori mettono in luce: ad es. J. SCHNIEWIND, *Matteo*, 167; J. RADERMAKERS, *Matthieu*, 102; U. LUZ, *Matthew 1-7*, 402; D. HARE, *Matthew*, 74; D. SENIOR, *Matthew*, 87; scrive C.E. CARLSTON, "Matthew 6:24-34", 179: "faith here seems almost to be identified with naïvité".
[171] D. PATTE, *Matthew*, 93-94.

nei confronti dell'azione di Dio verso l'uomo; i discepoli sono invitati alla ricerca (ζητεῖτε) primaria del Regno e della giustizia di Dio sicché l'azione del Padre si dispiegherà gratis nei loro confronti.

Tale ricerca del Regno e della giustizia di Dio, nella trama di Matteo, diventa concretamente il proposito deciso di fare la volontà del Padre[172] con una marcata accentuazione in ordine all'amore del prossimo, come risalta nella scena grandiosa del giudizio finale (Mt 25,31-46)[173].

Infine, non è da trascurare il legame dialettico che si instaura, attraverso il collegamento con il testo di Mt 7,7-11, tra ricerca e preghiera. Il corretto atteggiamento di fronte al Padre si esprime attraverso il comportamento di chi sa che *tutto* gli è dato a mo' di dono (dunque si esclude ogni orgogliosa "autosalvezza") e, insieme, sa che al dono si corrisponde con una vita "giusta" (dunque si esclude ogni remissiva passività).

3.2.4 L'azione pedagogica di Gesù

Nel testo di Mt 6,25-34 Gesù propone una serie di imperativi che sollecitano fortemente a superare la poca fede argomentando attraverso l'esempio della natura. Egli si presenta come colui che vuole incitare alla fede nel Padre che ha cura: la sua è un'opera educativa nei confronti dei discepoli. Tale opera si basa sulla fede/fiducia che egli, Figlio, dimostra nei confronti del Padre[174]; la fede di Gesù è il paradigma della fede dei discepoli. Egli mostra, nelle parole e nelle opere, la sua dipendenza dal Padre. Invitare alla fede è invitare all'"imitazione" di sé cioè a vivere una relazione filiale modellata sulla sua (*mutatis mutandis*!). Da questo punto di vista, può essere istruttivo il paragone con l'episodio delle tentazioni (Mt 4,1-11). Lì Gesù sceglie il Padre e il suo progetto, si affida a Lui contro la pretesa del tentatore: la fiducia di Gesù è motivata dal suo legame con il Padre e diventa adesione a Dio e ripudio delle pretese del diavolo. Interessante notare come la prima tentazione riguardi i pani (4,3), cioè un mezzo di sussistenza (cf.

---

[172] L'espressione "fare la volontà del Padre mio" è caratteristica di Matteo: 6,10; 7,21; 12,46-50; 18,14; 26,42. Cf. G. SEGALLA, *Un'etica*, 45-49; G. DE VIRGILIO, "Mt 6,19-34: provvidenza", 20.

[173] J. LAMBRECHT, *"Eh bien! Moi je vous dis"*, 169.

[174] Cf. D.W. BEARE, *Matteo*, 211: "Egli (Gesù) cerca di evocare in coloro che lo circondano la stessa fede illimitata nella provvidenza di Dio"; cf. anche R. SCHNACKENBURG, *Tutto è possibile*, 69-70.

6,25.26.31 circa il mangiare) che si pone di fronte a un bisogno reale di Gesù (4,2: ἐπείνασεν). Egli non disprezza il pane ma lo colloca in una scala corretta di priorità: "sta scritto: Non di solo pane vivrà l'uomo ma di ogni parola che esce dalla bocca di Dio" (4,4; cf. 6,33: il Regno, la giustizia, il resto). L'esempio di Gesù parla al lettore: anche per il discepolo la fede si connota come libera scelta[175].

---

[175] Cf. D. PATTE, *Matthew*, 93; R.B. GARDNER, *Matthew*, 133.

CAPITOLO SECONDO

DISCEPOLI NELLA TEMPESTA (Mt 8,23-27)

Il percorso tematico prosegue con il secondo testo ove ricompare il termine ὀλιγόπιστος. Si tratta dell'episodio contenuto in Mt 8,23-27: Gesù e i suoi discepoli sulla barca in mezzo alla "tempesta". Anche Marco e Luca presentano una narrazione parallela: Mc 4,35-41 e Lc 8,22-25. Durante l'analisi, si terranno presenti anche questi brani.

Nel corso del capitolo, l'esposizione sarà articolata, secondo una triplice scansione, attorno ad alcune questioni preliminari relative al testo, alla sua spiegazione e alla sua funzione nel contesto, con lo scopo di compiere un passo ulteriore nella perlustrazione del tema della "poca fede".

1. Questioni introduttive

In questo primo punto, sono due le questioni da affrontare: la delimitazione e l'articolazione della pericope.

1.1 *La delimitazione del testo*

La pericope di Mt 8,23-27 si presenta come un'unità compatta. I confini del testo sono segnalati, anzitutto, da un cambiamento di luogo: l'imbarco – che stacca dalla situazione precedente – è registrato in 8,23 e lo sbarco – *incipit* del brano successivo – è segnalato in 8,28. Ciò di cui si parla in 8,23-27 avviene, dunque, "nel mare" (8,24). Cambiano i personaggi: non la folla (8,18) né lo scriba (8,19) né, genericamente, "un altro dei discepoli" bensì (e unicamente) Gesù e i suoi discepoli (8,23). In 8,28 ancora nuove comparse (i due indemoniati) indicheranno una diversa scena. Anche l'azione qui descritta – l'acquietamento della tempesta – si distacca sia dall'azione precedente (8,18-22: dialogo sulla sequela) che seguente (8,28-34: esorcismo nei confronti degli indemoniati gadareni e relative conseguenze). Secondo queste osservazioni, il brano è ben delimitato.

Resta tuttavia da segnalare un particolare, suggestivo per l'interpretazione globale del testo. L'ordine di imbarcarsi, da parte di Gesù, viene intimato in 8,18 ma la sua realizzazione è ostacolata da due personaggi che esprimono desiderio e reticenze in ordine alla sequela (8,19-22). Si può dunque affermare, a buon diritto, che i versetti precedenti abbiano un legame non accidentale con il brano di Mt 8,23-27[1].

1.2 *L'articolazione del testo*

L'introduzione della narrazione è costituita dal ritrovarsi insieme, nella stessa barca, da parte di Gesù e dei suoi discepoli (8,23): i soggetti della scena compaiono subito. Dal contesto precedente apprendiamo che l'ordine di imbarcarsi è stato impartito da Gesù in 8,18: è lui che fa partire l'azione. In 8,23 la descrizione dell'imbarco del protagonista è affidata ad un participio[2] (ἐμβάντι αὐτῷ) mentre il verbo principale della proposizione è riservato ai discepoli e alla loro sequela (ἠκολούθησαν). La ripresa del pronome αὐτός (ἐμβάντι αὐτῷ / ἠκολούθησαν αὐτῷ) lega *colui* che sale sulla barca a coloro che *lo* seguono. Nell'economia di questo microracconto, ciò che è rilevante è il rapporto tra Gesù e i suoi discepoli.

La scena si sviluppa (8,24) con l'insorgere di una situazione nuova, segnalata dall'uso dell'espressione καὶ ἰδού. "Accadde un grande sisma nel mare": così possiamo tradurre in modo letterale e maldestro il testo originale allo scopo di far risaltare la fattualità precisa dell'evento (indicata dall'aoristo ἐγένετο) e l'ambiguità del termine impiegato da Matteo per dire l'evento (σεισμός). Notiamo la presenza dell'aggettivazione (μέγας), solitamente rara nei vangeli, e il complemento di luogo (ἐν τῇ θαλάσσῃ) che ci consegna un'informazione ridondante: siamo in mare aperto. La conseguenza[3] di ciò che si è scatenato è una situazione di immediato pericolo: "la barca è ricoperta dalle onde". E' la barca – in questo caso – a balzare in primo piano[4]. Ne deriva che

---

[1] Tale aggancio tra 8,18-22 e 8,23-27 è segnalato, ad es., in U. LUZ, *Matthew 8-20*, 15, che commenta insieme i versetti.

[2] M. ZERWICK, *Analysis philologica*, 19 parla di participio *coniunctum*.

[3] E' il senso della costruzione ὥστε + acc. e infinito.

[4] E' un particolare tipico di Mt: cf. la diversa disposizione in Mc 4,37 (soggetto sono le onde) e in Lc 8,23 (la barca non compare).

l'incolumità dei naviganti è seriamente compromessa.

In questo contesto, sortisce un effetto shockante la notizia del sonno del protagonista ("lui, però, dormiva", trad. lett.); da notare l'uso enfatico del pronome αὐτός e il tempo del verbo καθεύδω (l'unico caso di imperfetto nel racconto): l'azione è volutamente rallentata attorno a questo misterioso comportamento di Gesù.

I discepoli (soggetto sottinteso) reagiscono di fronte al pericolo (8,25): si avvicinano a Gesù, lo svegliano, gli rivolgono la parola. L'azione principale è descritta dall'aoristo ἤγειραν, azione che richiama il sonno di Gesù (8,24) e che predispone al gesto successivo: la parola a lui rivolta. E' la prima "voce" che si ascolta nel racconto. Introdotta dal classico *verbum dicendi* (λέγοντες), è un'accorata invocazione d'aiuto composta da tre elementi: il titolo ("Signore"), il contenuto della richiesta (all'imperativo aoristo: σῶσον), la presentazione della situazione (ἀπολλύμεθα, al presente). Nulla di più ragionevole del loro grido: anzi, pare esprimano, in questo modo, un corretto comportamento verso colui che sta nella barca.

Ma la reazione di Gesù (8,26) smentisce questo giudizio. Essa si compone di una parola (8,26a) e di un'azione (8,26b), mentre per i discepoli si era trattato di un'azione (8,25a) seguita da una parola (8,25b); avviene, cosicché, nel testo, le parole, dei discepoli e di Gesù, appaiano speculari (8,25b/26a), come centro della narrazione. Il discorso diretto di Gesù è introdotto con un verbo al presente (λέγει) che catalizza l'attenzione perché è il verbo principale. Il paragone con gli altri interventi diretti, presenti nel testo, consente di apprezzarne la diversità: infatti, sia in 8,25 che in 8,27 il discorso diretto è collegato ad un'altra azione: 8,25: ἤγειραν αὐτὸν λέγοντες e 8,27: ἐθαύμασαν λέγοντες. Le parole – poste in tal modo in risalto – sono formulate a mo' di domanda. Il contenuto di dette parole mette in luce sia la condizione dei discepoli (dominati dalla "paura/viltà": δειλοί) sia la radice del loro atteggiamento (la poca fede: ὀλιγόπιστοι). Siamo al vertice del racconto: le parole ai discepoli pesano più dell'azione successiva[5].

E' infatti dopo il rimprovero – e solo *dopo* questo (cf. l'avverbio τότε) – che si compie il gesto di potenza di Gesù[6]. Anch'esso è un

---

[5] L'enfasi che Matteo accorda alla parola di Gesù emerge anche dalla collocazione del rimprovero ai discepoli a confronto con gli altri sinottici: infatti, in Mc e Lc l'ordine è esattamente inverso (Mc 4,39-40; Lc 8,24-25).

[6] In 8,26b appare il verbo ἐγείρω (ἐγερθείς) come in 8,25a.

"fare" che è un "dire": "minacciò". Basta una parola del Signore indirizzata ai venti e al mare perché ci sia la calma.

Si ritorna, almeno esternamente[7], alla condizione iniziale. Il racconto ammicca a questo ritorno iniziale attraverso alcune espressioni che ricompaiono: come "ci fu" (ἐγένετο) un grande (μέγας) sisma (8,24) così "ci fu" (ἐγένετο) anche una grande (μεγάλη) calma (8,26). La situazione di tensione è risolta.

Il brano si chiude (8,27) con la registrazione della reazione, di fronte al gesto di Gesù, da parte di coloro che il testo chiama gli "uomini": stupore e interrogativo. Il verbo principale descrive meraviglia (ἐθαύμασαν) che si esplicita in una domanda (ancora introdotta con il participio λέγοντες; cf. 8,25) circa l'identità di colui che lo ha comandato ai venti e al mare. L'effetto del gesto compiuto da Gesù ("si fece grande bonaccia") viene riletto come obbedienza degli elementi stessi ("gli obbediscono"). Tutta l'attenzione si concentra sull'enigmatico autore[8]: il testo si chiude con una domanda aperta.

Vari richiami interni (ad es. grande tempesta/grande calma; dormire/alzarsi; parola dei discepoli/parola di Gesù) possono conferire al brano una disposizione a chiasmo[9]:

    A. introduzione scenica: v. 23
    Καὶ ἐμβάντι αὐτῷ εἰς τὸ πλοῖον ἠκολούθησαν αὐτῷ οἱ μαθηταὶ αὐτοῦ.

    B. situazione di pericolo: v. 24a-b
    καὶ ἰδοὺ σεισμὸς μέγας ἐγένετο ἐν τῇ θαλάσσῃ, ὥστε τὸ πλοῖον καλύπτεσθαι ὑπὸ τῶν κυμάτων,

        C. sonno di Gesù: v. 24c
        αυτὸς δὲ ἐκάθευδεν.

            D. i discepoli si rivolgono a Gesù: v. 25

---

[7] "Esternamente" dice riferimento a ciò che accade sul piano degli avvenimenti visibili: da un grande sisma ad una grande calma. Diverso è il cammino "interno" che i discepoli sono chiamati a compiere.

[8] Cf. l'uso di ποταπός e dei pronomi οὗτος e αὐτῷ.

[9] E' – come sempre – una possibilità: per essa cf. W.D. DAVIES – D.C. ALLISON, *Matthew*, II, 68; vedi anche lo schema – che mette al centro il rimprovero di Gesù – in X. LÉON-DUFOUR, "La tempête", 168; J.-P. CHARLIER, *Signes et prodiges*, 159 e le osservazioni stilistiche in U. LUZ, *Matthew 8-20*, 15.

καὶ προσελθόντες ἤγειραν αὐτὸν λέγοντες,
Κύριε, σῶσον, ἀπολλύμεθα.

D'. rimprovero di Gesù: v. 26a
καὶ λέγει αὐτοῖς,
Τί δειλοί ἐστε, ὀλιγόπιστοι;

C'. Gesù si alza e sgrida: v. 26b
τότε ἐγερθεὶς ἐπετίμησεν τοῖς ἀνέμοις καὶ τῇ θαλάσσῃ,

B'. la tempesta si calma: v. 26c
καὶ ἐγένετο γαλήνη μεγάλη

A. conclusione corale: v. 27
οἱ δὲ ἄνθρωποι ἐθαύμασαν λέγοντες,
Ποταπός ἐστιν οὗτος
ὅτι καὶ οἱ ἄνεμοι καὶ ἡ θάλασσα αὐτῷ ὑπακούουσιν;

2. Spiegazione del testo

La spiegazione occupa la seconda tappa dell'itinerario all'interno di questo testo: sarà un'esegesi focalizzata a cogliere, in special modo, la dinamica che si instaura tra Gesù e i suoi. In questo incontro/scontro, si delinea il tema della fede.

2.1 *L'imbarco (v. 23)*

L'imbarco di Gesù e dei suoi discepoli sulla nave segna l'inizio del racconto. Tuttavia la "cornice" dell'episodio inizia al v.18: è a questo punto che si colloca il comando di Gesù di passare all'altra riva. L'intenzione è quella di ottenere una separazione dalla folla ("vedendo Gesù folla attorno a sé": 8,18a) ed una conseguente intimità con i discepoli. La nota interessante è data dall'impossibilità di eseguire immediatamente questo comando[10]: a Gesù si presenta prima uno scriba che dichiara di volerlo "seguire"[11] ovunque andrà (8,19) e poi uno dei discepoli che domanda una dilazione nella sequela per andare a sep-

---

[10] Istruttivo - per cogliere differenti prospettive - il parallelo con Mc 4,35-36 e Lc 8,22.

[11] Il verbo è quello classico della sequela: ἀκολουθέω.

pellire il padre (8,21). Questo "ritardo" nella partenza per la traversata consente di puntare l'attenzione su un tema decisivo: "seguire Gesù". E' necessario attardarsi ad analizzare questo sfondo per cogliere con maggior precisione il senso dell'episodio in esame[12].

2.1.1 Lo sfondo: condizioni per la sequela (v. 19-22)

Siamo in presenza di due brevi dialoghi[13], fortemente stilizzati, privi di ogni determinazione concreta che leghi il detto ad una circostanza particolare. Forse, l'intenzione dell'evangelista è quella di rendere la scena una sorta di "quadretto ideale della sequela"[14]. Ciò si può cogliere anche dal fatto che egli utilizzi un aoristo per introdurre le due richieste (εἶπεν) e un presente per introdurre la risposta di Gesù (λέγει): il presente storico, oltre che dare vivacità al racconto, si presta ad esprimere una sentenza generale, valida per quel caso e per tutti gli altri simili[15]. Ci si concentrerà solo sulle parole di Gesù.

Nel primo detto (8,20) Gesù afferma che "il Figlio dell'uomo non ha dove posare il capo". L'aspetto della sequela che balza in primo piano non è la povertà o la fatica di una vita pellegrinante, bensì l'insicurezza, la precarietà, l'assenza di un rifugio stabile e tranquillo per potersi difendere dagli intrighi dei nemici. Quella che si delinea è una vita costantemente esposta al rischio[16].

Il secondo detto ("Seguimi e lascia i morti seppellire i loro morti": 8,22) esprime, nella sua paradossalità, il carattere esclusivo della sequela; va preso così come giace, con il suo carico di asprezza, senza attenuazioni[17]. Nulla deve distrarre il discepolo: il rapporto con Gesù viene prima di tutto, senza porre condizioni. Occorre notare che la sepoltura era considerata, all'epoca, un dovere religioso fondamentale, specie da parte dei figli nei confronti dei genitori, come estensione del quarto comandamento. Neppure la legge può incidere sulla chiamata del Figlio dell'uomo[18]. Per Gesù, tuttavia, non si tratta di abolire né di correggere la legge. Si tratta di accogliere il dono di una presenza – il

---

[12] Cf. già G. BORNKAMM, "The Stilling", 54-55.
[13] Per un'esegesi dettagliata, cf. J.D. KINGSBURY, "On Following Jesus", 45-59.
[14] Cf. J.D. KINGSBURY, "On Following Jesus", 45.
[15] A. SAND, *Matteo*, I, 263. Il presente tornerà per introdurre le parole di Gesù in 8,26.
[16] Diversa dalla sequela dei rabbini che conduceva nell'intimità e nella sicurezza della casa: cf. J. GNILKA, *Matteo*, I, 457.
[17] Cf. i numerosi tentativi di addolcire il detto in J. GNILKA, *Matteo*, I, 460.
[18] J. GNILKA, *Matteo*, I, 461.

Regno – che sovverte, relativizza, colloca in modo differente i diversi valori presenti nella vita dell'uomo[19].

Immediatamente dopo questi detti sulla sequela, avviene l'imbarco. E si sale sulla barca con il "peso" di queste scene esemplari di sequela.

2.1.2 In barca

Gesù sale sulla barca: il suo proposito (8,18) si può realizzare. Il verbo ἐμβαίνω è utilizzato nelle altre ricorrenze sempre per indicare Gesù che sale su una barca (9,1; 13,2; 15,39); l'unica eccezione è 14,22 dove è attribuito ai discepoli. E' lui, quindi, in primo piano[20], lui che precede. Questo consente di introdurre discretamente il tema della sequela come obbedienza ad un comando (8,18) e adesione ad una persona. Interessante anche il particolare della barca (εἰς τὸ πλοῖον); a differenza di Mc 4,46, non si fa menzione d'altre barche. Tutto è focalizzato attorno ad un'unica imbarcazione[21] che passerà subito in primo piano (8,24). La barca – come luogo separato da tutti e da tutto – porta con sé l'immagine di intimità, da un lato, e di pericolosità, dall'altro. L'insicurezza del mare aperto dice plasticamente come la sequela di Gesù non ammetta "tane" o "nidi" (8,20): la barca, lontana dalla riva, esprime, anche materialmente, l'opposto di una tranquilla sistemazione. Il racconto dei discepoli in mare con Gesù dice il rischio di ogni sequela e, di conseguenza, ha qualcosa da dire in ordine alla dinamica della fede.

"Lo seguirono i suoi discepoli": accanto a Gesù compaiono "i discepoli" che vengono qualificati con l'azione espressa dal verbo ἀκολουθέω. Il termine μαθητής è utilizzato da Matteo in abbondanza (cf. Mt 73; Mc 46; Lc 37)[22]: una volta in riferimento ai farisei (22,16), 3 volte in riferimento a Giovanni Battista (9,14; 11,2; 14,12); tutte le altre ricorrenze si applicano ai compagni di Gesù. Essi si qualificano per un rapporto costante e stabile con lui; la nota più caratteristica è l'"appartenenza a", segnalata dal pronome αὐτοῦ: i discepoli sono i

---

[19] J. GNILKA, Matteo, I, 463: "Egli poté avanzare queste richieste radicali per amore del regno di Dio. Il discepolo, a cui si chiedeva questo, non rimaneva solo, ma si trovava in comunità con lui".

[20] In Mc 4,36 sono i discepoli che "prendono" Gesù così come era: cf. A. SAND, Matteo, I, 266; W.D. DAVIES – D.C. ALLISON, Matthew, II, 71.

[21] Cf. H. HENDRICKX, The Miracles Stories, 195.

[22] E' proprio di Matteo anche l'impiego del verbo corrispondente μαθητεύω (13,52; 27,57; 28,19) come si noterà a commento di 28,16-20.

"suoi". La caratteristica che più sovente si mette in luce circa il discepolo in Matteo – vale a dire la sua capacità di "comprensione" – sarà presa in considerazione più avanti (cf. 16,5-12). In questa occasione, è utile registrare un particolare in ordine allo svolgimento della narrazione evangelica: siamo in presenza della "ricomparsa del gruppo". L'espressione οἱ μαθηταὶ αὐτοῦ attira, infatti, l'attenzione: dopo la chiamata (4,18-22) e l'ascolto (5-7)[23], i discepoli sono in azione, per la prima volta, soli con Gesù. Quella che viene descritta potrà essere, in un certo senso, un'azione paradigmatica. L'essere sulla barca è un primo modo per verificare la stabilità delle condizioni appena sopra richieste: tale stabilità si misura solo sul rapporto con Gesù, non sulla capacità di stare in piedi da soli. Ai discepoli si richiede fede, non, prima di tutto, coraggio.

Eloquente è il verbo che accompagna i soggetti in questione: ἀκολουθέω[24]. Si è già avuto modo di notare come il verbo ἀκολουθέω renda compatta la sezione (8,19.22.23)[25]. In rapporto ai discepoli, è un verbo che presenta una chiara valenza spaziale (mettersi in cammino) ma non solo[26]. Tale spostamento si effettua in obbedienza ad un comando di Gesù[27], si percepisce come adesione alla sua persona (che manifesterà un progetto) ed include un abbandono di quanto prima costituiva l'ambiente familiare. Seguire Gesù significa essere uniti a lui; è lo sbocciare, il consolidarsi, il permanere di un rapporto interpersonale[28]. E la fede – poca o tanta – si gioca qui. La partenza dei discepoli è più che positiva, in confronto con quanto descritto sopra (8,19-22)[29].

---

[23] L'espressione "i suoi discepoli" ricorre per la 1x in 5,1: i discepoli si avvicinano a Gesù per ascoltare il suo insegnamento.

[24] Il verbo ricorre 25x in Mt; 18x in Mc; 17x in Lc. Non è riferito unicamente ai discepoli; vale anche per la folla (4,25; 8,1; 12,15; 14,13; 19,2; 20,29; 21,9) oppure gli ammalati (9,27; 12,15; 20,34). Sull'uso del verbo, cf. G. KITTEL, "ἀκολουθέω", 567-582; J.D. KINGSBURY, "The Verb Akolouthein ("To Follow")", 56-73.

[25] Queste ricorrenze si illuminano reciprocamente in ordine al significato esatto del verbo; cf. G. BORNKAMM, "The Stilling", 55: "there is no question of disputing that ἀκολουθεῖν in 8.23 bears in the first place the simple meaning of follow after, but at the same time it is given by the preceding sayings (8.19 and 8.21) a deeper and figurative meaning".

[26] S. GRASSO, Gesù e i suoi fratelli, 46: "nel vangelo di Matteo, il verbo, riferito ai discepoli, sottolinea lo spostamento non solo fisico, ma etico, psicologico e spirituale che si deve compiere per porsi al seguito di Gesù".

[27] E' interessante il fatto che il comando di Gesù di passare all'altra riva (ἀπελθεῖν) in 8,18, diventi, per i discepoli in 8,23 seguire (ἠκολούθησαν).

[28] Cf. M. GRILLI, Comunità e missione, 245-246.

[29] D.A. HAGNER, Matthew 1-13, 221.

2.2 Il "sisma" e il sonno (v. 24)

I discepoli al seguito di Gesù si imbattono immediatamente in una situazione critica: una "prova" che viene dall'esterno, causata dallo sconvolgimento del mare. Insieme ad essa, interviene un'altra "prova" – che forse si può definire "interna" – che scuote e spiazza nell'intimo i discepoli: il comportamento di Gesù che dorme tranquillamente.

2.2.1 L'accadimento del "grande σεισμός"

Giunti sulla barca, l'attenzione è catturata dall'insorgere di un fatto nuovo che Matteo prontamente segnala attraverso una locuzione che gli è abituale: καὶ ἰδού. L'espressione[30] è generalmente connessa con una realtà inaspettata e l'evangelista l'utilizza per mettere in risalto qualcosa che ritiene importante[31]; lo sfondo semitico (*wehinneh*) è spesso imparentato con apparizione angeliche o teofanie (Gen 18,2; 28,13; Ez 1,4; Dan 7,13; ecc.)[32].

In mare avviene ciò che Matteo definisce un σεισμός μέγας (8,24a)[33]. Di per sé il vocabolo[34] non indica direttamente una "tempesta" - come lasciano chiaramente intendere Mc 4,37 e Lc 8,23 con l'impiego del vocabolo λαῖλαψ - bensì una "forte scossa", uno "sconvolgimento" qualcosa paragonabile ad un "terremoto". Il termine, con l'ambiguità che acquista nel contesto (un terremoto in mare!), è volutamente allusivo. E' utile, per questo motivo, perlustrare l'uso del sintagma nella trama del vangelo.

a) *La presenza di σεισμός nel vangelo*

Due sono gli ambiti da tenere in considerazione. In primo luogo, è significativo notare come, nei tre sinottici, il termine ritorni nel cosiddetto "discorso escatologico" proprio di ogni evangelista (Mt 24,7; Mc 13,8; Lc 21,11) rivelandosi, in questo modo, imparentato con il linguaggio apocalittico utilizzato per descrivere la fine dei tempi[35]. Gesù,

---

[30] A. VARGAS-MUCHACA, "(Καί) ἰδού en el estilo narrativo", 233-244.
[31] E. SCHWEIZER, *Matteo*, 198.
[32] W.D. DAVIES – D.C. ALLISON, *Matthew*, I, 206.
[33] Il termine è caro a Matteo: ricorre 4x nel suo vangelo (8,24; 24,7; 27,54; 28,2) mentre 1x in Mc e 1x in Lc.
[34] G. BORNKAMM, "σείω, σεισμός", 5-16; P. BONNARD, *Matthieu*, 120.434; per un'indagine simbolica, cf. M. GIRARD, *Les symboles dans la Bible*, 667-685.
[35] Cf. l'abbondante impiego nel libro dell'Apocalisse: 6,12; 8,5; 11,13 (2x).19; 16,18 (2x).

guardando al futuro, istruisce i suoi discepoli circa gli eventi che accadranno nel tempo che segue la sua risurrezione e porta alla parusia. Sarà il tempo dell'annuncio del vangelo (24,14) contrassegnato da persecuzioni dall'esterno e dissensi interni (24,9-13). Il termine σεισμός, secondo tale prospettiva, è strettamente legato al tempo della missione postpasquale dei discepoli: la vicenda sulla barca ne sarebbe un'anticipazione[36]. La "tempesta" – in altri termini – può alludere (o richiamare), in trasparenza, ad una futura condizione di fatica della comunità[37], forse a persecuzioni: si vedrà meglio più avanti.

In secondo luogo, utili per illuminare il significato dell'episodio di Mt 8,23-27 sono i due riferimenti che provengono dai racconti della morte e risurrezione di Gesù. La confessione pronunciata dal centurione e da coloro che facevano la guardia a Gesù ("Davvero costui era figlio di Dio") avviene in seguito a quanto essi "hanno visto". L'oggetto della visione è descritto sinteticamente con queste parole: ἰδόντες τὸν σεισμὸν καὶ τὰ γενόμενα (27,54). Gli avvenimenti straordinari che si verificano dopo la morte di Gesù (27,51-53: la terra che trema, le pietre che si fendono, i morti che risuscitano) acquistano un valore apocalittico e consentono ad alcuni presenti di scorgere in essi una *rivelazione* del Figlio di Dio. In questo caso, il terremoto serve per aiutare ad interpretare l'enigmaticità di quella morte: non è solo la morte del giusto perseguitato ma l'evento che svela il tempo del Messia che comprende anche la risurrezione dei morti[38]. Il medesimo senso *rivelativo* emerge anche nell'apparizione dell'angelo del Signore (Mt 28,2) che comunica la realtà della risurrezione di Gesù Nazareno (28,5-7). In questa occorrenza, siamo di fronte ad una frase che stupisce per la somiglianza con Mt 8,24: καὶ ἰδοὺ σεισμὸς ἐγένετο μέγας (28,2).

Probabilmente, anche il testo di Mt 8,24 presenta un carattere "apocalittico" nel senso etimologico del termine: vuole preparare ad una "rivelazione" particolare, proprio come si è visto in questi ultimi testi

---

[36] Così J.D. KINGSBURY, "The Stilling of the Storm", 107; E. SCHWEIZER, *Matteo*, 209. Si comprende bene, da questo punto di vista, come il termine sia stato interpretato con costanza, dagli autori, nella sua valenza ecclesiale: G. BORNKAMM, "σείω, σεισμός", 12-13; J. ZUMSTEIN, *La condition du croyant*, 241; J. GNILKA, *Matteo*, I, 466; U. LUZ, *Matthew 8-20*, 21-22; W.D. DAVIES – D.C. ALLISON, *Matthew*, II, 69; R.H. GUNDRY, *Matthew*, 154-155.

[37] A titolo esemplificativo, vedi J. DUPLACY, "Il y eut un grand calme...", 19: "la tempête comme une préfiguration des difficultés et des dangers eschatologiques que doit affronter l'Église de son temps".

[38] Cf. G. BORNKAMM, "σείω, σεισμός", 14-15.

(Mt 27,54; 28,2). L'episodio manifesterà un carattere per così dire "cristofanico": Gesù mostrerà ai suoi discepoli un aspetto particolare della sua persona. In sintesi, il termine evoca le due direttrici maggiori del testo: la linea cristologica – in riferimento al secondo ambito – e la linea discepolare – in riferimento al primo.

2.2.2 La barca tra le onde

Matteo "ha condotto" rapidamente – un versetto! – Gesù e i discepoli nel vortice di una tempesta. La pericolosità della situazione risalta anche dall'uso dell'aggettivo μέγας che amplifica, in modo generico ma efficace, il termine σεισμός. Non a caso, il versetto seguente ci informa esplicitamente del fatto che "la barca si stava ricoprendo per le onde" (8,24b). In primo piano, nella costruzione della fase, sta la barca: secondo tale descrizione, è l'imbarcazione ad essere minacciata, non principalmente chi si trova in essa[39]. Si capisce di qui la ripresa dell'immagine della barca – a partire dalla Chiesa antica[40] fino ai recenti commentatori[41] – come immagine della navicella della chiesa.

La situazione è tanto drammatica da apparire senza sbocco. La nave si sta ricoprendo (lett. "nascosta": καλύπτω[42]) per le onde (κύματα[43]). La menzione del mare, prima, e delle onde, poi – cifre di una realtà per tanti versi caotica e incontrollabile – esprimono suggestivamente il pericolo di morte. Si attende che qualcosa accada perché si eviti il peggio. Si direbbe che si è giunti al vertice del racconto.

Al contrario, con abilità narrativa, l'evangelista colloca strategicamente, a questo punto dell'episodio, una notizia che sorprende i protagonisti, che rende ancora più acuta la "tensione" e che spinge la descrizione al suo acme: la notizia del sonno di Gesù.

---

[39] J. GNILKA, *Matteo*, I, 466.

[40] Da Tertulliano, *De Bapt*. 12 in avanti. Cf. K. GOLDAMMER, "Navis Ecclesiae", 76-86; J. DANIÉLOU, *Les symboles chrétiens primitifs*, 65-76 e l'opera di H. RAHNER, *L'ecclesiologia dei Padri. Simboli della Chiesa*.

[41] A cominciare dallo storico articolo, già citato, di G. BORNKAMM, "The Stilling", 55. Per una visione completa, cf. la densa spiegazione di U. LUZ, *Matthew 8-20*, 21. Si possono trovare ivi i paralleli giudaici, i riferimenti patristici e iconografici oltre a utili indicazioni bibliografiche.

[42] Il verbo ritorna solo in 10,26 (Mt: 2; Mc: 0; Lc: 3): cf. A. SAND, *Matteo*, I, 266; R.H. GUNDRY, *Matthew*, 155.

[43] Il termine ricompare anche in 14,24: i due testi sono strettamente imparentati. Per quanto riguarda l'uso figurato del termine "onde", cf. Is 57,20 (TM); Sap 14,1; 1 QH 2, 12-13.27-28; 6,23; Gd 13: W.D. DAVIES – D.C. ALLISON, *Matthew*, II, 71.

2.2.3 "Ma lui dormiva"

Lo stupore che questo atteggiamento di Gesù suscita nei discepoli indica che si è giunti ad un (primo) snodo decisivo del testo. Questo comportamento, totalmente inaspettato dopo la situazione di grave pericolo descritta, sottolinea fortemente la "novità" e l'"originalità" di questa persona e fa sorgere una prima domanda circa la sua identità: chi è colui che dorme in mezzo all'infuriare della tempesta? E ancora: cosa significa questo sonno? Matteo riporta la notizia in modo stringato: "ma lui, però, dormiva" (trad. letterale: 8,24c). Per cogliere l'impatto di questa informazione, non bisogna perdere di vista in quale punto del racconto ci si trovi: una situazione umanamente bloccata dal carattere drammatico. Un intervento risolutivo è necessario perché la storia non vada a fondo insieme alla barca.

Compare un personaggio: αὐτός. Il nome è taciuto ma non per questo si tratta di uno sconosciuto. Lo stesso pronome è comparso nel versetto di apertura (8,23): questo αὐτός è colui che per primo si è imbarcato e, se vogliamo risalire indietro, il suo nome è detto al v. 18: Gesù è colui che ha comandato questa navigazione. L'αὐτός richiama velatamente un'aspettativa: come costui è stato la "causa" della navigazione intrapresa, così, a un titolo tutto speciale, è colui che si deve preoccupare di condurla a compimento, gestendo la situazione di pericolo che si è scatenata. Si presume e si attende, in altre parole, che *faccia qualcosa*.

La sorpresa è completa quando si apprende che "questi", in luogo di interessarsi alla sorte della nave[44], sta dormendo: ἐκάθευδεν. Il tempo imperfetto, tra l'altro, denota un'azione che si prolunga; si tratta di un sonno che continua. E' l'esatto opposto di ogni *comune* attesa. Occorre notare che siamo di fronte all'unico passo del vangelo ove si legge che Gesù dorme[45].

L'*interpretazione* di questo comportamento di Gesù, "originale" e "paradossale", è operazione tanto affascinante quanto complessa[46]. Le

---

[44] Anche l'uso della particella δέ lascia intendere una certa meraviglia. A dispetto di tutte le attese "egli, *però*, dormiva".

[45] Unico per ciascuna delle narrazioni sinottiche: vedi, quindi, Mc 4,38. Per Lc è sottinteso.

[46] In J. KNABENBAUER, *In Matthaeum*, 385, si trova la rassegna di qualche posizione dalla storia: "*ipse dormiebat*: "exprimitur securitas potestatis, quod omnibus timentibus solus intrepidus quiescebat (Ambr.); "dormiebat corpore, ut apostolos evigilare faceret" (Beda); dormiebat, ut Crisost. nota, ut daret discipulis timendi occasionem, ut debilem eorum fidem reprehenderet et sanaret, ut illi suam recognoscerent infirmitatem et Christi intelligerent inter augustias concludi maiestatem (Pasc.)".

spiegazioni "naturali" (ad es. le fatiche eccessive del giorno trascorso, evocate come segno della sua vera umanità) restano in superficie: offrono una lettura meramente cronachistica del testo. Non è neppure sufficiente spiegare il sonno indisturbato di Gesù come segno della sua indiscussa fiducia nel sostegno e nella protezione di Dio: dorme perché Dio veglia su di lui. Infatti, nel nostro testo non è minimamente in gioco la "fede" di Gesù bensì quella dei discepoli (8,26). Più pertinenti ma non esaustive le indicazioni di chi si rifà al "genere letterario" dei salvataggi miracolosi, richiamando, a mo' di esempio, il caso di Giona (Gio 1).[47]

Si può tentare un approfondimento in una duplice direzione. Anzitutto, come uno studio recente[48] ha mostrato, nell'Antico vicino Oriente, è attestata la presenza del tema della "divinità dormiente", vincitrice delle forze del caos. Il sonno della divinità esprime, contemporaneamente, sia la conclusione dell'opera creatrice che la sua indiscussa autorità. Secondo l'autore del saggio, alcune pagine dell'AT si sono "appropriate" di questo motivo per esprimere la loro fede in JHWH come creatore e sovrano divino[49]. Nel contesto di Mt 8,23-27, tenuto conto sia delle risonanze escatologiche del termine σεισμός che della vittoria di Gesù sulle forze del male rappresentate dal mare (8,26), secondo quest'autore, si potrebbe intravedere nell'atteggiamento di Gesù, la ripresa dell'immagine del "re divino che dorme"[50]: non mancanza di potere bensì possesso pieno di un'autorità assoluta. Il sonno di Gesù sarebbe da interpretare – se tiene questa prospettiva – come una sorta di enigmatica cifra teofanica[51].

In secondo luogo, se per un verso questa interpretazione sottolinea,

---

[47] Il riferimento all'episodio di Giona sulla nave (Gio 1), come sfondo per il nostro testo, è evocato in ogni commentario; per una valutazione critica, vedi W.D. DAVIES – D.C. ALLISON, *Matthew*, II, 70, utile anche per i riferimenti ai paralleli della cultura classica e al *Test. Naph.* 6; cf. anche O.L. COPE, *Matthew*, 96-98. Nel corso del vangelo, il riferimento a Giona ritorna esplicitamente in una sentenza che esprime l'orientamento cristologico: "Ecco, qui c'è più di Giona (12,41)".

[48] B.F. BATTO, "The Sleeping God", 153-177.

[49] Ad esempio, Gn 2,2-3 e Es 20,11 per il riposo sabbatico; il riposo in Gerusalemme (Sal 132,13-14). I salmisti usano il motivo soprattutto nelle suppliche (Sal 7; 35; 44; 59; 74) come richiesta a YHWH perché venga loro in aiuto: per completezza cf B.F. BATTO, "The Sleeping God", 164-172.

[50] B.F. BATTO, "The Sleeping God", 175.

[51] La posizione dell'autore non ci persuade *in toto*, specie nell'interpretazione dei Salmi di lamento.

della figura di Gesù, la grandezza e la potenza[52], non va per nulla sottovalutato *l'urto* che il *comportamento di Gesù*, all'apparenza "*passivo*", sortisce sul discepolo. Il suo modo di agire va contro ogni umana aspettativa. Secondo un tale punto di vista, l'"assenza" di Gesù che il sonno sembra suggerire altro non è che una "presenza diversa" da cogliere con gli occhi della fede: nella presenza di Gesù che dorme si è chiamati ad accettare colui che supera le nostre attese. Il discepolo deve essere capace di mantenere ferma la sua fiducia in Dio e in Gesù anche in mezzo a quella che egli sperimenta essere un'assenza del suo Signore in mezzo alle prove. Il comportamento sorprendente di Gesù – il suo sonno – non deve essere motivo di sfiducia: la modalità della sua presenza tra coloro che lo seguono non si attua unicamente nel segno della gloria ma si cela anche attraverso la sua apparente debolezza. Una debolezza che, qui come sulla croce, si rivelerà vittoriosa. La fede del discepolo deve reggersi sulla serena certezza della *presenza sicura* di Gesù, anche se si trova in mezzo alla tempesta, anche se egli dorme. La fede è capacità di scorgere e accettare una presenza costante (1,23; 28,20), comunque essa scelga di manifestarsi. La fede o il suo contrario o la sua pochezza hanno qualcosa a che fare con questo.

2.3 *Il risveglio e la preghiera gridata (v. 25)*

Di fronte al comportamento paradossale di Gesù, i discepoli "si muovono": fanno e dicono.

2.3.1 Il risveglio

Di fronte al sonno di Gesù, i discepoli si sentono autorizzati ad avvicinarsi a lui per svegliarlo. Evocativo è l'uso di προσέρχομαι per indicare il movimento di avvicinamento dei discepoli a Gesù[53] (Mt 8,25a). Si tratta di un verbo – tipico del vocabolario dell'evangelista – che esprime confidenza, venerazione, disposizione a mettersi nelle mani di colui verso il quale ci si dirige. Il contesto ha già descritto, in questo atteggiamento, il lebbroso (8,2) e il centurione (8,5); in seguito, sarà la volta della emorroissa (9,20). Tutti i personaggi menzionati

---

[52] Così J. GNILKA, *Matteo*, I, 466: "il sonno di Gesù è espressione della sua sovranità e sicurezza. Come uomo egli conosce la paura. Come signore della chiesa accorda protezione".

[53] J.R. EDWARDS, "The Use", 65-74.

manifestano fiducia nei riguardi di Gesù; anche l'utilizzo del verbo per i discepoli lascia intendere che essi si aspettano qualcosa che solo Gesù può dare[54].

Scopo della loro azione è "risvegliare" (ἤγειραν) Gesù. E' l'unico caso, nei vangeli, ove il verbo ἐγείρω si applica in modo transitivo nei confronti di Gesù secondo questo significato[55]. I discepoli e Gesù si trovano "faccia a faccia": il gesto di svegliarlo[56] mette in rilievo di quale audace confidenza siano capaci i discepoli e quale audacia sia loro concessa. Non si trova, nel vangelo, un altro gesto così forte nei confronti di Gesù[57]. Insieme ed in tensione, la loro richiesta segnala una radicale distanza da lui perché gli chiedono l'esatto opposto di quello che sta facendo. L'opposizione sonno/risveglio segnala due modi contrastanti di stare nella storia e di vivere alla presenza di Gesù.

E' da notare, inoltre, il fatto che questo del "risveglio" (ἐγείρω) è un tema che attraversa alcuni salmi di lamentazione (o supplica) personale e comunitaria (7; 35; 44; 59), per tempi di particolare durezza, quando il fedele – tanto per restare in tema – ha l'"acqua alla gola". Egli è convinto che solo JHWH possa intervenire e risolvere una situazione di ingiusta persecuzione, di mortale calunnia, di sconsolante desolazione derivante dall'esilio, di violenza diffusa; ne è convinto a tal punto da sentirsi in diritto di "richiamare" Dio perché intervenga. Quanto nei salmi si applica a JHWH, sembra essere lo sfondo, del nostro testo, per l'applicazione a Gesù.

2.3.2 "Signore, salva, periamo"

I discepoli prendono la parola; è la prima "voce" che risuona nel

---

[54] J. DUPLACY, "Et il y eut un grand calme...", 20; H. HENDRICKX, *The Miracles Stories*, 195 ; R.H. GUNDRY, *Matthew*, 155.

[55] Vale la medesima osservazione circa il "sonno": unico per ciascuno dei sinottici. Così appare in Mc 4,38 e Lc 8,24 (qui nella forma διήγειραν).

[56] Il testo non è esplicito circa la modalità attuata dai discepoli per svegliare Gesù, se con le parole o piuttosto "forzatamente". Il participio presente λέγοντες può indicare una certa simultaneità di azioni (così resa, ad es., dalla versione CEI: "lo svegliarono dicendo") che lascerebbe propendere per la prima interpretazione. Qualunque sia la modalità, è la possibilità di stare con una simile libertà davanti a Gesù il dato più significativo.

[57] L'osservazione è circoscritta all'*azione* in quanto tale. E' evidente che altri "audaci" si trovano nel vangelo (tra quanti chiedono guarigioni: ad es. 9,18-26.27-31; 15,21-28 oppure ... posti d'onore: 20,20-23) ma la loro confidenza emerge più dalle parole; i gesti sono gesti di "avvicinamento rispettoso" (cf. 9,18; 15,25; 20,20).

racconto: un grido che è una preghiera[58]. E' un'espressione ambigua, che si connota per un miscuglio di fede e di angoscia. Essa si compone di tre elementi: κύριε, σῶσον, ἀπολλύμεθα, un'invocazione, un imperativo che fornisce il contenuto della richiesta, l'esposizione della situazione.

I discepoli si rivolgono a Gesù interpellandolo come "Signore"[59]. Il titolo[60] è molto eloquente nel vangelo di Matteo[61]. Non è un semplice titolo di cortesia; è, al contrario, indice di una peculiare relazione con Gesù. Esso contrasta con l'appellativo di "maestro", di solito utilizzato dagli avversari o da coloro che non si lasciano scalfire dalla predicazione evangelica (cf. 8,19; 9,11; 12,38; 17,24; 19,16; 22,16.24.36). E' un titolo che distingue. Inoltre, sulle labbra di chi chiede miracoli, esso indica un progresso nella fede in Gesù quando è in coppia con l'espressione "Figlio di Davide"[62]. E', in sintesi, il titolo di chi è consapevole della grandezza di chi si ha di fronte. Matteo, infine, adotta in modo privilegiato questo termine per rimarcare l'identità tra il Gesù terrestre e il Gesù risorto[63] (in questo senso si comprende la già citata attinenza del titolo all'ambito liturgico). Sulle labbra dei discepoli si colloca, dunque, una confessione che lascia intuire un'aspettativa densa di speranza[64].

---

[58] Parecchi autori ritengono di avvertire, nelle parole di 8,25, un frammento di una preghiera utilizzata nella comunità di Matteo, con la quale si era soliti invocare la presenza salvifica di Gesù: così G. BORNKAMM, "The Stilling", 55 ("an ejaculatory prayer"); X. LÉON-DUFOUR, "La tempête", 167-168; P. BONNARD, *Matthieu*, 120; J. ZUMSTEIN, *La condition du croyant*, 242-243; E. SCHWEIZER, *Matteo*, 209; W.D. DAVIES – D.C. ALLISON, *Matthew*, II, 73; R.B. GARDNER, *Matthew*, 151; D.A. HAGNER, *Matthew 1-13*, 222.

[59] Uno sguardo alle narrazioni parallele ci consente di apprezzare le differenze; così in Mc 4,38 l'invocazione suona διδάσκαλε mentre in Lc 8,24 ἐπιστάτα ἐπιστάτα.

[60] Mt utilizza il vocativo κύριε 25x. Le ricorrenze possono essere classificate secondo l'identità del locutore: Gesù, allorquando egli fa l'ipotesi che ci si rivolga a lui in questo modo (7,21.22; 25,37.44); un discepolo (8,25; 14,28.30; 16,22; 17,4; 18,21; 26,22); chi chiede un miracolo (8,2.6.8.21; 9,28; 15,22.25.27; 17,15; 20,30.31.33). Come si evince dall'elenco, il titolo interessa altri due brani inerenti il nostro tema: 14,22-33 e 17,14-20.

[61] Cf., come primo orientamento, il denso testo di M. QUESNEL, *Jésus Christ*, 49-55, con un'essenziale bibliografia sul tema.

[62] M. QUESNEL, *Jésus Christ*, 52.

[63] M. QUESNEL, *Jésus Christ*, 55.

[64] J. DUPLACY, "Et il y eut un grand calme...", 20: "La démarche des disciples suppose qu'ils croient au moins que Dieu a délégué sa puissance à Jésus: qu'ils ont une foi au moins 'messianique'".

Anche la richiesta ("salva": σῶσον) va in questa direzione: i discepoli sono convinti della capacità di Gesù di procurare la "salvezza" ("salva"), di vincere una condizione di morte considerata imminente. Qui la salvezza è intesa come salvezza della vita corporea[65] e questa accezione è piuttosto rara nel NT (vedi, però, significativamente, il grido di Pietro in Mt 14,30 e il naufragio di Paolo con le ricorrenze in At 27,20.31). Occorre ricordare come, nei sinottici in generale, il concetto di salvezza si approfondisca in senso teologico e si segnali per la sua connessione con il tema della fede. In particolare, nella trama di Matteo e per il nostro contesto, eloquente risulta essere l'episodio della donna che soffriva d'emorragia (9,20-22) laddove risuona la nota espressione: "La tua fede ti ha salvato" (9,22). In queste parole, si comprende come la potenza risanatrice di Gesù e la forza salvifica della fede vadano oltre la vita fisica[66]. La persona di Gesù ha il potere di salvare tutto l'uomo. "Salva!" gridano i discepoli: un'invocazione asciutta[67] (manca il pronome, a differenza di 14,30), profondamente umana, addirittura – si potrebbe dire – profondamente "religiosa" nel suo cercare rifugio in Gesù[68].

E tuttavia convive nel cuore del discepolo una valutazione, su ciò che si sta svolgendo (al presente[69]: "periamo"), incapace di riconoscere *già adesso, prima che si manifesti*, la potenza nascosta nella presenza di Gesù. Per il discepolo il mare è il più forte: lo invade un senso di smarrimento e di abbandono.

Il grido dei discepoli, in sintesi, rivela la loro fede e al tempo stesso la sua insufficienza. Presuppone la fede: se fossero degli increduli, non si rivolgerebbero a Gesù in questo modo. Però la loro fede è debole: il loro è il grido di chi in quel momento si vede già perduto e pensa sul serio di poter essere abbandonato[70]. Qui sta la "poca fede" del discepolo: la paura che prende il sopravvento e che oscura la vista del credente mentre vive una situazione critica. *Cecità e paura*: causa e mani-

---

[65] Cf. come orientamento generale, la vasta voce di W. FOERSTER - G.G. FOHRER, "σῴζω", 445-552; in particolare: 511-518.

[66] W. FOERSTER, "σῴζω", 513.

[67] A motivo di detta icasticità, D.W. BEARE, *Matteo*, 244, ha ipotizzato una precisa formula rituale in parallelo a κύριε ἐλέησον; cf. anche A. SAND, A., *Matteo*, I, 267.

[68] J. GNILKA, *Il vangelo di Matteo*, I, 467.

[69] Il tempo presente dice come il processo di morte sia in azione: cf., ad es., L. MORRIS, *Matthew*, 206.

[70] Cf. V. FUSCO, "L'incredulità del credente", 126-127.

festazione della poca fede. L'interrogativo di Gesù attira l'attenzione sul secondo aspetto.

2.4 *La paura, la poca fede e la calma (v. 26)*

Dopo le parole dei discepoli, risuona[71] la parola di Gesù: "Perché siete paurosi, uomini di poca fede?" Ci preme, anzitutto, rimarcare la posizione strategica della domanda nella trama del racconto: Gesù dapprima rimprovera i discepoli per la loro δειλία e per la loro poca fede; e *solo in seguito* compie il miracolo di calmare la tempesta. Il testo – nella sua dinamica interna – raggiunge il suo vertice. In primo piano si colloca Gesù *nel rapporto con i suoi* più (o prima) che il suo potere sulle forze caotiche della natura.

2.4.1 Paura e poca fede

Gesù dà un nome all'atteggiamento dei discepoli che lo hanno risvegliato e hanno gridato a lui: δειλία e mette in relazione questo atteggiamento con la loro fede che è "poca" (ὀλιγόπιστοι). E' il legame tra paura e fede che necessita di essere investigato.

I termini δειλός/δειλία – rari nel NT[72] – indicano vigliaccheria o pusillanimità[73] e conoscono un ventaglio di significati che oscilla dal semplice "riserbo", "mancanza di coraggio" ad una sorta di "torpore" fino ad indicare un "terrore" che può raggiungere il "panico" e lo "spavento" di fronte a un pericolo estremo[74]. Gesù, apostrofando i suoi come δειλοί, attribuisce loro quest'ultimo tipo di emozione psicologica. La barca ricoperta dalle onde genera il panico in chi si sente minacciato dalla morte. Può sembrare paradossale che a persone in reale pericolo di morte si chieda "Perché siete spaventati?" Ma è la seconda parte del rimprovero ("uomini di poca fede") che consente di superare, almeno in parte, questo aspetto di paradossalità. In altri termini, non è la

---

[71] Il presente storico λέγει dà enfasi alle parole di Gesù.

[72] L'aggettivo, come appare nel testo di Mt, si riscontra solo altre due volte nel NT: nel passo parallelo di Mc (Mc 4,40) e in Ap 21,8. Così il sostantivo δειλία compare solo in 2 Tm 1,7 e il verbo δειλιάω in Gv 14,27.

[73] F. ZORELL, *Novi Testamenti Lexicon Graeci*, 118, "meticulosus, timidus"; H. BALZ - G. SCHNEIDER, "δειλία, δειλός", 739-740: viltà; codardo, avvilito, pauroso; HG. LIDDELL – R. SCOTT, *A Greek-English Lexicon*, 374: "cowardly, vile, worthless"; F. MONTANARI, *Vocabolario della lingua greca*, 473: "vile, codardo, timido, pauroso".

[74] C. SPICQ, *Note*, I, 350; cf. W. MUNDLE, "Timore", 1868-1871.

paura come fragilità psicologica che sorprende quanto piuttosto la paura come indizio di una fede debole e fragile e dunque "poca".

La domanda di Gesù sulla paura legata alla "poca fede" potrebbe trovare una risposta nella tradizione sapienziale che afferma: se ci si affida a Dio non vi è nulla da temere[75]. Il credente è sicuro dell'intervento di Dio in ogni circostanza, anche nei momenti più drammatici; al contrario, l'incredulo, che fa conto solo delle sue forze, sperimenta la sua debolezza e trema. In questo contesto, la dinamica fede-paura si definisce per opposizione: chi crede non ha paura; chi ha paura non ha fede.

E tuttavia il testo non consente di applicare *in toto* la tipologia dello "stolto incredulo" ai discepoli. La loro iniziativa di svegliare Gesù e l'invocazione "Signore: salva! Siamo perduti!", articolata con solennità liturgica, indicano nei discepoli una certa fede, anche se poca. Perché allora il rimprovero sulla paura? Come interpretare questa fede "poca" che si esprime con la paura? Che cosa "manca" alla fede di quanti sono sulla barca?

Il punto critico del comportamento dei discepoli – a nostro parere – è la loro reazione di fronte al sonno di Gesù. Essi lo interpretano come "assenza": per loro Gesù è lontano dalla loro condizione di pericolo. Esiste uno scarto tra quanto essi credono – è il "Signore" che parla con autorità e guarisce malattia e infermità – e il modo in cui Gesù si prende cura di loro. Resistere di fronte al sonno di Gesù *garantiti dalla sua presenza che, in quanto tale, è salvifica*: questa sarebbe stata – e dovrà essere – la fede[76]. La paura dei discepoli non è dunque la paura dello stolto che non crede in Dio e perciò stesso è esposto all'angoscia; è la reazione dell'uomo religioso che attende un intervento divino secondo alcune modalità da lui prestabilite e che è preso dal panico perché Dio delude queste aspettative. E' l'uomo che non pensa secondo Dio ma secondo gli uomini (Mt 16,23); che pensa il Divino non secondo l'ottica della croce. La paura non è risparmiata al credente. Anche Gesù ne ha fatto una qualche esperienza (Mt 26,37). E tuttavia, nella paura, il credente è chiamato all'*intuitus* di riconoscere la presenza di Gesù. La paura non deve essere più grande della capacità di affidarsi al Signore che dorme.

La paura sulla barca registra dunque lo scarto tra ciò che i discepoli "credono di credere" e la "novità" del volto di Gesù. La "poca fede"

---

[75] Cf C. SPICQ, *Note*, 351, nota 6.
[76] J. GNILKA, *Matteo*, I, 467: "il rimprovero colpisce i discepoli perché si impauriscono *benché Gesù si trovi in barca con loro*" (nostro corsivo).

– come si vedrà più sotto – non è solo la fede incompleta dal punto di vista della prassi – si crede ma non si agisce di conseguenza[77] – bensì una fede che non ha ancora del tutto riconosciuto il "tipo" di Signore al quale occorre aderire senza pregiudizi. E' una fede che, per essere piena, necessita di una costante conversione verso la modalità della rivelazione del Messia. L'"incredulo" evangelico è colui che pretende un Messia potente e glorioso come desidererà Pietro (16,22). Si può essere chiamati "Satana" (16,23) anche dopo una corretta professione di fede (16,16-17).

Questa lacerazione – "il contrario della fede all'interno stesso della fede"[78] – è tipica del discepolo che si mette alla sequela di Colui che sempre lo spiazza, che è sempre oltre le sue anguste visioni, che esige una costante conversione. Il discepolo, per resistere nella tempesta, è chiamato ad accogliere Gesù capace di salvare attraverso modalità insperate.

2.4.2 La calma dopo la tempesta

Il racconto ha raggiunto il suo *climax* nel rimprovero di Gesù[79] e scivola veloce verso la sua conclusione (cf. Mc 4,39). Mentre resta sullo sfondo l'azione dell'alzarsi in piedi (ἐγερθείς)[80], l'azione centrale è espressa attraverso il verbo ἐπιτιμάω[81] all'aoristo: Gesù "minaccia" i venti e il mare[82]. Nel racconto di Matteo[83], 3 volte ἐπιτιμάω ha come soggetto Gesù (8,26; 12,16; 17,18)[84]; è interessante notare come il terzo riferimento (17,18) si applichi all'esorcismo in favore dell'epilettico in un testo imparentato con la "poca fede" (17,14-20). Gesù altro

---

[77] Cf., ad es., X. LÉON-DUFOUR, "La tempête", 169: "ils croient déjà, mais il leur reste à vivre cette foi. [...] Leur comportement réel jure avec leur adhésion de principe à Jésus". E' la dimensione etica della fede. E' corretta ma non esaustiva.

[78] A. SCHLATTER citato in P. BONNARD, *Matthieu*, 120.

[79] Cf. l'efficace espressione di W.D. DAVIES – D.C. ALLISON, *Matthew*, II, 74: "having calmed the souls of the disciples, Jesus now rises and calms the winds and sea"; cf. anche R.H. GUNDRY, *Matthew*, 156.

[80] Questa azione risolve la "tensione" del sonno di 8,24, in seguito all'azione di risvegliare (8,25): si veda la sequenza dei verbi: ἐκάθευδεν - ἤγειραν - ἐγερθείς.

[81] E. STAUFFER, "ἐπιτιμάω", 797-808; H. GIESEN, "ἐπιτιμάω", 1352-1354.

[82] A. SAND, A., *Matteo*, I, 267: "Gesù pratica un esorcismo. La tempesta è simile ad una potenza demoniaca".

[83] Il verbo ricorre 6x in Mt, 9x in Mc e 12x in Lc.

[84] Nelle altre ricorrenze, soggetto è Pietro (16,22); i discepoli (19,13) e la folla (20,31).

non fa se non "dire con autorità" (minaccia); non si racconta di lui alcun altro gesto. Matteo non registra neppure il contenuto delle parole di Gesù[85]; è una sua caratteristica che si manifesta anche nella narrazione degli esorcismi[86]. Gesù agisce unicamente con la sovrana forza della sua parola per comandare ai venti e al mare, elementi naturali che, secondo la concezione comune, sono visti in modo antropomorfico[87]; in questa occorrenza, essi sono espressione del caotico mondo del male[88].

L'efficacia della parola di Gesù si rende evidente nel risultato ottenuto: "e ci fu una grande calma". Gesù parla e qualcosa immediatamente si compie. Nella dinamica di ordine/realizzazione, compare, come in filigrana, l'esperienza più volte attestata dall'Antico Testamento, circa il dominio di JHWH sul mare e il caos (cf. Gb 38,8-11; Sal 33,7; 65,8; 89,10; 107,23-32; Pr 8,22-31; Ger 5,22; 31,35). Il potere di Gesù è sovrano ed efficace come quello di JHWH. Riletto attraverso tali allusioni, il gesto di Gesù appare come un gesto rivelativo: emerge, con forza, la dimensione cristologica[89].

In ordine alla dinamica del racconto, la tensione si è sciolta; dal grande sconvolgimento si torna ad una grande pace[90]. Gesù si è mostrato sommamente padrone degli eventi, fuori e dentro la barca.

2.5 *Stupore e domanda (v. 27)*

La fine della tempesta non coincide con la fine del racconto. Matteo registra la reazione di alcuni (non meglio precisati) "uomini" (8,27) che si meravigliano per quanto è accaduto e si pongono la domanda circa l'identità dell'artefice di un simile miracolo.

---

[85] A differenza di Mc 4,39, che riporta le parole di Gesù: σιώπα, πεφίμωσο.

[86] Unica eccezione è il semplice "andate!" di 8,32: forse per non confondere Gesù con un mago? Cf. HULL, J. M., *Hellenistic Magic and the Synoptic Tradition*, 135-136; W.D. DAVIES – D.C. ALLISON, *Matthew*, II, 74.

[87] Cf. Sal 77,18; 104,7; Ap 14,18: vedi G.H. TWELFTREE, *Jesus the Miracle Worker*, 113-114; 381.

[88] Il valore simbolico degli elementi naturali (che quasi mai è univoco: ad es. acqua o vento) è posto egregiamente in luce nell'opera di M. GIRARD, *Les symboles dans la Bible,* 233-276; 313- 382.

[89] Sottolinea con forza questo aspetto, in polemica con BORNKAMM, J.P. HEIL, *Jesus Walking*, 94-103, che considera il nostro testo come "sea-rescue epiphany". Non condividiamo, tuttavia, la sua posizione unilaterale.

[90] Forse eccessiva è la spiegazione della "grande calma" in D.A. HAGNER, *Matthew 1-13*, 222: "the deep peace and security that belong to those who follow Jesus".

2.5.1 I soggetti: uomini cioè/o discepoli

Curioso è il fatto che Matteo utilizzi un termine mai comparso nel testo per indicare i soggetti dello stupore e dell'interrogativo finali: non parla esplicitamente di "discepoli" ma più genericamente di "uomini". Questo particolare, che oggettivamente fa problema, ha generato una gamma svariata di interpretazioni: l'identificazione del gruppo οἱ ἄνθρωποι non è per nulla univoca. Gli autori si possono allineare su tre posizioni, ciascuna con varie sfumature.

Per alcuni, esiste un'identità di soggetti. Gli "uomini" sono gli *stessi discepoli* così denominati precisamente a motivo della loro poca fede: sono "regrediti" nel loro rapporto con Gesù[91]. Per altri, si tratterebbe *dei discepoli ma non solo*: tutti i testimoni e gli uditori di questo racconto[92], tutta la comunità[93]. Per altri, infine, si tratterebbe di *nuovi soggetti ma non dei discepoli*: o qualcuno che, in modo generico, osserva dall'esterno[94]; o qualcuno, detto in modo più preciso, che osserva i fatti dalla riva[95] o da altre barche[96] o il pubblico al quale i discepoli non mancarono di raccontare la storia[97] o ancora, secondo una linea ben attestata, quanti si imbattono in questa storia attraverso la predicazione, ossia coloro che vengono raggiunti dall'annunzio del vangelo (la chiesa/comunità)[98].

---

[91] J. SCHNIEWIND, *Matteo*, 205: "gli uomini estranei a Dio, che gli stanno di fronte indifferenti e ottusi. L'espressione si riferisce certamente non a spettatori estranei, ma proprio ai discepoli"; così J. DUPLACY, "Et il y eut un grand calme...", 20; B. GERHARDSSON, *The Mighty Acts*, 54; D.A. HAGNER, *Matthew 1-13*, 222; R.H. GUNDRY, *Matthew*, 156-157; C.S. KEENER, *Matthew*, 182; in particolare, cf. W.D. DAVIES – D.C. ALLISON, *Matthew*, II, 75, con un sintetico *status quaestionis* e osservazioni critiche verso le altre posizioni; cf. anche S.-J. PARK, "La tempête apaisée", 34. Interessante anche la resa della recente traduzione "letteraria", SOCIETÀ BIBLICA IN ITALIA, *Vangelo secondo Matteo*: "quelli, meravigliati, dicevano...".

[92] P. BONNARD, *L'Évangile*, 120.

[93] A. SAND, *Matteo*, I, 268; R.B. GARDNER, *Matthew*, 152; S. GRASSO, *Matteo*, 237-238.

[94] R. FABRIS, *Matteo*, 216.

[95] J. GNILKA, *Matteo*, I, 468.

[96] J. KNABENBAUER, *Commentarius*, 387. GEROLAMO, PL 26, 55, ha una posizione più complessa: "Non discipuli sed nautae et caeteri qui in navi erant, mirabantur. Sin autem quis contentiose voluerit eos qui mirabantur, fuisse discipulos, respondebimus recte homines appellatos, qui necdum noverant potentiam Salvatoris". Per TOMMASO D'AQUINO, *Lectura*, 729 sono "nautae".

[97] M.-J. LAGRANGE, *Matthieu*, 172.

[98] G. BORNKAMM, "The Stilling of the Storm", 56; J. ZUMSTEIN, *La condition du croyant*, 244; H. HENDRICKX, *The Miracles Stories*, 198; U. LUZ, *Matthew 8-20*, 21; A. MELLO, *Matteo*, 161.

Riteniamo convincente la prima interpretazione; a motivo dell'insistenza del brano circa il tema del discepolato, ci sembra strano che questi personaggi scompaiano all'improvviso, senza lasciare tracce: al contrario, i discepoli, attraverso il nuovo appellativo (gli "uomini"), rendono ancor più evidente il loro statuto di "gente di poca fede"; inoltre, non si capisce come dei nuovi personaggi possano introdursi nel racconto e parlare senza essere mai stati menzionati[99]; infine, ci pare che le altre interpretazioni ricerchino appoggi "fuori dal testo" (ad esempio, attraverso dati assunti dal confronto sinottico)[100]. In sintesi, ai discepoli compete l'ultima battuta che riapre l'interrogativo sull'identità di Gesù: se la vicenda della barca si può dire conclusa con la tempesta calmata, non così l'avventura della ricerca della sua identità[101].

2.5.2 La meraviglia e la domanda

La conclusione corale è connotata da due elementi: la reazione di stupore[102] e l'insorgere, di conseguenza, dell'interrogativo.

"Furono meravigliati/stupiti"[103]: è l'azione principale, resa con il verbo all'aoristo. La meraviglia nasce di fronte a un fatto o un'azione constatabili, visibili (il verbo θαυμάζω è imparentato con θεάομαι) che si impongono per il loro carattere o spettacolare o inatteso. Nel suo vangelo, Matteo distribuisce le ricorrenze (Mt 7x; Mc 4x; Lc 12x) in modo che facciano risaltare un gesto o una parola di Gesù: ci si meraviglia per quanto Gesù compie (8,27; 9,33; 15,31; 21,20), per quanto dice (22,22) o non dice (di fronte a Pilato: 27,14). L'unica, significativa, eccezione è offerta da 8,10: in questo caso, Gesù non è oggetto ma soggetto di meraviglia. La fede del centurione genera lo stupore di Gesù; è suggestivo il fatto che questa reazione si collochi nell'immediato contesto precedente a Mt 8,23-27 e che abbia attinenza con il tema della fede. Come è meravigliato dalla fede del centurione, così Gesù si rammarica della poca fede dei discepoli. I due comportamenti

---

[99] S.-J. PARK, "La tempête apaisée", 47.

[100] Non è, tuttavia, da censurare *in toto* la seconda prospettiva: non v'è chi non veda come l'esperienza dei discepoli si mostri paradigmatica anche per i credenti successivi: cf. S. GRASSO, *Matteo il vangelo narrato*, 72.

[101] S. GRASSO, *Matteo il vangelo narrato*, 71.

[102] Lc 8,25 riporta la medesima reazione (ἐθαύμασαν) accompagnata da una nota di timore/paura (φοβηθέντες); Mc 4,41 solo (ed enfaticamente) il timore: ἐφοβήθησαν φόβον μέγαν.

[103] F. ANNEN, "θαυμάζω", 1597-1601.

sono accostati a specchio. Tuttavia, ad eccezione del caso in questione (8,10), quello della meraviglia è un atteggiamento interlocutorio: non dice né accoglienza né rifiuto di quanto si constata; spesso suscita, come nel nostro caso, una domanda (cf. 9,33; 21,20) oppure, semplicemente, fa riflettere (27,14). Lo stupore dei discepoli registra la condizione di chi si sente come spiazzato e ha bisogno di fare un passo ulteriore; lo stupore rilancia il dinamismo di relazione con Gesù. La domanda che insorge segnala questa necessità.

"Che tipo di uomo (ποταπός) è costui al quale anche i venti e il mare obbediscono?" Notiamo che l'interrogativa è introdotta da un ποταπός[104]; è sì in gioco l'identità[105] ma nel suo modo peculiare di manifestarsi[106]. L'attenzione si concentra sul gesto finale di potenza (cf. la ripresa dei termini οἱ ἄνεμοι e ἡ θάλασσα), riletto in termini di "obbedienza" dei venti e del mare alla parola di Gesù. Anche attraverso le parole dei discepoli si attesta l'esercizio di quella potestà che l'AT attribuisce a JHWH sulle forze caotiche della natura (vedi sopra). La domanda finale impone ai discepoli di verificare la qualità della loro relazione con Gesù rilanciando la domanda sulla sua particolare identità. Essi "sanno" che è il Signore perché a lui si sono rivolti in questi termini (8,25). E tuttavia una domanda che si chieda "che tipo" di Signore sia quel Gesù che prima dorme[107], poi rimprovera e infine comanda con autorità divina, è quanto mai opportuna. Di fatto, la tempesta ha fatto risaltare una qualche incomprensione circa la fisionomia di colui che stanno seguendo, di cui la paura è stata un indizio eloquente. La domanda dei discepoli lascia aperta ancora la questione della loro "poca fede"[108]; forse, la accentua[109]. Il cammino del discepolo è spinto avanti attraverso questa domanda; un'altra scena sul mare avrà ben altra conclusione (14,33)[110].

---

[104] E' l'unica ricorrenza in Mt; per il resto del NT, vedi Mc 13,1; Lc 1,29; 7,39; 2Pt 3,11; 1Gv 3,1.

[105] Mc 4,41 e Lc 8,25 presentano il più comune pronome τίς.

[106] D.A. HAGNER, *Matthew 1-13*, 222.

[107] D.A. HAGNER, *Matthew 1-13*, 221.

[108] J. SCHNIEWIND, *Matteo*, 205; P. BONNARD, *Matthieu*, 120.

[109] A. SAND, *Matteo*, I, 268: "di fronte a colui del quale riferiscono i testimoni, è ancora lecito essere di poca fede?".

[110] D. SENIOR, *Matthew*, 102.

3. Il testo nel contesto e lo sviluppo del tema

Dopo aver analizzato con cura il brano, ci accingiamo ad allargare lo sguardo al contesto dei capitoli 8 e 9 per trarre ulteriori luci sul tema (3.1); infine, saranno raccolti, in una sintesi finale, i dati fondamentali in ordine al motivo della "poca fede" (3.2).

3.1 Il testo nella sezione dei miracoli (8,1-9,34)

L'episodio della tempesta sedata (8,23-27) è inserito nella sezione che si snoda da 8,1 a 9,34 e che costituisce la prima abbondante rivelazione della prassi di Gesù; dopo la parola, distribuita in gran quantità nel discorso della montagna (5-7), ora è la volta dell'azione[111]. Non a caso, questo sviluppo narrativo del testo di Matteo è stato spesso presentato come quello del "Messia dell'azione"[112] (osservazione vera ma parziale, come si dirà). Agli occhi dei discepoli, Gesù si mostra non solo come il maestro le cui parole andranno trasmesse ma anche come il modello i cui atti andranno imitati[113]. Attraverso queste azioni, Gesù manifesta in modo progressivo la propria identità; intorno, parecchi personaggi servono ad illuminare il rapporto corretto da intrattenere con lui.

3.1.1 Una visione generale

Del testo di Mt 8-9, non è facile né offrire una struttura né identificare, in modo univoco, i temi dominanti; prova ne è la varietà di soluzioni che sono state proposte senza raccogliere unanime consenso[114].

---

[111] Come primo approccio, cf. J. GNILKA, *Matteo*, I, 510-513; U. LUZ, *Matthew 8-20*, 1-3; W.D. DAVIES – D.C. ALLISON, *Matthew*, II, 1-5; cf. anche V. FUSCO, "Gesù che ci guarisce", 81-94.

[112] J. SCHNIEWIND, *Matteo*, 190.

[113] W.D. DAVIES – D.C. ALLISON, *Matthew*, II, 5: gli autori ritengono la sezione 5-9 preparatoria alle consegne che Gesù offrirà ai suoi nel cap. 10.

[114] Per E. KLOSTERMANN e W. GRUNDMANN (citati in J. GNILKA, *Matteo*, I, 510) Gesù compie dieci miracoli e appare come il profeta escatologico simile a Mosé (interesse marcatamente cristologico). Per H.J. HELD, "Matthew as Interpreter", 246-253, i temi sono quelli di Gesù, servo di Dio (8,1-17), Signore della chiesa (8,18-9,17), quello della fede (9,18-31) con una conclusione (9,32-34); così W. G. THOMPSON, "Reflections", 368. Per C. BURGER, "Jesu Taten", 287, in questi capitoli si presentano quattro ambiti tematici: la cristologia (8,1-17), il discepolato (8,18-34), il distacco da Israele (9,1-17) e la fede (9,18-34); così anche D.J. KINGSBURY, "Observations", 572. Per J. MOISER, "The Structure", 117-118, i capitoli 8-9 sarebbe

Tuttavia, per il percorso tematico della ricerca, è sufficiente un indagine seria ma sintetica attorno a questi capitoli, senza addentrarsi in questioni troppo tecniche.

In via preliminare, è opportuno offrire una breve esposizione contenutistica. La sezione si apre con tre guarigioni: del lebbroso (8,1-4), del servo del centurione (8,5-13) e della suocera di Pietro (8,14-15) che culminano in un brevissimo sommario (8,16) seguito da una significativa citazione di compimento (8,17). La narrazione continua con due scene inerenti la sequela (8,18-22) per dare poi spazio a gesti di potenza e guarigione: la tempesta (8,23-27), i due indemoniati (8,28-34), il paralitico (9,1-8). Un breve racconto di vocazione, quello di Matteo (9,9), inaugura una serie di dibattiti, prima con i farisei sulla comunanza di mensa con i peccatori (9,10-13) e poi con i discepoli di Giovanni sul digiuno (9,14-17). Si inseriscono di seguito nuovi atti: la guarigione di una donna e la risurrezione della figlia di un capo (9,18-26), il dono della vista a due ciechi (9,27-31) e l'esorcismo a favore di un muto (9,32) con le conseguenti reazioni della folla e dei farisei (9,33-34).

Da questa analisi, si evince che il testo di Mt 8-9 è occupato, nella quasi totalità, da racconti di miracoli: l'azione di Gesù balza con prepotenza in primo piano; tuttavia non è da trascurare il fatto che, in due punti (8,18-22; 9,9-17), la narrazione presenti scene in cui non si parla di ammalati ma di sequela. Non si tratta di semplici "intermezzi" destinati a suddividere i miracoli; al contrario, servono ad attirare l'attenzione sulla dimensione ecclesiale dei miracoli stessi[115]. All'interno di una trama marcatamente cristologica, si insinua – in trasparenza – la dimensione ecclesiale.

Inoltre, merita di essere messo in rilievo un altro aspetto: quello della presenza, in 8,17, di una "citazione di compimento" tratta dal quarto canto del Servo di JHWH (Is 53,4). Tale ripresa esplicita dell'AT serve ad illuminare la persona di Gesù attraverso una preziosa chiave interpretativa: è il Messia d'Israele che agisce con piena autorità in mezzo al suo popolo[116]; i suoi non sono gesti sensazionali di un uomo straordinario bensì compimento delle Scritture e manifestazione della volontà di Dio[117].

---

speculari ai capitoli 5-7. Per J. GNILKA, *Matteo*, I, 513 siamo in presenza di molteplici istanze che si compongono nel presentare Gesù, Figlio di Dio e figlio di Davide, che si volge benevolo verso il suo popolo. Fin dall'inizio – secondo U. LUZ, *Matthew 8-20*, 2 – si profilano il conflitto e la separazione.

[115] V. FUSCO, "Gesù che ci guarisce", 85.
[116] U. LUZ, *Matthew 8-20*, 14.
[117] W.D. DAVIES – D.C. ALLISON, *Matthew*, II, 37.

3.1.2 Il tema cristologico

La sezione 8-9 si presenta come una pagina di rara densità cristologica[118]. Nelle sue opere, Gesù si rivela. Egli è il vincitore del male in tutte le sue forme: libera da ogni forma di malattia fisica (lebbra, paralisi, febbre, emorragia, possessione) e spirituale (peccato perdonato) fino al grande male che è la morte[119]. E' fonte di vita e la comunica. Egli è padrone assoluto dei suoi interventi; la guarigione è istantanea (8,3.13.15.26.32; 9,7.22.25.30.33) e avviene – di norma – con la sola forza della parola, come mette sinteticamente in luce 8,16 e come pensa, a ragione, il centurione (8,8)[120]; anche la presenza della gestualità è un dato sobrio e funzionale al potere della parola (8,3.15; 9,25.29). Come avviene per JHWH, che "parla e tutto è fatto, comanda e tutto esiste (Sal 33,9)" ed "opera tutto ciò che vuole (Sal 115,3)" così succede per Gesù. Il suo comando è il comando della creazione nuova, che corrisponde alla creazione di Dio mediante la parola[121]. La maestà e la ieraticità del comportamento di Gesù fanno trapelare il mistero della sua identità, che lo distingue da qualsiasi guaritore o mago[122].

Anche l'impiego dei titoli che i vari personaggi usano per rivolgersi a lui contribuisce a introdurre nel suo mistero; così risuonano, nel testo, gli appellativi di "Signore" (8, 2.6.8.21.25; 9,28), "Figlio di Dio" (8,29) "Figlio di Davide" (9,27). Inoltre, nel brano dedicato ai dibattiti (9,9-17), Gesù appare come il "medico" che si mette alla ricerca dei peccatori (9,12) e come lo sposo che inaugura la festa messianica (9,15). Nella sua autopresentazione, Gesù si definisce come "il Figlio dell'uomo" (8,20), sottoposto ad una vita insicura e rifiutata, che è tuttavia in grado di offrire ora il perdono dei peccati, atteso per il tempo finale (9,6)[123].

---

[118] A. SAND, *Matteo*, I, 305-307.

[119] E' suggestivo notare come in Mc 5,23 si parli di una "figlia agli estremi", in Lc 8,42 di una "figlia che stava per morire" mentre in Mt 9,18 di una "figlia morta proprio ora": la morte stessa capitola di fronte a Gesù; cf. S. LÉGASSE, "I miracoli di Gesù", 191.

[120] Cf. Mt 8,13.26.32; 9,6.29.33.

[121] Cf. G. SEGALLA, "La cristologia nella tradizione sinottica", 59.

[122] Cf. S. LÉGASSE, "I miracoli di Gesù", 190: "Matteo si adopera per provare che questo agire di Gesù *viene dal suo stesso essere*. Tutto è disposto in maniera tale che Gesù non può rientrare nella categoria dei semplici guaritori".

[123] R. FABRIS, *Matteo*, 202.

Esplicito o allusivo, comunque costante, è il riferimento all'AT che in lui si compie. Le antiche promesse si compiono grazie all'azione di Gesù in favore dei malati, tipi dell'umanità restaurata e graziata. Allusioni all'AT si possono scorgere nelle parole di coraggio (9,2.22) che ammiccano alle formule profetiche (Bar 4,21.27-30; Gl 2,21; Ag 2,5; Zac 8,13-15) o nella scena dell'apertura degli occhi (9,30) che rimanda alle profezie di Isaia (35,5; 42,7). Ma l'indizio più chiaro del raffronto nella linea dell'adempimento è la citazione di Is 53,4 in 8,17: "Egli ha preso le nostre infermità e si è addossato le nostre malattie". Gesù è il Servo solidale per misericordia che prende, cioè toglie, le malattie degli uomini[124]. E' da rimarcare il fatto che la citazione del quarto carme del Servo di JHWH non venga riferita alla passione e all'esaltazione di Gesù bensì – contrariamente a tutte le interpretazioni giudaiche e all'AT greco che parla di "peccati" – alle sue opere di guarigione; colui che viene nella potenza di Dio compie il suo servizio a favore degli esclusi[125].

Uno sguardo a coloro che ricevono le cure di Gesù testimonia la sua predilezione per coloro che sono ai margini. Anche sotto questo profilo, la sezione 8-9 fornisce uno spaccato eloquente delle scelte di Gesù: persone non considerate, senza diritti, o considerate peccatrici dalla società giudaica, povere, escluse in vari modi. L'interesse di Gesù non è generico: egli ricerca e riabilita chi non ha speranza per il futuro. La compassione di Gesù per i sofferenti di ogni genere è lo specchio più luminoso dell'amore di Dio per ogni uomo. L'annuncio del Regno è sempre accompagnato dalle guarigioni e dall'accoglienza dei malati. Non si tratta semplicemente di un mezzo per rendere credibile l'annuncio, ma di una modalità che ne manifesta il profondo contenuto[126].

Il testo di 8,23-27 si colloca, dunque, in questa fitta trama cristologica e contribuisce a rafforzarla con l'enfasi sul divino potere della parola di Gesù sulle forze caotiche. Gesù mostra chi è e la sua affidabilità. Esattamente su questo sfondo rivelativo, nei due capitoli in esame, si collocano alcuni incontri significativi che esaltano la relazione che si intesse con Gesù attraverso la fede. E' un aspetto da approfondire.

3.1.3 Incontri di fede

Il racconto della tempesta sedata che contiene il rimprovero per la

---
[124] S. LÉGASSE, "I miracoli di Gesù", 193.
[125] E. SCHWEIZER, *Matteo*, 205.
[126] B. MAGGIONI, "Gesù e i malati", 87.

poca fede dei discepoli (8,26) si inserisce in una sezione ove il tema della fede risalta con particolare abbondanza. Una semplice (anche se non vincolante) constatazione statistica ci rende avvertiti in ordine a questo fatto: delle 8 ricorrenze del termine πίστις in Matteo[127], la metà è distribuita in questa parte (8,10; 9,2.22.29)[128]. La poca fede dei discepoli si staglia in un contesto di fede che cerchiamo – sia pure sinteticamente – di definire.

Il primo personaggio[129] che presenta un comportamento interessante per il nostro tema è il centurione (8,5-13)[130]. E' un pagano e come tale è fuori della cerchia degli eletti; ha una totale fiducia nel potere di guarigione di Gesù (8,5-6), si sente indegno della sua visita (8,8) e crede nella forza della sola parola ("ma dì soltanto una parola"): ai suoi occhi, non è necessaria la presenza fisica di Gesù presso il malato per qualche gesto taumaturigico. A questo punto, la reazione "esagerata" di Gesù fa di quest'uomo un paradigma; egli manifesta una piena e entusiasta ammirazione (ἐθαύμασεν: l'unica ricorrenza in cui tale verbo ha come soggetto Gesù) cui fanno seguito parole di raro elogio, indirizzate, in modo suggestivo, a coloro che lo seguivano (τοῖς ἀκολουθοῦσιν): sebbene l'identificazione diretta riguardi le folle[131], non si può non registrare almeno un'assonanza con il testo di 8,23, dove "coloro che seguono" sono i discepoli. Quest'uomo è, anche per loro, termine di paragone. Di lui, è la fede che si impone: la sentenza iniziale di Gesù ("in verità vi dico: presso nessuno, in Israele, ho trovato una tale fede") contiene, per un verso, l'esaltazione del centurione e, insieme, il rammarico per Israele che una tale fede non ha. Sono da notare la solennità dell'introduzione, l'unicità (παρ'οὐδενί) di questa persona e l'uso del sostantivo "fede" con aggettivazione (τοσαύτην). Tutto ciò contribuisce a rendere il centurione un prototipo; il contrasto con i discepoli di poca fede (e più in generale con Israele) è forte. La fede del centurione è promessa per la sorte dei pagani e severo monito per i figli del regno (8,12); la posizione dinanzi alla parola di Gesù giu-

---

[127] Mt 8; Mc 5; Lc 11.
[128] Per le altre ricorrenze: 15,28 (episodio della Cananea), 17,20; 21,21 (due detti sul potere della fede) e infine 23,23. Anche il verbo πιστεύω, usato in senso forte riferito a Gesù, compare qui: 8,13; 9,28; cf. anche 18,6; 21,22; 27,42.
[129] Anche il lebbroso in 8,2 dice la sua fede ("Signore, se vuoi, puoi mondarmi"). Ma restringiamo il campo all'uso dell'esplicito vocabolario.
[130] Cf. J. GNILKA, *Matteo*, I, 439-450; U. LUZ, *Matthew 8-20*, 8-12; W.D. DAVIES – D.C. ALLISON, *Matthew*, II, 17-32;
[131] Il riferimento è a 8,1: così, ad es., U. LUZ, *Matthew 8-20*, 10.

dica e discrimina. Infine, la "collaborazione" della fede opera il miracolo: il miracolo sollecita e richiede sempre la partecipazione dell'uomo (8,13). La testimonianza del centurione accompagna il discepolo nella tempesta, tempesta che, al contrario, metterà in luce la fede debole di coloro che lo seguono. Non ci sono categorie stabili: il confine tra quanti si ritengono vicini e quanti lontani rispetto a Gesù è sempre passibile di mutamento.

Il tema della fede ritorna nell'episodio del paralitico (9,1-8) che mette in luce un'opposizione tra due categorie di persone (introdotte entrambe da καὶ ἰδού): "alcuni" non meglio precisati che portano un paralitico (9,2) e alcuni tra gli scribi che accusano Gesù di bestemmia (9,3). Un'azione – la prima – che esprime attenzione all'uomo paralizzato e una totale fiducia in Gesù; un'altra – la seconda – che rivela disinteresse per l'uomo ammalato e cattiva disposizione verso Gesù. Dal punto di vista della fede, il brano poggia su un contrasto abbastanza evidente nel testo: ἰδὼν ὁ Ἰησοῦς τὴν πίστιν αὐτῶν / ἰδὼν ὁ Ἰησοῦς τάς ἐνθυμήσεις αὐτῶν (9,2.4). E' lo sguardo di Gesù che svela le radici del duplice comportamento: fede o pensieri cattivi. La fede non è di tutti. In particolare, non è di questa categoria di persone "religiose", anche se, paradossalmente, il loro atteggiamento si presenta come quello di chi vuole salvaguardare i "diritti di Dio" di fronte a chi bestemmia. E' una fede di persone anonime che si esprime in un semplice gesto in favore di un altro.

Ancora la fede connota un altro personaggio, questa volta femminile: la donna che soffre d'emorragia (9,20-22)[132]. Nella galleria dei personaggi minori, essa si connota per una condizione che, a doppio titolo, la rende ai margini: è una donna e, per giunta, impura. E tuttavia è mossa da un'interiore persuasione: il contatto con Gesù sarà per lei causa di salvezza, anche un contatto solo "marginale" ("se soltanto toccherò il suo mantello": 9,21). Questa donna è persuasa del valore salvifico della presenza di Gesù e, secondo la reazione di Gesù stesso, il suo atteggiamento non è magia o superstizione ma prende precisamente il nome di fede (9,22). E la fede ha un volto: il suo. Una tale fiducia in Gesù consente la guarigione perché combina il proprio apporto responsabile con la potenza che scaturisce da Gesù. Per questo la guarigione avviene dopo la parola di Gesù e non prima, come fosse un

---

[132] Cf. J. GNILKA, *Matteo*, I, 499-501; U. LUZ, *Matthew 8-20*, 41-43; W.D. DAVIES-D.C. ALLISON, MATTHEW, II 129-130.

automatismo¹³³. Così la fede della donna diventa benefica verso se stessa (lett. "La *tua* fede ha salvato *te*"). Ai discepoli, che pure si erano rivolti a Gesù perché li *salvasse* (8,25; identico verbo), la donna insegna con discrezione il valore dell'*esserci* di Gesù: la sua fede si è misurata con una presenza¹³⁴.

Ci resta un'ultima scena di "sequela" (cf. 9,27: ἠκολούθησαν¹³⁵): l'incontro con i due ciechi (9,27-31). Ed è anch'esso un incontro giocato sulla fede, un aspetto – questo – particolarmente messo in risalto¹³⁶. Il centro dei nostri interessi sarà focalizzato lì. I due ciechi¹³⁷, nella scena esterna, si presentano con le credenziali di chi si mette in modo fiducioso davanti a Gesù: la forza del grido, la richiesta di misericordia, e, soprattutto, l'appellativo messianico "Figlio di Davide"¹³⁸ (9,27). In casa, al centro, si situa il dialogo; il miracolo pare ad esso subordinato. E' Gesù che pone la domanda sulla fede (9,28) come fiducia nella sua potenza soccorritrice¹³⁹: il miracolo è in funzione di una relazione, la relazione tra chi dona e chi riceve. Gesù non si limita a guarire: esige un coinvolgimento personale. La fede si manifesta in questo spazio di domanda e risposta, proposta e accoglienza ("sì, Signore": 9,28). E il miracolo accade "nella misura della vostra fede" (κατὰ τὴν πίστιν ὑμῶν)¹⁴⁰: la parola di Gesù completa il gesto (toccare gli occhi) e lo purifica da ogni componente magica; il nesso guarigione-fede non poteva essere espresso in maniera più plastica (9,29). Gesù esalta la fede e non cede alla spettacolarità (9,30). E' interessan-

---

¹³³ Interessante, per questo aspetto, il confronto sinottico: sia in Mc 5,29 che in Lc 8,44 la guarigione avviene prima della parola di Gesù; in Mt è il contrario. Situazione analoga al dialogo *nella* (e non *dopo*) la tempesta?

¹³⁴ Non è da trascurare, tuttavia, il fatto che la fede dei discepoli è maggiormente messa alla prova da un pericolo di morte incombente

¹³⁵ La partenza del racconto è simile a 8,23: participio al dativo + verbo all'aoristo. Evocativo è soprattutto il verbo ἀκολουθέω.

¹³⁶ Notiamo, tra l'altro, che si tratta di un testo proprio di Mt.

¹³⁷ La cecità, al pari della lebbra, era ritenuta un male gravissimo: J. GNILKA, *Matteo*, I, 505.

¹³⁸ E' la prima ricorrenza (il caso di Mt 1,1 è diverso) di un appellativo caro all'evangelista; si è scritto, circa questo titolo, di un "Figlio di David" *terapeutico*: cf. D.C. DULING, "The Therapeutic Son of David", 235-252.

¹³⁹ J. GNILKA, *Matteo*, I, 506. Questi sottolinea anche come la fede sia una fede esposta alla prova.

¹⁴⁰ Da notare che la formula "nella misura della vostra fede" è posta in posizione enfatica, all'inizio della frase ed è propria di Matteo: cf. S. LÉGASSE, "I miracoli di Gesù", 198.

te notare come due ciechi "vedano" la potenza di Gesù; anche i discepoli vedono lui sulla barca, ma per loro la tempesta è più forte.

In sintesi, il contesto di 8-9 fa emergere, per un verso, il progressivo svelarsi di Gesù come colui che, attraverso la sua presenza, è in grado di salvare, secondo varie modalità; e per un altro verso, mette in luce la potenza della fede dei personaggi che si misurano con lui. Si crea, così, come uno sfondo suggestivo che serve a inquadrare meglio anche il comportamento dei discepoli[141].

3.2 *Lo sviluppo del tema*

Nella spiegazione di 8,26, la questione della "poca fede" è già stata oggetto di qualche osservazione. In questa parte sintetica, si cercherà di approfondire e sintetizzare.

3.2.1 La poca fede in rapporto al testo precedente (6,25-34)

A confronto con 6,25-34, si nota uno spostamento e un allargamento circa il referente delle fede: prima il Padre, ora Gesù[142]; è la differenza forse più vistosa che offre una sottolineatura affascinante nel ritratto del discepolo: un rapporto stretto lega quest'ultimo sia al Padre che a Gesù. La cura benevola del Padre per le sue creature, in 8,23-27 è resa – per così dire – *visibile* dalla mediazione del Figlio. Come al Padre stanno a cuore i suoi figli, così a Gesù i suoi discepoli: come il Padre garantisce ciò di cui i figli hanno bisogno (6,32-33), così Gesù richiede la fiducia nella sua presenza capace di offrire sicurezza[143], una sicurezza esplicitata nel suo potere di dare la vita in pericolo di morte.

Inoltre, a confronto con il brano precedente, troviamo i discepoli per la prima volta in azione. Se in 6,25-34 erano oggetto di un pressante ammonimento e si configuravano come ascoltatori, qui sono chiamati ad agire. E il loro agire li smaschera nel profondo. Se prestiamo attenzione al fatto che siamo in presenza della prima scena unicamente focalizzata su Gesù-discepoli, l'esito della loro prima "prestazione" conferma, in

---

[141] Siamo tuttavia consapevoli che ben diversa è la "qualità" di relazione con Gesù da parte dei discepoli e da parte dei personaggi poc'anzi incontrati.

[142] Qualche autore ritiene che la poca fede non riguardi solo Gesù ma anche il Padre: cf. W.C. ALLEN, *Matthew*, 83; W.F. ALBRIGHT – C.S. MANN, *Matthew*, 98; L. MORRIS, *Matthew*, 206; D. HARE, *Matthew*, 96. Ci sembra che il rapporto Gesù-discepoli sia molto stretto e qualificante.

[143] C.S. KEENER, *Matthew*, 182.

modo adeguato, l'appellativo che Gesù aveva loro dato in 6,30: sono "uomini di poca fede". Quando si tratta di venire allo scoperto nella loro relazione fiduciale con Gesù, falliscono o – meglio – si mostrano per quello che in realtà sono. Il discepolo, sia nelle parole anticipatrici di Gesù (6,30), sia nella prima "comparsa ufficiale" con lui, appare caratterizzato dallo stesso tratto. Il discepolo si trova nella condizione di chi non ha ancora costruito la sua casa sulla roccia (7,24-27)[144]: nel vortice dei flutti e dei venti, pure previsti, la tempesta lo vince.

3.2.2 Gesù biasima e vince la poca fede

La poca fede sorprende Gesù; il suo è un interrogativo: "perché siete paurosi, uomini di poca fede?". L'interrogativo mira a destare la coscienza del discepolo affinché si renda conto della dissonanza del proprio atteggiamento a confronto con la cura sollecita di Gesù. La poca fede è sempre da biasimare; nel biasimo è inclusa – e insieme sollecitata – la possibilità di uno sviluppo, di una crescita verso un abbandono confidente sempre più ampio.

E tuttavia la poca fede non arresta l'agire di Gesù: egli interviene in favore dei discepoli e li salva. Il "miracolo" non è una sfolgorante dimostrazione di potenza sulle forze della natura fine a se stessa, bensì una circostanziata operazione di *salvataggio*[145]. Anche se la fede è poca, più robusti sono la forza e la fedeltà di Gesù ai suoi: egli non misura il suo intervento su una risposta corale di "fede piena" da parte dei discepoli, che il testo, del resto, non registra. Gesù sana la poca fede con un *gesto di salvezza* perché, da lui sostenuti, essi possano compiere la missione che egli ha loro affidato[146] e perché si possa intuire la radicale gratuità di ogni sequela: è grazia la chiamata ed è grazia anche la durata.

3.2.3 La poca fede: cecità dinanzi ad un tipo di Presenza e sfiducia

Gesù è a fianco dei discepoli ma dorme. La sua presenza è certa, stabile e sicura; tuttavia questo non basta al discepolo quando infuria la tempesta. Per lui, la tempesta è più forte dell'autorità di Colui che è lì presente[147]. Il suo strano modo di esserci – nel sonno! – fa insorgere la paura. E' suggestivo, a questo proposito, richiamare un piccolo parti-

---

[144] B.M.F. VAN IERSEL – A.J.M. LINMANS, "The Storm in the Lake", 42-43; D.E. GARLAND, *Reading Matthew*, 101.
[145] L. MALEVEZ, "Foi existentielle", 142.
[146] J.D. KINGSBURY, *Matteo*, 158.
[147] J. ZUMSTEIN, *La condition di croyant*, 243.

colare del testo: i discepoli sono detti "codardi, vili (δειλοί)". Il termine indica certamente terrore e panico (un aspetto da riprendere); ma indica anche *codardia*, vale a dire l'atteggiamento di chi, per paura appunto, viene meno in *un rapporto* di amicizia o di confidenza, di chi tradisce perché non riconosce più il volto di chi ha davanti (come è possibile che Gesù dorma, proprio ora?)[148]. La questione della poca fede, in 8,26, è prima di tutto una questione di mancata accoglienza di Gesù perché non riconosciuto *nella paradossalità del suo rendersi presente*; la poca fede ha un aspetto cognitivo-"teologico"[149].

In questo senso, la poca fede è più che una generica mancanza di fiducia in Gesù – come notano spesso gli autori[150] (e che, peraltro, condividiamo): è una mancanza di fiducia che deriva, però, dal manifestarsi *sorprendente* di Gesù stesso[151]. La poca fede è la fede di chi non ha ancora del tutto riconosciuto e accolto il "tipo" di Signore al quale

---

[148] Non è questo – sia detto per inciso – l'atteggiamento dei discepoli anche nella passione?

[149] In questa linea, J. SCHNIEWIND, *Matteo*, 205: "aspettare la potenza salvatrice di Dio nella tempesta, questo sarebbe fede e valore"; D. PATTE, *Matthew*, 121: aver fede "since they were with Jesus in the boat, *even though he was asleep*" (sottolineatura nostra). Altri autori mettono in luce (giustamente!) il motivo della presenza, meno il suo carattere enigmatico: ad es. U. LUZ, *Matthew 8-20*, 22: "what constitutes little faith is the disciples stop thinking about the power and presence of their Lord and then no longer can act"; così anche O. DA SPINETOLI, *Matteo*, 270; J. GNILKA, *Matteo*, I, 467; S. GRASSO, *Il vangelo di Matteo*, 239.

Interessante un accenno a qualche voce del passato: così CORNELIUS A LAPIDE, *In SS. Matthaeum et Marcum*, 235: "quia non speratis in mea providentia, nec credetis me dormientem posse, aut scire et velle vos liberare a periculo. Ita Chrysostomus". Scrive infatti, icastico, CRISOSTOMO (*PG* 57, 351): "ὅτι μὲν γὰρ δύναται ἐπιτιμᾶν ἐγερθείς, ᾔδεσαν. ὅτι δὲ καὶ καθεύδων οὐδέπω"; trad. lat.: sciebant quidem ipsum expergefactum increpare posse; dormientem vero nondum putabant". Una posizione simile al Crisostomo si trova in TOMMASO D'AQUINO, *Lectura,* 728: "modicae fidei fuerunt quia non credebant quod etiam dormiens posse salvare". Questo autore aggiunge anche: "si ipsi haberent magnam fidem ipsi possent imperare mari". J. KNABENBAUER, *In Matthaeum*, 386 scrive: "non incredulos eos dicit, sed parvae fidei; nam per hoc quod dicunt *salva*, fidem monstrant; quod autem dicunt *perimus*, non est fidei; illo enim simul navigante non erat formidandum (Theof.)";

[150] Ad es. W.F. ALBRIGHT – C.S. MANN, *Matthew*, 98; B. GERHARDSSON, *The Mighty Acts*, 55; A. SAND, *Matteo*, I, 267; J.D. KINGSBURY, *Matteo*, 157; L. MORRIS, *Matthew*, 206; D.A. HAGNER, *Matthew 1-13*, 222; D.E. GARLAND, *Reading Matthew*, 101; C.S. KEENER, *Matthew*, 182; G.H. TWELFTREE, *Jesus the Miracle Worker*, 113.

[151] In questa linea – ci pare – ma fin troppo creativa, la spiegazione di J. DUPLACY, "Et il y eut un grand calme...", 24: "l'insuffisance d'une foi qui aurait dû exclure la possibilité même de la mort. Jésus ne pouvait pas mourir avant l'accomplissement de sa mission". (!)

occorre aderire senza imporre le proprie precomprensioni. Essa abbisogna, per essere sanata, sia dell'intervento di Gesù che della conversione *teologica*, prima che morale, del discepolo. In questo senso, la domanda finale (8,27), una domanda aperta con il suo carico di stupore, smaschera il fatto che i discepoli sono ancora distanti rispetto a chi hanno davanti; segnala una separazione tra loro e Gesù[152]. Gesù è tutt'altro rispetto a quanto pensavano. Il percorso del vangelo mostrerà l'evoluzione (e l'involuzione) di questa domanda.

3.2.4 La poca fede come incapacità a resistere e perseverare: il motivo della tempesta

In modo conseguente a quanto detto poc'anzi e in seconda battuta, si può sostenere che la poca fede assuma anche la sfumatura di mancanza di resistenza e tenuta nelle difficoltà: è – se così si vuole chiamare – l'aspetto morale della fede: non si vive all'altezza della fede[153]. Riteniamo che questa interpretazione si sposi con la lettura del σεισμός come cifra di tribolazione che attendono coloro che seguono Gesù. La sequela comporta tribolazioni. Esse non sono risparmiate per il fatto di mettersi al seguito di una persona potente come Gesù. Al contrario, è precisamente la presenza di Gesù che amplifica il dramma della sofferenza: se c'è lui, perchè la prova?

La fede del discepolo sarà sempre una fede sottoposta alla prova, una fede che dovrà quotidianamente giocarsi in un contesto di ostilità. Tale ostilità può provenire da *qualcosa di esterno*, da fatti o da persone che mettono in crisi l'esistenza credente: sarà la persecuzione violenta fino al martirio oppure l'indifferenza o altro ancora. Da questo punto di vista, la fede viene a coniugarsi con la *perseveranza* nella fede[154] o – come è stato scritto – con l'*esercizio* della fede[155]. Non è suf-

---

[152] S.-J. PARK, "La tempête apaisée", 45.

[153] In questi termini, è la posizione di X. LÉON-DUFOUR, "La tempête", 170, criticata da J. ZUMSTEIN, *La condition di croyant*, 244.

[154] G. BORNKAMM, "The Stilling of the Storm", 57 (secondo la celeberrima espressione "a kerygmatic paradigm of the danger and glory of discipleship"); I. GOMÁ CIVIT, *Mateo*, I, 467; E. SCHWEIZER, *Matteo*, 209; J.C. FENTON, *Matthew*, 130; H. HENDRICKX, *The Miracles Stories*, 197: "there is faith but there is also a problem of perseverance"; R.H. GUNDRY, *Matthew*, 156: "failure to rest in the divine authority of Jesus"; R.T. FRANCE, *Matthew*, 162; A. SAND, *Matteo*, I, 267; R. FABRIS, *Matteo*, 218; A. MELLO, *Matteo*, 161; R. ARASAKUMAR, "Insecurity vs. Faith", 253.

[155] W.D. DAVIES – D.C. ALLISON, *Matthew*, II, 74: "it is a call not to come to faith but rather to exercise the faith one already has".

ficiente credere; occorre restare in piedi nel mezzo della tempesta.

Ma – in linea con quanto esposto sopra – riteniamo che il "tarlo" che rischia di minare l'esperienza di fede provenga *dall'interno della fede stessa*: il trovarsi di fronte a un Messia che non "conosciamo", che si rivela in modo diverso e shockante da come ce lo aspetteremmo, che richiede sempre conversione.

3.2.5 Una fede "complessa"

Questo è un aspetto affascinante, oltre che realistico, della presentazione dei discepoli. Spesso si fa notare la diversa prospettiva di Mc 4,40 (οὔπω ἔχετε πίστιν) e Lc 8,25 (ποῦ ἡ πίστις ὑμῶν) e si deduce, anche da questo caso, che la presentazione del discepolo in Matteo è una presentazione positiva, addolcita rispetto alla ruvidezza, ad esempio, di Marco[156]. Tuttavia, questo giudizio va maggiormente calibrato; anche in Matteo la figura del discepolo, se non drammatica come in Marco, certo è complessa. Il discepolo vive la tenebra nella luce della fede che possiede: una salutare e quanto mai vera tensione.

3.2.6 La fede per vincere la paura

La fede, nel testo in esame, si mostra come l'antitesi della paura: perché di poca fede, hanno paura. La paura altro non è che il nome di chi ha poca fede: ne è, per così dire, il ritratto. La paura insorge di fronte ad una minaccia; è la reazione sana dello spirito di conservazione, a tutti i livelli. In particolare, essa è sconvolgente quando la vita intera è minacciata[157]: di fatto, ogni paura che può nascere nell'uomo partecipa del timore della morte[158]. E' il caso dei discepoli. La mancata coscienza della presenza di Gesù fa scattare la paura; così come la memoria di lui è in grado di esorcizzarla. Il testo descrive – con pochissime parole – il comportamento dei discepoli che piombano nella paura e sono fatti passare, da Gesù, dal panico alla calma. La tempesta che c'è fuori, c'è anche dentro; lo sconvolgimento delle acque è il loro sconvolgimento. La paura è simile alla tempesta, è una figura di confusione. La fede è una figura di distinzione. La fede fa uscire dalla confusione e fa pervenire alla calma[159].

---

[156] Ad es. D.W. BEARE, *Matteo*, 244.

[157] Cf. lo studio molto accurato di B. COSTACURTA, *La vita minacciata*; inoltre, P. GRELOT, *Dans les angoisses l'espérance*.

[158] J. GNILKA, *Matteo*, I, 467.

[159] S.-J. PARK, "La tempête apaisée", 43.

La paura si presenta perché i discepoli sono ripiegati su di sé e incapaci di accogliere Gesù che salva attraverso la prova. La loro paura è destata sia dal mare che dalla sorpresa di Gesù che dorme: riconoscere la sua identità, anche se nascosta, salva dalla paura. Ma ciò non si offre come un guadagno stabile bensì come un insicuro equilibrio sempre da mantenere. Davanti al discepolo si delinea un altalenante itinerario di costante attraversamento della paura per pervenire alla fede. Come è poca la fede, così è di casa la paura: dalla fede alla paura, dalla paura alla fede[160].

E la paura (con la fatica del suo superamento) attraversa – non a caso – anche il testo successivo: 14,22-33 (in particolare: 14,26.27.30)[161].

---

[160] PH. GENDRON, *Peur et foi*, 18-19 sostiene che il vangelo sia un itinerario dalla paura all'*audace* scandito da tre tempi mai sufficientemente compiuti: "la peur de l'inconnu, la révélation d'une présence rassurante et l'audace de l'agir".

[161] Altri approfondimenti saranno offerti in quella sede.

CAPITOLO III

CAMMINARE SULLE ACQUE (Mt 14,22-33)

Il vocabolario della "poca fede" riappare esplicitamente in un terzo brano: il cammino di Gesù e di Pietro sulle acque (14,22-33). Anche questo testo presenta due paralleli: uno nei sinottici (Mc 6,45-52) e un secondo in Giovanni (Gv 6,16-21). Questioni introduttive, spiegazione, contestualizzazione e sviluppo del tema: questa la scansione del capitolo.

1. **Questioni introduttive**

Prima di dedicarsi alla spiegazione del racconto, è necessario definirne i confini e offrire una visione sintetica del movimento del testo.

1.1 *La delimitazione del testo*

E' possibile delimitare agevolmente il testo attraverso i tradizionali criteri di spazio e di tempo e mediante il codice dei personaggi. Il cambiamento di luogo è segnalato dal comando di imbarco per i discepoli e dalla salita di Gesù sul monte, per l'inizio (14,22-23a) e dalla conclusione della traversata con l'approdo a Genesaret (14,34), per la fine. Una notazione di tempo si registra in 14,23 ("venuta la sera") con un'ulteriore precisazione suggerita da 14,25 ("la quarta vigilia della notte"). Occorre, tuttavia, registrare il fatto che la notizia dell'incombere della notte era già stato data in 14,15. Discriminante è il cambiamento dei personaggi: non più le grandi folle della moltiplicazione (14,13-21) bensì i discepoli soli con Gesù. Lo scenario muta in 14,35 ove si parla della "gente del luogo". Anche l'azione è ben diversa rispetto sia alla moltiplicazione (14,13-21) che all'opera di guarigione (14,34-36). Il testo, dunque, si presenta ben delimitato.

1.2 *L'articolazione del testo*

Il brano si apre con un comando deciso di Gesù (14,22) che intima (ἠνάγκασεν) ai discepoli due azioni strettamente connesse: salire sulla barca e precederlo sulla riva opposta. Si determina, in questo modo, una *separazione* tra Gesù e i suoi. D'altro canto, l'invito a "precedere" lascia intendere che tale separazione sarà momentanea, in attesa di un loro ricongiungimento. Di seguito (14,23), si registra un'altra separazione, che segna uno iato con la pericope precedente: la separazione che riguarda le folle. Abbiamo tre tipi di personaggi, ciascuno, a suo modo, isolato: i discepoli, le folle, Gesù. Delle folle non si parlerà più in 14,22-33. Di Gesù, al contrario, viene messa in luce la solitudine ricercata e prolungata. Possiamo considerare questi versetti 22-23 come un'*introduzione* all'intero racconto, ove i personaggi acquistano una diversa posizione rispetto al contesto precedente: i discepoli in mare, obbedienti ad un comando; Gesù, solo, sul monte, in orazione. Il testo enfatizza in particolare la sua posizione (il tempo passa, egli non si muove) che ritarda l'incontro con i suoi, atteso secondo 14,22.

Nei versetti 14,24-27 si narra di tale ricongiungimento che avviene secondo una modalità impensata; i personaggi che danno unità alla sequenza sono Gesù e i discepoli nel loro insieme. L'attenzione si fissa, dapprima, sulla barca (immagine per indicare i discepoli già in 8,24b). Essa ha già compiuto una discreta navigazione: la terra è lontana; il verbo principale segnala questo dato (ἀπεῖχεν). Ma la vera complicazione sono le onde che ostacolano il tragitto, mosse da un "vento contrario". Si profila una situazione di fatica; insorge un ostacolo. E i discepoli sono soli, a differenza della scena precedente sul mare (8,23-27) quando almeno avevano vicino qualcuno da invocare. Non si dice nulla di loro né della loro reazione in questo frangente.

Il tempo passa – si va dalla "sera" alla "quarta veglia della notte" – e Gesù li vuole raggiungere (14,25): c'è un "movimento verso" (ἦλθεν πρὸς) i suoi, in loro favore, ma attraverso una modalità sconcertante: il "cammino sulle acque". Forte è il contrasto che percorre il testo tra il trambusto scatenato dalle onde di 14,24 e il sovrano dominio di Gesù in 14,25: da un lato, chi si trova ad essere vittima degli eventi, dall'altro chi ne è padrone sereno.

E' un gesto – quello che Gesù compie – che desta un interrogativo nel lettore mentre nei discepoli (14,26) questo stesso gesto (ridetto nel racconto: ἐπὶ τῆς θαλάσσης περιπατοῦντα) suscita grave turbamento (verbo all'aoristo ἐταράχθησαν) che l'esclamazione successiva fa capire essere originato dall'incapacità a riconoscere Gesù ("E' un fantasma"). Come un effetto a catena, l'incomprensione diventa un "grido per la paura". L'azione di Gesù, che mirava ad operare un ricongiungimento, viene fraintesa in modo eclatante dai discepoli; essi appaiono connotati in modo negativo: sono intimamente scossi, ciechi, impauriti, gridano presi dal panico. Tra Gesù e i discepoli, c'è la massima distanza.

Ed è ancora Gesù che si volge verso quanti sono nella barca (14,27): come in precedenza si era reso presente "fisicamente" (14,25) ed è stato frainteso, così ora si fa prossimo con il dono della parola. Il primo intervento diretto di Gesù è composto da due imperativi (uno positivo e l'altro negativo) che racchiudono una formula di presentazione ("Coraggio, sono io, non temete)"; il riconoscimento della sua persona è ciò che scaccia il panico provocato dall'apparizione del "fantasma". I discepoli hanno bisogno di esorcizzare la paura; gli imperativi (due!) sottolineano magistralmente questo compito di Gesù. Evidente è il marcato contrasto tra l'atteggiamento dei discepoli, sconvolti (14,26) e l'atteggiamento di Gesù, tranquillo (14,27). A questo punto, si attende una risposta dai discepoli: come reagiranno di fronte alla parola di Gesù? Saranno capaci di riconoscerlo? Il brano riserva una sorpresa e un rallentamento.

Dal gruppo si stacca un personaggio, Pietro, che prende la parola in risposta all'affermazione di Gesù. Da 14,28 fino a 14,32 l'attenzione è catalizzata da questi due personaggi a confronto; gli altri discepoli restano sullo sfondo. Pietro chiede di poter partecipare dello stesso potere di colui che chiama Signore: camminare sulle acque (14,28). La richiesta di Pietro contiene precisi agganci con i versetti precedenti: notiamo εἰ σύ εἶ come ripresa dell' ἐγώ εἰμι di Gesù; l'avanzare di Pietro verso Gesù (ἐλθεῖν πρὸς σε) descritto come quello di Gesù verso i suoi (ἦλθεν πρὸς αὐτοὺς). Pietro *chiede* che gli si *comandi*: strana richiesta, che serve, tuttavia, a configurare il gesto che egli eventualmente compirà nei termini di un'obbedienza ad una parola. Inoltre, non è da trascurare il fatto che il suo gesto si connoti non solo (e non tanto) come uno "stare sopra" le acque bensì come un "andare verso" Gesù.

Il comando di Gesù risuona preciso (14,29: Ἐλθέ, imp. aor.) e dà a Pietro il potere di camminare. Dopo la discesa dalla barca, l'apostolo imita alla lettera Gesù e si indirizza a lui. Si realizzano i due obiettivi di cui sopra: si compie l'impossibile.

A questo punto (14,30) insorge una complicazione: Pietro guarda il vento e si impaurisce. Ricompare l'elemento che già era stato segnalato come l'antagonista della navigazione (14,24) e che ora ostacola anche Pietro. La condizione del discepolo muta rapidamente; la paura provoca l'affondamento. Resta solo il grido: dal verbo principale (all'aoristo: ἐφοβήθη) della prima parte del versetto, si passa al secondo (sempre all'aoristo: ἔκραξεν). La paura si materializza nel grido, grido che è invocazione di salvezza ("Signore, salvami!"), a differenza del grido muto di 14,26. Ancora una parola di Pietro introdotta dall'appellativo Κύριε come in 14,28; tuttavia, ben diverso il contesto: là c'era la richiesta di chi si sente padrone della situazione e quasi lancia una "sfida"; qui è la supplica disarmata di chi si rimette nelle mani di un altro senza pretese. Pietro, nell'arco di pochi versetti, è passato dalla sicurezza al panico: il suo cammino verso Gesù si è interrotto.

Ma non si è interrotto il volgersi soccorrevole di Gesù verso l'apostolo (14,31): Pietro non arriva al suo Signore ma è il suo Signore che arriva a lui. La sua risposta – immediata ("subito") – si compone di due parti: un gesto e una parola. Il gesto è quanto Pietro invocava: una mano tesa che lo afferra; lì c'è la salvezza. Il desiderio di Pietro si è realizzato, puntualmente e benignamente; per lui questo sarebbe sufficiente. Ma non per Gesù; risuona una parola, introdotta enfaticamente dal verbo λέγω al presente (unica occorrenza di questo tempo in tutta la pericope): è la parola da custodire, da Pietro e da tutti i discepoli. A Gesù non basta salvare, si direbbe; vuole educare ad un rapporto forte con lui. E' la domanda (domanda come in 8,26) sulla "poca fede": Ὀλιγόπιστε, εἰς τί ἐδίστασας. Il brano raggiunge il vertice perché smaschera la radice del comportamento di Pietro.

Ora il testo si avvia agevolmente alla conclusione: con la risalita in barca dei due protagonisti (14,32), il vento smette di soffiare: l'ostacolo è tolto. Gesù e i suoi sono, finalmente, insieme.

La conclusione del racconto (14,33) è un gesto di adorazione accompagnato da una dichiarazione sull'identità di Gesù ("Veramente tu sei Figlio di Dio"). L'esito finale del percorso sul mare è l'acquisizione di una nuova "conoscenza" di Gesù. Contemporaneamente, il percorso compiuto in questo episodio serve ai discepoli per verificare il tipo di rapporto da essi intrattenuto con il loro "Signore". In sintesi, la domanda su chi è Gesù si interseca con la domanda su chi è il discepolo.

In base alle considerazioni appena svolte, possiamo proporre, in modo schematico, il seguente movimento del testo[1]:

---

[1] Così W.D. DAVIES – D.C. ALLISON, *Matthew*, II, 496; simile a U. LUZ, *Matthew 8-20*, 317; R. FABRIS, *Matteo*, 346-347; strutture diverse: A. SAND, *Matteo*, I, 447; J. SMIT SIBINGA, "Matthew 14:22-33", 17; D.A. HAGNER, *Matthew 14-28*, 421-422.

I. Introduzione: v. 22-23

Καὶ εὐθέως ἠνάγκασεν τοὺς μαθητὰς ἐμβῆναι εἰς τὸ πλοῖον καὶ προάγειν αὐτὸν εἰς τὸ πέραν, ἕως οὗ ἀπολύσῃ τοὺς ὄχλους. [v. 22] καὶ ἀπολύσας τοὺς ὄχλους ἀνέβη εἰς τὸ ὄρος κατ' ἰδίαν προσεύξασθαι. ὀψίας δὲ γενομένης μόνος ἦν ἐκεῖ. [ς. 23]

II. Gesù e i discepoli: v. 24-27

τὸ δὲ πλοῖον ἤδη σταδίους πολλοὺς ἀπὸ τῆς γῆς ἀπεῖχεν βασανιζόμενον ὑπὸ τῶν κυμάτων, ἦν γὰρ ἐναντίος ὁ ἄνεμος. [v. 24]
τετάρτῃ δὲ φυλακῇ τῆς νυκτὸς ἦλθεν πρὸς αὐτοὺς περιπατῶν ἐπὶ τὴν θάλασσαν. [v.25]
οἱ δὲ μαθηταὶ ἰδόντες αὐτὸν ἐπὶ τῆς θαλάσσης περιπατοῦντα ἐταράχθησαν λέγοντες ὅτι Φάντασμά ἐστιν, καὶ ἀπὸ τοῦ φόβου ἔκραξαν. [v. 26]
εὐθὺς δὲ ἐλάλησεν [ὁ Ἰησοῦς] αὐτοῖς λέγων, Θαρσεῖτε, ἐγώ εἰμι· μὴ φοβεῖσθε. [v. 27]

III. Gesù e Pietro: v. 28-32

ἀποκριθεὶς δὲ αὐτῷ ὁ Πέτρος εἶπεν, Κύριε, εἰ σὺ εἶ, κέλευσόν με ἐλθεῖν πρὸς σὲ ἐπὶ τὰ ὕδατα. [v. 28]
ὁ δὲ εἶπεν, Ἐλθέ. καί καταβὰς ἀπὸ τοῦ πλοίου [ὁ] Πέτρος περιεπάτησεν ἐπὶ τὰ ὕδατα καὶ ἦλθεν πρὸς τὸν Ἰησοῦν. [v. 29]
βλέπων δὲ τὸν ἄνεμον [ἰσχυρὸν] ἐφοβήθη, καὶ ἀρξάμενος καταποντίζεσθαι ἔκραξεν λέγων, Κύριε, σῶσόν με. [v. 30]
εὐθέως δὲ ὁ Ἰησοῦς ἐκτείνας τὴν χεῖρα ἐπελάβετο αὐτοῦ καὶ λέγει αὐτῷ, Ὀλιγόπιστε, εἰς τί ἐδίστασας; [v. 31]
καὶ ἀναβάντων αὐτῶν εἰς τὸ πλοῖον ἐκόπασεν ὁ ἄνεμος. [v.32]

IV. Conclusione corale: v. 33

οἱ δὲ ἐν τῷ πλοίῳ προσεκύνησαν αὐτῷ λέγοντες, Ἀληθῶς θεοῦ υἱὸς εἶ. [v. 33]

2. Spiegazione del testo

Dopo aver percorso il testo alla ricerca del suo movimento interno, ci accingiamo ora a compiere una più accurata analisi esegetica che ci consenta di raccogliere alcuni tratti della poca fede così come si evincono da questo terzo brano.

2.1 *L'introduzione (v. 22-23)*

I versetti 22-23 danno l'avvio al racconto e collocano i protagonisti in una posizione diversa rispetto al contesto precedente.

2.1.1 L'imbarco (v. 22)

Dopo aver sfamato circa cinquemila uomini (14,15-21), Gesù imparte un ordine ai suoi: salire sulla barca e precederlo dall'altra parte del lago (14,22). Gesù domina e determina l'azione. L'avverbio "subito" suggerisce un legame con quanto precede ("subito" dopo ciò che è successo) e, insieme, imprime un carattere di urgenza e celerità. Matteo tace sia il motivo di tanta urgenza che il motivo della partenza in quanto tale[2]. I discepoli sono obbligati (ἠνάγκασεν) a salire sulla barca: il verbo ἀναγκάζω – molto raro[3] – dice la forza di un comando che non ammette né obiezioni né dilazioni: essi sono, in certo senso, "forzati"[4]. E devono precedere Gesù (προάγειν) all'altra riva[5]: l'imposizione a "precedere" lascia intendere che Gesù dovrà "seguire". Ciò crea un'attesa nel testo: quando e come si verificherà questo? E' istruttivo notare inoltre che, a motivo del comando impartito da Gesù, quanto succederà non sarà frutto di una libera iniziativa: i discepoli si troveranno in una certa situazione – che sarà di fatica – semplicemente perché hanno obbedito. Si verifica, dunque, una separazione tra Gesù e i discepoli. E' un fatto che desta attenzione perché è la sola volta registrata dal vangelo – racconti della passione a parte – in cui Gesù si separa deliberatamente dai suoi compagni[6].

Egli intima ai suoi di partire "mentre egli avrebbe congedato le folle". Il congedo della folla ad opera di Gesù è enfaticamente sottolineato: se ne dichiara l'intenzione (ἕως οὗ), se ne racconta l'attuazione

---

[2] G. GAIDE, "Jésus et Pierre", 24 ritiene, sulla scorta di Gv 6,15, che Gesù voglia sottrarre i discepoli dalla seduzione del trionfalismo che il miracolo dei pani poteva innescare. Così già H. VAN DER LOSS, *The Miracles*, 650; anche O. DA SPINETOLI, *Matteo*, 431. Notiamo, tuttavia, che in Gv manca ogni accenno al comando di Gesù; i discepoli salgono "autonomamente" sulla barca (cf. Gv 6,16-17).

[3] Nei sinottici, le occorrenze sono una per ciascun vangelo: Mt 14,22; Mc 6,45; Lc 14,23.

[4] A. STROBEL, "ἀνάγκη, ἀναγκάζω", 204-210; W. TRILLING, *Matteo*, 264; P. BONNARD, *Matthieu*, 222.

[5] Mc 6,45 precisa una meta: εἰς Βηθσαιδάν e il racconto di Gv 6,17 parla di Cafarnao.

[6] Cf. J. ZUMSTEIN, *La condition du croyant*, 247.

(14,23: καὶ ἀπολύσας τοὺς ὄχλους). Nell'episodio della moltiplicazione – gesto di gratuito soccorso dettato da un'intima compassione (14,14) – Gesù è in primo piano: tutto è mosso da lui, dall'inizio alla fine. Il gesto del congedo spetta a lui come al vero protagonista della storia: è solo dopo averle abbondantemente saziate che le folle, ora – e non prima, come proponevano i discepoli (cf. 14,15) – possono essere congedate.

Infine, la separazione dalla folla evidenzia che esistono gradi diversi di accedere al mistero di Gesù: tra la cerchia dei discepoli e le folle esiste una oggettiva differenza. Il loro congedo rimarca anche questo dato. Quanto succederà è offerto a coloro che sono i più vicini a Gesù: è un fatto che avviene in "privato"[7]. E' il rapporto strettissimo tra Gesù e i discepoli che illumina la dinamica della fede.

2.1.2 Solo sul monte (v. 23)

Mentre i discepoli salgono sulla barca, Gesù "salì sul monte solo a pregare (14,23a)"[8]. Matteo ritrae Gesù nell'atto della preghiera[9]. La salita sul monte allude, sulla scorta dell'AT, ad un suggestivo contesto di incontro con Dio[10]. In particolare, è soprattutto l'esperienza di Mosé che viene evocata con la fraseologia ἀνέβη εἰς τὸ ὄρος[11]. Come è unanimemente riconosciuto[12], Matteo menziona "il monte" (τὸ ὄρος senza specificazioni geografiche, ad es. "degli Ulivi") in altre occasioni molto significative (cfr. 4,8; 5,1; 15,29; 17,1; 28,16): Gesù vive forti esperienze o di tentazione (4,8) o di rivelazione (5,1; 17,1) o di incontro con la folla (15,29) o con i discepoli (28,16). Il versetto 14,23 è l'unico caso, nel vangelo, in cui Gesù è presentato solo sul monte; nelle altre ricorrenze, è sempre attorniato da qualcuno. Qui è in primo piano la sua totale solitudine che è rimarcata anche dall'espressione κατ'

---

[7] J.P. HEIL, *Jesus Walking*, 32: "the private character of the epiphany".

[8] Anche Mc 6,46; Gv 6,15, invece, racconta del ritiro ma non della preghiera.

[9] Matteo menziona la preghiera di Gesù in altre tre ricorrenze significative: 11,25-30 (inno di giubilo); 26,36-46 (Getsemani); 27,45-56 (sulla croce); vedi, inoltre, il rendimento di grazie in occasione delle due moltiplicazioni dei pani (14,13-31; 15,29-39) e dell'ultima cena (26,26-30) e la preghiera sui bambini (19,13-15): cf. la tesi di P. MAREČEK, *La preghiera di Gesù*; in particolare, per il nostro testo, 165-173.

[10] Cf. Es 19,3.12.13; 24,12.13.18; 34,1.2.4; Dt 5,5; 9,9; 10,1.3; Sal 23,3; Is 2,3; Mic 4,2; 1Mac 4,37; 5,54;7,33. Cfr. anche J.M.C. SCOTT, "Jesus Walking", 94.

[11] Matteo presenta qui Gesù come nuovo Mosé? Così P.J. MADDEN, *Jesus' Walking*, 104. Ma – come si sa – la questione è tutt'altro che risolta.

[12] Cf. T.L. DONALDSON, *Jesus on the Mountain*.

ἰδίαν[13]. In questo modo, si evidenzia sia la vicinanza che l'esclusività del rapporto di Gesù con il Padre[14] che egli incontra in quell'atto che Matteo qualifica con il verbo προσεύχομαι[15]. L'evangelista tace sul contenuto della preghiera; è più interessato al fatto in sé.

Gesù è l'orante. Nella preghiera solitaria cogliamo la radice della sua esistenza: la dipendenza filiale dal Padre. Il Figlio è colui che conosce il Padre e che in pienezza lo può rivelare (Mt 11,27): la comunione esistenziale che lega il Figlio al Padre si rende evidente nell'atto di porsi esplicitamente in dialogo con lui. La separazione di Gesù dalla folla e dai suoi discepoli lascia intendere che esiste un rapporto, per lui, "altro" e determinante: quello con il Padre. La fiducia totale nel Padre – che Gesù richiede ai suoi (6,25-34) – è da lui magistralmente vissuta[16]. E il gesto che verrà presto narrato sgorga da una tale intimità col Padre e ne palesa la volontà salvifica[17]. Per il nostro percorso, è un dato da non trascurare: la fede del discepolo, anche quando dice esplicita relazione con Gesù, è da leggere sullo sfondo della comunione che lega Gesù al Padre; Gesù ne è la trasparenza.

Anche la seconda parte del versetto 23 indugia sul tema della preghiera: "sopravvenuta la sera, era solo là (14,23b) (trad. lett.)". Matteo ribadisce alcuni tratti già espressi: il tempo dilatato (ἦν, raro uso dell'imperfetto), la solitudine[18], l'attenzione al luogo – il monte (ἐκεῖ), un'attenzione che non è meramente geografica ma teologica.

Non è da trascurare, infine, l'accenno alla "sera" (ὀψίας δὲ γενομένης)[19]. Questo dato cronologico offre un termine di paragone per descrivere l'esperienza di Gesù: messa a confronto con 14,25 ("la quarta veglia della notte"), si deduce come la sua sia una preghiera prolungata, incurante del tempo che passa. E – secondariamente – l'evocazione della sera si riflette anche sulla situazione che i discepoli stanno vivendo: sono in mare mentre scende la sera e il buio che incombe assume una connotazione simbolica suggestiva.

---

[13] Per le altre ricorrenze, cfr. Mt 14,13; 17,1.19; 20,17; 24,3.

[14] P. MAREČEK, *La preghiera di Gesù*, 170.

[15] Il verbo, utilizzato 15x in Mt, 6x esprime la preghiera personale di Gesù: 14,23; 19,13; 26,36.39.42.44.

[16] O. DA SPINETOLI, *Matteo*, 431.

[17] J.P. HEIL, *Jesus Walking*, 33.

[18] Nello spazio di un versetto, per 2x si dice che Gesù è solo utilizzando espressioni differenti: κατ' ἰδίαν e μόνος. E' un aspetto cruciale.

[19] Questa espressione, tipica dei vangeli (Mt 8,16; 14,15.23; 16,2; 20,8; 26,20; 27,57; Mc 1,32; 4,35; 6,47; 14,17; 15,42; Gv 6,16) si rende d'abitudine con "di sera".

2.2 Gesù e i discepoli (v. 24-27)

Nella sua prima parte (14,24-27), il racconto mette in scena Gesù e i discepoli: da un lato, si constata il volgersi di Gesù verso i suoi; dall'altro, le reazioni di paura dei discepoli che dimostrano di misconoscere la sua presenza.

2.2.1 La barca (v. 24)

Il testo fissa l'attenzione sui discepoli: "la barca intanto distava già qualche miglio da terra [lett. "parecchi stadi"] ed era agitata dalle onde; infatti c'era il vento contrario (14,24: trad. lett.)".

In via preliminare, notiamo la presenza di un contrasto (segnalato anche dalla particella δέ) con il versetto precedente: da un lato, l'atmosfera serena nella quale Gesù è immerso; dall'altro, la menzione del vento che impedisce alla barca la navigazione e che, perciò, crea una situazione problematica. Anche l'uso dei tempi contribuisce a mettere in parallelo due opposte situazioni: l'imperfetto – tempo dell'azione distesa – contraddistingue sia quanto vive Gesù (14,23: μόνος ἦν ἐκεῖ) sia quanto vivono i discepoli (14,24: ὁ δὲ πλοῖον ... ἀπεῖχεν ... ἦν γὰρ ἐναντίος ὁ ἄνεμος).

Addentrandoci nel versetto, notiamo che il soggetto della proposizione, collocato in posizione enfatica, è "la barca"; non si parla, cioè, in modo esplicito di "discepoli". Questa particolarità ammicca al testo di 8,23-27: anche lì la barca era al centro (8,24). I due testi si richiamano così in modo suggestivo[20]. La terra è ormai lontana: la barca si trova in mare aperto, senza alcuna possibilità di approdo immediato[21]. A questo punto, il racconto ci offre un'informazione preziosa: la barca è gravemente agitata (lett. tormentata: βασανιζόμενον) dalle "onde". Il verbo βασανίζω[22] veicola l'idea di una qualche umana sofferenza[23].

---

[20] Gli autori fanno notare in modo unanime sia il richiamo dei testi che la risonanza ecclesiologica dell'immagine: ad es. G. GAIDE, "Jésus et Pierre", 27; J. ZUMSTEIN, *La condition du croyant*, 248; E. SCHWEIZER, *Matteo*, 301; O. DA SPINETOLI, *Matteo*, 432; J. GNILKA, *Matteo*, II, 27; A. MELLO, *Matteo*, 272.

[21] Questo lascia intendere il testo critico (NESTLE-ALAND, 27 ed.) che adottiamo. E' significativo il fatto che alcune lezioni varianti affermino ancor più esplicitamente che la barca "era in mezzo al mare". Sia nell'una che nell'altra lezione, il senso globale non cambia. Cf. discussioni e soluzioni in B.M. METZGER, *A Textual Commentary*, 37. E' Mc 6,47 che scrive esplicitamente così: "la barca era in mezzo al mare".

[22] Cf. l'uso del verbo in Mt 8,6.29. Mc 6,48 scrive: "vedendoli (i discepoli) tormentati nel remare". Il verbo si applica alla fatica dei discepoli osservata da Gesù.

[23] A.-M. DENIS, "La marche de Jésus", 236; U. LUZ, *Matthew 8-20*, 318; S. GRASSO, *Matteo*, 381. La barca sta al posto dei discepoli.

Compare, inoltre, un altro indizio testuale ("le onde") che collega 14,22-33 a 8,23-27.

La navigazione è fortemente ostacolata[24]: ciò che impedisce il percorso regolare è il vento contrario (ἐναντίος ὁ ἄνεμος)[25]. Si introduce così nella narrazione un fattore di opposizione che perturba l'ordine sereno dei fatti. Il racconto starà sotto la minaccia del vento (14,30) finché non se ne dichiarerà apertamente la cessazione (14,32).

2.2.2 Sulle acque, Gesù (v. 25)

"Verso la fine della notte (lett. alla quarta veglia della notte) egli venne verso di loro camminando sul mare (14,25)". L'indicazione temporale τετάρτῃ φυλακῇ τῆς νυκτός si aggancia alla menzione della "sera" in 14,23b e situa l'incontro in prossimità dell'alba (tra le tre e le sei, secondo la suddivisione romana). Una tale indicazione non serve solo ad indicare, quasi con puntiglio cronachistico, il momento esatto della comparsa di Gesù. All'interno della pericope, essa lascia piuttosto intuire quanto tempo i discepoli abbiano trascorso in mare, alla prova con la fatica del remare: di fatto, quasi tutta la notte. Inoltre, nel sottile gioco delle allusioni veterotestamentarie, non è da trascurare il fatto che questo tempo (l'alba o il mattino) sia spesso indicato come il momento favorevole per l'intervento soccorritore di Dio[26].

"Egli venne verso di loro"[27]: Gesù si dirige verso i suoi. La sua intenzione è di ricostituire una vicinanza; egli è colui che si muove per "essere-con" i discepoli. Si sta attuando quanto allusivamente lasciava prevedere il verbo "precedere" (14,22) all'inizio della storia[28]. La fede consisterà precisamente nel riconoscere e, quindi, nell'accogliere questa presenza.

---

[24] Alcuni testi dell'AT forniscono un tradizionale sfondo al motivo della minaccia del mare: Es 14,13-31; Sal 107,23-32; Gio 1,1-16: cf. J.P. HEIL, *Jesus Walking*, 35-37. Interessante un'osservazione di questo autore (p. 36): "the distress implies rescue; the distress *at sea* implies rescue *by God*".

[25] Cf. Mc 6,48 (identica espressione); in Gv 6,18-19 si descrive dapprima il mare che si alza per la furia del vento e dopo si registra la distanza da terra (venticinque o trenta stadi).

[26] Cf. Is 17,14; Sal 46,6; Es 14,24.

[27] In Mc 6,48 registriamo la medesima modalità (con il verbo ἔρχομαι al presente in luogo dell'aoristo) seguita da un'enigmatica annotazione: "e voleva oltrepassarli"; in Gv 6,19 sono i discepoli i soggetti che scorgono Gesù che cammina sul mare e che viene verso di loro.

[28] Senza trascurare il fatto che l'avvicinamento è un tratto caratteristico nelle teofanie: cf. 17,7 (προσῆλθεν); 28,18 (προσελθών).

E' tuttavia la modalità di tale ricongiungimento che suscita reazioni nei discepoli – come si vedrà – e interrogativi nel lettore. Tale atteggiamento di Gesù, infatti, rievoca i tratti della potente manifestazione di JHWH attestati nell'AT in due ambiti complementari e, in una certa misura, sovrapposti.

Il primo scenario è quello creazionistico. Afferma Giobbe in un suo discorso: "Egli da solo stende i cieli e cammina sulle onde del mare" (Gb 9,8)[29]. Nella contemplazione delle origini della creazione, Giobbe vede JHWH come colui che "calpestò il dorso del mare" cioè gli impose il suo dominio. Il mare, simbolo di potenza distruttrice, è soggiogato da Dio, è totalmente nelle sue mani: vincere il mare è – per antonomasia – operazione divina.

Esiste, tuttavia, un secondo filone che richiama il dominio divino sulle acque: è l'ambito storico-salvifico connesso con i fatti dell'Esodo, in particolare con il passaggio del mare (Es 14-15). Dio, attraverso questo gesto, si mostra come colui che è a fianco e in difesa del popolo, capace di riscattarlo da una storia di schiavitù mediante la liberazione dal nemico e capace di operare un intervento ri-creatore. La memoria di tale gesto è premessa per la sua ripetibilità (come documenta l'opera del Deuteroisaia). In particolare, si possono utilmente richiamare due testi: l'uno appartiene alla tradizione profetica: "Così dice il Signore che offrì una strada nel mare e un sentiero in mezzo ad acque possenti (Is 43,16)[30]"; l'altro ad una riflessione contenuta nel libro dei Salmi, che combina creazione e redenzione: "Sul mare passava la tua via, i tuoi sentieri sulle grandi acque e le tue orme rimasero invisibili (Sal 77,20)"[31].

Un tale retroterra illumina la lettura del nostro testo: Gesù, camminando sul mare, manifesta la sua identità: agisce con l'autorità della potenza di Dio. Inoltre, se può camminare *sul* mare, può anche salvare *dal* mare[32]. Il gesto acquista un duplice valore: epifanico/cristologico e soteriologico[33].

---

[29] Il testo di Gb 9,8b nella versione dei LXX presenta una sorprendente affinità lessicale: ὁ τανύσας τὸν οὐρανὸν μόνος καὶ περιπατῶν ὡς ἐπ' ἐδάφους ἐπὶ θαλάσσης.

[30] LXX Is 43,16: οὕτως λέγει κύριος ὁ διδοὺς ὁδὸν ἐν θαλάσσῃ καὶ ἐν ὕδατι ἰσχυρῷ τρίβον.

[31] LXX Sal 76,20: ἐν τῇ θαλάσσῃ ἡ ὁδός σου καὶ αἱ τρίβοι σου ἐν ὕδασι πολλοῖς καὶ τὰ ἴχνη σου οὐ γνωσθήσονται. Inoltre, cf. i testi di Ab 3,15; Is 51,9-10; Sap 14,1-4 con alcune riletture targumiche commentati con precisione in J.P. HEIL, *Jesus Walking*, 37-56.

[32] J.P. HEIL, *Jesus Walking*, 56.

[33] J. ZUMSTEIN, *La condition du croyant*, 248.

2.2.3 Di fronte a Gesù: l'abbaglio e l'urlo (v. 26)

La comparsa di Gesù sortisce un effetto paradossale: sembra aggiungere nuovi problemi all'azione invece che risolverli[34]. Si legge, infatti, che "i discepoli, nel vederlo camminare sul mare, furono turbati e dissero: "E' un fantasma" e si misero a gridare per la paura" (14,26). La reazione dei discepoli è così articolata: prende l'avvio da una visione (ἰδόντες) che genera turbamento (ἐταράχθησαν) a causa di un fraintendimento (Φάντασμά ἐστιν) e sfocia in un grido impaurito (ἔκραξαν)[35].

Matteo mette in risalto, con enfasi, il soggetto: οἱ μαθηταί. Il termine è stato utilizzato in precedenza all'inizio del racconto: "i discepoli" sono coloro che hanno ricevuto da Gesù l'ordine di imbarcarsi (14,22), coloro che intrattengono con lui un'intima familiarità. Eppure sono proprio loro che, a questo punto, non sono in grado di riconoscerne la presenza. L'evangelista richiama alla lettera (cf. v. 25) il gesto che Gesù sta compiendo: ἐπὶ τῆς θαλάσσης περιπατοῦντα[36]. E' un comportamento così "allusivo" che l'evangelista sente il bisogno di ripeterlo con ridondanza: infatti, nella pertinente decifrazione di tale gesto si potrà verificare la qualità della relazione che stringe Gesù a quelli che sono chiamati "i suoi discepoli".

Desta sorpresa, dunque, la loro reazione: "furono turbati". Il verbo ταράσσω indica, letteralmente, "agitare" (cf. Gv 5,7); usato al passivo – come nel caso in esame – esprime la reazione dello sbigottimento e dello spavento provocato da fatti straordinari[37]; spesso è imparentato con la paura ed è tipico dei racconti epifanici, specie quelli della risurrezione. Significativamente, Matteo ha già utilizzato lo stesso verbo in 2,3[38]. Quando giungono a Gerusalemme, i Magi domandano: " "Dov'è il re dei Giudei che è nato? Abbiamo visto sorgere la sua stella e siamo venuti per adorarlo". All'udire queste parole, il re Erode restò turbato (ἐταράχθη) e con lui tutta Gerusalemme (2,2-3)". ἐταράχθη è l'atteggiamento di chi resta stupito per l'apparire di qualcosa di inatteso che teme di non poter controllare: una novità che minaccia di sovvertire una posizione consolidata. Per Erode è il timore di essere spodestato da

---

[34] J.M.C. SCOTT, "Jesus Walking", 95.
[35] La sequenza di Mc 6,49-50 presenta i medesimi atteggiamenti ma in un ordine leggermente differente: fraintendimento – grido – turbamento.
[36] Con una leggera *variatio* tra ἐπὶ τὴν θάλασσαν e ἐπὶ τῆς θαλάσσης.
[37] H. BALZ, "ταράσσω", 1571; C. SPICQ, "ταράσσω", II, 655-659.
[38] Mt 2,3 e 14,26 sono le uniche ricorrenze del vangelo.

parte di un cosiddetto "re dei giudei"; è il timore di chi si chiude e vede in Gesù una minaccia. E' quindi suggestivo il fatto che i discepoli, gli intimi di Gesù, secondo l'uso del verbo in Matteo, riproducano lo stesso atteggiamento di coloro che rappresentano il fronte ostile.

Il testo di 14,26 afferma con chiarezza che tale turbamento deriva da un'incomprensione: l'incapacità a riconoscere la presenza di Gesù. Matteo mette in risalto l'abbaglio dei discepoli riportando, nel discorso diretto, il contenuto della loro affermazione: per i discepoli, colui che cammina sulle acque è un "fantasma"; l'errata identificazione è formulata con il massimo della solennità (λέγοντες ὅτι). L'*essere presente* di Gesù è interpretato come *l'essere presente* di un fantasma (cf. l'uso del verbo εἰμί che sarà ripreso nell'espressione seguente di Gesù). Il termine[39] φάντασμα richiama l'ambito delle apparizioni di fatti straordinari o soprannaturali[40]: i discepoli intuiscono la presenza di qualcosa che ha attinenza con il divino – perché un uomo non può camminare sul mare – ma non riescono a dare ad esso un nome preciso; si "rifugiano" in un termine che dice un'entità fuori dal comune (come potrebbe essere un angelo, uno spirito, un demonio). Ritorna il motivo della presenza misconosciuta. La fede, al contrario, coincide con la capacità di avere gli occhi aperti.

"E per la paura si misero a gridare": il discepolo, che percepisce di essere alla presenza di un essere numinoso non meglio identificato, è preda della paura (cf. Gv 6,19) e, come reazione immediata, grida (cf. Mc 6,49) . La paura[41] (come il turbamento) è imparentata, in Matteo e non solo, con i racconti delle apparizioni (28,4.8)[42] e, più in generale, con episodi teofanici: fa trasparire sia l'intuizione dell'irruzione di qualcosa attinente il divino che la fatica o addirittura l'incapacità a decifrarlo. Nel nostro caso in particolare, questo termine designa un forte smarrimento che è provocato – paradossalmente – dalla presenza di chi ha l'intenzione e il potere di salvare[43]. Il fraintendimento non poteva essere formulato in modo più espressivo.

---

[39] Con il parallelo di Mc 6,49 sono le uniche due ricorrenze nel NT. Secondo alcuni, richiamerebbe lo spirito (πνεῦμα) che i discepoli credono di vedere dopo la risurrezione, secondo Lc 24,37.39: A.-M. DENIS, "La marche de Jésus", 237; P. BONNARD, *Matthieu*, 222.

[40] R. BULTMANN - D. LÜHRMANN, "φαντάζω, φάντασμα", 846-847.

[41] Sul vocabolo, cf. il ricco articolo di H. BALZ, "φοβέω, φόβος", 47-132; sul NT in specie, cf. le colonne 99-125; inoltre, H. BALZ, "φόβος", 1814-1819.

[42] Φόβος: 14,26; 28,4.8; φοβέομαι: 1,20; 2,22; 9,8; 10,26.28.28.31; 14,5.27.30; 17,6.7; 21,26.46; 25,25; 27,54; 28,5.10.

[43] J. SCHNIEWIND, *Matteo*, 315.

La paura si fa grido⁴⁴ che è quasi la "materializzazione" della paura stessa. Il grido connota spesso la preghiera dei Salmi. E' la modulazione di una preghiera forte, virile, capace di coinvolgere tutte le fibre dell'uomo, insistente e talora impertinente⁴⁵. Per quanto riguarda Matteo, è l'autore neotestamentario che maggiormente impiega tale verbo⁴⁶. Il "grido/urlo" presenta, come soggetti, una vasta gamma di personaggi: gli indemoniati (8,29), i ciechi (9,27; 20,30.31), Pietro (14,30: vedi sotto), la cananea (15,22.23), la folla e i bambini (21,9.15) nel contesto dell'ingresso messianico a Gerusalemme, ancora le folle dinanzi a Pilato (27,23). Suggestivamente, descrive anche l'atto del morire di Gesù (27,50). Si può osservare come, nella maggioranza delle occorrenze, l'azione del "gridare" sia sempre accompagnata dal contenuto del "grido" (vedi, nelle citazioni, l'impiego di κράζω+λέγω); in tal modo, il "gridare" contribuisce a dare ridondanza al contenuto, nelle sue varie modulazioni di implorazione accorata, di esultanza, di risentimento. Attira l'attenzione, di conseguenza, l'occorrenza che stiamo analizzando: qui il grido è un grido "vuoto" e forse anche un po' "a vuoto": non si sa *che* dire né *a chi* dirlo. Tocchiamo uno dei vertici più efficaci nella descrizione della paura che prende il cuore dei discepoli. La situazione è drammatica e altissima la tensione.

2.2.4 La parola che svela e rassicura (v. 27)

In questa atmosfera dominata dall'angoscia cieca dei discepoli, risuona una parola: "ma subito Gesù parlò loro: "Coraggio, sono io, non abbiate paura"" (14,27; Mc 6,50; Gv 6,20). Gesù parla "subito": è necessario, per i discepoli, un immediato riconoscimento perché la paura sia sgominata; c'è una sorta di fretta, da parte del protagonista, nel togliere i suoi dall'angoscia così come fretta c'era all'inizio nel comando dell'imbarco (14,22). Gesù mira a farsi subito riconoscere: le sue parole hanno questo scopo.

A fronte del grido spaventato e inintelligibile di coloro che si trovano sulla barca, corrisponde la parola calma e solenne di Gesù. L'introduzione al discorso diretto è data da una forma "infiorata" che attira l'attenzione (ἐλάλησεν λέγων): chi parla possiede piena autorità ed è, in sommo grado, padrone della situazione. Il contenuto del discor-

---

⁴⁴ W. GRUNDMANN, "κράζω", 957-974.
⁴⁵ W. GRUNDMANN, "κράζω", 960-963.
⁴⁶ 12x in Mt, 11x in At, 11x in Ap, 10 in Mc. Cf. H. FENDRICH, "κράζω", 90-92.

so è così articolato: a. una formula di incoraggiamento positiva; b. una formula di autoidentificazione; c. una formula di incoraggiamento espressa al negativo. Nella composizione in tre parti dell'enunciato, notiamo una marcata insistenza sulla necessità di liberarsi dalla paura: per 2x l'accento cade su questo aspetto. Tale liberazione si attua nella misura in cui il discepolo è in grado di ri-conoscere al suo fianco una presenza (ἐγώ εἰμι).

Il verbo θαρσέω (forma secondaria e forse più antica di θαρρέω) significa "essere ardito, coraggioso"[47]. Nel NT ricorre in modo dominante nei vangeli (Mt 9,2.22; Mc 6,50; 10,49; Gv 16,33; At 23,11) ed appare, nella maggioranza dei casi, come parola rassicurante sulle labbra di Gesù. L'invito al coraggio si abbina alla sua presenza liberatrice: è lui che offre all'uomo sicurezza e saldezza. E' nell'incontro con lui che il timore e l'angoscia sono messi in fuga ed è offerta la pace: quell'incontro con lui che può essere chiamato "fede" in quanto accoglienza di una particolare relazione.

L'invito al coraggio e il conseguente invito a non aver paura si fondano unicamente sull'enunciato che dà consistenza a tutta l'esortazione: ἐγώ εἰμι. Questa formula è ricca di risonanze e richiede un'analisi attenta[48]. In prima battuta, tale espressione può essere intesa come un'autopresentazione ossia la rivelazione di una persona conosciuta: "sono io, Gesù, e non un fantasma!"[49].

Tuttavia, all'interno del contesto epifanico evocato dal gesto di camminare sulle acque e dall'impiego forte del verbo θαρσεῖν, ci pare che un senso più ampio di tale espressione vada ricercato all'interno del ricco e stimolante retroterra dell'AT[50]. L'uso di ἐγώ εἰμι, senza alcuna determinazione predicativa, sembra riecheggiare l'espressione "io sono colui che sono" di Es 3,14, che assume una fisionomia più chiara in Dt 32,39 ("io, io sono e nessun altro è Dio accanto a me") per diventare poi, nel Deuteroisaia, una formula stabile delle rivelazioni solenni di Dio (41,4; 43,10.13.25; 46,4; 48,12; 51,12; 52,6)[51]. Le parole di Gesù

---

[47] W. GRUNDMANN, "θαρρέω (θαρσέω)", 207-214; cf. inoltre C. SPICQ, "θαρρέω (θαρσέω)", I, 761-766; cf. anche P. BONNARD, *Matthieu*, 222.

[48] E. STAUFFER, "ἐγώ", 41-94.

[49] Tale è la posizione, ad es., di E. STAUFFER, "ἐγώ", 67.

[50] Cf. D.J. HARRINGTON, *Matthew*, 224; D.A. HAGNER, *Matthew 14-28*, 423; D. SENIOR, *Matthew*, 171.

[51] Cf. E. STAUFFER, "ἐγώ", 66. J.P. HEIL, *Jesus Walking*, 59 sottolinea l'importanza di Is 43,1-13 ove si trovano abbinati μὴ φοβεῖσθε e ἐγώ εἰμι.

hanno il sapore di una formula di rivelazione divina, inseparabile da una pretesa di assolutezza[52]. L'"io sono" apre un varco di luce per accedere al suo mistero.

E' possibile cogliere un'ulteriore sfumatura ritornando al testo di Es 3,14 (sopra richiamato), un testo che ha fatto scorrere i proverbiali fiumi d'inchiostro. La traduzione greca dei LXX (ἐγώ εἰμι ὁ ὤν) ha orientato l'interpretazione in termini di filosofia dell'essere, per rimarcare, appunto, la solidità dell'essere divino a fronte della contingenza creaturale. Tuttavia, molti autori hanno fatto notare come questo "nome", nell'originale ebraico – pur nella sua sostanziale enigmaticità e "imprendibilità" – definisca Dio come "presenza agente"[53], come "Colui-che-qui-interviene"[54]. L'autodefinizione che Dio offre del suo nome, lungi dall'essere una fredda definizione filosofica, è promessa, impegno e compromissione. Dio si rende presente "per", "in favore di". Dio è Colui che liberamente si mette a fianco del popolo per liberarlo. Egli non è solo l'"Essere" ma insieme l'"Esser-ci".

Questa annotazione, che scaturisce da Es 3,14, può trovare una pertinente applicazione anche in Mt 14,27. L'affermazione "Sono io" si può intendere con la sfumatura sopra evocata: "Ci sono io!": sulle labbra di Gesù risuona come richiamo a rendersi conto della sua presenza *efficace e salvatrice*. E' l'ennesima attestazione di una prospettiva cristologica cara a Mt: "Io sono con voi". Come precedentemente in 8,23-27, il discepolo è invitato a riconoscere una Presenza enigmatica e attiva in situazioni paradossali. E la fede si gioca qui.

Per questo Gesù può esortare con verità a "non temere": a motivo della sua benefica vicinanza[55]. Il discepolo può sconfiggere la paura che lo attanaglia solo riscoprendo la figura rassicurante di Gesù: e l'affidamento scaccia la paura.

2.3 *Gesù e Pietro (v. 28-32)*

A questo punto della narrazione, Pietro prende la parola. Sarà lui l'interlocutore privilegiato di Gesù. Con questo cambio di personaggi in 14,28 (da Gesù con i discepoli a Gesù e Pietro) si sviluppa una nuova

---

[52] J. ZUMSTEIN, *La condition du croyant*, 249.
[53] Così J. PLASTARAS, *Il Dio dell'Esodo*, 70.
[54] Così G. AUZOU, *Dalla servitù al servizio*, 131.
[55] Non è da trascurare il fatto che la formula di rassicurazione μὴ φοβεῖσθε e μὴ φοβοῦ sia un elemento caratteristico nei racconti di epifanie: cf. Mt 17,7b; 28,5.10; Mc 6,50; Lc 1,13.30; 2,10; Gv 6,20; At 18,9; Ap 1,17.

azione che avrà la sua conclusione in 14,32 quando i due risaliranno sulla barca.

2.3.1 La pretesa di Pietro (v. 28)

"Non abbiate paura": questa è stata l'ultima parola di Gesù che desidera essere riconosciuto. Si aspetta una risposta dei discepoli dal momento che Matteo ha spesso collocato dialoghi al centro delle sue storie di miracoli[56]. Ed essa non si fa attendere. Ma – ed è un tratto originale – non è una reazione corale. Dal gruppo si stacca Pietro, che per la prima volta, nel vangelo, prende la parola[57] e che risponde subito a Gesù (ἀποκριθεὶς δὲ αὐτῷ)[58] e "gli disse: «Signore, se sei tu, comanda che io venga da te sulle acque»" (14,28).

Nel cuore di questa tormentata navigazione, Matteo riesce in modo efficace a "rallentare" l'azione; il racconto rimane come sospeso, in quest'atmosfera notturna rarefatta, irreale: tutto si concentra su Pietro e Gesù, dimenticando la barca e gli altri discepoli[59].

Le parole di Pietro esprimono la richiesta di un segno che colpisce per la sua stranezza: la sua è una richiesta che tradisce una interiore, sottile, ambiguità[60], come cercheremo di documentare. L'apostolo si rivolge a Gesù con un termine evocativo per Matteo: κύριος[61]. Esso esprime la germinale consapevolezza di trovarsi dinanzi non ad un maestro fra i tanti bensì a qualcuno dotato di una grandezza particolare. Da qui nasce la paradossale richiesta: andare verso Gesù sulle acque. Camminare sulle acque è chiedere l'impossibile. Ed è precisamente una tale richiesta per qualcosa che è impossibile che rivela la "fede" di Pietro. E' opportuno analizzare in dettaglio la domanda di Pietro: "comanda che io venga verso di te sulle acque".

Anzitutto, colpisce l'*incipit*: "comanda". Pietro si rivolge a Gesù con un imperativo aoristo del verbo κελεύω[62], verbo che in Matteo è

---

[56] J.M.C. SCOTT, "Jesus Walking", 95.

[57] Pietro è già noto, nel vangelo, come il primo chiamato: 4,18; 10,2.

[58] Nella resa della versione CEI, si è persa questa sfumatura di "botta e risposta", diversamente da *BJ* ("*Sur quoi*, Pierre lui répondit") e dalla *TOB* ("*S'adressant à lui*, Pierre lui dit").

[59] Così V. FUSCO, "L'incredulità del credente", 128.

[60] G. GAIDE, "Jésus et Pierre", 29.

[61] Cf. quanto detto al cap. II in merito alle ricorrenze del termine e al loro significato nella trama. E' già risuonato in 8,25 e Pietro lo utilizzerà in 14,30; 16,22; 18,21.

[62] Tipico verbo matteano: Mt 7; Mc 0; Lc 1. Cf. E. SCHWEIZER, *Matteo*, 301.

sempre attribuito a Gesù o a un'autorità⁶³. Usato nella forma imperativa, lascia intendere che la fonte del comando è Gesù stesso. Pietro vuole che il suo gesto avvenga come *risposta ad un comando* dato da Gesù, cioè *in forza di una parola* pronunciata da lui e *a mo' di obbedienza*. Manifesta un'altissima considerazione della parola di Gesù alla quale attribuisce la forza di far compiere l'umanamente impossibile. Da questo punto di vista, Pietro assomiglia un altro personaggio del vangelo, il già citato centurione di 8,5-13, il quale è convinto che basti una parola pronunciata da Gesù per realizzare la guarigione del suo servo ("di' soltanto una parola": 8,8)⁶⁴. La fede di Pietro si declina con l'obbedienza alla parola di Gesù.

Pietro chiede gli sia dato quest'ordine: "che io venga da te sulle acque". Quello che ha fatto Gesù, deve farlo anche il discepolo: "camminare sulle acque"⁶⁵. Ciò è coerente con la visione del discepolato secondo il discorso missionario (10,7-8)⁶⁶. Infine, un'ultima sfumatura: quello di Pietro è descritto come un cammino "verso Gesù" (ἐλθεῖν πρὸς σέ): il discepolo è "colui che cammina verso". La sua ragion d'essere è la sequela, è incontro. E' un'icona efficace per descrivere la fede.

Tuttavia, la grandezza della richiesta non deve far scomparire la piccola clausola che l'introduce: "se sei tu...". Gesù ha enfaticamente affermato il suo esserci ("Sono io!") e Pietro riprende lo stesso verbo ma in una forma in qualche modo interrogativa ("Se..."). Pietro ha bisogno di una conferma⁶⁷; non gli basta la parola di Gesù: "Sono io". Ciò nonostante, è pur vero che nel cercare questa conferma si mostra ricco di fede, come abbiamo sopra dimostrato. Abbiamo, in sintesi, una velata anticipazione del dubbio che apparirà in modo eclatante più avanti (14,30-31)⁶⁸: Pietro, sia pure in modo discreto, inizia a palesare ciò che Gesù bollerà come poca fede.

---

⁶³ Gesù (8,18; 14,19); Pietro (14,28); Erode (14,9); il padrone (della parabola: 18,25); Pilato (27,58.64).

⁶⁴ E' significativo il fatto che il centurione ricorra alla sua esperienza di uomo abituato a dare ordini per comprovare la sua tesi. Se ad uno dice "vieni", quello viene (cf. 8,9). Non sarà così anche per Pietro?

⁶⁵ Gesù cammina "sul mare", Pietro "sulle acque": nel parallelismo, Matteo varia leggermente. Sul motivo delle acque, cf. L. GOPPELT, "ὕδωρ", 53-104; secondo D.A. HAGNER, *Matthew 14-28*, 424, la sostituzione con "le acque" (plurale come in 8,32) è probabilmente un semitismo.

⁶⁶ D. SENIOR, *Matthew*, 172.

⁶⁷ D.W. BEARE, *Matteo*, 272; S. GRASSO, *Matteo*, 382.

⁶⁸ U. LUZ, *Matthew 8-20*, 320.

2.3.2 L'imperativo di Gesù e l'inizio del cammino di Pietro (v. 29)

La risposta di Gesù è immediata ("ed egli disse: "Vieni!"": 14,29a) ed è una parola imperativa, un esplicito comando. Gesù esaudisce immediatamente la richiesta di Pietro ("comanda che venga" – "vieni!"); la sua richiesta, agli occhi di Gesù, si rivela come una richiesta pertinente[69]. Gesù, dicendo "vieni!", offre al suo discepolo la possibilità di fare quanto egli stesso sta facendo[70]. Non saranno dunque la capacità o la volontà del discepolo che gli consentiranno di camminare sulle acque, ma l'ordine di Gesù, la sua parola[71]. Il discepolo è preservato dalla pericolosa illusione di trovare in sé l'origine e la forza del suo gesto e di ergersi a guru o a mago che esibisce un'abilità soprannaturale[72]. La fede è accoglienza di una capacità che viene concessa a mo' di dono.

E, in forza dell'ordine ricevuto, Pietro si muove: scende dalla barca[73]. Il racconto si attarda nella descrizione precisa del comportamento di Pietro: in un testo breve, anche il numero delle parole "pesa"! L'apostolo che, sceso dalla barca, è in mare aperto ed è separato dal gruppo, si staglia nella sua esemplarità: ci offre un'affascinante "figura" della fede, nel pericolo e nell'oscurità[74]. La sua è la fede di chi è capace di rischiare su una parola. Pietro si gioca in questa paradossale "sfida", ove egli ha fatto partire il gioco ("ordina che...") e ora non ha altra possibilità di condurlo avanti se non compromettendosi in prima persona. La fede di Pietro è muovere il primo passo sull'acqua fidandosi della misteriosa presenza di Gesù come Signore che ha sia l'autorità di comandare che il potere di dare ai discepoli la capacità di fare ciò che è stato comandato. Ma, per fare questo, il discepolo ha anche bisogno di abbandonare il modo usuale – umano – di guardare la situazione come tale[75].

E lo straordinario accade: Pietro vede realizzarsi "alla lettera" la sua richiesta. Il testo è molto chiarificante da questo punto di vista: sta com-

---

[69] W.D. DAVIES – D.C. ALLISON, *Matthew*, II, 507.

[70] R.H. GUNDRY, *Matthew*, 299: "Like Master, like disciple!".

[71] J. ZUMSTEIN, *La condition du croyant*, 250-251.

[72] Così U. LUZ, *Matthew 8-20*, 320 che cita la sentenza di Agostino (*PL* 38, 341): "Non enim possum hoc in me sed in te".

[73] Strano è l'uso di καταβαίνω invece dell'atteso ἐκβαίνω. Forse l'uso inusitato rispecchia la non normale situazione di chi scende dalla barca non per arrivare a terra ma sulle acque!

[74] J. GNILKA, *Matteo*, II, 28.

[75] D. PATTE, *Matthew*, 212.

piendo lo stesso gesto di Gesù (confronta l'identità di vocabolario tra 14,25: περιπατῶν ἐπὶ τὴν θάλασσαν e 14,29: [ὁ] Πέτρος περιεπάτησεν ἐπὶ τὰ ὕδατα) ed è indirizzato decisamente – così come aveva domandato – verso di lui (confronta la richiesta di Pietro in 14,28: ἐλθεῖν πρὸς se e la sua attuale realizzazione: ἦλθεν πρὸς τὸν Ἰησοῦν)[76]. Il rischio è affrontato fiduciosamente. La fede di Pietro – fino a questo momento – è tutt'altro che "poca": sta compiendo l'impossibile[77]. Nella parabola della fede, i primi passi di Pietro sembrano condurlo al trionfo[78].

E non senza enfasi pare che Matteo indugi su questo aspetto. Forte sarà l'urto con quanto il testo descriverà nel versetto seguente. Infatti non bisogna dimenticare che Pietro non ha ancora raggiunto Gesù; resta ancora uno spazio ove continuare a giocare la libertà che si affida[79].

2.3.3 Il cambiamento di Pietro (v. 30)

"Ma, vedendo che il vento era forte[80], s'impaurì e, cominciando ad affondare, gridò: "Signore, salvami!"" (14,30). Il testo si snoda in quattro momenti: a) lo "sguardo" rivolto al vento; b) la comparsa della paura; c) l'inizio dell'affondamento; d) il grido d'aiuto.

Nel cammino verso Gesù si interpone "qualcosa": il "vento forte" (τὸν ἄνεμον [ἰσχυρόν])[81]. Non che prima non ci fosse: è ciò che ha rallentato la navigazione per tutta la notte! La differenza è che, a questo punto, il vento viene "visto/guardato": così scrive, in modo suggestivo, Matteo (βλέπων)[82]. Lo sguardo di Pietro non è più incondizio-

---

[76] Notiamo la disposizione chiastica: ἦλθεν πρὸς ... περιπατῶν ἐπὶ / περιεπάτησεν ἐπὶ ... καὶ ἦλθεν πρὸς ...

[77] Cf. J.P. HEIL, *Jesus Walking*, 60-61 che richiama il testo di Gb 38,16.

[78] J.M.C. SCOTT, "Jesus Walking", 95.

[79] I commentatori richiamano, nell'ambito della storia delle religioni, un testo della tradizione buddistica che narra di un discepolo del Budda che, attraverso la concentrazione, riesce ad attraversare un fiume: cf. R. STEHLY, "Bouddhisme" e, a titolo esemplificativo, posizioni pro (U. LUZ, *Matthew 8-20*, 321-322) e contro (J. GNILKA, *Matteo*, II, 29).

[80] Così traduce la versione CEI 1997 *ad experimentum* con maggiore aderenza al testo originale rispetto alla versione attualmente in uso che recita: "per la violenza del vento".

[81] Circa questo problema testuale, cf. B. METZGER, *A Textual Commentary*, 38. Tra i motivi interni che spingono ad adottare questa lezione, la necessità "to explain Peter's increasing fear"; cf. inoltre J. SMIT SIBINGA, "Matthew 14:22-33", 27-29.

[82] Sull'uso del verbo βλέπω in Matteo, cf. 5,28; 6,4.6.18; 7,3; 11,4; 12,22; 13,13.13.14.14.16.17; 14,30; 15,31; 18,10; 22,16; 24,4.

natamente su Gesù: è su altro da lui. E' la rivincita dello sguardo della carne sullo sguardo della fede. Tutto ritorna a quella che è la "normalità", non secondo la misura di Dio ma secondo la misura dell'uomo. Ma "guardare il vento" significa perdere di vista la presenza di Gesù[83]. Il vento assume il ruolo dell'antagonista, di colui che fa interrompere una relazione fiduciale. Si dà più credito alla forza del vento che alla parola onnipotente di Gesù[84]. La fede è la costanza di uno sguardo abbandonato nello sguardo di Gesù. La grandezza del discepolo consiste nel saper vedere le opere del Messia (secondo l'invito rivolto al Battista in 11,4: "riferite a Giovanni ciò che udite e vedete (βλέπετε)"; cf. anche 15,31); i suoi occhi sono beati perché vedono (βλέπουσιν), per grazia, quanto hanno atteso nel desiderio molti profeti e giusti (13,16-17). Unicamente uno sguardo penetrante e esclusivo su Gesù è espressione di fede piena, capace di umana perseveranza. E tutto ciò si gioca in modo vitale e non astrattamente concettuale: è la scelta concreta tra la presenza di Gesù o il vento.

Tuttavia, se lo sguardo è altrove, subito riemerge la paura (ἐφοβήθη). Pietro avverte il brivido della sua situazione paradossale: se con Gesù l'impossibile gli è parso gratuitamente "normale", quando si scosta dal suo sguardo, l'azione che ha intrapreso gli si mostra come follia che conduce alla morte. La paura segnala la perdita di un quadro interpretativo: l'uomo Pietro si scopre "solo" sul mare. C'è di più: la paura lo fa regredire. Ritorna – identica – quella reazione che aveva segnalato l'apparire misterioso di Gesù (14,26: ἀπὸ τοῦ φόβου) e che Gesù si era esplicitamente prefisso di sconfiggere (14,27: μὴ φοβεῖσθε). La forza presente in quel "non abbiate paura" di Gesù, che pareva essere stato accolto con entusiasmo da Pietro, svanisce perché si allenta il rapporto con lui.

Come conseguenza, l'apostolo "comincia ad affondare". Il verbo ἄρχομαι appare in Mt 13x e quando è applicato a Pietro registra una sua azione fallimentare: affonda (ἀρξάμενος καταποντίζεσθαι: 14,30), rimprovera Gesù (ἀρξάμενος ἐπιτιμᾶν: 16,22), lo rinnega (ἀρξάμενος καταθεματίζειν καὶ ὀμνύειν: 26,74). Il verbo καταποντίζω (utilizzato, nel NT, solo da Matteo, qui e in 18,6) è molto evocativo: significa "sprofondare, inabissarsi". E' possibile cogliere, a livello etimologico, la sfumatura dell'andare "in basso", "sotto" (κατά), e l'allusione al "mare" (πόντος). L'azione così descritta colloca Pietro nella posizione specularmente opposta a quella finora assun-

---

[83] V. FUSCO, "L'incredulità del credente", 130-131.
[84] J. ZUMSTEIN, *La condition du croyant*, 251; D.A. HAGNER, *Matthew 14-28*, 424.

ta: anziché essere "sopra" il mare, in posizione di dominio, ora ne è preda e vittima, senza possibilità apparente di scampo. La situazione si è ribaltata[85]. "Cominciò a ...": è l'inizio della fine?

Ma a questo punto il testo ci regala un altro dato che rivela l'affascinante contraddittorietà di Pietro, poiché, nel momento stesso in cui affonda per aver cessato di mettersi nelle mani di Gesù, è proprio a lui che si rivolge perché lo aiuti[86]: Pietro "gridò: "Signore, salvami!"".

La reazione di Pietro è simile a quella che è già stata riscontrata da parte del gruppo in 14,26: in entrambi i casi si parla di "paura" e di "grido". Tuttavia, a nessuno sfugge una sostanziale differenza tra i due atteggiamenti. Nel primo caso (come si annotava sopra), il grido è un'espressione spontanea di paura, senza contenuto e senza preciso destinatario, in presenza del "fantasma": una reazione che ha come scopo, forse inconscio, di esorcizzare una situazione di pericolo. Nel caso di Pietro, invece, il grido ha tutt'altro spessore: esso si configura come invocazione indirizzata a Gesù in quanto Signore e a lui si chiede la salvezza. Il grido di Pietro non è un gridare a vuoto. Nella sua situazione, il "gridare" non è azione chiusa in se stessa, autonoma, bensì il "gridare" serve a dare intensità e drammaticità a quanto egli afferma: "Signore, salvami!". La salvezza è invocata urlando. Ciò provoca un urto anche sul lettore che avverte la forza della richiesta e resta in attesa di quale risposta verrà.

In merito al contenuto di tale invocazione[87], possiamo siglare tre annotazioni. Anzitutto, l'esordio di questa preghiera è affidato alla ripresa del termine κύριος, lo stesso termine usato in precedenza da Pietro quando prende la parola in 14,28. Già si è detto circa la sua importanza nell'opera di Matteo. Sulle labbra di Pietro ha tutto il carico della confidenza discepolare e, insieme, della incoativa comprensione del mistero di Gesù; mette in risalto la positiva disposizione di chi lo pronuncia nei confronti chi ha davanti.

---

[85] L'immagine di Pietro che affonda è l'esatto opposto dell'immagine della fede come ci è consegnata dalla tradizione ebraica: credere è stare in piedi perché ci si appoggia a ciò che è solido, fermo, stabile, sicuro, a Dio, appunto. Ed è – forse – anche un'ironica presentazione di colui che sarà chiamato, da Gesù, "roccia" (16,18). Senza Gesù, anche la "roccia" affonda; anzi, prima degli altri.

[86] J. ZUMSTEIN, *La condition du croyant*, 251, parla, efficacemente, di "incroyance paradoxale".

[87] J.P. HEIL, *Jesus Walking*, 61 confronta in dettaglio il nostro testo con il Sal 69 che ne fornisce il background dell'AT. Cf. anche W.D. DAVIES – D.C. ALLISON, *Matthew*, II, 508 ; R.H. GUNDRY, *Matthew*, 300.

In secondo luogo, merita attenzione la richiesta vera e propria, espressa con il verbo σῴζω. Tale espressione è già risuonata in 8,25, in un contesto, per certi versi, abbastanza simile[88]. Pietro non ha solo una persuasione teorica circa la capacità di Gesù di salvare: ha già potuto constatarlo in prima persona nella scena precedente (8,23-27). Il suo è il grido di chi sa, per esperienza, di poter ricorrere a qualcuno che – come in passato, così ora – può dare salvezza[89]. Del resto, fin dalle prime righe del suo racconto, Matteo ha presentato Gesù come il "salvatore". L'angelo a Giuseppe rivela il nome del nascituro (Gesù) e ne offre, insieme, la spiegazione: "colui che salverà il suo popolo dai suoi peccati" (1,21). Pietro chiede salvezza a chi è venuto allo scopo di offrirla e non solo quella del corpo ma la salvezza dell'uomo in tutte le sue dimensioni. Il grido di Pietro può evocare l'opera risanatrice integrale di Gesù mentre chiede la salvezza corporale.

Infine, segnaliamo un particolare: la presenza del pronome di 1ª persona singolare (με) che richiama quel tipo di rapporto personalizzato che si è instaurato tra Gesù e Pietro. Tutto si gioca in questa relazione tu-io; tutto si gioca, soprattutto, nella capacità di tenere viva questa relazione che si può chiamare fede[90].

2.3.4 La mano tesa e il rimprovero (v. 31)

Gesù, interpellato, risponde immediatamente (14,31: "subito"). Una medesima sollecitudine caratterizza il comportamento di Gesù: come "subito" rivolse la parola al gruppo che gridava spaventato (14,27), così "subito" soccorre Pietro che lo invoca (14,31). "E subito Gesù stese la mano, lo afferrò e gli disse: "Uomo di poca fede, perché hai dubitato?" (cf. 14,31). La risposta di Gesù si compone, in parallelo, di un gesto e di una parola che vanno tenuti insieme: "mentre lo salva lo rimprovera e mentre lo rimprovera lo salva"[91].

Analizziamo dapprima il gesto di Gesù: "stese la mano". La sal-

---

[88] Cf. le annotazioni del cap.II su questo punto.
[89] A. SAND, *Matteo*, I, 449.
[90] U. LUZ, *Matthew 8-20*, 321 sottolinea come l'esperienza di Pietro si adatti a descrivere un'esperienza individuale piuttosto che comunitaria: "Matthew applies the story of walking on the water not ecclesiologically but to the individual Christian". Osservazione pertinente, anche se eccessivamente unilaterale.
[91] V. FUSCO, "L'incredulità del credente", 133. Efficace quanto scrive J. KNABENBAUER, *In Matthaeum*, II, 17: "verum ipse fidei defectus pro Iesu benignitate occasio evadit doctrinae fidei ; supplicanti statim Iesus adest auxiliator".

vezza di Pietro è sospesa alla mano di Gesù. Il gesto di tendere la mano non è molto frequente nel vangelo[92]; un parallelo significativo può essere offerto dalla guarigione del lebbroso (8,3): "Gesù *stese la mano e lo toccò* dicendo: "Lo voglio, sii sanato". E subito la lebbra scomparve". La mano tesa di Gesù rivela la sua volontà risanatrice: non è un gesto banale o strettamente imposto dalle circostanze; fa trasparire un'intenzione soteriologica[93]. Inoltre, richiama le immagini bibliche di Dio che stende la sua destra per salvare il misero che lo invoca[94].

Gesù "afferra" Pietro. Il verbo ἐπιλάμβανομαι è un *hapax legomenon* per Matteo[95]. Indica un prendere deciso, fermo, senza possibilità che l'oggetto (o il soggetto!) sfugga. Pietro è nelle mani di Gesù; non ha più nulla da temere; è in salvo. Il potere di Gesù si esercita non solo sul creato ma anche a vantaggio del suo discepolo[96]. In questo modo, si verifica quell'incontro che l'apostolo aveva invocato dall'inizio. Ma è un incontro che avviene con una modalità ben diversa dalle attese: non per l'abilità del soggetto ma per la fedeltà del Signore che non abbandona il suo discepolo. La scena del salvataggio di Pietro si può dire conclusa.

Invece, "succede" altro: risuona la voce di Gesù. Questo particolare, non "necessario" per la normale trama del racconto, attira fortemente l'attenzione. Così raggiungiamo uno dei *climax* del brano. E notiamo che le parole di Gesù sono introdotte dal verbo λέγω al presente: una parola – quella di Gesù – che risuona adesso, per Pietro e per ogni discepolo.

Gesù rimprovera Pietro: "Uomo di poca fede, perché hai dubitato?" (14,31b) Attraverso queste parole, Gesù dà un nome all'atteggiamento contradditorio e paradossale di Pietro come in 8,26 aveva smascherato

---

[92] Cf. l'elenco delle ricorrenze in Mt: 8,3; 12,13.49; 14,31; 26,51.

[93] Questo è il parere di J. ZUMSTEIN, *La condition du croyant*, 251 che richiama la storia comparata delle religioni; cf. anche E. FUCHS, "ἐκτείνω", 353-363.

[94] R. FABRIS, *Matteo*, 349; S. GRASSO, *Matteo*, 383. Cf. nota 96.

[95] Nel resto del NT (19x) acquista significati variegati, in base al contesto o al sostantivo che segue. Solo in Mc 8,23 e Lc 14,4 appartiene ad un ambito di guarigione.

[96] Qualche autore fa notare, ancora una volta, il retroterra salmico. Così nel Sal 18,17 - dopo l'apparizione solenne di JHWH - si legge: "Stese dall'alto la mano e mi prese (ἔλαβεν), mi sollevò (προσελάβετο) dalle grandi acque"; nel Sal 144,7 riscontriamo questa invocazione a Dio perché, dopo essersi manifestato, "stendi dall'alto la tua mano (τὴν χεῖρα σου), scampami e salvami dalle grandi acque": cf. J.P. HEIL, *Jesus Walking*, 62-63.

il comportamento di tutti i discepoli: si tratta di poca fede che ha dato spazio al dubbio e viceversa. L'epiteto ὀλιγόπιστε sintetizza l'intero itinerario di Pietro descritto nell'episodio, con i suoi slanci e le sue debolezze, la sua grandezza e la sua miseria, come avremo modo di documentare nella parte sintetica[97]: una fede che è un vero "miscuglio".

"Perché hai dubitato?" Il "perché" (εἰς τί) di Gesù esprime rammarico e delusione. Ma esattamente il rincrescimento per questo tipo di comportamento fa capire cosa esiga Gesù dai suoi: che cresca un affidamento sempre più libero e totale. Nel discepolo, la fede non deve essere "poca", anche se, di fatto, lo è. E' l'unico caso, nella trama di Matteo, in cui un singolo riceve l'appellativo di "uomo di poca fede"; ma il caso-singolo viene rimarcato perché serva a tutti da monito ed ammaestramento. Chi guarda Pietro è posto davanti ad un paradossale paradigma.

"Hai dubitato": compare, accanto alla "poca fede", la menzione del "dubbio". In qualche modo, ὀλιγόπιστος e διστάζω vengono a sovrapporsi, senza essere del tutto identici[98]. Διστάζω è un verbo esclusivamente matteano; in tutto il NT, compare in questa ricorrenza e – in modo significativo per l'itinerario intrapreso – al termine del racconto in 28,17[99]. Il dubbio di Pietro riguarda la qualità della relazione che Gesù sta vivendo con lui: non dubita della sua identità "in astratto" (di fatto l'ha riconosciuto) ma dubita della capacità di Gesù di essere presente, in una situazione di difficoltà e di pericolo, come colui che gli comunica il potere di camminare sulle acque. Il dubbio incrina la convinzione della capacità salvifica e soccorrevole di Gesù. La "poca fede" è il dubitare dell'assistenza costante, misteriosa ma reale dell'"Io-sono-con-voi".

Accenniamo ad un particolare legato all'etimologia del verbo διστάζω. Tale verbo deriva dal greco δίς che significa "due"[100]; chi dubita è diventato "duplice" cioè non ha più un unico punto di riferimento[101]. Il dubbio è l'oscillazione davanti a due diverse possibilità, è

---

[97] Rimandiamo alla terza parte per gli approfondimenti e la bibliografia, per evitare ripetizioni.

[98] Cf. H.J. HELD, "Matthew as Interpreter", 295: "Both concepts describe the same phenomenon"; J. ZUMSTEIN, *La condition du croyant*, 252, n. 2.

[99] Avremo modo di accostare nel dettaglio questo testo.

[100] Anche l'italiano "dubitare" deriva da *dubus* (dubbio), tratto da *du-* "due": cf. G. DEVOTO, *Avviamento all'etimologia*, 140.

[101] CORNELIUS A LAPIDE, *In SS. Matthaeum et Marcum*, 346 traduce così il greco: "in quid animum in duo divisisti?".

il volgersi ora da una parte ora dall'altra[102]. Nel nostro caso, il dubbio è l'instabile oscillazione tra la persona/la parola di Gesù e il vento. Torneremo anche su questo punto.

Dall'analisi complessiva del versetto, risulta evidente una salutare tensione: Pietro è salvato efficacemente da Gesù e, insieme, è da lui richiamato alla sua reale condizione di uomo fragile: per sopravvivere, dovrà sempre restare attaccato a quella mano. In Pietro salvato si rende visibile la protezione di Gesù contro le forze del male, come Gesù stesso dirà nella promessa di 16,18b: e Gesù è il permanente garante di tale promessa[103].

E' infine importante notare come l'esperienza salvifica che Pietro vive non accada al termine della tribolata navigazione notturna ma *nel mezzo* della navigazione stessa. La vita di fede non elimina prove e fatiche[104]; la presenza di Gesù – che viene fortemente assicurata – è da rinvenire, realisticamente, nella contraddittorietà della storia; è una presenza che non annulla le asprezze ma consente di guardarle con occhi nuovi: gli occhi della fede, appunto.

2.3.5 La cessazione del vento (v. 32)

Dopo il rimprovero di Gesù, ritorna la calma: "appena saliti sulla barca, il vento cessò" (14,32; Mc 6,51)[105]. Il vento si placa solo quando Gesù e Pietro raggiungono il gruppo sulla barca[106].

Il testo è essenziale: "il vento cessò"[107]. Non si registrano né gesti né parole di Gesù (cf. 8,26 dove si legge che "sgridò i venti"). L'antagonista, il vento, non ha più potere: dapprima "contrario" (14,24), poi "forte" (14,30), ora è "calmato", "abbattuto".

La salita di Gesù e di Pietro sulla barca soddisfa l'aspettativa creata in 14,22: Gesù ha finalmente raggiunto il gruppo. Dopo l'imbarco dei discepoli (14,22: ἐμβῆναι εἰς τὸ πλοῖον), è l'ora dell'imbarco di

---

[102] E. SCHWEIZER, *Matteo*, 301.

[103] J. GNILKA, *Matteo*, II, 29.

[104] U. LUZ, *Matthew 8-20*, 321: "God's help does not mean that faith eliminates life's storms". Cf. anche J. ZUMSTEIN, *La condition du croyant*, 252.

[105] In Gv 6,21 ancora i discepoli in primo piano: sono essi che "vogliono prendere Gesù nella barca e subito la barca venne a terra dove erano diretti".

[106] Diversamente dalla storia di Giona: in 1,15 il vento e il mare si calmano quando il protagonista è gettato fuori dalla barca.

[107] Il verbo κοπάζω ricorre, nel NT, in questo versetto e nei paralleli sul mare in Mc 4,39 e 6,51.

Gesù (14,32: ἀναβάντων αὐτῶν εἰς τὸ πλοῖον). Inoltre, risolve la situazione critica che si era sviluppata: completa la scena dell'epifania con la scena del "salvataggio", in senso lato, dei discepoli, e, in senso proprio, di Pietro[108].

La situazione di calma che si viene a creare, più che a segnalare il potere divino di Gesù (come in 8,26), ci sembra prepari la scena per la solenne conclusione (14,33), totalmente focalizzata su Gesù.

2.4 La prostrazione e l'acclamazione corali (v. 33)

L'episodio si conclude con la reazione corale dei discepoli[109] che getta luce sul mistero di Gesù: "Quelli che erano sulla barca si prostrarono davanti a lui, esclamando: «Davvero tu sei Figlio di Dio»"[110] (14,32). Il soggetto della proposizione richiama l'inizio della storia (14,22): οἱ ἐν τῷ πλοίῳ sono i discepoli che, in obbedienza all'ordine di Gesù, hanno affrontato una traversata che si è rivelata più complicata del previsto e che ora possono ospitare sulla barca Gesù che si è rivelato in modo inatteso. La loro reazione finale si esprime in modo duplice: con un gesto e con un'espressione verbale.

Il gesto è espresso con il verbo προσκυνέω che, nella tradizione veterotestamentaria, si riallaccia in massima parte al contesto religioso dell'adorazione[111]. Matteo è l'evangelista che con più abbondanza si serve di questo termine[112]. La προσκύνησις è un gesto che dice la positiva disposizione di chi lo compie nei confronti di chi si ha davanti e lascia intuire che chi si inchina riconosce, anche implicitamente, la grandezza sovrumana di chi viene "adorato"[113]. Può indicare una dimostrazione di dipendenza e di totale confidenza nei confronti di Gesù (8,2; 9,18; 15,25; 18,26; 20,20) oppure una più chiara percezione

---

[108] J.P. HEIL, Jesus Walking, 65.

[109] In Mc 6,51-52 la finale segnala lo sbalordimento dei discepoli, che scaturisce dall'incomprensione circa il fatto dei pani a motivo del loro cuore indurito mentre Giovanni non registra alcuna reazione.

[110] Questa è la resa della traduzione CEI 1997 (cf. la traduzione in uso di 14,33b: "Tu sei veramente *il* Figlio di Dio").

[111] H. GREEVEN, "προσκυνέω", 379-402; J.M. NÜTZEL, "προσκυνέω", 1160-1164.

[112] Mt 13; Mc 2; Lc 3. Questa è la distribuzione del corso dell'opera: Mt 2,2.8.11 (magi); 4,9.10 (tentazione); 8,2 (lebbroso); 9,18 (capo con la figlia malata); 14,33 (discepoli); 15,25 (cananea); 18,26 (parabola del servo spietato); 20,20 (madre dei figli di Zebedeo); 28,9 (donne); 28,17 (undici).

[113] Sul tema dell'adorazione, cf. M.A. POWELL, "A Typology of Worship", 3-17.

della sua identità divina grazie ad un'azione rivelativa, come può essere il cammino sulle acque (cf. anche 2,2.11; 28,9.17)[114]. L'atteggiamento dei discepoli sulla barca, unito alla seguente confessione di fede, sembra esprimere una vera adorazione[115]. E' interessante notare come l'altra ricorrenza nella quale il verbo προσκυνέω ha come soggetto i discepoli sia 28,17[116]; è un altro prezioso argomento, insieme alla presenza del verbo διστάζω, per vedere un collegamento tra 14,22-33 e 28,16-20.

Il gesto dell'adorazione è accompagnato da una corale confessione: "ἀληθῶς θεοῦ υἱὸς εἶ". L'espressione esige una attenta considerazione in quanto si pone come vertice del testo. A livello stilistico, attira l'attenzione la formulazione non usuale "di Dio figlio" (θεοῦ υἱός), con il genitivo che precede il nominativo[117]: il legame con Dio viene enfaticamente sottolineato. Unito all'avverbio ἀληθῶς – che segnala un progresso nel processo di riconoscimento[118] – l'appellativo si presenta come il risultato sorprendente dell'esperienza appena vissuta[119]: Gesù si è mostrato come colui che ha il potere di camminare sulle acque; ha concesso a Pietro di condividere la sua stessa capacità e l'ha salvato quando affondava[120]; da tutto questo si arriva a cogliere la qualità della relazione di Gesù come Figlio nei confronti di Dio[121]. "Figlio

---

[114] M.A. POWELL, "A Typology of Worship", 14: "a partecipation in divine revelation that clarifies and expresses the worshiper' perception of the one who is worshiped".

[115] J.M. NÜTZEL, "προσκυνέω", 1161.

[116] W.D. DAVIES – D.C. ALLISON, *Matthew*, II, 510.

[117] La formulazione più usuale ([ὁ] υἱὸς τοῦ θεοῦ) ricorre in 4,3.6; 8,29; 27,40 e in 16,16; 26,63, con l'articolo davanti a υἱός; cf., tuttavia, per completezza, la nota seguente.

[118] La stessa dinamica di progressivo riconoscimento si può rinvenire anche nell'affermazione che, dopo la morte di Gesù e i successivi eventi "apocalittici" (27,50-53), fuoriesce dalle labbra del centurione e di coloro che facevano la guardia con lui sotto la croce in 27,54: ἀληθῶς θεοῦ υἱὸς ἦν οὗτος. Si noti la ripresa dell'identico avverbio di 14,33; si noti anche, in 27,54, la medesima disposizione dei termini "Dio" e "figlio" (θεοῦ υἱός). Nel contesto del racconto della passione, la dichiarazione corale di 27,54 riprende (ma capovolgendone il senso) la stessa espressione usata come ultimo scherno in 27,43: εἶπεν γὰρ ὅτι θεοῦ εἰμι υἱός.

[119] E' facile anche scorgere, nel testo, una connessione di parole-gancio: ἐγώ εἰμι (14,27); εἰ σὺ εἶ (14,28); θεοῦ υἱὸς εἶ (14,33). La formula di identificazione ἐγώ εἰμι di 14,27 viene ripresa e variata in 14,33 attirando l'attenzione sulla dimensione filiale di Gesù.

[120] J. ZUMSTEIN, *La condition du croyant*, 253; J. GNILKA, *Matteo*, II, 30.

[121] J.P. HEIL, *Jesus Walking*, 67. Qualcuno non esclude, in questo titolo, anche

di Dio" è colui che vive in un rapporto, molto forte, di intimità e dipendenza con il Padre[122] e, insieme, è colui che possiede una potenza tale da manifestare, nel suo agire, l'"esserci" di Dio accanto al suo popolo nei momenti di difficoltà.

Inoltre, è importante tenere conto della dinamica dell'intero vangelo per mostrare come questo titolo acquisti gradualmente spessore e significato[123]. Il vangelo, prima di 14,33, ha già fornito informazioni circa la condizione di Gesù come Figlio di Dio da parte di vari personaggi[124]. Ma è solamente in 14,33 che i discepoli stessi arrivano a fare questa confessione corale. Siamo ad uno snodo nella crescita della loro conoscenza del mistero di Gesù[125]. In seguito, tale professione di fede risuonerà in due scene qualificanti: nell'episodio di 16,13-20 da parte di Pietro ("Tu sei il Cristo, il Figlio del Dio vivente": 16,16) e nella sequenza della morte in 27,45-54, da parte del centurione e di coloro che con lui facevano la guardia ("Veramente costui era Figlio di Dio")[126]. L'esatta comprensione del titolo "Figlio di Dio" necessita di un'ampia collocazione su questo duplice sfondo: la solennità della scena di Cesarea, che mette in luce lo strettissimo legame con il Padre, e la drammaticità, unita all'atmosfera "apocalittica", del momento della crocifissione, che evidenzia la forza della debolezza insita nella croce. Inoltre, non è da trascurare un'altra proclamazione: quella della voce celeste che, in 17,5, dichiara, come al battesimo, Gesù "il Figlio mio prediletto"[127].

---

un'allusione all'"essenza soprannaturale di Gesù": così F. HAHN, "υἱός", 1687-1713. Circa l'uso del termine "Figlio" e "Figlio di Dio" come titolo cristologico, cf. in particolare 1690-1699.

[122] La confessione di fede dei discepoli sgorga dalla visione dell'agire teofanico-salvifico di Gesù che appare, quindi, non tanto come operatore di prodigi bensì come rivelatore del Padre: W.D. DAVIES – D.C. ALLISON, *Matthew*, II, 510; J.P. HEIL, *Jesus Walking*, 67, n. 89.

[123] Sullo sviluppo del titolo in Mt, si possono utilmente consultare, ad es., le ricche pagine di M. QUESNEL, *Jésus Christ*, 33-47. Ivi si potrà trovare anche un'aggiornata bibliografia sul tema; inoltre, vedi lo studio di J.D. KINGSBURY, *Matthew*, 40-83.

[124] Questi i riferimenti fondamentali: 2,15: citazione di compimento ("mio figlio"); 3,17: la voce dal cielo ("il Figlio mio prediletto"); 4,3.6: per bocca del tentatore ("se sei Figlio di Dio"); 8,29: i due indemoniati ("Figlio di Dio"). Gesù stesso si proclama Figlio nel celebre "inno di giubilo" (11,25-30).

[125] W.D. DAVIES – D.C. ALLISON, *Matthew*, II, 510.

[126] Cf. la precedente nota 118. Per approfondimenti, cf. D. SENIOR, *La passione*, 123-147.

[127] Per le altre ricorrenze, cf. 26,63 (il sommo sacerdote, come formula processuale) e 27,40.43 (vari personaggi sotto la croce, in forma di scherno).

Il testo di 14,22-33 si chiude dunque con un cospicuo "guadagno" nell'itinerario di fede dei discepoli: all'inizio, scambiano Gesù per un fantasma e, al termine, arrivano a proclamarlo "Figlio di Dio"; tuttavia, non bisogna perdere di vista il fatto che si tratta di una tappa del cammino: per coglierne l'esatto valore, è necessario proseguire nella lettura di tutto il vangelo per lasciarsi educare da altre informazioni.

3. Il testo nel contesto e lo sviluppo del tema

La spiegazione ci ha consentito di entrare nelle pieghe del testo. In questo paragrafo, analizziamo dapprima gli influssi del contesto (3.1)[128] e, in un secondo momento, ci concentreremo sul tema in esame per raccogliere spunti ulteriori (3.2).

3.1 *Il contesto di Mt 13,53-16,20*

L'ampio contesto narrativo nel quale il cammino sulle acque si inserisce è costituito dalla sezione di Mt 13,53-16,20 che si colloca tra la conclusione del discorso in parabole e l'episodio di Cesarea, considerato da tanti una cesura nell'opera matteana[129].

All'interno di esso, è nostra intenzione porre in luce tre aspetti: 1. il contesto prossimo del nostro brano (14,13-36); 2. la figura di Pietro; 3. il ruolo della donna cananea, a motivo dell'attinenza con il tema della fede.

3.1.1 Il contesto prossimo (14,13-36)

L'episodio del cammino sulle acque si collega strettamente con la scena precedente; i v. 22-23, con la presenza in essi dell'avverbio "subito" e il richiamo alle folle da congedare, rendono esplicito tale legame. Il racconto di 14,13-21 ha posto in luce la pienezza inesauribi-

---

[128] Il largo contesto di Mt 13,53-16,20 raccoglie due dei brani che appartengono al nostro itinerario: 14,22-33 e 16,5-12. Cercheremo di mettere in luce i legami più originali che ciascun brano intrattiene con il contesto. Se un testo – come è il caso dell'episodio della cananea – influisce su entrambi i brani che interessano il nostro percorso tematico, va da sé che quanto si scrive in questo capitolo valga anche per il successivo.

[129] Circa la faticosa determinazione di una possibile struttura del vangelo, rinviamo al "classico" D.R. BAUER, *The Structure*, senza addentrarci nella discussione; qualche osservazione sarà offerta in sede di conclusione.

le del potere di Gesù; egli non solo è in grado di provvedere a saziare "circa cinquemila uomini, senza contare le donne e i bambini" (14,21) ma la sua opera è così sovrabbondante al punto che si possono contare anche degli avanzi (dodici ceste: 14,20). Il potere di Gesù è assoluto[130]. Colui che il discepolo incontrerà nel cammino sulle acque è colui che si è appena manifestato come dotato, in modo eclatante, di un tale potere; la fatica del discepolo Pietro e degli altri a riconoscerlo e ad accoglierlo in 14,22-33 si staglia sullo sfondo luminoso offerto dalla prima moltiplicazione. La notte e la paura sono più forti di ogni sguardo perspicace che si alimenta del ricordo di quanto Gesù ha compiuto e, di conseguenza, sono più forti della memoria credente di chi sia Gesù e di quanto sia in grado di operare.

Del resto, la chiusura dei discepoli si è fatta evidente già nel corso del dialogo che ha preceduto il gesto compassionevole di Gesù (14,15-18); sono ripiegati su se stessi e non dimostrano di avere altro sguardo se non quello rivolto ai cinque pani e ai due pesci (14,17). Forse già qui si insinua e, insieme, si palesa la loro "poca fede"[131].

Il contesto immediatamente successivo (14,34-36) continua ad esaltare il potere di guarigione di Gesù: la gente del posto lo riconosce e gli portano tutti i malati e lo pregano di poter toccare almeno l'orlo del mantello per essere guariti. Gli "estranei" si accostano a lui con entusiasmo ma la loro è una ricerca interessata, finalizzata alla guarigione: il loro rapporto con Gesù è il rapporto di chi si aspetta di ricevere[132]. Non c'è l'ombra di nessuna prova come quella che i discepoli hanno dovuto affrontare poc'anzi: è ben diverso aspettare da Gesù una guarigione e credere a lui in una situazione di difficoltà. Manca, inoltre, da parte della gente, una conoscenza approfondita dell'identità di Gesù.

3.1.2 Il cammino di Pietro

Come abbiamo potuto constatare nel corso della spiegazione, è la prima volta nella quale Pietro si stacca dal gruppo ed acquista i caratteri dell'esemplarità in ordine al tema della fede.

---

[130] Cf. D.J. VERSEPUT, "The Faith", 14-16.
[131] Ci accontentiamo, in questa sede, di pochissime righe per riprendere, in seguito, con maggior cura il testo nel corso della spiegazione del brano successivo (16,5-12).
[132] La scena di 14,34-36 richiama il gesto della donna che soffriva di emorragia (9,20-22) con il riferimento al mantello (o meglio all'orlo: ἱμάτιον). Tuttavia, a differenza di 9,20-22, non appare nessuna parola di Gesù sulla fede (cf. 9,22).

Un secondo intervento si registra all'interno dell'ampia pericope di 15,1-20, disputa violenta con i farisei e gli scribi alla quale sono interessati anche i discepoli. Pietro chiede chiarimenti a vantaggio di tutto il gruppo: "spiegaci questa parabola (παραβολή)" (15,15). Ha il coraggio di uscire allo scoperto dopo che Gesù si espresso, in merito allo "scandalo" patito dai farisei (15,12), con l'immagine vegetale della pianta non piantata dal Padre e del cieco che guida un altro cieco (15,13-14). Pietro è colui che prende la parola; si fa interprete del gruppo. Come in precedenza (14,28), è colui che avanza una richiesta senza giri di parole (vedi l'uso dell'imperativo φράσον). Il suo intervento fa sì che Gesù approfondisca il suo insegnamento (15,17-20) non prima, però, di aver manifestato il suo rammarico per l'incomprensione che l'intervento di Pietro lascia trasparire: "anche voi siete ancora senza intelletto? (15,16)". In questo modo Gesù fa capire che dai discepoli si attendeva una diversa reazione. Pietro figura tra coloro che sono ἀσύνετοι. Quella di Gesù (15,16) è ancora una domanda, come per la poca fede (14,31): la domanda sollecita una presa di coscienza (nel caso: dell'incomprensione) e per contrasto mette in luce quale sia l'attesa. Pietro e i discepoli non capiscono ma Gesù, come per la poca fede, sana l'incomprensione. Il testo rimanda a 16,5-12, dove il vocabolario della "comprensione/incomprensione" è particolarmente ricco[133]. Si può registrare, in questa sede, l'"ambiguità" della figura di Pietro che emerge: come nell'episodio del cammino sul mare, anche in questa occorrenza emergono sia lo slancio che la fragilità di Pietro.

Il ruolo di Pietro emerge ancora, con indubitabile chiarezza, nella scena di Cesarea di Filippo. E' in gioco esplicitamente la questione dell'identità di Gesù; egli, in prima persona, pone la domanda: dapprima in modo generico – "che cosa dice la gente ?" (16,13), poi in modo diretto ai suoi discepoli – "voi chi dite che io sia?" (16,15). Il riconoscimento della persona di Gesù collega il testo di 16,13-20 con il precedente di 14,22-33. Anche in questa scena Pietro ha un ruolo preciso, come in 14,28-32. Egli parla a nome del gruppo, riprende le parole di tutti i discepoli di 14,33 ("veramente tu sei Figlio di Dio") e aggiunge l'esplicito riferimento messianico ("Tu sei il Cristo, il Figlio del Dio vivente": 16,16). Pietro individua con esattezza l'identità di Gesù. Tuttavia – secondo le parole che seguono – ciò avviene non in forza di una abilità personale bensì in forza di un dono: "beato perché…" (16,17): è il Padre che rivela. La grandezza di Pietro risiede nella rivelazione gratuita del

---

[133] Saranno fornite, in quel contesto, alcune annotazioni sul tema.

mistero (ἀπεκάλυψεν). A questo punto, Gesù coinvolge il suo discepolo nell'edificazione e nella guida della comunità (16,18-19). Gesù non solo è in grado di far camminare Pietro sulle acque (potere sulle forze del mare) ma gli comunica il potere "delle chiavi". A colui che, lasciato alle sue sole forze, non restava che affondare, viene promessa la stabilità della roccia (πέτρα). La gratuità dell'azione di Gesù precede, sostiene e garantisce la riuscita della figura di Pietro.

3.1.3 La donna cananea (15,21-28)

Nella sezione di 13,53-16,20, Matteo registra la presenza di un personaggio altamente significativo per focalizzare il tema della fede fuori dalla cerchia dei discepoli: la donna cananea (15,21-28)[134].

Sorprende l'ultima parola di Gesù nel racconto: "O donna, grande è la tua fede!" (15,28). Questa affermazione si può considerare come la chiave interpretativa di quanto si è narrato in precedenza; quanto la donna ha detto e fatto ha un nome inequivocabile: πίστις. Inoltre, è da sottolineare l'uso dell'aggettivo μεγάλη che, applicato alla fede, risulta essere un *unicum*[135]. Si tratta di un giudizio di valore che, nella sua rarità, attira l'attenzione. Infine, c'è da aggiungere, nella stessa linea, la constatazione dell'impiego del vocativo introdotto dalla particella (Ὦ γύναι), anch'esso più unico che raro (cf., però, 17,17!). Siamo in presenza, senza dubbio, di un caso eclatante di elogio della fede[136].

Scopo di questo paragrafo è quello di riuscire a chiarire ciò che determina il singolare encomio di Gesù[137]. Al termine, si cercherà di

---

[134] E' degno di nota il fatto che, in 13,53-16,20, solo tre personaggi prendono singolarmente la parola: Erode (14,2), Pietro (14,28.30; 15,15; 16,16), la donna (15,22.25.27). Mentre la figura di Erode si colloca decisamente nel fronte del fraintendimento della persona di Gesù, da lui considerato come Giovanni Battista redivivo, Pietro e la donna si relazionano con lui in modo più complesso. Hanno una propria originale consistenza ed esprimono alcune tensioni che tematizzano il rapporto di fede.

[135] Simile, ma non identico, è il caso di τοσαύτην πίστιν in 8,10 a proposito del centurione.

[136] Cf. J.-F. BAUDOZ, *Les miettes de la table*, 330.

[137] Va da sé che si tratterà di una lettura trasversale e non dettagliata del testo. Per uno studio completo del testo, si possono utilmente consultare: S. LÉGASSE, "L'épisode de la Cananéenne", 21-40; A. DERMIENCE, "La péricope de la Cananéenne", 25-49; J.M.C. SCOTT, "Matthew 15.21-28", 21-44; D. PATTE, "The Canaanite Woman", 33-53; S. GRASSO, *Matteo il vangelo narrato*, 114-134; cf. inoltre la tesi sopra citata di J.-F. BAUDOZ, *Les miettes de la table*.

paragonare il comportamento della donna con quello dei discepoli per scorgerne affinità e divergenze.

La condizione di partenza (15,21-22) fotografa la donna nella "classica" situazione di lontananza assegnata ai pagani: Tiro e Sidone – regioni dalle quali ella proviene – sono le località che l'AT menziona spesso insieme come destinatarie di oracoli di sventura[138]; inoltre, l'aggettivo "cananea" rievoca la mai sopita polemica tra Israele e Canaan. Dal punto di vista etnico-religioso, dunque, ella parte dalla massima distanza.

Si rivolge a Gesù con un grido, intenso e reiterato (ἔκραζεν: imperfetto), tipico di chi vive in una situazione umanamente bloccata, senza possibilità di scampo. La sua è una richiesta esplicita di guarigione a favore della figlia: "abbi pietà di me ... mia figlia è crudelmente tormentata da un demonio". Va a Gesù stretta da una doloroso bisogno. Meritano attenzione le due espressioni con le quali ella si rivolge a Gesù: κύριε e υἱὸς Δαυίδ (15,22). Sono invocazioni comuni sulle labbra di chi cerca il miracolo[139] e tuttavia colpiscono perché formulate da una straniera che dimostra una "competenza" non comune. Tuttavia, a questo punto del racconto, non siamo ancora in una situazione tale da differenziare, in modo marcato, la cananea dal resto delle persone che accostano Gesù alla ricerca di un beneficio.

Rilevante è la prosecuzione del racconto con il comportamento sorprendente di Gesù. La donna si scontra con un muro di silenzio: "egli non le rivolse neppure una parola" (15,23). Il tipo di relazione che la donna è chiamata a gestire dall'inizio – una relazione complessa, tesa e forse inattesa – farà emergere la sua grandezza. Non solo si trova a gestire una lontananza dovuta alla sua provenienza etnica ma – a questo punto – una "lontananza" che si è creata in seguito alla reazione di colui dal quale si attendeva un fattivo interessamento[140].

Per cogliere il valore dell'elogio finale, ci sembra decisivo il confronto, con il contrasto che ne scaturisce, tra le affermazioni di Gesù e le repliche della donna. Gesù afferma che l'orizzonte della sua missione terrena è il popolo d'Israele (cf. 10,6), descritto, secondo un'immagine comune nell'AT (Is 53,6; Mic 2,12; Ez 34,2ss; Zc 9,16; 11,4; 13,7)

---

[138] Cf. Is 23,1s.; Ger 25,22; 27,3; 47,7; vedi anche 11,21.

[139] Per il primo titolo, cf. 8,2.6.8; 9,28; 17,15; 20,31.33; per il secondo, cf. 9,27; 20,30.31.

[140] Nell'analisi della fede della donna, il ruolo dei discepoli, carico di ambiguità, resta marginale.

come pecore che hanno bisogno di salvezza ("Non sono stato inviato che alle pecore perdute della casa d'Israele": 15,24)[141]. La donna non demorde: "Signore, aiutami!" Riprende il titolo già usato in precedenza (κύριος) e fa risuonare un esplicito grido d'aiuto (βοηθέω: unica occorrenza in Mt): è la parola più elementare per esprimere un senso di totale dipendenza quando si è nel bisogno. La cananea si mostra con la sua capacità di resistere in una situazione sfavorevole, di insistere tenacemente, di rilanciare l'invocazione d'aiuto: tutto questo concorre a descrivere la sua "fede".

Il secondo intervento di Gesù contribuisce ad acuire la tensione; in termini figurati egli ribadisce il proprio punto di vista: "Non è bene prendere il pane dei figli per gettarlo ai cagnolini" (15,26). Queste parole sono direttamente rivolte alla donna ("rispose"): i due, alla fine, non sono solo vicini ma di fronte (a differenza di 15,24 ove la risposta sembra più indirizzata ai discepoli). Anche se nella sostanza identico al precedente, il secondo intervento di Gesù introduce, come novità, sia la simbolica del nutrimento con l'immagine del pane[142] che una chiara distinzione tra due gruppi (figli/cagnolini), distinzione che allude, secondo la fraseologia dell'epoca, agli israeliti e ai pagani[143]. Il pane è per i figli; non c'è pane per i cagnolini. La questione sembra chiusa in modo definitivo.

Ma – sorprendentemente – la donna prende di nuovo la parola e sarà una parola risolutiva (15,27). La sua replica si compone di due elementi. Anzitutto, accoglie quanto Gesù dice: c'è un "sì" iniziale (ναί). Non contesta il piano che Gesù ha esposto: accoglie un punto di vista che non necessariamente corrisponde al proprio. Ma – ed è il secondo aspetto – c'è un passo ulteriore che la cananea compie: "ma anche i cagnolini si cibano delle briciole che cadono dalla tavola dei loro padroni". La donna è capace di trovare il modo di collocarsi entro un progetto di salvezza che, di primo acchito, parrebbe escluderla; la sua positiva disposizione nei confronti di Gesù le fa "leggere oltre" il detto

---

[141] Solo il popolo d'Israele è preparato ad accogliere la venuta e la missione di Gesù perché solo esso conosce il vero Dio. La missione di Gesù non è quella di un semplice taumaturgo che opera per la gente che dimostra una certa fiducia in lui; sua missione è rivelare il Padre (11,25-27; 28,19).

[142] Il tema del "pane" attraversa tutta la sezione 13,53-16,20; ad esso dedicheremo un approfondimento nel capitolo successivo a commento di 16,5-12 ove esso è sfacciatamente centrale.

[143] J. GNILKA, *Matteo*, II, 53; W.D. DAVIES – D.C. ALLISON, *Matthew*, II, 553-554.

ascoltato così da trovare una reale possibilità di salvezza, per lei e per la figlia. La fede della donna sembra quasi una lotta: la lotta di chi sa tenere insieme la persuasione di trovarsi di fronte a Qualcuno che è capace di aiuto e l'imbarazzo per una reticenza umanamente incomprensibile.

La "grande fede" della donna sembra porsi dinanzi alla "poca fede" dei discepoli; esemplare ed istruttiva è la forza del suo comportamento[144].

Tuttavia, confronto non significa collocare i discepoli e la cananea sullo stesso piano nel reciproco rapportarsi con Gesù. Le differenze permangono e non sono di poco conto. Il rapporto dei discepoli con Gesù presuppone la conoscenza del Dio d'Israele che predispone ad accogliere l'annuncio di Gesù mentre i pagani agiscono in base ad una fiducia che lascia trasparire un'indeterminata concezione di Dio. La grande fede della donna riguarda la capacità di guarigione di Gesù: ella vede in lui un taumaturgo; la poca fede dei discepoli si misura, invece, con l'identità profonda di Gesù stesso. Non a caso il racconto di 15,21-28 sbocca in una guarigione mentre quello di 14,22-33 in una solenne professione di fede (14,33). Inoltre, nell'episodio che riguarda i discepoli si passa dal riconoscimento dell'identità di Gesù alla fiducia nella sua potenza salvatrice; nel caso della donna, tutto è giocato sulla forte fiducia nel potere di Gesù.

In sintesi, l'elogio senza precedenti di Gesù (15,28) ci impone di prestare la dovuta attenzione alla figura della cananea, senza però trascurare la peculiarità e la ben differente profondità del rapporto dei discepoli. Siamo su due livelli diversi.

3.2 *Lo sviluppo del tema*

In questo paragrafo, il tema della poca fede sarà considerato, anzitutto, in riferimento al precedente episodio della tempesta sedata (8,23-27); in seguito, metteremo a fuoco le accentuazioni specifiche che il testo di 14,22-33 fornisce per il nostro itinerario.

3.2.1 La "poca fede" sul mare: 8,23-27 e 14,22-33

Il rimprovero per la "poca fede" dei discepoli è già risuonato "in mare" (8,26) nel contesto del racconto della tempesta sedata (8,23-27)

---

[144] S. GRASSO, *Matteo il vangelo narrato*, 132 vede nel confronto un insegnamento ai discepoli chiamati a "intensificare la propria fede".

come "in mare" risuona nel corso dell'episodio testé commentato (14,31). I testi di 8,23-27 e 14,22-33 possono essere opportunamente accostati sia a motivo della comune ambientazione – il mare, appunto – sia a motivo di alcune dinamiche narrative simili, dinamiche che illustreremo più sotto; ciò non significa, tuttavia, che i due testi possano essere sovrapposti *in toto* in quanto ciascuno possiede un significato specifico che la spiegazione ha già fatto emergere[145]. La somiglianza dei brani giustifica il raffronto; la peculiarità di ciascuno rende avvertiti del fatto che non si è in presenza di una banale ripetizione.

Per quanto riguarda le similitudini del racconto, si possono porre in risalto le seguenti informazioni del testo: il fatto che i discepoli si trovino in una condizione di separazione (dalla folla in 8,23 e dalla folla e da Gesù in 14,22); la comparsa di un agente di disturbo (più marcato nel primo brano – la tempesta in 8,24 – che nel secondo – il vento contrario in 14,24); il comportamento enigmatico di Gesù (il sonno in 8,24 e il cammino sulle acque in 14,25); un salvataggio invocato dallo stesso grido (8,25; 14,30)[146]; la presenza di una conclusione corale (8,27; 14,33).

Le due pericopi, dunque, presentano tratti di affinità: entrambi i testi sono massicciamente concentrati sulla scoperta dell'identità di Gesù nel contesto della sequela.

Per il tema generale della ricerca, è utile confrontare i testi per vedere come, tra di loro, si intersechi la dinamica della fede. Secondo questa prospettiva, possiamo raccogliere le seguenti osservazioni.

In primo luogo, constatiamo che la fede si gioca nella capacità (o nella fatica) di scorgere la presenza di Gesù secondo la sua specifica, enigmatica modalità: nel sonno (8,24) e nel suo procedere sulle acque (14,25). Nel primo caso Gesù è presente ma è come se non ci fosse, nel secondo si rende presente ma è confuso con un fantasma (14,26): si deve manifestare con la forza della sua parola.

---

[145] A mo' di esempio basti notare come la paura di 8,26 non sia la stessa di 14,26: la prima è causata dal pericolo mortale, la seconda dalla comparsa del "fantasma". Non basta, in questo caso, lo stesso lessico per sostenere un'omogeneità. Sotto questo profilo, riteniamo che il confronto di J.P. HEIL, *Jesus Walking*, 94-103, si sporga, in modo eccessivo, sul versante della somiglianza dei testi; più preciso – anche se non del tutto condivisibile – il contributo di J.M.C. SCOTT, "Jesus Walking", 98.

[146] Notiamo, tuttavia, che non è la medesima logica narrativa che fa pervenire a un simile grido: nel primo caso (8,25) è il grido corale di chi si è trovato – suo malgrado – dentro una tempesta; nel secondo (14,30) è il grido di un singolo che si trova in una situazione – camminare sulle acque – da lui richiesta.

In secondo luogo, è tuttavia evidente la sostanziale differenza della conclusione dei due brani: interlocutoria la prima con l'insorgere di una domanda (8,27) che rilancia il brano in avanti; assertiva la seconda (14,33) con una solenne acclamazione che dà una risposta a 8,27. Fra i due testi c'è un faticoso ma reale progresso nella capacità di entrare nel mistero di Gesù (almeno come capacità di "dire" la fede).

Infine, occorre prestare attenzione al fatto del rimprovero circa la poca fede in 8,26 e 14,31. In 8,26 è per tutti i discepoli, in 14,31 è per un singolo, Pietro; più ampio il primo, più circostanziato il secondo. La ripresa dello stesso rimprovero, sia pure indirizzato a categorie diverse, nell'ambito di una scena simile (la manifestazione della vera identità di Gesù) lascia intuire che la "lezione" di 8,23-27 non è stata ben "assimilata": chi è stato in grado di dominare la tempesta non può riuscire a far camminare il discepolo sul mare? Pietro (e con lui gli altri discepoli), sotto questo profilo, non sono affatto progrediti. La ridondanza che il secondo episodio provoca nel lettore, lascia intuire quanto laborioso sia sanare la poca fede: essa resiste, nonostante la cura di Gesù verso i suoi. Questo è un particolare interessante per lo sviluppo del tema.

Nell'itinerario del discepolo ci si accorge di una costante presenza di atteggiamenti altalenanti: dalla domanda alla risposta e poi di nuovo, di fatto, alla domanda, dall'affermazione di fede al dubbio e dal dubbio alla professione di fede.

3.2.2 Le caratteristiche della "poca fede" secondo 14,22-33

Il rimprovero sulla poca fede nel testo di 14,22-33 è rivolto ad un singolo, Pietro, ed è, questa, l'unica volta all'interno del percorso. Di solito, Gesù apostrofa così l'intero gruppo. Pietro assume in questo modo una funzione esemplare in ordine all'illustrazione delle condizioni e delle modalità della sequela[147]: è il primo dei credenti, il loro modello[148]. Strettamente parlando, dunque, lui solo è bollato come ὀλιγόπιστος. Attorno al cammino di Pietro in questa scena, si concen-

---

[147] L. SABOURIN, "The Miracles", 193; E. SCHWEIZER, *Matteo*, 300; R. FABRIS, *Matteo*, 348; C.R. CARLISLE, "Jesus' Walking", 155; S. GRASSO, *Matteo*, 382.

[148] W. TRILLING, *Matteo*, 266. Vedi, però, R.E. BROWN – *al.*, *Pietro*, 126: "Pietro funge sì in Matteo da modello di discepolato, ma oltre a ciò Matteo gli dà una preminenza che gli altri non ricevono". Cf. anche l'excursus "Pietro nel vangelo di Matteo" in A. SAND, *Matteo*, I, 479-490.

trerà la nostra attenzione per perlustrare meglio il tema[149]. Tuttavia, terremo presente anche il contesto cioè il comportamento del gruppo nel suo insieme se non altro perché anche Pietro appartiene al gruppo.

a) *il punto di partenza: una Presenza che si offre*

E' di capitale importanza mettere in luce il fatto che l'intero episodio sia retto dall'epifania di Gesù. E' l'azione di Gesù che precede e rende possibile la fede dei discepoli: è lui che si autorivela attraverso quel "Sono io" di 14,27. Di conseguenza, la fede viene a configurarsi come risposta ad un'anticipatrice e gratuita presenza di Dio nella persona di Gesù che è, per Matteo, l'"Emmanuele", il Dio-con-noi. Gesù compie sempre il primo passo verso i suoi: e tutto si gioca nella capacità dell'uomo di accogliere la sua presenza. E' assai istruttivo, sotto questa angolatura, l'esordio di Pietro: inizia esattamente con l'espressione "se sei tu...". Possiamo intravedere – sia pure in modo discreto – i prodromi della poca fede[150]: la fatica a riconoscere il volto di Gesù nel suo (enigmatico) camminare sulle acque. La parola di Gesù "Sono io" non soddisfa del tutto l'apostolo. La sua iniziativa sembra riflettere una volontà di mettere alla prova Gesù, di costringerlo a scoprirsi[151]. E' una prima ombra. La poca fede di Pietro sarà un'alternanza continua di ombra e di luce.

b) *l'audacia confidente della fede*

Nell'itinerario di Pietro, la prima "luce" è data dal suo cammino sulle acque[152]. Pietro è in grado di compiere quanto ha compiuto Gesù. La fede di Pietro, in quanto partecipazione al potere di Gesù, si mostra come capacità di compiere l'impossibile[153]. Il suo comportamento

---

[149] Per queste note, ci si ispira abbondantemente alla parte sistematica dell'articolo di A. DETTWILER, "La conception matthéenne", 344-347.

[150] H. VAN DER LOSS, *The Miracles*, 661; A. SAND, *Matteo*, I, 449; R.H. GUNDRY, *Matthew*, 299; D.E. GARLAND, *Reading Matthew*, 158; A. MELLO, *Matteo*, 273; secondo M. QUESNEL, *Jésus Christ*, 40, nota 35, esiste un'assonanza con le richieste del diavolo durante la tentazione: "Se tu sei Figlio di Dio" (Mt 4,3.6); Pietro è chiamato Satana in 16,23.

Al contrario, M.-J. LAGRANGE, *Matthieu*, 295 e J. SCHMID, *Matteo*, 292; A. DURAND, *San Matteo*, 307 interpreta la frase come espressione di fiducia: "poiché sei tu"; così J.P. MEIER, *The vision*, 98, n.86. Cf. anche la discussione in CORNELIUS A LAPIDE, *In SS. Matthaeum et Marcum*, 345-346 che si attiene a questa linea.

[151] E' il parere di A. MELLO, *Matteo*, 273.

[152] M.J. WILKINS, *Discipleship*, 181.

[153] A.-M. DENIS, "La marche de Jésus", 243.

sembra essere una rappresentazione "al vivo" di quanto verrà affermato in 17,20 e 21,21. E questo avviene non in forza di una propria abilità bensì come obbedienza ad un comando. Pietro cammina perché Gesù ha comandato; si appoggia alla parola che ha ascoltato. La fede è obbedienza. Così rinuncia ad ogni umana sicurezza: è in mare aperto, "sospeso" ad un'autorevole parola. La situazione di Pietro dimostra chiaramente che la fede in Gesù non è solo ragionevolezza, avvedutezza razionale. Credere è osare. Chi osa credere è sorretto da colui nel quale crede[154] ed è chiamato ad abbandonare l'usuale, consueto, umano, modo di vedere la realtà[155].

c) *la poca fede che si manifesta come "dubbio"*

Il cammino di Pietro ha breve durata. Di fronte alla forza del vento, ha paura e inizia ad affondare. Grida. A questo punto, risuona la parola di Gesù che fotografa il comportamento dell'apostolo: è "un uomo di poca fede che ha dubitato". E' l'unica occorrenza, all'interno del percorso, nella quale poca fede e dubbio appaiono esplicitamente abbinati e riteniamo si illuminino reciprocamente[156].

Pietro dubita cioè "si divide", come l'etimologia di διστάζω sembra suggerire. Pietro è dis-tratto cioè è fortemente attirato da altro; il suo sguardo non è più incondizionatamente su Gesù ma sul vento[157]. Quando guarda il vento, Gesù scompare dal suo orizzonte. C'è ma è come se non ci fosse.

La "poca fede", che non è un mero fenomeno mentale, è dunque "causata" da due esperienze vitali: da un lato la forza potente del vento che produce un grande pericolo, dall'altro la presenza di Gesù. Ciò che viene meno è il riconoscimento della presenza di Gesù come *attivamente operante* nella vita[158]; manca l'assunzione esistenziale di quell'"Io-sono-con-voi" che il cammino di Gesù sulle acque per avvi-

---

[154] J. GNILKA, *Matteo*, II, 31.
[155] D. PATTE, *Matthew*, 212.
[156] H.J. HELD, "Matthew as Interpreter", 296: "doubt is a broken form of faith, the inner division, not the refusal of faith but also not faith".
[157] Scrive ORIGENE, *PG* 13, 917: ἐπεὶ δὲ ἐδίστασεν εἶδεν ἰσχυρὸν τὸν ἄνεμον; cf. anche J. KNABENBAUER, *In Matthaeum*, II, 17; M.J. WILKINS, *Discipleship*, 182; C.L. BLOMBERG, *Matthew*, 235.
[158] CORNELIUS A LAPIDE, *In SS. Matthaeum et Marcum*, 346: "in Petro hic erat defectus fiduciae, sed hic ex defectu fidei oriebatur"; R. AGUIRRE MONASTERIO, ed., *Pedro*, 46: "no se fía existencialmente de su presencia".

cinarsi ai suoi ha voluto rendere plasticamente evidente[159]. Non riconoscendo *in toto* il potere di Gesù[160], Pietro "oscilla" tra affidamento e panico; fede è aprirsi alla parola e alla presenza di Gesù, è orientamento univoco, unidirezionale verso Gesù[161] cercando di dominare l'esperienza del vento e della paura.

Si può riconoscere, dunque, nella poca fede, una mancanza di perseveranza e tenuta nella difficoltà[162], specie quando sono forti e durature; si dubita dell'assistenza *nella prova e nei pericoli*. Manca una fede matura e integra[163]. Qualcuno parla anche di mancanza di umiltà (!): Pietro affonda quando non riconosce di essere dipendente da un Altro e si esalta come se, quanto fa, dipenda da una propria abilità[164]. La "poca fede" può assumere variegate sfaccettature[165].

Ancora riguardo al dubbio, vale la pena di rimarcare che non si tratta del dubbio dello scettico, che non ha ancora scelto la fede; al contrario, esso nasce e si presenta all'interno dell'atto di fede. Possiamo riscontrare una felice tensione. Per un verso, il fenomeno del dubbio è semplicemente messo in conto: è precisamente quel Pietro che dubita ad essere salvato; non si presume una fede che, in modo moralistico, sia

---

[159] J.P. HEIL, *Jesus Walking*, 117: il ricongiungimento di Gesù con i suoi esemplifica il suo statuto di Emmanuele e dà sostanza alla futura promessa di 28,20.

[160] D. PATTE, *Matthew*, 212-213; D.J. VERSEPUT, "The Faith", 15; D.A. HAGNER, *Matthew 14-28*, 424.

[161] E. SCHWEIZER, *Matteo*, 301-302; cf. anche C.S. KEENER, *Matthew*, 257.

[162] F.V. FILSON, *Matthew*, 174; W. TRILLING, *Matteo*, 266; J. SCHNIEWIND, *Matteo*, 317 : "il dubbio è incredulità di fronte alla parola di Dio che parla nel comando di Gesù a Pietro"; J.P. MEIER, *The vision*, 99; A. SAND, *Matteo*, I, 449; J. GNILKA, *Matteo*, II, 28; J.D. KINGSBURY, *Matteo*, 161; R.B. GARDNER, *Matthew*, 229; L. MORRIS, *Matthew*, 384; A. DETTWILER, "La conception matthéenne", 346. Tra i Padri, CRISOSTOMO, *PG* 58, 506-507 parla di "ἡ πίστις ἠσθένησε". GEROLAMO, *PL* 26,103 dice di Pietro: "Ardebat animi fides sed humana fragilitas in profundum trahebat".

[163] G. GAIDE, "Jésus et Pierre", 29; S. GRASSO, *Matteo*, 383.

[164] E' la posizione di Agostino, *Sermo* 76,4.6, riportata in V. FUSCO, "L'incredulità del credente", 131-132. A. MELLO, *Matteo*, 274 ci sembra riprendere questa interpretazione quando distingue tra una *sequela* (umiltà e dipendenza) positiva e un'*imitazione* (basate sulle proprie forze) fallimentare.

[165] Così riassunte da V. FUSCO, "L'incredulità del credente",133: "L'*oligopistia*, in questo episodio, ci appare sia come fede *debole, insufficiente in senso quantitativo*, che non riesce a tener dietro all'evolversi delle situazioni [...]; sia come *fede oscillante, intermittente*, che va e viene nel tempo [...]; sia come *fede superficiale*, che stenta a mettere radici profonde, a diventare mentalità, criterio di giudizio".

sempre assolutamente "pura"¹⁶⁶. D'altro canto, è pur vero che il dubbio non è né idealizzato né glorificato. La fede tende a superare il dubbio¹⁶⁷. Per Matteo, il percorso della fede si inscrive in questa affascinante dialettica.

d) *la paura e la poca fede*

Ciò che segnala la presenza della "poca fede" è l'insorgere incontrollato della paura. Non è un aspetto nuovo nel nostro percorso; già il racconto della tempesta sedata (8,23-27) ci ha resi edotti in merito a questo punto.

Pietro che dubita della vicinanza salvifica di Gesù è inghiottito dalla paura quando, al contrario, nell'obbedienza alla sua parola era riuscito a camminare sereno sulle acque. La presenza di Gesù è garanzia di pace e di vita; il volgere lo sguardo lontano da lui fa emergere presagi di morte. La paura di Pietro ha il volto della paura della morte. L'uomo vive su un delicato crinale: sorretto da Gesù, sa di poter sconfiggere il mare camminandovi sopra (il mare, simbolo eloquente di morte); se allenta la relazione con lui, il mare è pronto alla rivincita.

Pietro non dà sufficiente credito alla misteriosa ma reale capacità di Gesù di sorreggere il suo discepolo, nonostante l'esperienza in corso (il cammino sulle acque). Parte con una positiva relazione con Gesù ma la paura che la presenza del vento suscita, prende il sopravvento. E' molto istruttivo, per approfondire questo aspetto, anche il confronto con due episodi simili nei quali Pietro emerge dal gruppo con uno slancio positivo per giungere, attraverso il racconto, ad una fine meschina. Si comincia bene e si finisce male: un chiaro esempio di anticlimax. E' sufficiente confrontare 16,17-19 con 16,23 (nell'episodio di Cesarea) e 26,33.35 con 26,69-75 (nel contesto della passione). Anche in questi casi lo slancio di Pietro nasce da una buona relazione con Gesù ma la paura della morte è più forte di questa relazione (l'annuncio della passione in 16,21; il rischio di venir coinvolto nel processo e nella condanna di Gesù in 26,50).

Anche in 14,26, dei discepoli si dice che "gridarono per la paura";

---

¹⁶⁶ U. Luz, *Matthew 8-20*, 321: "That is not to say that Matthew declared doubt to be an essential characteristic of faith, but neither does he condemn it. What the believer obviously experiences is that it is precisely one's doubt that the Lord receives and overcomes".

¹⁶⁷ Su questi aspetti, cf. A. Dettwiler, "La conception matthéenne", 346 che suggestivamente così conclude: "il n'y a pas de coquetterie théologique du doute".

tuttavia, l'accezione è diversa: in questa occorrenza si tratta del timore che può prendere l'uomo quando si trova dinanzi all'incomprensibile o ad una manifestazione del "divino" non meglio identificato; per Pietro, la paura non è relativa all'epifania di Gesù – che già ha riconosciuto – bensì la sua è paura per la morte che gli si para di fronte.

Ci resta da notare, infine, che l'itinerario di fede – qui per Pietro come in 8,23-27 – si misura in un continuo passaggio dalla paura alla fiducia; Gesù riscatta ogni angoscia. All'uomo è offerta l'occasione di essere liberato: nessuna paura, per quanto grande, può impedire quella liberazione da cui prorompe il grido rivolto a Dio[168].

e) *la nobiltà di un grido*

La paura che prende Pietro non gli toglie, però, la parola. Ed è – paradossalmente – una parola che, nella e attraverso la preghiera, esprime la sua fede[169]. Dopo il vento, per essere salvati non resta che riguardare Gesù. Questo atto finale del dramma di Pietro ha in sé un aspetto altamente istruttivo: la grandezza dell'uomo consiste non nella sua illusoria capacità di salvarsi quanto nella radicale oggettività di riconoscere il suo bisogno di essere salvato. Questo dice il grido di Pietro: la sua vera forza sta nel gridare la sua impotenza; sta nel rimettersi, in atto di affidamento, a chi – solo – è in grado di venire in soccorso, di essere – in verità – il suo "salvatore"[170]. Pietro non può "imporre" nulla: la preghiera non è un meccanismo di sicurezza religiosa. Si resta in attesa. Questo grido riscatta Pietro quanto una professione di fede.

Il grido/preghiera di Pietro appartiene alla contraddittorietà della sua esperienza; dubita e prega. Così è il discepolo: Pietro non è l'eroe greco; grandezza e fragilità vanno insieme[171].

Il grido appartiene anche alla storia di Gesù. L'unica ricorrenza nella quale il verbo κράζω ha come soggetto Gesù è 27,50: Gesù al momento della morte. Pietro grida a Gesù ed è salvato; Gesù grida al Padre (cf. anche 27,46) e muore. Il grido di Gesù dice la drammaticità del suo filiale affidamento che lo innesta in un mistero di morte per la vita. Gesù muore gridando: ma la fiducia nel Padre è più forte di tutto, anche della paura.

---

168 J. GNILKA, *Matteo*, II, 31.
169 A. DETTWILER, "La conception matthéenne", 347; D. SENIOR, *Matthew*, 175.
170 J. SCHNIEWIND, *Matteo*, 318; D.A. HAGNER, *Matthew 14-28*, 424.
171 W.D. DAVIES – D.C. ALLISON, *Matthew*, II, 513.

f) *la sicurezza di una mano ovvero ritorno all'inizio*

La situazione di poca fede e di dubbio non paralizza Gesù; al contrario, provoca la sua reazione salvifica. All'inizio dell'esperienza di Pietro si colloca un gesto gratuito e benevolo di Gesù; alla fine, a concludere positivamente la scena, ancora un gesto di grazia. I gesti di Gesù che incorniciano la vicenda di Pietro ribadiscono una dimensione decisiva dell'itinerario della fede: la preminenza e la precedenza dell'agire di Gesù verso ogni discepolo. La poca fede di Pietro, quindi e per contrasto, esalta la centralità di Gesù, oggetto della fede e dell'adorazione di tutti i discepoli[172].

Gesù non abbandona Pietro al suo destino: gli porge la mano e lo riabilita. La mano tesa di Gesù è motivo di consolazione di fronte ad ogni debolezza credente[173]. In un certo senso, possiamo dire che Pietro è "perdonato", così come avverrà anche dopo il suo rinnegamento. Nonostante la sua fragilità - o forse proprio a causa di essa? - Gesù sceglierà proprio lui come roccia della sua chiesa (16,16-20): quasi a sottolineare che a renderlo roccia non è la sua umana solidità psicologica e morale, e anzi neppure una particolare solidità della sua fede, ma l'elezione del Signore, che resta sempre fedele alla sua promessa[174]. Il parziale fallimento di Pietro assume un valore pedagogico[175].

In Pietro, in sintesi, convivono forza e debolezza: comincia a vedere, e tuttavia rimane un uomo debole e impulsivo che ha bisogno di Gesù[176].

g) *il gruppo dei discepoli*

Un accenno finale merita il comportamento dei discepoli presi nel loro insieme; sebbene il rimprovero di Gesù colpisca direttamente Pietro, anche i discepoli sulla barca presentano i tratti della poca fede. Sigliamo alcuni spunti riassuntivi.

In primo luogo, notiamo come sia l'obbedienza a salire sulla barca che conduce il discepolo in una situazione critica. La barca dice separazione dalle folle – e dunque privilegio in un rapporto – e insieme perdita di ogni umana protezione – si è in mare aperto. La sequela non è

---

[172] M.J. WILKINS, *Discipleship*, 183.
[173] D.J. HARRINGTON, *Matthew*, 228.
[174] V. FUSCO, "L'incredulità del credente", 134.
[175] Cf. GEROLAMO, *PL* 26,103, "paulum relinquitur temptationi ut augeatur fides et intelligat se non facilitate postulationis sed potentia Domini conservatum".
[176] R.E. BROWN, ed., *Pietro*, 101.

immune da rischi; anzi – e in maniera quasi paradossale – si potrebbe dire che quasi li produca. La sequela mossa dalla fede impone di saper entrare in una barca tormentata dalle onde e misurarsi con un'assenza che non si riesce a spiegare. Come è possibile che Gesù comandi la navigazione e, quando essa è ostacolata, non sia presente? Un simile atteggiamento, forse, è assimilabile al sonno nella barca di 8,24.

Secondariamente, la fede dei discepoli si misura con la loro capacità di riconoscere Gesù. Poca è la fede di chi dice: "è un fantasma". La fede, al contrario, esige occhi limpidi e penetranti per distinguere il volto di Gesù come misterioso e insieme salvifico nel suo procedere sul mare. La fede è essere coscienti di una presenza che non viene meno e che si rende presente diversamente dalle attese umane.

In terzo luogo, è sempre istruttivo considerare quanto il cammino dei discepoli presenti regressioni e progressi. Il turbamento, la paura, il "grido vuoto", segnalano la pesantezza di una via mai esplorata a sufficienza. Non è garantita a nessuno una tenuta basata sulle proprie forze; unicamente è assicurata la forza risanatrice di Gesù dopo ogni fallimento e involuzione. E tuttavia, è possibile riscontrare nel nostro testo un reale progresso nella comprensione cognitiva del mistero di Gesù. Inizialmente è scambiato per un fantasma, poi ci si rende conto che è Gesù, lo si invoca come "Signore" e, infine, lo si proclama come "Figlio di Dio"[177]. La pagina ci offre, quindi, un denso percorso cristologico[178]. Rispetto all'episodio della tempesta sedata (8,23-27) che si concludeva con un interrogativo, ora siamo posti di fronte ad una chiara e risolutiva affermazione di fede: "Figlio di Dio"[179]. L'espressione dichiara la dipendenza di Gesù dal Padre. Nella salvezza operata da Gesù, splende il volto del Padre, sollecito verso i suoi figli (cf. 6,25-34). In questo è possibile intravedere un legame con il primo testo del percorso intrapreso; la cura di Gesù verso i discepoli rende visibile la cura del Padre. Davvero Gesù è "di Dio, figlio" (14,33: trad. letterale).

---

[177] A. SAND, *Matteo*, I, 450; D.A. HAGNER, *Matthew 14-28*, 424-425.
[178] W.D. DAVIES – D.C. ALLISON, *Matthew*, II, 513.
[179] D.E. GARLAND, *Reading Matthew*, 158 sostiene che la confessione di fede di 14,33 serve come risposta anche per gli interrogativi sorti in precedenza da parte del Battista (11,2-6), delle folle (12,23) e nella sinagoga di Nazaret (13,55).

CAPITOLO IV

I PANI E IL LIEVITO (Mt 16,5-12)

Dopo l'episodio del cammino sulle acque, il vocabolo della poca fede compare nell'episodio di Mt 16,5-12 (v. 8). Il testo di Matteo presenta un vistoso parallelo sinottico con Mc 8,14-21 e, in una sua minima parte, con Lc 12,1. L'esposizione del capitolo si snoderà in tre tappe: la puntualizzazione di alcune questioni introduttive, la spiegazione del testo in sé, e – da ultimo – l'analisi del testo nel suo contesto unita ad alcune osservazioni che mettano in luce lo sviluppo del tema.

1. Questioni introduttive

Il primo paragrafo dell'esposizione sarà dedicato alla delimitazione della pericope e all'analisi del movimento del testo.

1.1 *La delimitazione del testo*

E' possibile delimitare in modo agevole il testo tramite l'impiego di due criteri: il cambiamento di luogo e il codice dei personaggi. Riguardo al luogo, in 16,4 si narra di un allontanamento di Gesù (ἀπῆλθεν) dopo il dibattito con i farisei e i sadducei (chiaro indizio della conclusione della scena) mentre in 16,5 sono i discepoli ad intraprendere una traversata (ἐλθόντες εἰς τὸ πέραν): qualcosa di nuovo inizia. Tale azione si può dire conclusa quando in 16,13 si menziona l'arrivo di Gesù nella regione di Cesarea di Filippo. In base al criterio del cambiamento di luogo, i v. 5-12 costituiscono un'unità. A ciò si aggiunga, come conferma anche se in modo subordinato, il cambiamento dei personaggi nei v. 4 e 5: dai farisei e i sadducei ai discepoli.

Tra i v. 12 e 13 i personaggi restano gli stessi ma – come si è detto – cambia, con chiarezza, il luogo. Con questi indizi, riteniamo che il brano sia delimitato con sufficiente sicurezza[1].

1.2 *L'articolazione del testo*

Dopo aver stabilito i confini del testo, è utile ripercorrere Mt 16,5-12 allo scopo di individuare la sua articolazione sintattica e contenutistica, per quanto la logica della sezione resti, alla fine, "strana"[2] e non tutto "fili liscio".

La pericope si apre, in 16,5, con due informazioni: la prima riguarda il movimento dei discepoli "verso l'altra riva" (che resta come sfondo mediante l'uso del participio aoristo: ἐλθόντες) e la seconda – espressa dal verbo principale (ἐπελάθοντο) – segnala la dimenticanza "di pani". In primo piano sono i "discepoli", unici soggetti dell'azione, e la loro smemoratezza circa i pani (ἄρτους λαβεῖν).

Interviene[3] (16,6) Gesù con un accorato avvertimento espresso da due imperativi presenti ((Ὁρᾶτε καὶ προσέχετε). Resta oscuro e molto enigmatico il senso dell'oggetto dal quale i discepoli devono guardarsi: "il lievito dei farisei e dei sadducei": da un lato, il termine "lievito" potrebbe prestarsi ad un qualche collegamento con l'immediato contesto ("i pani" di 16,5?) ma, dall'altro canto, la specificazione "farisei e i sadducei" non può non richiamare quanto è appena successo (16,1-4) ove, sulla scena, sono appunto "i farisei e i sadducei" (16,1)[4].

Nei versetti 5 e 6 emergono, dunque, due diverse posizioni: quella dei discepoli, impegnati con il problema del pane, e quella di Gesù, impegnato sul fronte "dei farisei e dei sadducei". C'è un reale "guasto nella comunicazione"[5].

---

[1] Qualche autore preferisce considerare insieme le due scene di 1-4 e 5-12: così F.V. FILSON, *Matthew*, 181-182; E. SCHWEIZER, *Matteo*, 310-311; D.J. HARRINGTON, *Matthew*, 243-246; L. MORRIS, *Matthew*, 412; R. FABRIS, *Matteo*, 362-365; S. GRASSO, *Matteo*, 399-404; D. SENIOR, *Matthew*, 186-188.

[2] E' quanto afferma U. LUZ, *Matthew 8-20*, 350, il quale fa eco a quanto scriveva P. BONNARD, *Matthieu*, 239: "ces quelques versets ont toujours étonné les exégètes".

[3] All'aoristo ἐπελάθοντο corrisponde l'aoristo εἶπεν.

[4] Secondo A. NEGOIŢĂ – C. DANIEL, "L'Énigme", 306-314, il fraintendimento nasce dal fatto che Gesù avrebbe detto in aramaico di guardarsi da אמירה (discorso, insegnamento orale) di farisei e sadducei mentre i discepoli hanno compreso il termine come חמירה (lievito).

[5] U. LUZ, *Matthew 8-20*, 350.

Si torna ai discepoli (16,7). Essi sono ripiegati su se stessi: "discutevano tra loro" (οἱ δὲ διελογίζοντο ἐν ἑαυτοῖς: da notare l'unico imperfetto del brano a segnalare un'azione dilatata). Sono bloccati nella loro preoccupazione: l'unico orizzonte è il loro e il pane che manca. La parola di Gesù non li ha toccati. Sono letteralmente fermi alla situazione di partenza: ritorna la stessa espressione di 16,5 (cf. ἄρτους λαβεῖν e ἄρτους οὐκ ἐλάβομεν).

E' Gesù che riprende, allora, la parola (16,8) grazie alla sua capacità di conoscenza (γνούς) di quanto i discepoli non dicono. Il suo intervento occupa nel complesso lo spazio di quattro versetti (16,8-11). Nell'economia dell'episodio, si constata una distribuzione delle "parti" marcatamente diseguale. Inoltre, l'intervento di Gesù è tutto in forma interrogativa: un espediente che mira ad un efficace coinvolgimento in vista di una opportuna capacità di giudizio. Indicativo, poi, il fatto che tali interrogative presentino la forma negativa (16,9: οὔπω ... οὐδέ; 16,10: οὐδέ; 16,11: πῶς οὐ): la risposta dovrebbe essere ovvia (?).

In un primo momento, l'attenzione cade sui pani[6] (16,8-10). Nella prima espressione di Gesù si ridice il comportamento dei discepoli (16,7: διελογίζοντο e 16,8: διαλογίζεσθε) e lo si qualifica come espressione della tipica condizione degli ὀλιγόπιστοι. Affanno per il pane e ὀλιγοπιστία vanno insieme. Dalla visuale di Gesù sembra scomparso il tema del lievito: egli si pone al livello dei discepoli. E' uno strano modo di procedere; anche i versetti che seguono non gettano luce sull'ammonimento di 16,6 bensì sull'errato comportamento dei discepoli secondo 16,7. Infatti, in 16,9-10 si approfondisce e si interpreta l'assillo dei discepoli. La prima domanda di 16,9 li accusa di non capire ancora (νοεῖτε). Il verbo è usato in modo ambiguo: cosa non capiscono – o al contrario – cosa devono capire i discepoli? L'avvertimento sul lievito, appena formulato, o la stoltezza nel loro vano preoccuparsi per i pani? Nella prosecuzione del testo, l'attenzione di Gesù cade sull'affanno, qui imputato ad una mancanza di "memoria" penetrante circa gli eventi passati (μνημονεύετε). Gesù è al livello dei suoi e li invita a rammentare le due moltiplicazioni (Mt 14,13-21; 15,32-39). In particolare, sotto forma di parallelismo, si sollecitano i discepoli a ricordare (a) l'assoluta pochezza dei mezzi a disposizione (16,9: "cinque pani"; 16,10: "sette pani"); a confronto con (b) la gran-

---

[6] Il sostantivo ἄρτοι è presente in 7 versetti su 8 (!). Manca solo in 16,6. Mt 16,5-12 è il testo che presenta la maggior concentrazione del termine in proporzione a tutto il vangelo. Per le altre ricorrenze, cf. Mt 4,3.4; 6,11; 14,17.19; 15,2.26.33.34.36; 26,26.

dezza della folla (16,9: "i cinquemila"; 16,10: "i quattromila"), per focalizzare l'attenzione (c) sulle "ceste/sporte" (16,9.10) che essi, in prima persona, "hanno portato via (lett. "hanno preso"; il verbo è λαμβάνω, curiosamente lo stesso di 16,5.7). L'attenzione deve cadere sulla finale del miracolo cioè sul carattere di eccedenza.

Gesù conclude la sua "requisitoria" (16,11) richiamando esplicitamente il tema del "lievito dei farisei e dei sadducei". Cambia la prospettiva rispetto a 16,7-10: è un indizio da tenere presente in ordine all'articolazione interna. Identico è il vocabolario utilizzato rispetto al primo intervento di 16,6. Gesù ribadisce, in negativo, a quanto *non* si riferissero le sue parole, cioè ai pani, eppure non esplicita il significato esatto del proprio avvertimento. Il verbo νοέω è qui riferito, in modo chiaro, all'ammonimento. E' enigmatica anche l'espressione "circa i pani"; di fatto, Gesù non ha parlato di pani in 16,6 ma solo di lievito, in senso metaforico; dei pani da mangiare, si erano, al contrario, preoccupati i discepoli, i quali non sembra abbiano colto un rapporto tra pani e lievito. Il discorso è corso su due piani diversi e resta oscuro.

In 16,12 si registra che "allora capirono" (συνῆκαν, all'aoristo, come all'inizio della scena, in 16,5). L'intervento pedagogico di Gesù ha sortito un effetto positivo: ciò che egli "ha detto" (cf. οὐ ... εἶπον ὑμῖν di 16,11 con ὅτι οὐκ εἶπεν di 16,12) è finalmente compreso. L'enigma si scioglie: questo mette enfaticamente in rilievo anche il parallelismo (ἀπὸ τῆς ζύμης τῶν ἄρτων / ἀπὸ τῆς διδαχῆς τῶν Φαρισαίων καὶ Σαδδουκαίων). Non è questione di prescrizione alimentare; al contrario, ζύμη equivale a διδαχή. E' strano che solo alla fine i discepoli colleghino i pani con il lievito dal momento che per essi i pani erano unicamente i pani che mancavano e dal momento che l'istruzione di Gesù (16,7-10) si è concentrata sullo stesso tema. Come si può constatare, il testo non è immediatamente perspicuo in tutte le parti[7].

Un'ultima annotazione sintetica. Siamo di fronte a un testo molto ricco di interventi verbali. L'unica "azione" è la dimenticanza iniziale dei discepoli che determina il fraintendimento. Degli interventi, la maggioranza appartiene a Gesù; due sono suoi, uno dei discepoli, molto diseguali nella loro estensione. Il dato che più si impone nel corso della narrazione è quello di una incomunicabilità/incomprensione che al termine, in qualche modo, si sblocca.

---

[7] E' il parere di U. Luz, *Matthew 8-20*, 351: il significato matteano è chiaro solo in termini generali.

In base alle osservazioni precedenti, possiamo presentare la seguente struttura[8]:

I. l'esposizione della scena: v. 5-6
Καὶ ἐλθόντες οἱ μαθηταὶ εἰς τὸ πέραν ἐπελάθοντο ἄρτους λαβεῖν. [v.5]
ὁ δὲ Ἰησοῦς εἶπεν αὐτοῖς, Ὁρᾶτε καὶ προσέχετε ἀπὸ τῆς ζύμης τῶν Φαρισαίων καὶ Σαδδουκαίων. [v.6]

II. l'assillo vano per i pani: v. 7-10
οἱ δὲ διελογίζοντο ἐν ἑαυτοῖς λέγοντες ὅτι Ἄρτους οὐκ ἐλάβομεν. [v.7]
γνοὺς δὲ ὁ Ἰησοῦς εἶπεν, Τί διαλογίζεσθε ἐν ἑαυτοῖς, ὀλιγόπιστοι, ὅτι ἄρτους οὐκ ἔχετε; [v.8]
οὔπω νοεῖτε,
οὐδὲ μνημονεύετε τοὺς πέντε ἄρτους τῶν πεντακισχιλίων καὶ πόσους κοφίνους ἐλάβετε; [v.9]
οὐδὲ τοὺς ἑπτὰ ἄρτους τῶν τετρακισχιλίων καὶ πόσας σπυρίδας ἐλάβετε; [v.10]

III. la risoluzione dell'enigma del lievito: v. 11-12
πῶς οὐ νοεῖτε ὅτι οὐ περὶ ἄρτων εἶπον ὑμῖν; προσέχετε δὲ ἀπὸ τῆς ζύμης τῶν Φαρισαίων καὶ Σαδδουκαίων. [v.11]
τότε συνῆκαν ὅτι οὐκ εἶπεν προσέχειν ἀπὸ τῆς ζύμης τῶν ἄρτων ἀλλὰ ἀπὸ τῆς διδαχῆς τῶν Φαρισαίων καὶ Σαδδουκαίων. [v.12]

2. Spiegazione del testo

La precedente lettura ha consentito di rilevare una possibile partitura del brano secondo una triplice scansione: v. 5-6; 7-10; 11-12. L'esplorazione nelle pieghe del testo avverrà secondo questa articolazione.

---

[8] Cf. U. Luz, *Matthew 8-20*, 349. Cf. altre proposte: W.D. Davies – D.C. Allison, *Matthew*, II, 585 suddividono in tre scene: v. 5 (introduction); v. 6-11 (conversation); v.12 (editorial remark); D.A. Hagner, *Matthew 14-28*, 458 offre una scansione in 6 punti: 1) the problem of disciples (v.5); 2) Jesus' warning (v.6); 3) the confusion of disciples (v.7); 4) Jesus' rebuke (v.8-11a); 5) the repetition of warning (v.11b); 6) the disciples' comprehension (v.12).

2.1 *L'esposizione della scena (v. 5-6)*

La pericope illustra, nel suo esordio, la prospettiva diversa dei discepoli e di Gesù; per gli uni, l'interesse sono i pani, per l'altro il lievito dei farisei e dei sadducei.

2.1.1 I pani dimenticati (v. 5)

L'episodio di Mt 16,5-12 si apre con la notizia di un cambiamento di luogo: "nel passare all'altra riva, i discepoli...". L'espressione ἐλθόντες εἰς τὸ πέραν è un'espressione ambigua; nella sua stretta relazione con il verbo seguente[9] ("dimenticarono"), non consente di stabilire in modo chiaro se, quanto verrà narrato nel prosieguo, sia da considerare come avvenuto durante la traversata oppure una volta approdati[10]. Enigmatica è pure la destinazione, espressa in modo avverbiale (εἰς τὸ πέραν); non ci è dato di sapere con precisione il luogo. Tuttavia, ci sembra istruttivo il richiamo che tale espressione εἰς τὸ πέραν viene a creare nella trama di Matteo. Essa, infatti, è già comparsa legata a due brani incontrati in precedenza: in 8,18.28 a proposito di 8,23-27 e in 14,22 come apertura di 14,22-33[11]. E' un piccolo segnale testuale che tiene insieme queste tre scene e che sollecita con discrezione un confronto interno. Inoltre, giova rimarcare che, a livello spaziale, un tale spostamento mette in risalto la distanza che si crea con gli oppositori giudei della scena precedente[12].

Notiamo che in questo inizio si parla solo dei μαθηταί. Sono essi enfaticamente in primo piano. E' una novità rispetto ai due testi sopra menzionati ove i discepoli sono menzionati esplicitamente *con* e in dipendenza *da* Gesù (8,18; 14,22). Qui si avverte una sorta di distanza tra costoro e quello. Non è pertinente chiedersi se, per caso, Gesù non

---

[9] M. ZERWICK, *Analysis*, 40, parla di "actio coincidens".

[10] Per questo, tra gli autori, si registrano entrambe le posizioni: chi ritiene che tutto si svolga sulla barca (così, ad es., CORNELIUS A LAPIDE, *In SS. Matthaeum et Marcum*, 362; I. GOMÁ CIVIT, *Mateo*, II, 78; V. FUSCO, "L'incredulità del credente", 134; S. GRASSO, *Matteo*, 400; D.A. HAGNER, *Matthew 14-28*, 458-459;) e chi, al contrario, è del parere che i fatti avvengano dopo l'arrivo (così W.C. ALLEN, *Matthew*, 173; M.-J. LAGRANGE, *Saint Matthieu*, 318; E. SCHWEIZER, *Matteo*, 310 ; F.W. BEARE, *Matteo*, 391; J. GNILKA, *Matteo*, II, 71; R.H. GUNDRY, *Matthew*, 325; D. SENIOR, *Matthew*, 187).

[11] Da notare che εἰς τὸ πέραν compare solo in queste ricorrenze; altrove, ricorre la forma assoluta πέραν (4,15.25; 19,1).

[12] U. LUZ, *Matthew 8-20*, 350.

sia sulla barca. Il testo non intende rispondere a questa domanda quanto, piuttosto, focalizzare tutta l'attenzione su un cruccio che è solo dei discepoli[13]. Non si registra nessuna parola da parte loro.

"Si sono dimenticati di prendere dei pani"[14]. Vale la pena sottolineare che il verbo ἐπιλανθάνομαι (dimenticarsi)[15] è ovviamente imparentato, come suo contrario, all'ambito semantico del "ricordarsi", che giocherà un ruolo da protagonista nella continuazione del racconto. Sembra trasparire una sorta di ironia: di quali pani si sono dimenticati? Di quelli per il viaggio è sicuro; forse anche di altri? Il verbo λαμβάνω, che sarà ripreso in 16,9-10, potrebbe orientare verso una risposta. Per il momento, il testo lascia i discepoli alle prese con questa dimenticanza. Se il fatto di non aver preso pani crea problema, sembra significare che questi pani sono davvero importanti: quanto lo sono? E come si accorda questo con la presenza di Gesù? Il testo suscita domande e attende risposte.

2.1.2 Un avvertimento enigmatico (v. 6)

A questo punto, Gesù si rivolge ai suoi: "disse loro"[16]; è la prima parola che risuona nel testo. Fa da contrappunto all'azione del "essersi dimenticati" (ἐπελάθοντο – εἶπεν). La comparsa, per la prima volta, della particella δέ fa percepire una certa tensione con quanto è stato prima affermato; anche nel prosieguo, in ognuno dei cambiamenti di personaggi comparirà tale particella (cf. 16,7: οἱ δέ; 8: γνοὺς δέ) per lasciare il posto all'avverbio "allora" (τότε) che segnalerà la fine della incomprensione. Fa capolino quella suggestiva dialettica di vicinanza/lontananza che percorrerà tutta la pericope: Gesù e i discepoli sono vicini per il luogo, ma lontani per le loro valutazioni. La fede si dovrà misurare con questa dialettica.

L'intervento di Gesù è introdotto da due imperativi presenti: "guardate[vi] e state attenti"[17]; sono pressanti avvertimenti ove l'uno raffor-

---

[13] E' la posizione di J. GNILKA, *Matteo*, II, 71.

[14] Il testo parallelo di Mc 8,14 continua affermando che "non avevano con sé sulla barca che un solo pane". Una simile informazione orienta la lettura del testo in modo differente.

[15] E' l'unica ricorrenza in Mt. Cf., per i sinottici, Mc 8,14 (testo parallelo) e Lc 12,6.

[16] Mc 8,15 presenta un verbo più forte: διαστέλλομαι, che si può rendere con "ammonire, intimare".

[17] In Mc 8,15 le formule sono le seguenti (Ὀρᾶτε, βλέπετε; in Lc 12,1 προσέχετε. E' utile rammentare che solo Marco presenta un *testo* parallelo al nostro

za l'altro. Il primo è costruito con il verbo ὁράω; anche se la formula si può considerare stereotipa[18] (una sorta di "frase fatta"), non è tuttavia da trascurare il fatto che, a livello etimologico, essa rimanda all'ambito dell'osservazione. E nel testo precedente (16,1-4) la contestazione di Gesù ai farisei e ai sadducei ha preso le mosse dalla capacità di osservare il tempo meteorologico (16,2-3). Il discepolo è invitato a vedere bene. Il secondo imperativo è dato dal verbo προσέχω. Ammonimenti introdotti da προσέχω sono già comparsi tre volte nel vangelo: 6,1; 7,15; 10,17; fra questi, due ricorrenze (7,15; 10,17) presentano la formula identica al nostro caso (cioè con la proposizione ἀπό)[19]. E' sempre Gesù che pronuncia un tale avvertimento e destinatari sono sempre i discepoli. In tutti i casi, si avverte quanta cura Gesù ponga nel "formare" coloro che lo seguono; i suoi moniti servono a costruire l'identità del discepolo che è sempre da salvaguardare perché sempre minacciata da pericoli esterni (es. persecuzioni: 10,17) o da una prassi errata (es. 6,1) oppure da influenze nocive (es. i falsi profeti di 7,15 e il caso in esame). L'avvertimento, sulla scorta di quanto sopra, dice la sollecitudine di Gesù in ordine all'originalità della sequela, sequela che si modella su quanto egli comanda.

C'è, dunque, un "lievito dei farisei e dei sadducei"[20] dal quale guardarsi con attenzione. L'espressione nella sua interezza (cioè "il lievito" seguito dalla specificazione che lo qualifica) non risulta di immediata decifrazione: il detto si presenta molto enigmatico e crea qualche problema nel contesto, lasciando campo aperto al fraintendimento. L'immagine del lievito[21] allude a qualcosa di simile a un fermento, a qualcosa di minuscolo che possiede una vitalità nascosta capace di generare grandi effetti, siano essi benefici che malefici. Nell'ambito del NT, il lievito è presentato secondo entrambe le possibilità. La sua

---

(8,14-21); Luca, al contrario, presenta un *solo versetto* parallelo (Lc 12,1) che corrisponde a Mt 16,6 che stiamo analizzando. In Luca, inoltre, il contesto è tutt'altro rispetto a Matteo e Marco.

[18] Cf. ad es., Mt 8,4; 9,30; 18,10; 24,6.

[19] Si tratta di una fraseologia matteana: Mt 6; Mc 0; Lc 4. Cf. W.D. DAVIES – D.C. ALLISON, *Matthew*, I, 577.

[20] Se identica, nei tre sinottici, è l'immagine basilare del "lievito", differente, per ciascuno dei tre, la sua specificazione: così in Mc 8,15 è il lievito τῶν Φαρισαίων καί [...] Ἡρῴδου e in Lc 12,1 è il lievito τῶν Φαρισαίων.

[21] H. WINDISCH, "ζύμη, ζυμόω, ἄζυμος", 1555-1570; W. POPKES, "ζύμη", 1517-1520; M. GIRARD, *Les symboles,* 775-791; cf., tra i commentari, A. SAND, *Matteo*, I, 471; U. LUZ, *Matthew 8-20*, 351, n. 20-21; D.A. HAGNER, *Matthew 14-28*, 459.

potenza può essere *benefica* come in Mt 13,33 laddove esso viene impiegato per evocare il regno dei cieli. Si mettono in luce sia la forza di questa sostanza che opera nel nascondimento che la sproporzione tra essa e la quantità enorme di farina. Oppure la sua potenza può risultare *nociva* come una specie di infezione: tale è l'accezione che assume in 1Cor 5,6 e Gal 5,9 dove "lievito" è qualcuno o qualcosa che può recare danno alla comunità o il peccato che non consente alla comunità di essere nuova e pura[22]. Nel nostro testo, la ζύμη, secondo il pensiero di Gesù, è da considerarsi come una forza dannosa se da essa è necessario stare lontani[23]. Siamo, tuttavia, ancora nell'enigmaticità.

Per un tentativo di decifrazione di tale avvertimento, è necessario prestare attenzione al complemento di specificazione; un tale "lievito" ha attinenza con un gruppo ben qualificato di persone: i farisei e i sadducei[24]. E' dunque opportuno raccogliere qualche dato che illustri la funzione di questi personaggi quando compaiono insieme[25] nel vangelo di Matteo. L'espressione Φαρισαῖοι καὶ Σαδδουκαῖοι ricorre 5x: 3,7; 16,1.6.11.12. E' facile notare come il nostro testo e il suo immediato contesto (16,1-4) raccolgano la maggioranza delle ricorrenze (4 su 5): le due pericopi si illuminano reciprocamente. Inoltre, non è da trascurare il fatto che, in tutte le apparizioni di questi due gruppi, sia sempre presente una forte nota polemica: in 3,7, per Giovanni Battista essi sono "razza di vipere"; in 16,4 sono, per Gesù, "generazione malvagia e adultera"; nel nostro testo, il loro "lievito" è da evitare in ogni modo.

Si può dunque affermare che i due gruppi, anche se, storicamente, tra loro acerrimi nemici e distanti per alcune convinzioni, nel vangelo di Matteo sono associati come rappresentanti del giudaismo ufficiale

---

[22] Cf. H. WINDISCH, "ζύμη, ζυμόω, ἄζυμος", 1562.

[23] L. SABOURIN, *Matteo*, II, 756: "probabilmente l'analogia più prossima all'uso simbolico di "lievito" è data dalla consuetudine rabbinica di designare l'"impulso cattivo" come lievito".

[24] Cf. J. ZUMSTEIN, *La condition du croyant*, 56-59.

[25] Ci sembra utile riportare una statistica delle ricorrenze (cf. J. ZUMSTEIN, *La condition du croyant*, 48) relativa alla trama di Matteo prima della passione per rendersi conto della distribuzione degli "avversari" e delle preferenze dell'evangelista: φαρισαῖος: Mt 28; Mc 12; Lc 12; γραμματεύς: Mt 20; Mc 16; Lc 11; σαδδουκαῖος: Mt 7; Mc 1; Lc 1; ἀρχιερεύς: Mt 6; Mc 6; Lc 6; πρεσβύτερος: Mt 2; Mc 4; Lc 4. Per Matteo, i farisei sono il gruppo predominante attorno al quale si ordinano gli altri; sono essi gli avversari per eccellenza; il fronte è unito, radicalmente indurito; i gruppi evocati da Matteo pare abbiano perso il loro profilo storico iniziale (così J. ZUMSTEIN, *La condition du croyant*, 64-68).

nel suo complesso e assumono il ruolo di antagonisti dell'opera di Gesù: sono i suoi decisi oppositori[26]. Non a caso il brano che precede l'episodio in esame (16,1-4) racconta dei "farisei e sadducei" che si accostano a Gesù "per metterlo alla prova" (πειράζοντες: 16,1). Questo è il loro obiettivo: ostacolare la missione di Gesù rinnovando la prassi del "tentatore" (cf. 4,1). Tra Gesù e questi gruppi la distanza è radicale. Il testo di Mt 16,1-4 sarà ripreso nella terza parte.

Dietro l'immagine che Gesù utilizza ("state attenti al lievito dei farisei e dei sadducei"), i discepoli possono scorgere un richiamo ad una realtà che infetta, connessa con alcuni personaggi che si sono già mostrati ostili nei confronti di Gesù. Ma il loro interesse è un altro.

2.2 *L'assillo vano per i pani (v. 7-10)*

La continuazione dell'episodio ci mette di fronte ai discepoli concentrati sui pani (16,7) e a Gesù che cerca di far capire la stoltezza del loro assillo (16,8-10). Il tema del lievito non pare avere spazio in questi versetti.

2.2.1 I discepoli ripiegati su di sé (v. 7)

Le parole pronunciate in precedenza da Gesù erano rivolte ai discepoli. A questo punto, si attende una qualche reazione a fronte di un così pressante ammonimento. Al contrario, ciò che il testo descrive sembra andare in un'altra direzione: gli interpellati sono interessati al problema dei pani. E' come se non sia risuonata nessuna voce.

Già l'inizio del versetto segnala sottilmente la distanza dei personaggi tra di loro (οἱ δέ: "essi, *però*,....") ma è in particolare il verbo principale che fotografa il loro atteggiamento: "discutevano tra loro" (διελογίζοντο ἐν ἑαυτοῖς)[27]. E' curioso notare come il verbo διαλογίζομαι[28] conosca, nel NT, quasi esclusivamente un timbro nega-

---

[26] Sul tema dei leaders religiosi in Matteo, si possono tenere presenti alcuni testi che affrontano l'argomento con metodologie diverse: il classico S. VAN TILBORG, *The Jewish Leaders in Matthew*; inoltre, H.W. HOEHNER, *Herod Antipas*, 211-213; J.D. KINGSBURY, *Matteo*, 136-150; J.C. ANDERSON, *Matthew's Narrative Web*, 97-126; R. FABRIS, "Il giudaismo farisaico", 107-128; V. MORA, *La symbolique de Matthieu*, 205-228.

[27] Mc 8,16 riporta un'espressione identica quanto al verbo: διελογίζοντο πρὸς ἀλλήλους.

[28] G. PETZKE, "διαλογίζομαι, διαλογισμός", 813-815; cf. anche J.C. FENTON, *Matthew*, 263.

tivo[29]: segnala una riflessione che sfocia in giudizio o non corretto e malvagio (Mc 2,6.8; Lc 5,21s; 20,14) o non pertinente (Lc 3,15) o che porterà ad un fallimento (Lc 12,17). Anche quando è utilizzato per i discepoli, sembra indicare un atteggiamento da riformare: così è nel testo in esame (16,7.8) così in Mc 9,33[30]. Inoltre, il tempo del verbo, all'imperfetto, dilata e rende continuata l'azione: non si fermano nel loro vano conversare. In più, è da segnalare che tale riflessione avviene unicamente ἐν ἑαυτοῖς: i discepoli non sanno uscire dal loro cerchio e aprirsi. La parola di Gesù era indirizzata "a loro" (αὐτοῖς) in vista di un colloquio; essi, anziché rivolgersi a lui, sono ripiegati "su se stessi" (ἐν ἑαυτοῖς).

I discepoli, vicinissimi a Gesù, non fanno conto della sua presenza. Non c'è relazione: Gesù la ricerca ma essi, con i fatti e con i loro pensieri, gliela negano. In questo modo, il testo è bloccato: né Gesù riesce a trasmettere il proprio insegnamento né i discepoli sono in grado di evolvere dal loro ripiegamento, che condurrà all'accusa della "poca fede".

L'unica preoccupazione per i discepoli è il pane che manca. Ribadiscono la loro posizione attraverso un'espressione formulata tramite il discorso diretto: "Non abbiamo preso pani"[31]. E' una dichiarazione che risulta particolarmente enfatica; dice – ad alta voce – ciò che sta loro maggiormente a cuore: un'angustia di carattere materiale. Di fronte all'incalzare di Gesù, che esigerebbe una pronta presa di coscienza e di posizione, i discepoli si mostrano immersi in altri pensieri. Non c'è con lui dialogo né abbozzo di risposta. La frase "non abbiamo preso pani" è – per così dire – "ad uso interno". Gesù non viene coinvolto.

Non si sono mossi dalla posizione di partenza (cf. la medesima ricorrenza di λαμβάνω). Infine, notiamo come l'accento cada su un'azione che *essi* non hanno compiuto ("[noi] non ..."). Tutto dipende da loro; la presenza di Gesù non conta né conta quanto ha detto.

---

[29] In Lc 1,29 la connotazione è piuttosto neutra.

[30] In Matteo ricorre solo 3x: nel testo in esame (16,7.8) e in 21,25, dove descrive l'atteggiamento ipocrita di sommi sacerdoti e anziani.

[31] Mc 8,16 presenta il verbo ἔχω. Qualche autore traduce l'espressione così: "discutevano tra loro dicendo: "(dice così) perché non abbiamo preso pani" (cf. M.-J. LAGRANGE, *Saint Matthieu*, 318). In questo caso, ὅτι assume un significato causale. Al contrario, da parte nostra, riteniamo più conforme al contesto il valore *recitativum*: cf. W.D. DAVIES – D.C. ALLISON, *Matthew*, II, 589.

2.2.2 Pani e poca fede (v. 8)

Gesù ritorna ad essere il protagonista. Interviene non perché i discepoli si siano rivolti a lui ma perché egli è in grado da sé di infrangere la loro chiusura con la sua superiore capacità di conoscenza: "avendolo saputo" (γνούς). Gesù è, per eccellenza, colui che "sa, conosce" (γινώσκω) in profondità. Se teniamo presente l'intera trama evangelica, ci accorgiamo che Gesù è "costretto" a ricorrere a questa forma unica e personale di conoscenza quando ha davanti persone che, per un motivo o per un altro, vogliono nascondere le loro intenzioni, intenzioni che egli non condivide e contesta, secondo varie modalità. Così conosce da sé del progetto dei farisei di toglierlo di mezzo (12,5) e si ritira; conosce la malizia insita nella domanda sul tributo, da parte dei discepoli dei farisei con gli erodiani (22,18) e risponde di conseguenza; conosce – ed è un parallelo suggestivo con il nostro testo – ciò che i discepoli si dicono dopo l'unzione di Betania per criticare la donna (26,10) ed egli, al contrario, la esalta[32]. Nel nostro testo, il fatto che Gesù possa e "debba" conoscere da sé quanto i discepoli stanno pensando, ridice la distanza che lo separa dai suoi intimi e insieme lascia presupporre, come nei casi sopra menzionati, una differenza di pensieri. Ed è quanto l'intervento di Gesù, in forma diretta, mette in luce.

Il discorso si apre con un "perché" (τί) che esprime il rammarico di Gesù. Il "perché" contesta l'atteggiamento di chi si ha di fronte e, nello stesso tempo, spinge l'interlocutore ad assumere il punto di vista di chi sta parlando. Gesù constata e, insieme, fa capire che desidera che ci si comporti in un altro modo. E' un modo di reagire ricorrente nei testi esaminati finora: "perché siete paurosi? (8,26)", "perché hai dubitato? (14,31)". Il medesimo stile interrogativo connota anche il testo di Mt 6, 25-34. La situazione è curiosamente capovolta in 17,14-20: lì (17,19) sono i discepoli a porre la domanda. In modo ironico, si fa risaltare un'incomprensione.

Gesù ripete ai discepoli quanto essi si sono detti tra loro[33]: il vocabolario è pressoché identico tra 16,8 e 16,7. L'unica differenza è nel finale: laddove i discepoli parlano di "pani che non hanno preso (λαμβάνω)", Gesù attira l'attenzione, sotto forma di domanda, sui "pani che non hanno [con sé] (ἔχω)". Gesù porta allo scoperto una preoccupazione che i discepoli cercavano di tenere per sé, per bollare un simile ragionamento come espressione di poca fede.

---

[32] In 12,5; 22,18 e 26,10 compare sempre il participio aor. γνούς.
[33] Anche in Mc 8,17 compare la stessa espressione.

L'appellativo ὀλιγόπιστοι cade, in modo pertinente, su chi si preoccupa e si affanna esclusivamente per il pane[34]. Poca è la fede di chi, centrato su una necessità materiale, non sa uscire da questo circolo vizioso e neppure si accorge della presenza di Gesù. In più, il modo di ragionare dei discepoli appare come diametralmente opposto a quello proposto da Gesù nel discorso della montagna (6,25-34) attraverso l'insistente invito a "non affannarsi", specie per le necessità materiali.

Riguardo alla logica del testo, occorre notare un vistoso (e non del tutto lampante) cambiamento di prospettiva: le parole di Gesù non si riferiscono all'avvertimento di 16,6 ma alla situazione di 16,5.7. In altre parole, il tema del lievito resta come sospeso; la "poca fede" non è direttamente collegata all'incomprensione dell'esortazione ma alla situazione di chiusura sui pani materiali. Anche l'immediata continuazione del testo (16,9-10) non sembra essere volta ad illuminare la decifrazione del detto enigmatico di 16,6.

2.2.3 La memoria penetrante (v. 9-10)

Le domande di Gesù in 16,9-10 tendono a far evolvere l'errato comportamento dei suoi. Per prima cosa, i discepoli sono accusati di "incomprensione": "non capite ancora?" (οὔπω νοεῖτε)[35]. Sembra di scorgere una nota di sorpresa sulle labbra di Gesù che già si è prodigato in un'opera di rivelazione attraverso le parole e i gesti: per questo dice "non comprendete *ancora*" (οὔπω). Il discepolo è colui che, in forza della vicinanza con Gesù, è abilitato a comprendere; per questo, l'assenza di comprensione è più grave e più rimarcata (cf. la medesima reazione di Gesù in 15,17s.)[36].

Tuttavia – occorre ribadirlo – la domanda suona carica di ambiguità e l'oggetto della mancata comprensione dei discepoli non è immediatamente perspicuo: si tratta dell'avvertimento circa il lievito oppure si tratta di una incomprensione più globale della persona di Gesù, la cui presenza dovrebbe, invece, allontanare ogni affanno indebito? Siccome Gesù ha invitato i suoi a guardarsi dal lievito dei farisei e sadducei (16,6), sarebbe più "logico" un riferimento a questo aspetto; al contrario, la continuazione del testo "stranamente" attira l'attenzione sulla

---

[34] R. FABRIS, *Matteo*, 365.
[35] A questo punto, il testo di Marco presenta una continuazione propria: i discepoli sono accusati di avere il cuore indurito, gli occhi e le orecchie chiusi (Mc 8,17b-18).
[36] Il verbo νοέω ricorre 4x in Mt: 15,17; 16,9.11; 24,15.

seconda possibilità. Siccome i discepoli pensano al pane materiale, Gesù li raggiunge (e li confuta per farli maturare) al loro livello.

Infatti, i discepoli, preoccupati per il pane che manca, sono invitati da Gesù a fare memoria di quando i pani ci sono stati ed erano in abbondanza grazie a lui. Fare memoria è decisivo per vincere l'errato διαλογίζομαι e permanere così nell'ambito della fede. Il verbo μνημονεύω[37] segnala ben più di una mera attività intellettuale volta a superare pericolose amnesie: si tratta di saper trarre dagli eventi passati le conseguenze per il presente[38]. Il discepolo è esplicitamente invitato a rammentare le due moltiplicazioni delle quali è stato spettatore e, per la sua parte, mediatore (Mt 14,13-21; 15,32-39)[39]. I due gesti che Gesù ha compiuto vengono richiamati secondo il seguente parallelismo:

	versetto 9	Versetto 10
Numero dei pani	τοὺς πέντε ἄρτους	τοὺς ἑπτὰ ἄρτους
Numero dei presenti	τῶν πεντακισχιλίων	τῶν τετρακισχιλίων
Ciò che si è portato via	πόσους κοφίνους	πόσας σπυρίδας

Come risulta dalla tabella, in questa sezione anamnetica, la narrazione attira l'attenzione su tre elementi: a) la pochezza dei mezzi a disposizione; b) la grandezza della folla; c) il numero delle sporte. La domanda di Gesù è finalizzata non solo a far ricordare il fatto in sé quanto piuttosto il suo finale: chi ascolta è chiamato a rispondere circa il numero delle "ceste/sporte" portate via al termine del gesto[40]. Del miracolo, si impone la sua stupefacente dimensione di eccedenza. Gesù è capace di gestire e risolvere in modo sorprendente le situazioni più critiche. Se si è mostrato così attento alle folle, non lo sarà anche verso i suoi discepoli? Colui che è in grado di sfamare le moltitudini a tal punto che rimangano degli avanzi, non sarà in grado di sfamare pochi discepoli?

I discepoli sono agitati perché non hanno preso dei pani (ἄρτους οὐκ ἐλάβομεν: 16,7) e Gesù, non senza una sottile ironia, vuole che

---

[37] E' l'unica ricorrenza in Mt.
[38] Cf. W.D. DAVIES – D.C. ALLISON, *Matthew*, II, 591.
[39] Ci riserviamo di riprendere con attenzione i due testi delle moltiplicazioni nella terza parte.
[40] In Mc 8,19-20 le domande di Gesù ricevono una precisa risposta da parte dei discepoli.

ricordino quanto pane essi stessi, in ben due occasioni, "hanno preso" (ἐλάβετε: 16,9.10). Essi hanno potuto toccare con mano – per così dire – l'azione concreta di Gesù. La memoria intelligente alla quale il discepolo è rimandato è quel ricordo che sa discernere in profondità il valore di quanto è successo: non è fuga in un passato mitico e leggendario bensì aggancio con alcuni gesti precisi di Gesù[41]. Il discepolo che si preoccupa del pane, non ha capito nulla della vicinanza e dell'attenzione premurosa del Padre in Gesù. Non ha capito che la presenza di Gesù è garanzia di pane e di ben oltre. Tuttavia, ci si può chiedere: ma l'avvertimento circa il lievito?

2.3 La "risoluzione" dell'enigma del lievito (v. 11-12)

Gesù conclude il proprio ammonimento (16,11) con la ripresa polemica di 16,6. A questo punto, Matteo constata la comprensione dei discepoli (16,12).

2.3.1 La sollecitazione finale (v. 11)

Gesù conclude il suo intervento. Ha appena provocato i suoi ascoltatori perché attivino una memoria intelligente contro ogni angoscia; con le ultime parole, si ripresenta la questione di 16,6[42].

Il primo verbo del versetto (πῶς οὐ νοεῖτε) è lo stesso di 16,9 (οὔπω νοεῖτε). E' la seconda volta che Gesù sollecita in vista di una comprensione; se nel primo caso la domanda si è indirizzata alla necessità di saper ricordare (16,9), in questo caso si torna al tema del lievito dei farisei e sadducei, che finora non ha avuto grande incidenza nel testo.

L'*incipit* "come mai" (πῶς) dice la meraviglia e insieme il rammarico di Gesù per una tale fatica interpretativa. Tutto, nel testo, concorre a far risaltare la condizione negativa degli ascoltatori. L'articolazione della frase, poi, sortisce l'effetto di riportare tutto alla condizione di partenza: Gesù *ha detto* qualcosa (16,6) che non è stato ancora assimilato. "Come non capite che non riguardo ai pani *vi ho detto*..." (εἶπον ὑμῖν). Nonostante lo sviluppo del brano, fino a questo momento si è fermi; ancora identico – e ridondante – risuona l'avvertimento: προσέχετε δὲ ἀπὸ τῆς ζύμης τῶν Φαρισαίων καὶ Σαδδουκαίων. Il

---

[41] Cf. P. BONNARD, *Matthieu*, 240.
[42] Il testo parallelo di Mc 8,21 suona così: "οὔπω συνίετε;" e qui il testo si conclude con una domanda, aperta e provocatoria, introdotta dal verbo λέγω all'imperfetto che l'amplifica suggestivamente.

testo, nel suo tenore particolarmente ripetitivo, segnala un blocco.

L'unica "novità" è data dall'espressione: "non riguardo ai pani" che, letta con attenzione, suona un po' oscura. Gesù dichiara quale sia l'interpretazione errata delle sue parole: quella di chi le applica ai pani da mangiare. Egli, nell'avvertimento di 16,6, non ha fatto riferimento ai pani; di pani hanno discusso i discepoli ma solo di pani materiali che mancavano, senza far riferimento al lievito: da 16,7 a 16,10 l'argomento è stato questo. L'intervento di Gesù, invece, sembra supporre qualcosa (un legame pani/lievito da parte dei discepoli) che il testo non esplicita.

Pur nella stranezza dell'articolazione, il dato che emerge con sufficiente chiarezza è la distanza e l'incomprensione che si consumano tra i discepoli e Gesù. Il suo detto resta ancora enigmatico e non è ancora stato interpretato correttamente. E non sarà di Gesù il compito di "sciogliere" l'enigma. Sarà dei discepoli: in ordine alla descrizione della loro figura, pur in un cammino così tortuoso, è un apporto significativo.

2.3.2 La comprensione finale (v. 12)

Al termine, si ritorna ai discepoli (soggetto sottinteso): "allora capirono" (τότε συνῆκαν). Il testo mette in risalto, ancora una volta, la parola di Gesù attraverso una costruzione leggermente ridondante: "allora compresero che egli *non aveva detto* di..." (ὅτι οὐκ εἶπεν). Gesù parla abbondantemente nella pericope: in ben cinque versetti interviene con il discorso diretto (16,6.8-11); in più, anche in questo versetto finale, in forma indiretta, di fatto si riporta una sua parola. E' interessante notare come, nel corso del brano, non avvenga nessuno scambio *vis-à-vis* tra Gesù e i suoi. Egli esplicitamente si rivolge loro (16,6: αὐτοῖς; vocativo in 16,8: ὀλιγόπιστοι; 16,11: ὑμῖν) mentre essi non indirizzano a lui neppure una parola[43]. Anche in 16,12, la "comprensione" alla quale pervengono si consuma nel gruppo senza riferimento esplicito a Gesù. Il testo lascia emergere una forte distanza/incomunicabilità. Tuttavia, occorre sottolineare che il finale offre un'immagine positiva dei discepoli, che in parte riscatta ciò che è avvenuto in precedenza[44], senza dimenticare una certa qual fatica presente nell'intero episodio.

L'espressione "lievito dei pani" non ricorre altrove nel testo e serve ad indicare l'interpretazione sbagliata dell'ammonimento di Gesù: non

---

[43] Già si è detto che in Mc 8,19-20 i discepoli almeno "fanno sentire la voce" attraverso due risposte.

[44] O. DA SPINETOLI, *Matteo*, 457.

è questione di un lievito materiale bensì "metaforico"; dietro l'immagine del lievito si cela "la dottrina dei farisei e sadducei". Resta tuttavia oscuro attraverso quale procedimento esplicativo, inerente l'episodio, essi siano arrivati a tale identificazione, dal momento che in precedenza tutto era centrato sui pani materiali, sia la loro preoccupazione (16,7) sia la parola di Gesù (16,8-10). Il testo offre una conclusione le cui premesse non sono del tutto chiare.

Di questo versetto, sono da rimarcare e approfondire, in primo luogo, l'azione dei discepoli che è espressa con il caratteristico verbo matteano συνίημι[45] e, in secondo luogo, la decifrazione del detto di Gesù come riferimento alla dottrina (διδαχή) di farisei e sadducei.

Il motivo del comprendere[46] appare in modo cospicuo nel vangelo di Matteo; esso si concentra nel cosiddetto "capitolo delle parabole" (13,13.14.15.19.23.51) e appare, inoltre, in tre riferimenti successivi (15,10; 16,12; 17,13). Dall'insieme delle ricorrenze e dal confronto sinottico[47], è possibile concludere che il "comprendere" è un *proprium* dei discepoli[48] (cf. in particolare 13,23.51; 16,12; 17,13) e che, di conseguenza, esso è negato alle folle. La comprensione ha come oggetto la predicazione di Gesù, il suo insegnamento. Tuttavia, è importante sottolineare come la comprensione, da parte dei discepoli, non sia un percorso autonomo né automatico. Al contrario, comprendere è sempre un dono che viene da Gesù, attraverso la sua opera di ammaestramento[49]. L'accoglienza del dono richiede un certo sforzo. Anche nel testo in esame, alla comprensione si giunge al termine di un itinerario: la figura di discepolo che emerge, lungi da ogni ingenua e superficiale idealizzazione[50], conserva i tratti realistici di un miscuglio di chiusura e disponibilità[51].

---

[45] Così è distribuito nei sinottici: Mt 9; Mc 5; Lc 4.

[46] H. CONZELMANN, "συνίημι", 241-264; J. DUPONT, *Mariage*, 178-188 ; G. BARTH, "Matthew's Understanding", 105-125; J. ZUMSTEIN, *La condition du croyant*, 203-214; J. GOETZMANN, "σύνεσις", 1496-1499.

[47] Cf. il percorso in J. DUPONT, *Mariage*, 178-188.

[48] J. DUPONT, *Mariage*, 183; J. ZUMSTEIN, *La condition du croyant*, 203.

[49] J. DUPONT, *Mariage*, 185: "Jésus fait parvenir les disciples progressivement à l'intelligence pleine et entière de ses paroles. Il n'est satisfait que quand les disciples ont parfaitement saisi".

[50] Cf. J. ZUMSTEIN, *La condition du croyant*, 212-214.

[51] Condividiamo il giudizio complessivo sulla pericope di B.L. MELBOURNE, *Slow to understand*, 67: "the picture here presented is no less dismal than that in Mark".

L'ultima parola del brano riguarda la decodificazione del detto. Finalmente, la tensione innescata in 16,6 e ripresa in 16,11 si scioglie: il misterioso "lievito" si identifica con "la dottrina dei farisei e dei sadducei"[52]. Se da una siffatta dottrina[53] è necessario guardarsi, è importante riuscire a offrire qualche chiarificazione circa ciò cui si allude. Dal punto di vista della storia delle dottrine, è noto che non esiste una uniformità tra farisei e sadducei[54]; ma più della storia, è qui importante la teologia. I leaders religiosi del tempo rappresentano il fronte compatto che blocca la venuta alla fede in Gesù e determina il permanere del popolo nell'incredulità[55]. "Farisei e sadducei" sono una voce diversa e antitetica a quella dell'unico Maestro (cf. 23,8)[56].

Forse è possibile essere più precisi nell'identificazione dell'insegnamento da cui guardarsi se si tiene presente il contesto immediatamente precedente (16,1-4) laddove i due gruppi appaiono ancora insieme: mediante la luce che proviene da questo brano, "la dottrina dei farisei e dei sadducei" potrebbe equivalere alla loro dottrina dei segni messianici[57] ossia alla loro precomprensione circa la natura del Messia e il compimento messianico[58]. Cercheremo di approfondire questo aspetto nel paragrafo successivo dedicato al contesto[59].

---

[52] In Marco il detto non riceve nessuna decifrazione (cf. Mc 8,21); al contrario, per Lc 12,1 il lievito ἥτις ἐστὶν ὑπόκρισις.

[53] Il termine διδαχή ricorre altre due volte in Matteo (7,28; 22,33), sempre in riferimento all'insegnamento di Gesù. In ciascun caso, la parola può indicare sia il modo che il contenuto: W.D. DAVIES – D.C. ALLISON, *Matthew*, II, 592.

[54] Come osservano, ad es., M.-J. LAGRANGE, *Matthieu*, 319; F.W. BEARE, *Matteo*, 393; D.A. HAGNER, *Matthew 14-28*, 460.

[55] W.D. DAVIES – D.C. ALLISON, *Matthew*, II, 592; E. SCHWEIZER, *Matteo*, 311.

[56] Così U. LUZ, *Matthew 8-20*, 351. J. SCHNIEWIND, *Matteo*, 328, interpreta in senso più contenutistico come una dottrina – quella dei farisei e sadducei – che lascia l'uomo nella sua sicurezza religiosa e nella sua autonomia. Per M.-J. LAGRANGE, *Matthieu*, 319 si tratterebbe di "une disposition peu sincère".

[57] P. BONNARD, *Matthieu*, 239. Così anche V. FUSCO, "L'incredulità del credente", 135-136, il quale, nelle parole di Gesù, scorge un ammonimento nei confronti di cristiani delusi dalla prolungata attesa escatologica, tentati di ripiegare sul messianismo più tradizionale, che proprio in quegli anni viveva un momento di ripresa e andava contagiando con la sua febbre patriottico-religiosa l'intera nazione.

[58] A. DURAND, *Matteo*, 328; D.A. HAGNER, *Matthew 14-28*, 460.

[59] Anche i Padri, nei loro commentari a questo brano, sono quasi esclusivamente interessati a chiarire il contenuto di questa "dottrina": così, tra gli altri, ILARIO, *PL* 9, 1008 parla della tensione di "opere della Legge in quanto figure delle realtà che sarebbero seguite"; GEROLAMO, *PL* 26, 118: "qui cavet a fermento Pharisaeorum et

3. Il testo nel contesto e lo sviluppo del tema

In questa parte dell'esposizione, raccogliamo, anzitutto, le luci che provengono dal contesto per completare la spiegazione del brano (3.1); in seguito, articoleremo per punti il messaggio che Mt 16,5-12 offre per il nostro itinerario circa la poca fede (3.2).

3.1 *Il testo nel contesto di Mt 13,53-16,20*

Due aspetti meritano di essere trattati in questa sede: in primo luogo, l'apporto che Mt 16,5-12 riceve dal, e offre al contesto prossimo (16,1-20); secondariamente, il rapporto con i testi delle due moltiplicazioni (14,13-21; 15,32-39), testi esplicitamente evocati nel brano.

Restano valide, anche per questa pericope, le osservazioni stese nel precedente capitolo a proposito della donna cananea.

3.1.1 Il legame con il contesto prossimo (16,1-20)

Molto forte è il legame con 16,1-4: lì sono in scena i farisei e sadducei (16,1) il cui "lievito" – nel testo preso in esame – è necessario evitare.

In vista di un approfondimento della nostra pericope – non ci interessa un'esegesi completa di 16,1-4[60] – mettiamo a fuoco semplicemente le due posizioni qui descritte: quella di farisei e sadducei e quella di Gesù.

Per quanto riguarda il gruppo giudaico, notiamo anzitutto che esso viene presentato nelle medesime "vesti" del tentatore (cf. l'uso di πειράζω in 4,1.3): la loro azione è già striata da una connotazione "demoniaca". Chiedono a Gesù di "mostrare loro un segno dal cielo". Farisei e sadducei cercano un miracolo compiuto direttamente da Dio[61] (ἐκ τοῦ οὐρανοῦ) che accrediti Gesù davanti a tutto il mondo e che escluda ogni dubbio circa la sua messianicità. Sono alla ricerca di un'attestazione oggettiva e costringente che corrisponda alle *proprie* concezioni messianiche. La nota saliente è data dal carattere di spetta-

---

Sadducaeorum legis ac litterae praecepta non servat, traditiones hominum neglegit ut faciat mandatum Dei". A questo proposito, TOMMASO D'AQUINO, *Lectura,* 1364 precisa: "non doctrina legis sed traditiones Pharisaeorum". Il riferimento alla "poca fede" (16,8) è scarsamente considerato.

[60] Come approfondimento, cf. O. LINTON, "The Demand of Sign", 112-129.
[61] J. SCHNIEWIND, *Matteo,* 327; D.A. HAGNER, *Matthew 14-28,*455.

colarità che essi richiedono (ἐπιδεῖξαι)[62]. Cercano un segno secondo la loro misura.

Ben diversa è la prospettiva di Gesù. In primo luogo, egli fa risaltare la cecità ostinata del gruppo che non è capace di decifrare i "segni dei tempi" (16,3). Pretendono segni e non vedono quelli che già sono stati posti: tutto ciò che Gesù ha detto e fatto finora, in particolare le guarigioni e le due moltiplicazioni. Distinguono le variazioni atmosferiche ma non sanno discernere (γινώσκετε διακρίνειν) l'opera di Gesù. Del resto, una certa fatica – già si è potuto constatare – accompagna anche i discepoli di fronte al richiamo delle moltiplicazioni (16,9-10): il rischio dell'incomprensione è sempre in agguato. Tuttavia, mentre questi ultimi arriveranno alla comprensione, i farisei e i sadducei restano, in modo persistente, ciechi. Sono assimilabili alla generazione del deserto (Dt 29,2-4; 32) che vede e non crede. Agli occhi di Gesù, il segno richiesto è solo una sfacciata pretesa (ἐπιζητεῖ; cf. anche 12,39).

In secondo luogo, Gesù risponde al gruppo richiamando solo un segno: "il segno di Giona" (16,4). Il richiamo al profeta[63] serve a Gesù per prefigurare il proprio destino di morte e risurrezione[64]. L'unico segno offerto è la sua persona e il suo annuncio[65]. Questo è il segno da decifrare; la sua accoglienza, nelle modalità in cui esso si presenta, ha il nome della fede. Si consuma qui una radicale opposizione tra il messianismo di Gesù e quello dei farisei e sadducei. I discepoli, che vogliono vivere una corretta relazione con Gesù, sono richiamati a non lasciarsi influenzare dal lievito velenoso di altre dottrine messianiche, che costringono Gesù in uno schema che non è il suo.

Per quanto riguarda, invece, il testo successivo (16,13-20), riconosciuto come uno snodo dell'intero vangelo, si può notare, in via preliminare, come i discepoli siano ancora in primo piano: per loro è la domanda di Gesù circa il pensiero della gente (16,13) e, di seguito, la domanda circa quanto essi stessi pensino di lui (16,15).

Ma il testo di Mt 16,13-20 è soprattutto centrale in ordine all'esatta individuazione del "contenuto" della fede. Pietro riconosce in Gesù

---

[62] A. SAND, *Matteo*, I, 470.

[63] La tipologia di Giona è già apparsa nel vangelo in modo più dettagliato in 12,38-42. Per questo motivo, il richiamo è breve e sobrio. Chi deve sapere, sa: cf. U. LUZ, *Matthew 8-20*, 348.

[64] R. FABRIS, *Matteo*, 364.

[65] J. JEREMIAS, "'Ιωνᾶς", 1248.

"il Cristo, il Figlio del Dio vivente" (16,16). Si raggiunge, attraverso questa dichiarazione, uno dei vertici del cammino di fede per quanto riguarda l'identità di Gesù: egli non è assimilabile a nessuna figura del passato – sia pure di grande spessore (16,14). Pietro proclama, in forza di una rivelazione celeste (16,17), una inaudita e adeguata confessione di fede.

Se si presta attenzione al concatenamento delle scene in 16,1-20, è possibile registrare un reale approfondimento della tematica dell'identità di Gesù, decisiva anche in ordine al tema della fede. In 16,1-4 emerge la visione messianica di coloro che pretendono un segno dal cielo (16,1) e non sono in grado di scorgere, in Gesù, colui che compie le promesse: farisei e sadducei sono ciechi; al contrario, in 16,13-20, compare la confessione di fede di Pietro (16,16): in essa si afferma esplicitamente che Gesù è il Cristo, il Figlio del Dio vivente. Due atteggiamenti opposti con esiti ben diversi sono messi a confronto in modo speculare.

Colpisce il contrasto tra la "poca fede" di 16,5-12 e la fede piena – quanto a contenuto – come traspare in 16,13-20. In 16,5-12 i discepoli sono deboli perché risentono dell'influsso nocivo degli avversari, dal quale sono invitati a guardarsi con attenzione (16,11-12); in 16,13-20 la forza proviene da Gesù che garantisce la sua assistenza anche per il futuro (16,18-19). La promessa fatta a Pietro è segno della grazia e della fedeltà di Gesù alla sua comunità.

3.1.2 Il segno del pane

Una peculiarità del testo di Mt 16,5-12 è quella di rimandare esplicitamente ad alcuni testi precedenti per risolvere un'*impasse* dell'azione: la chiusura sul problema dei pani. In 16,9-10 Gesù sollecita i discepoli a "ricordare" due fatti: le moltiplicazioni narrate in 14,13-21 e 15,32-39[66]. E' un *unicum* nel corso nella narrazione: per progredire nella comprensione di Gesù, si deve ritornare a ciò che è già successo. Come nel capitolo delle parabole, a conclusione del suo insegnamento, Gesù pone a coloro che lo seguono la domanda circa la comprensione delle sue *parole* (13,51), così ora invita i suoi a cercare di comprende-

---

[66] Per un approfondimento rimandiamo alle opere monografiche di A. HEISING, *La moltiplicazione*; J.-M. VAN CANGH, *La multiplication*; J. GRASSI, *Loaves and Fishes*; F. J. MOLONEY, *A Body Broken*; circa i destinatari della seconda moltiplicazione, cf. lo stato della questione in J.R.C. COUSLAND, "The Feeding", 1-23.

re il messaggio che viene da alcuni *fatti*. Se Gesù invita *adesso* a fare memoria, significa che i discepoli, *allora*, non hanno penetrato debitamente il significato degli eventi.

Come si è già messo in risalto nella spiegazione, i discepoli sono stimolati a soffermarsi sulla conclusione dei due "miracoli". Riportiamo, in tabella, il gioco dei rimandi interni che il testo suggerisce.

Prima domanda: 16,9	16,9 : οὐδὲ μνημονεύετε τοὺς πέντε ἄρτους τῶν πεντακισχιλίων καὶ πόσους κοφίνους ἐλάβετε;
Risposta: 14,20-21	14,20: καὶ ἔφαγον πάντες καὶ ἐχορτάσθησαν, καὶ ἦραν τὸ περισσεῦον τῶν κλασμάτων δώδεκα κοφίνους πλήρεις. 14,21: οἱ δὲ ἐσθίοντες ἦσαν ἄνδρες ὡσεὶ πεντακισχίλιοι χωρὶς γυναικῶν καὶ παιδίων.
Seconda domanda: 16,10	16,10: οὐδὲ τοὺς ἑπτὰ ἄρτους τῶν τετρακισχιλίων καὶ πόσας σπυρίδας ἐλάβετε;
Risposta: 15,37-38	15,37: καὶ ἔφαγον πάντες καὶ ἐχορτάσθησαν. καὶ τὸ περισσεῦον τῶν κλασμάτων ἦραν ἑπτὰ σπυρίδας πλήρεις. 15,38: οἱ δὲ ἐσθίοντες ἦσαν τετρακισχίλιοι ἄνδρες χωρὶς γυναικῶν καὶ παιδίων.

Nelle due finali (14,20-21; 15,37-38), notiamo il medesimo schema: a) la notizia del pasto consumato con eccellenti risultati ("mangiarono e furono saziati"); b) la presenza degli avanzi e la loro quantificazione; c) il numero dei partecipanti. Il primo dato mette in risalto come il gesto di Gesù abbia raggiunto il suo risultato completo: la folla non è semplicemente sfamata ma saziata (cf. l'uso di χορτάζω)[67]. Il secondo elemento dice il "di più" del gesto: esso è andato oltre le aspettative[68]. E' un gesto così ricco da debordare. Notiamo, per il nostro scopo, che resta sottinteso il soggetto del verbo αἴρω in 14,20 e 15,37: sarà

---

[67] Una tale fraseologia richiama il nutrimento offerto da Dio nel deserto (Es 16,12; Sal 78,29): cf. R. FABRIS, *Matteo*, 345.

[68] Suggestivo è l'impiego dell'espressione τὸ περισσεῦον (cf. Mt 5,20) e dell'aggettivo πλήρεις.

esplicitato in 16,9-10. Infine, il terzo elemento appare collocato "ad effetto" in rapporto con il numero degli avanzi: alto è il numero delle presenze eppure si sono registrati anche degli avanzi. In sintesi, la conclusione dei racconti delle moltiplicazioni fa risaltare la potenza assoluta e misericordiosa (14,14; 15,32) di Gesù, in grado di soccorrere in modo eccellente ed eccedente le folle.

L'attenzione scivola dai doni al Donatore, protagonista assoluto delle due scene[69]. Gesù si è mostrato, nelle moltiplicazioni, come il Messia pastore del suo popolo (cf. anche 2,6; 9,36; 26,31-32)[70], in grado di offrire un banchetto che sazia e che sa tenere unite le persone, tra di loro e con lui[71]. I discepoli sono invitati a ricordare una simile manifestazione di Gesù per superare ogni affanno[72].

Ci sembra, tuttavia, che il testo di 16,9-10 non solo voglia rievocare il ritratto di Gesù che emerge dai due racconti di moltiplicazione ma voglia anche richiamare ai discepoli ciò che *essi* hanno compiuto in quella circostanza. Siccome il richiamo del testo verte su ciò che "*voi avete portato via*" (ἐλάβετε) – vale a dire su un'azione da essi compiuta – ci sembra un segnale che inviti ad indugiare sul cammino che i discepoli hanno compiuto all'interno dei due racconti prima di giungere al richiamo di 16,5-12. E' ricco di significato, per il tema in esame, ripercorrere questo itinerario.

Nel corso della prima moltiplicazione, risalta, anzitutto, un significativo dialogo tra i discepoli e Gesù, in 14,15-18. In un continuo botta e risposta, si fa palese una radicale divergenza. I discepoli (14,15) espongono a Gesù una valutazione della situazione e prospettano, come possibile soluzione, di congedare la folla: non c'è traccia né di quanto essi stessi possano fare né – tanto meno – di quanto potrebbe fare Gesù. Immediata (14,16) e di segno opposto, la reazione di Gesù: nessun congedo[73] ma pieno coinvolgimento ("date loro voi stessi da mangiare").

---

[69] Cf. J. GRASSI, *Loaves and Fishes*, 54-55.
[70] Sul tema di Gesù pastore in Matteo, cf. F. MARTIN, "The Image of Shepherd", 261-301; J.P. HEIL, "Ezekiel 34", 698-708.
[71] K. STOCK, *La liturgia della Parola*, 253.
[72] Il gesto della moltiplicazione richiama anche testi dell'AT (Es 16; Nm 11; 2Re 4,42-44) mediante i quali Gesù viene presentato come il messia atteso per la fine dei tempi in stretto confronto con Mosé e i profeti (soprattutto Elia ed Eliseo): per questo aspetto, cf. A. HEISING, *La moltiplicazione*, 49-63; J. GRASSI, *Loaves and Fishes*, 13-22. Tuttavia, in questa sede, la nostra attenzione si concentra principalmente sulla figura del discepolo nel suo rapporto con Gesù.
[73] Interessante confrontare, a livello terminologico, l'espressione dei discepoli

Ma i discepoli non recedono dalla loro intenzione (14,17): fanno la conta di quanto posseggono. Nel loro angolo di visuale non rientrano se non (Οὐκ ... εἰ μή) i cinque pani e i due pesci: non prestano attenzione al fatto che lì (ὧδε) c'è Gesù che ha già manifestato, in precedenza, la sua potenza salvifica[74]. E tuttavia, Gesù riprende la parola e sollecita i suoi perché gli offrano il poco che hanno (14,18). L'attenzione di chi lo sta seguendo deve spostarsi da un "luogo" ad un altro: dal "qui" costituito dai pani e pesci (Οὐκ ἔχομεν ὧδε μὴ πέντε ἄρτους καὶ δύο ἰχθύας) al "qui" costituito dalla sua persona (Φέρετέ μοι ὧδε αὐτούς). In 14,15-18, siamo posti davanti ad una costante dialettica tra la chiusura paralizzante del discepolo, ripiegato su di sé e preoccupato, incapace di vedere la presenza efficace di Gesù, e la continua opera pedagogica di Gesù che mostra e insieme induce al superamento di una tale posizione che assomiglia alla "poca fede"[75]. Gesù fa "camminare" i suoi.

Interessante notare, poi, in ordine al rapporto tra Gesù e i discepoli, il fatto che proprio gli stessi discepoli siano invitati ad avere parte attiva nel prosieguo della narrazione. Gesù arriva alla folla attraverso i suoi discepoli (14,19): sono "mediatori"[76]. Gesù mostra loro la sua fiducia: coloro che lo seguono più da vicino sono in una posizione centrale all'interno del gesto, non a lato; la predilezione e la cura di Gesù per i suoi discepoli sono sempre abbondanti.

Il testo di Matteo presenta una seconda scena, simile alla precedente, in 15,32-39, introdotta anch'essa da un dialogo tra Gesù e i discepoli (15,32-34). In questo caso, è Gesù che per primo prende la parola perché il suo punto di vista sulla folla sia partecipato ai discepoli: la sua compassione (σπλαγχνίζομαι) e la sua volontà di non congedarli[77]

(14,15: ἀπόλυσον τοὺς ὄχλους, ἵνα ἀπελθόντες εἰς τὰς κώμας) e quella di Gesù (14,16: Οὐ χρείαν ἔχουσιν ἀπελθεῖν). L'errata valutazione dei discepoli non poteva essere rimarcata in maniera più evidente.

[74] E' curioso notare che già per tre volte, nella trama dell'opera fin qui dipanata, Gesù ha richiamato l'attenzione sull'identità della sua persona facendo appello al suo "essere-lì": cf. 12,6: "qui (ὧδε) c'è qualcosa più grande del tempio"; 12,41: "qui (ὧδε) c'è più di Giona"; 12,42: "qui (ὧδε) c'è più di Salomone".

[75] J.-M. VAN CANGH, *La multiplication*, 146-148; J. GNILKA, *Matteo*, II, 20.

[76] E' un dato che gli autori mettono spesso in luce: J.-M. VAN CANGH, *La multiplication*, 146; J. GRASSI, J., *Loaves and Fishes*, 54-56; F.J. MOLONEY, *A Body Broken*, 75. Tra i commentatori, cf. W.D. DAVIES – D.C. ALLISON, *Matthew*, II, 491.573; R. FABRIS, *Matteo*, 344-345.362; S. GRASSO, *Matteo*, 377.398.

[77] La posizione di Gesù ("non voglio *rimandarli*": ἀπολῦσαι) è diametralmente opposta a quella proposta dai discepoli in 14,15: "*congeda* la folla" (ἀπόλυσον).

(15,32). Si presume che Gesù sia in grado di fare qualcosa per la folla. E ci si aspetterebbe una reazione adeguata da parte di chi è già stato spettatore di un gesto prodigioso. Al contrario, la reazione degli interpellati (15,33) mette in luce un miscuglio di perplessità e cecità, palesemente aggravato dal fatto che hanno già assistito alla prima moltiplicazione: "Dove potremo noi trovare in un deserto tanti pani da sfamare una folla così grande?" Una simile domanda circa il "donde" (πόθεν) tradisce un'incomprensione del mistero di Gesù: non riescono a scorgere, con gli occhi della fede, la presenza di questa "fonte" che è Gesù stesso[78]. Non sanno come sfamare (15,33: χορτάσαι) la folla, essi che, in precedenza, sono stati spettatori di una folla enorme già sfamata (cf. 14,20: ἐχορτάσθησαν). Il discepolo ha poca memoria.

Ma Gesù riprende la parola e rilancia la questione (15,34a): "quanti pani avete?" E' l'estremo tentativo di Gesù per coinvolgere i suoi in quanto sta per operare. Ma sulla loro laconica risposta ("Sette e pochi pesciolini": 15,34b) si chiude il dialogo. Anche in questo secondo caso, grande è la distanza tra Gesù e i suoi.

Eppure la distanza non impedisce a Gesù di coinvolgere, di nuovo, i suoi nella distribuzione del cibo alla folla (15,36), secondo la stessa dinamica di mediazione già attestata nella prima moltiplicazione[79]. Una costante logica muove Gesù verso i suoi; nonostante i loro limiti, essi sono sempre oggetto di cure speciali e fortemente responsabilizzati.

In sintesi, è possibile riscontrare nei testi questo movimento: Gesù dialoga coi discepoli perché condividano il suo punto di vista (14,15-18) e li coinvolge direttamente (14,19. Quando si ripropone una circostanza simile (15,32-39), sembra che quanto è successo prima non sia servito a niente: di nuovo Gesù è obbligato a chiarire il proprio punto di vista per rieducare il discepolo (15,32-34) e, ancora, lo associa alla sua opera (15,36).

Quando si arriva al testo di 16,5-12, dopo una simile trafila pedagogica ad opera di Gesù, la poca fede dei discepoli risalta in modo vistoso. L'analisi è stata volutamente minuziosa perché il rimprovero di Mt 16,8 si comprende in pienezza solo se debitamente collocato al termine dell'itinerario sopra descritto: esso giunge a siglare una laboriosa, paziente e attenta azione di Gesù verso i suoi discepoli, e si riverbera anche sui testi precedenti.

---

[78] Occorre ricordare che, nella trama di vangelo, la domanda introdotta da πόθεν è già risuonata 2x in riferimento all'identità di Gesù (cf. 13,55.56).

[79] L'unica *variatio* è il tempo del verbo: ἔδωκεν in 14,19 e ἐδίδου in 15,36.

3.2 Lo sviluppo del tema

Raccogliamo, in modo sintetico, il contributo che il testo di Mt 16,5-12 offre in ordine all'esplorazione del tema. La questione della poca fede si gioca direttamente in riferimento all'assillo per i pani mostrato dai discepoli (16,7) mentre resta più faticoso cogliere il legame con l'ammonimento sul lievito. L'asperità di Mt 16,5-12 è stata più volte segnalata.

3.2.1 La poca fede ossia la presenza misconosciuta

I discepoli, ripiegati su se stessi e preoccupati unicamente del pane che non hanno, vengono apostrofati come ὀλιγόπιστοι. Il loro affanno smaschera la poca fede. Gesù è *con* loro, è fisicamente al loro fianco eppure, per essi, è come se non ci fosse. Abbiamo richiamato più volte, nel corso della spiegazione, la presenza di una tale dialettica di vicinanza (fisica) – lontananza ("spirituale") che il testo segnala anche attraverso l'incomunicabilità dei due soggetti: non c'è mai un vero dialogo.

Si può affermare che l'"io-sono-con-voi" – qualificante tratto di Matteo per caratterizzare Gesù – non influisce in alcun modo nella vita di quanti lo seguono. La loro fede è poca perché non riconoscono l' "essere-con" di Gesù, colui che può soccorrerli in qualunque necessità[80]; per questo mancano di fiducia[81].

Inoltre, il contesto appena esaminato rende ancora più grave la loro cecità. Spettatori di prodigi compiuti da Gesù, non percepiscono quale significato possano avere per loro[82]. La loro comprensione è insufficiente perciò hanno poca fede[83].

Come nei testi analizzati in precedenza, Gesù "lotta"[84] con i discepoli per condurli ad un'adesione a lui che sia sempre più penetrante e più forte; il suo richiamo è costantemente promozionale.

---

[80] Cf. E.D. O'CONNOR, *Faith*, 69; A. MELLO, *Matteo*, 290-291.
[81] W. C. ALLEN, *Matthew*, 174 parla di una mancanza di "trust, confidence, assurance in the power of Christ to provide food as he done before"; già in CORNELIUS A LAPIDE, *In SS. Matthaeum et Marcum*, 363; cf. anche L. MORRIS, *Matthew*, 416.
[82] D. HILL, *Matthew*, 258; R.T. FRANCE, *Matthew*, 251; C.L. BLOMBERG, *Matthew*, 249; C. S. KEENER, *Matthew*, 268.
[83] E.D. O'CONNOR, *Faith*, 70-71; W. TRILLING, *Matteo*, 284.
[84] J.D. KINGSBURY, *Matteo*, 18.161.

3.2.2 La "ricaduta" del discepolo in rapporto a 6,25-34

L'atteggiamento dei discepoli così come appare in 16,5.7 assomiglia a ciò che in 6,25-34 prende il nome di "affanno" (μεριμνάω). L'esortazione di Gesù, in quella sede, era volta a fugare dal cuore del discepolo la preoccupazione ansiosa perché si potesse così dilatare lo spazio della fede. Al contrario, la ripresentazione dell'affanno, nel nostro testo, fa capire come le parole di Gesù non siano bastate a rigenerare i discepoli: sono – letteralmente – al punto di partenza.

In 6,30 l'appellativo ὀλιγόπιστοι è applicato ai discepoli in modo prolettico, senza che sia dato di registrare, in precedenza, alcun comportamento che lo possa in qualche modo giustificare; in 16,5-12, invece, si può constatare la sua obiettiva pertinenza. La stretta parentela del primo testo sulla poca fede con il quarto, nel senso appena spiegato, permette di affermare che la progressione del racconto evangelico segnala, in alcuni ambiti delicati e decisivi, la vistosa regressione dei discepoli.

La preoccupazione per le cose materiali distoglie il discepolo da ciò che conta agli occhi di Gesù: la ricerca del Regno e della giustizia in 6,33, l'attenzione da mantenere per non lasciarsi influenzare dal pericoloso lievito dei farisei e sadducei in 16,6. Il rimprovero colpisce i discepoli quando è in gioco un'alterazione delle priorità da custodire[85].

Inoltre, è forse possibile riscontrare nei due testi una certa similitudine dell'argomentazione. In 6,25-34 l'azione premurosa del Padre verso i discepoli era "garantita" dall'azione verso gli uccelli del cielo e i gigli dei campi; in 16,5-12 la sollecitudine di Gesù verso i discepoli è "garantita" dalla sollecitudine che egli ha già dimostrato, con larghezza, verso le folle[86].

Nel confronto dei due testi, si nota come la prassi di Gesù rende presente e visibilizza la cura del Padre[87] ma i discepoli non sono in grado di scorgerla. L'ansia per il cibo fa loro dimenticare anche la cura del Padre che provvede al pane quotidiano (6,11)[88].

---

[85] Cf. J. GNILKA, *Matteo*, II, 72: "Questo rimprovero ha sempre a che fare con un pericolo esterno che minaccia la vita umana, tale da far dimenticare o trascurare il compito di discepoli, o da indurre a rinunciarvi".
[86] D. PATTE, *Matthew*, 226-227.
[87] J.P. MEIER, *The Vision of Matthew*, 106 parla di "God's action in Jesus".
[88] D. HARE, *Matthew*, 184.

3.2.3 Il ricordo come antidoto alla poca fede

Per superare l'*impasse* della poca fede, i discepoli sono invitati a ricordare (16,9): è una preziosa indicazione in ordine al cammino di fede. La poca fede si configura anche come peccato di dimenticanza[89]. E' l'unica volta, nell'arco del vangelo, in cui risuona un simile avvertimento. Si tratta di ricordare fatti precisi e di ricordare non in modo meramente cronachistico bensì in modo penetrante e intelligente, capace di discernere il senso[90]. Siamo nella linea del discernimento dei segni dei tempi che i farisei e i sadducei non sono in grado di operare (16,3) e che si esige, al contrario, come qualità del discepolo.

Il "ricordo"[91] è di capitale importanza già nell'esperienza di fede di Israele[92]. La Bibbia non solo attesta il ricordo di Dio per l'uomo[93] ma registra anche il ricordo d'Israele per Dio e per le sue azioni salvifiche (Sal 77,6s; 119,52; 143,5). Ogni ricordo implica avvenimenti passati in cui Dio e l'uomo sono stati tra loro in relazione; il richiamo di questi avvenimenti ha per effetto di rinnovare la relazione[94]. Inoltre, le grandi azioni di Dio nella storia richiedono di essere costantemente rievocate come serbatoio di speranza: la memoria del passato è garanzia per il futuro e il passato spesso si attualizza nel culto. Il libro biblico che fa un uso massiccio della categoria del ricordo è il Deuteronomio (Dt 5,15; 7,18; 8,2.18; 9,7; 15,15; 16,3.12; 24,9.18.22; 25,17); nella sua parenesi, il richiamo di motivi particolari relativi alla storia della salvezza – in specie all'esperienza della liberazione – serve ad inculcare i comandamenti di Dio[95].

Gesù, mentre sollecita i suoi a ricordare gli avvenimenti delle moltiplicazioni, intende affermarne la ripetibilità[96]: la memoria dei gesti da lui

---

[89] I. GOMÁ CIVIT, *Mateo*, II, 79: "la poca fe es un pecado de olvido"; cf. anche D.E. GARLAND, *Reading Matthew*, 167.

[90] P. BONNARD, *Matthieu*, 240.

[91] Sul tema, cf. O. MICHEL, "μιμνήσκομαι", "μνημονεύω", 299-308; 318-322; N.A. DAHL, "Anamnesis", 69-95 ; J. CORBON, "Memoria", 669-673; K.H. BARTELS, "μιμνήσκομαι", 990-996; R. LEIVESTAD, "μιμνήσκομαι", "μνημονεύω", 390-393; 404-406; per l'AT, cf. W. SCHOTTROFF, "*zkr*, ricordare", 440-449.

[92] D. HARE, *Matthew*, 184.

[93] W. SCHOTTROFF, "*zkr*, ricordare", 445-447.

[94] J. CORBON, "Memoria", 670.

[95] W. SCHOTTROFF, "*zkr*, ricordare", 448.

[96] J. GNILKA, *Matteo*, II, 73; cf. anche O. MICHEL, "μνημονεύω", 319.

compiuti diventa memoria della sua fedeltà. La fede cresce se cresce la consapevolezza di una tale fedeltà; come in 6,25-34 si era richiamati a tener vivo il ricordo della benevola cura del Padre, capace di scacciare l'affanno, così in 16,5-12 è la memoria della presenza di Gesù, manifestazione del Padre, che assicura il discepolo nel suo cammino[97].

Infine, il testo di Mt 16,9 lascia intendere che, in questo caso, per "capire" (νοέω)[98] è necessario "ricordare bene". La fede perde in capacità di comprendere quando è carente la capacità di memoria[99].

3.2.4 L'accoglienza del segno di Giona

Colto nella sua totalità e oltre il rimando diretto alla "poca fede", il testo di Mt 16,5-12 può offrire un interessante spunto in merito al "contenuto" della fede qualora si tenga presente il richiamo al lievito di farisei e sadducei (16,6.11-12).

In negativo, la fede dei discepoli si gioca nella capacità di prendere le distanze dalla dottrina di quest'ultimi che, dal contesto di 16,1-4, pare si possa identificare con una concezione messianica legata alla forza e alla spettacolarità[100]. C'è il rischio di restare affascinati da questa visione. E un ammonimento così pressante rivolto esplicitamente ai discepoli lascia intuire come, forse, anch'essi non fossero del tutto insensibili a questi messianismi facili. E' sempre necessario, per questo, attenersi saldamente all'insegnamento di Gesù[101] perché ci si può lasciare "infettare" in modo subdolo e così infrangere il rapporto con lui[102].

In positivo, l'insegnamento di Gesù appare, dal contesto, sintetizzato nel "segno di Giona (16,4)" da accogliere[103]. Gesù si manifesta

---

[97] Cf. l'approfondimento di V. FUSCO, "L'incredulità del credente", 136: "In positivo la fede che viene richiesta è *speranza*. Una speranza tenuta viva dalla memoria, dall'ininterrotta contemplazione dei segni offerti da Gesù, con i quali egli si è fatto riconoscere come il solo che può saziare la nostra fame del Regno".

[98] Anche se permane l'ambiguità nell'uso di questo verbo: cf. sopra.

[99] J. GNILKA, *Matteo*, II, 73; A. SAND, *Matteo*, I, 472.

[100] Senza trascurare la disputa avvenuta in 15,1-20 circa i temi dell'ipocrisia e dell'esteriorità: cf. J.A. OVERMAN, *Church and Community*, 234.

[101] Cf. J. GNILKA, *Matteo,* II, 73: "occorrerà concludere che questa preoccupazione ha una sua attualità in riferimento alla comunità matteana".

[102] F.V. FILSON, *Matthew*, 183.

[103] J. RADERMAKERS, *Saint Matthieu*, 215: "C'est l'heure, pour la foi, d'être éprouvée au signe de Jonas: la mort-résurrection du Christ".

non solo attraverso la sua capacità, che sorprende ogni aspettativa, di offrire pane in abbondanza ma si rivela soprattutto nella condivisione del cammino dell'uomo attraverso una morte che porta alla vita: questo è il "segno di Giona" (16,4). La fede sarà piena nella misura in cui diventerà accoglienza della persona di Gesù che si offre secondo questa modalità.

CAPITOLO QUINTO

I DISCEPOLI INCAPACI DI GUARIRE (Mt 17,14-20)

L'ultima esplicita ricorrenza del vocabolario della "poca fede" compare nel contesto della guarigione del ragazzo epilettico (Mt 17,14-20). A differenza dei testi finora commentati, quest'ultimo non presenta l'aggettivo ὀλιγόπιστος bensì – ed è l'unica volta – il sostantivo ὀλιγοπιστία (17,20). Il testo di Matteo offre un duplice parallelo con Mc 9,14-29 e Lc 9,37-43a.

Dopo alcune questioni introduttive, ci si concentrerà sulla spiegazione del testo; in seguito, saranno presi in considerazione i versetti di Mt 21,18-22 che presentano un'evidente affinità tematica con il testo appena commentato; infine, si tornerà al testo di Mt 17,14-20 per analizzarlo nel suo contesto così da raccogliere alcuni punti salienti in ordine alla perlustrazione del tema in esame.

1. Questioni introduttive

L'analisi della delimitazione del testo e del suo movimento interno con l'aggiunta di una serie di precisazioni in ordine al confronto sinottico occuperanno questo primo paragrafo.

1.1 *La delimitazione del testo*

L'adozione simultanea di criteri quali il cambiamento di luogo, il codice dei personaggi e il contenuto del testo consente di delimitare il brano che ci accingiamo ad esaminare. L'inizio si può collocare al v.14; in esso si registra uno spostamento di luogo (ἐλθόντων) che introduce nuovi personaggi: la folla in senso vasto e un uomo che si avvicina a

Gesù. Si è conclusa la discussione su Elia (17,10-13) e inizia un'azione diversa. Al v. 22 si esplicita il luogo (in Galilea); identici sono i personaggi rispetto ai v. 19-20 (Gesù e i suoi discepoli) ma cambia il contenuto della conversazione (non la fede ma la predizione della consegna, uccisione e risurrezione del Figlio dell'uomo).

Abbiamo in questo modo una sequenza che si distende dal v.14 al v.20[1].

1.2 *L'articolazione del testo*

Scopo di questo paragrafo è illustrare, sia pure velocemente, il movimento del testo in vista della spiegazione.

Allo spostamento di Gesù e dei discepoli verso la folla (espresso con un participio aoristo: ἐλθόντων), corrisponde l'avvicinamento di un uomo (senza articolo) a Gesù (sogg. sottinteso) che costituisce l'azione determinante per l'inizio del racconto (espressa all'aoristo: προσῆλθεν) (17,14). Quest'uomo si connota per il suo gesto di prostrazione ("gettatosi in ginocchio": 17,15) e per le parole che pronuncia. Nel suo discorso diretto (17,15), chiede pietà per suo figlio (è l'imperativo ἐλέησον che esprime la richiesta), del quale illustra la condizione di malattia e di conseguente sofferenza (introdotta da ὅτι). Nell'intervento di quest'uomo, a confronto con altre richieste di miracolo a favore non di chi supplica per sé ma per altri (cf. 8,5-13; 9,18-19.23-26; 15,21-28), appare un dato nuovo, al v.16: la notizia della presentazione del "caso" ai discepoli, avvenuta in precedenza, e della incapacità di quest'ultimi a guarirlo. Questo fatto costituisce, insieme alla malattia, un problema da risolvere.

Interviene Gesù, dapprima con la parola (17,17) e poi con l'azione (17,18). Proferisce, anzitutto, una sorta di lamentazione contro la "generazione incredula (ἄπιστος) e perversa" che equivale ad un giudizio sui presenti. Anche questo intervento di Gesù è un aspetto nuovo nei racconti di miracoli. In seguito, intima di portare a lui il ragazzo. Tutto si concentra sulla sua persona: a lui va il padre, a lui è necessario portare l'epilettico.

Dopo le parole, l'azione di Gesù (17,18). La sua è un'azione di liberazione dal demonio (un esorcismo con il verbo usuale ἐπιτιμάω);

---

[1] Il versetto 21 manca in alcuni codici come il Sinaitico, il Vaticano e in numerose versioni antiche. Optiamo per un'armonizzazione con Mc 9,29: A. SAND, *Matteo*, II, 538. Cf. le opportune spiegazioni in B.M. METZGER, *A Textual Commentary*, 43.

un'azione puntuale (cf. i tre verbi all'aoristo in 17,18), sobria, efficace: la guarigione è immediata. A questo punto, la situazione critica è risolta; la richiesta del padre è esaudita. Il racconto potrebbe arrestarsi.

Al contrario, il testo presenta – per così dire – un "secondo tempo" (17,19-20) introdotto dall'avverbio τότε, che mette a confronto, attraverso un cambiamento di scena (κατ' ἰδίαν), unicamente Gesù e i discepoli. Ancora Gesù è al centro: dopo il padre, è la volta degli intimi che si avvicinano a lui (προσελθόντες).

Dai discepoli viene una domanda (17,19) che ripropone quanto il padre aveva già espresso a Gesù, con espressioni quasi identiche (rispetto a 17,16 cambia il verbo θεραπεύω in ἐκβάλλω). Non basta che sia avvenuto il miracolo; resta da decifrare il fallimento dei discepoli. Dal miracolo si ricava una catechesi sulla fede.

Infatti, Gesù risponde alla domanda (da notare il presente storico λέγει) mettendo in primo piano, con una battuta, la causa della loro incapacità: la poca fede (ὀλιγοπιστίαν che richiama l'aggettivo di 17,17). Con un detto successivo, che ha lo scopo di approfondire il tema (cf. l'uso di γάρ), si pone in luce la qualità paradossale della fede (anche se si ha una fede minuscola, basta già per fare prodigi) per concludere, poi, con una sentenza sulla potenza della fede stessa.

Il testo così esplorato in prima battuta, si rivela composto da due scene: i v. 14-18, aventi come personaggi Gesù, il padre e il ragazzo epilettico, e i v. 19-20 aventi come protagonisti Gesù e i discepoli. Notiamo come, al loro interno, ciascuna scena registri dei movimenti che hanno in Gesù il loro centro e come ampio spazio sia offerto al discorso diretto. Infine, si è notato come il gesto del miracolo/esorcismo debordi in un insegnamento sulla fede, che vede i discepoli, significativamente, come interlocutori privilegiati[2]. Possiamo così ragionevolmente presentare la seguente struttura[3]:

---

[2] Dal punto di vista stilistico, si fanno notare i seguenti parallelismi o simmetrie: la ripetizione in 15c e 17; le tre espressioni parallele in 18, ciascuna con un soggetto proprio; il parallelismo nel detto sulla fede in 20. Così D.A. HAGNER, *Matthew 14-28*, 503.

[3] Così anche X. LÉON-DUFOUR "L'episodio", 251; I. GOMÁ CIVIT, *Mateo*, II, 164; W.D. DAVIES – D.C. ALLISON, *Matthew*, II, 719; R. FABRIS, *Matteo*, 383-384; G.W. BUCHANAN, *Matthew*, 717-721. Anche D.A. HAGNER, *Matthew 14-28*, 503 propone una struttura in due parti dettagliatamente commentata. Per A. SAND, *Matteo*, II, 538-539 tre sono le scene: 14-17b (il padre e Gesù); 17c-18 (la guarigione); 19-20 (ammaestramento ai discepoli). U. LUZ, *Matthew 8-20*, 405 presenta, una triplice scansione: 14-16 (esposizione); 18 (guarigione); 19-20 (discussione conclusiva con i discepoli). Il v.17 è visto come un'interruzione.

I. Incontro tra Gesù, il padre e il ragazzo epilettico: v. 14-18

I.1 Il padre del ragazzo: a) la presentazione
Καὶ ἐλθόντων πρὸς τὸν ὄχλον προσῆλθεν αὐτῷ ἄνθρωπος γονυπετῶν αὐτὸν [v.14]
b) la richiesta
καὶ λέγων, Κύριε, ἐλέησόν μου τὸν υἱόν, ὅτι σεληνιάζεται καὶ κακῶς πάσχει: πολλάκις γὰρ πίπτει εἰς τὸ πῦρ καὶ πολλάκις εἰς τὸ ὕδωρ. [v.15]
c) il "precedente"
καὶ προσήνεγκα αὐτὸν τοῖς μαθηταῖς σου, καὶ οὐκ ἠδυνήθησαν αὐτὸν θεραπεῦσαι. [v.16]

I.2 Gesù: a) le parole
ἀποκριθεὶς δὲ ὁ Ἰησοῦς εἶπεν, Ὦ γενεὰ ἄπιστος καὶ διεστραμμένη, ἕως πότε μεθ᾽ ὑμῶν ἔσομαι; ἕως πότε ἀνέχομαι ὑμῶν; φέρετέ μοι αὐτὸν ὧδε. [v.17]
b) la realizzazione del gesto
καὶ ἐπετίμησεν αὐτῷ ὁ Ἰησοῦς καὶ ἐξῆλθεν ἀπ᾽ αὐτοῦ τὸ δαιμόνιον καὶ ἐθεραπεύθη ὁ παῖς ἀπὸ τῆς ὥρας ἐκείνης. [v.18]

II. Incontro/dialogo tra i discepoli e Gesù: v. 19-20
II.1 I discepoli
Τότε προσελθόντες οἱ μαθηταὶ τῷ Ἰησοῦ κατ᾽ ἰδίαν εἶπον, Διὰ τί ἡμεῖς οὐκ ἠδυνήθημεν ἐκβαλεῖν αὐτό; [v.19]

II.2 Gesù
ὁ δὲ λέγει αὐτοῖς, Διὰ τὴν ὀλιγοπιστίαν ὑμῶν: ἀμὴν γὰρ λέγω ὑμῖν, ἐὰν ἔχητε πίστιν ὡς κόκκον σινάπεως, ἐρεῖτε τῷ ὄρει τούτῳ, Μετάβα ἔνθεν ἐκεῖ, καὶ μεταβήσεται: καὶ οὐδὲν ἀδυνατήσει ὑμῖν. [v.20]

1.3 *Per il confronto sinottico: un'avvertenza*

Prima di procedere con la spiegazione, è opportuno dedicare qualche annotazione generale in merito al confronto sinottico. Durante l'esposizione saranno segnalate le diverse sfumature presenti in ciascun evangelista mediante il parallelo di singole espressioni. Tuttavia, è necessario mantenere sullo sfondo le prospettive globali che presentano i tre racconti per poter "inserire" in esse i raffronti parziali.

Il movimento di Matteo, appena illustrato, ci ha già resi persuasi della centralità del tema della fede in riferimento ai discepoli.

Il racconto di Mc 9,14-29[4], oltre ad essere il più esteso, è il più elaborato. In 9,14-16, di ritorno dal monte, Gesù trova i discepoli con la folla e gli scribi impegnati in una discussione e di essa vuole essere informato. Uno della folla gli presenta il figlio indemoniato, di cui descrive in dettaglio le modalità della possessione, e lo informa di un precedente fallimento nella guarigione da parte dei discepoli (9,17-18). Gesù se ne esce con una lamentazione e con l'imperativo di condurgli il ragazzo (9,19). Di fronte a lui, il ragazzo sta male (9,20). Inizia un serrato e suggestivo dialogo tra Gesù e il padre (9,21-24) che ha come centro la fede: all'affermazione di Gesù: "Tutto è possibile per chi crede", fa eco la preghiera del padre: "Credo, aiutami nella mia incredulità". A questo punto Gesù compie l'esorcismo (9,25) e lo spirito esce con un ultimo gesto di violenza sul ragazzo tale da farne sospettare la morte (9,26-27). Come conclusione dell'episodio, si registra il dialogo in casa tra Gesù e i suoi discepoli (9,28-29) dove il motivo del loro fallimento viene imputato ad una scarsa preghiera.

L'architettura del brano di Marco vede al centro non i discepoli ma il padre; è con lui che Gesù approfondisce direttamente il tema della fede mentre esso resta come sfondo nel dialogo in casa con i suoi.

Il racconto di Lc 9,37-43a inizia con la presentazione della folla che accorre (9,37). Da essa si distacca un uomo che chiede aiuto per il figlio unico (9,38); dopo aver descritto con precisione quanto capiti al ragazzo quando lo spirito lo afferra (9,39), informa Gesù dell'incapacità dei discepoli a scacciarlo (9,40). Gesù si esprime con un lamento e invita il padre a condurre presso di lui il figlio (9,41). Alla vista di Gesù, il demonio agita il ragazzo con convulsioni ma Gesù subito lo guarisce e, risanato, lo consegna al padre (9,42). L'episodio termina tra lo stupore di tutti "per la grandezza di Dio" (9,43a).

Il testo di Luca è focalizzato sull'opera guaritrice di Gesù; egli è capace di vincere sullo spirito maligno che gli si presenta con grande forza. I discepoli non entrano nell'azione; neppure si registra il dialogo che appare in Matteo e Marco[5].

Dal confronto dell'architettura globale dei tre testi[6], ci si rende conto di come Matteo abbia attribuito al miracolo mancato una funzione esemplare per istruire i lettori circa il ruolo della fede[7].

---

[4] Sul testo di Marco, cf. la monografia di C. RUNACHER, *Croyants incrédules*.
[5] Cf. le osservazioni di J. GNILKA, *Matteo*, II, 158-160.
[6] Per un'analisi diacronica dei tre testi, rimandiamo all'articolo di G.E. STERLING., "Jesus as exorcist", 467-493.
[7] E. SCHWEIZER, *Matteo*, 328: "Matteo considera la storia solo un esempio per un insegnamento sulla fede"; R.B. GARDNER, *Matthew*, 267.

2. Spiegazione del testo

Procediamo alla spiegazione del testo secondo le due scene che abbiamo sopra individuato: l'incontro tra Gesù, il padre e il ragazzo malato (14-18) e l'incontro/dialogo, in privato, tra i discepoli e Gesù (19-20).

2.1 *L'incontro tra Gesù, il padre e il ragazzo (v. 14-18)*

Nei v. 14-18 sono in scena tre personaggi: il padre, Gesù e il ragazzo. I discepoli restano sullo sfondo come guaritori impotenti.

2.1.1 La presentazione e la richiesta del padre (v. 14-15)

La scena si apre (17,14a) con il ricongiungimento da parte di Gesù e dei tre discepoli Pietro, Giacomo e Giovanni (cf. 17,1) con la folla (καὶ ἐλθόντων πρὸς τὸν ὄχλον). Il soggetto del participio (genitivo assoluto) è sottinteso: in questo modo, risulta evidente lo stretto legame con il contesto precedente che ci ha mostrato l'episodio della trasfigurazione (17,1-9) e il dialogo circa la venuta di Elia (17,10-13). Il "ritorno" di Gesù insieme ai discepoli "prediletti" presso la folla lascia intendere che gli altri discepoli sono stati senza di lui per un certo tempo: un particolare che avrà la sua rilevanza nella prosecuzione del racconto.

E' tipico di Matteo la menzione del dirigersi di Gesù e dei suoi tre verso la folla; per Marco, infatti, il movimento è anzitutto – anche se non in modo esclusivo – verso i discepoli (ἐλθόντες πρὸς τοὺς μαθητάς: 9,14) che sono attorniati da molta folla e dagli scribi[8] mentre per Luca (9,37) i soggetti sono capovolti: qui è la "molta folla che si dirige incontro a Gesù". In Matteo, dunque, Gesù deliberatamente ricerca un tale gruppo. Dopo il momento privato, è la volta del contatto pubblico. Una tale alternanza (privato/pubblico e viceversa) attraversa spesso la narrazione evangelica.

Al movimento di Gesù e dei discepoli che vanno "verso" (πρός) la folla, corrisponde un altro "venire verso": προσῆλθεν. Dalla folla si distacca un nuovo personaggio: "gli si avvicinò un uomo" (17,14b). Il testo è, in prima battuta, generico: si tratta di un ἄνθρωπος non meglio

---

[8] In Mc 9,14-16 il racconto presenta un inizio più complesso: c'è una discussione in corso tra i discepoli e gli scribi, attorniati dalla folla, folla che, all'arrivo di Gesù, è presa da meraviglia e si affretta a salutarlo.

identificato[9]. Tuttavia, il verbo impiegato per descrivere il suo avvicinamento (προσέρχομαι) – così caratteristico per Matteo – potrebbe già lasciare intuire qualcosa delle disposizioni di chi si muove[10]. La prosecuzione del racconto arricchisce significativamente la descrizione del personaggio: fa e – soprattutto – dice. Anzitutto, l'uomo "si getta in ginocchio" (γονυπετῶν αὐτὸν). La genuflessione dice preghiera e umiltà, adorazione e devozione[11]. Il gesto, qui, lascia trasparire la condizione di un uomo bisognoso e al contempo fiducioso nella potenza di Gesù[12].

In parallelo con il gesto[13], risuonano le parole dell'uomo[14], nella forma del discorso diretto: esse esprimono una richiesta (17,15) e raccontano un fatto avvenuto in precedenza (17,16). Iniziamo dalla richiesta: "Signore, abbi pietà di mio figlio perché è epilettico e soffre molto: cade spesso nel fuoco e spesso nell'acqua" (17,15).

L'uomo si rivolge a Gesù chiamandolo "Signore". L'appellativo κύριος appartiene al vocabolario tipico di Matteo[15]; all'interno dell'itinerario che si sta percorrendo, esso è già risuonato sulle labbra dei discepoli in 8,25 e di Pietro in 14,28.30. La pregnanza di tale titolo è già stata messa in risalto[16]: si addice a quanti intrattengono un rapporto privilegiato con Gesù; è indice di particolare venerazione e positiva disposizione nei suoi confronti; mai è utilizzato da chi si colloca nel fronte degli "avversari". Fin dall'inizio, dunque, appare una certa qual "fede/fiducia" in Gesù[17].

Quest'uomo "chiede pietà (ἐλέησον)" per il figlio: è una prospettiva tipicamente matteana[18] e, come spesso nella versione greca del Salterio, spesso è associato con il termine "Signore"[19]. La richiesta

---

[9] Cf. Mc 9,17: εἰς ἐκ τοῦ ὄχλου e Lc 9,38: ἀνὴρ ἀπὸ τοῦ ὄχλου.
[10] Cf. le annotazioni stese nel cap. II nella spiegazione di 8,25.
[11] Cf. H. SCHLIER, "γόνυ, γονυπετέω", 593-600.
[12] Secondo J. SCHNIEWIND, Matteo, 340-341 questo comportamento non può essere interpretato nel senso di una maggiore divinizzazione della figura di Gesù rispetto a Marco. Sono gli stessi tratti di Marco ma più marcati.
[13] Cf. l'uso in parallelo di due participi presenti: γονυπετῶν e λέγων.
[14] Lc 9,38 parla di un grido: ἐβόησεν.
[15] In Mc 9,17 e Lc 9,38 il termine è, invece, διδάσκαλος.
[16] Cf. al cap. II la spiegazione di 8,25.
[17] A. STOCK, The Method, 279.
[18] In Mc 9,17 il testo mette in luce unicamente il fatto che l'uomo "porta" (ἤνεγκα) a Gesù il figlio; in Lc 9,38, al contrario, compare una preghiera (δέομαι) con l'invito a volgere lo sguardo (ἐπιβλέψαι) sul figlio.
[19] Cf. W.D. DAVIES – D.C. ALLISON, Matthew, II, 722.

espressa con il verbo ἐλεέω compare in una serie di narrazioni miracolose di guarigione: così è sulle labbra dei due ciechi in 9,27; della cananea in 15,22 e dei due ciechi di Gerico in 20,30.31.

L'accorata invocazione dell'uomo che chiede misericordia, sembra scaturire dalla convinzione di trovarsi di fronte a colui che sa essere "misericordioso". Quella misericordia che Gesù ha dichiarato beata nel discorso della montagna (cf. 5,7) egli, per primo, l'ha già resa evidente nella sua prassi di cura delle malattie e infermità (cf. 4,23-24; 9,35-36; 12,15; 14,35-36; 15,30-31 insieme ai vari racconti di miracoli narrati fin qui). L'uomo è dunque convinto che Gesù possa rendere concreta, ancora una volta, la sua misericordia in un "fatto", in un gesto: nel caso specifico in una probabile guarigione. Vale la pena notare come, anche in questo caso (come per il centurione: 8,6 e la donna cananea: 15,22), chi chiede non chiede per sé ma per altri. L'azione di quest'uomo è un'azione di intercessione a favore di altri.

Inoltre, attraverso le parole: "Signore, abbi misericordia nei riguardi di *mio figlio*"[20], il racconto fornisce una preziosa indicazione in ordine alla descrizione di questo personaggio. Non è più genericamente "un uomo" bensì un "padre". La sua azione si illumina in questa cornice relazionale: le sue parole si caricano di affetto e di intensità.

Il padre espone la qualità della "malattia" attraverso l'uso di un verbo (σεληνιάζεται)[21] che indica – alla lettera – "una malattia da luna"[22]. Il sintomo più eclatante di un tale morbo era considerato lo stramazzare a terra del malato. Per molto tempo, si è creduto che una tale malattia fosse causata dalla dea Luna e fosse connessa con le diverse fasi lunari. Da ciò dipende anche il termine scelto da Matteo per designare la malattia ("è lunatico"), termine che ricorre spesso nella letteratura tardo-antica (*lunaticus*). A questa spiegazione, si affiancavano spiegazioni che imputavano il morbo ai demoni (cf. in fase di risoluzione, l'uso del termine demonio in 17,18) oppure a cause non soprannaturali ma umane (così Ippocrate)[23]. L'interpretazione oggi più accre-

---

[20] Lc 9,38 rende ancor più drammatica la condizione del padre che dichiara aver solo quel figlio (μονογενής).

[21] Nel NT il verbo è usato solo da Matteo qui e in 4,24: R.H. GUNDRY, *Matthew*, 349; D.A. HAGNER, *Matthew 14-28*, 503.

[22] In Mc 9,17 e Lc 9,39 la causa del male è direttamente imputata a un "spirito" (πνεῦμα).

[23] Circa l'identificazione della malattia cf. le varie posizioni discusse in H. VAN DER LOSS, *The Miracles*, 401-405. Inoltre J. SCHMID, *Matteo*, 344; J. SCHNIEWIND, *Matteo*, 341; J. GNILKA, *Matteo*, II, 161-162; A. SAND, *Matteo*, II, 538. Per i riferi-

ditata è quella di chi individua, in questo comportamento, i segni dell'epilessia[24].

Il padre, dopo aver espresso la causa della malattia, indugia nella descrizione degli effetti che essa produce sul ragazzo: l'enfasi del discorso cade su questo punto. A livello generale, si parla di una sofferenza particolarmente acuta (κακῶς πάσχει)[25], sofferenza che parrebbe ripercuotersi, a livello emotivo, anche sul padre. L'uso del verbo πάσχω con l'avverbio κακῶς (orribile, cattivo, funesto) connota drammaticamente la situazione: è un ragazzo che "soffre tremendamente, orribilmente". Inoltre, il padre illustra quali siano i fattori esterni che sono all'origine (cf. l'uso di γάρ) di tale sofferenza per il figlio: egli "cade spesso nel fuoco e nell'acqua". E' un giovane non più padrone di sé, continuamente minacciato da oggettivi pericoli (fuoco e acqua) che rischiano di compromettere seriamente la sua vita. La ripetizione dell'avverbio πολλάκις segnala come non si tratti di qualcosa di occasionale bensì di una minaccia permanente. E' un ragazzo sempre a rischio: la morte incombe costantemente[26].

2.1.2 La guarigione mancata (v. 16)

Il padre, a questo punto, segnala un dato che movimenta il racconto: "l'ho già portato dai tuoi discepoli ma non hanno potuto guarirlo" (17,16)[27]. Si viene a conoscenza di un "atto" che è accaduto prima della venuta dell'uomo da Gesù: il ricorso ai discepoli e il loro fallimento.

Davanti alla malattia del figlio – si apprende dal testo – il padre si è già rivolto ai discepoli di Gesù[28]. L'iniziativa è partita liberamente tutta

---

menti agli autori greco-latini e ai Padri, utile U. LUZ, *Matthew 8-20*, 407-408; W.D. DAVIES – D.C. ALLISON, *Matthew*, II, 722.

[24] Una disamina dettagliata a favore dell'"epilessia", anche dal punto di vista medico, è offerta da J. WILKINSON, "The Case", 39-42; ID., *The Bible and Healing*, 121-130.

[25] Circa la preferenza da accordare a questa lezione invece di κακῶς ἔχει, cf. B.M. METZGER, *A Textual Commentary*, 43.

[26] Mc 9,18 e Lc 9,39 abbondano in molti particolari nella descrizione degli effetti della possessione. Matteo si distingue per la sua sobrietà.

[27] I testi di Marco e Luca, su questo punto, sono simili tra loro e parzialmente differenti da Matteo. Anzitutto, sia Mc 9,18 che Lc 9,40 registrano una "parola" detta dal padre ai discepoli (Mc: εἶπα; Lc ἐδεήθην); inoltre, la richiesta è espressa secondo il vocabolario dell'esorcismo ἐκβάλωσιν; infine una lieve *variatio* si registra in merito al vocabolario dell'"incapacità" (Mc: ἴσχυσαν; Lc: ἠδυνήθησαν).

[28] Secondo W. TRILLING, *Matteo*, 304 l'uomo non voleva importunare Gesù in persona, come il centurione che non si riteneva degno di accoglierlo in casa (8,8).

da lui: ha portato (προσήνεγκα) loro il ragazzo. E' significativo notare come il verbo προσφέρω sia usato da Matteo, con una certa frequenza, quasi in modo tecnico, per indicare di un malato di vario genere che viene condotto da Gesù in vista della guarigione (cf. 4,24; 8,16; 9,2.32; 12,22; 14,35)[29]. Mt 17,16 è l'unico caso in cui il gesto di richiesta di aiuto a favore di un malato si compie in direzione dei discepoli: il testo, attraverso queste modalità espressive, lascia intuire che si sta in modo identico sia davanti a Gesù che davanti ai discepoli, con le medesime aspettative. Ma davanti ai discepoli si sta con certe aspettative in quanto discepoli *di Gesù*; il padre dice esplicitamente "i tuoi discepoli".

Il motivo della speranza riposta nei discepoli, da parte del padre, deriva dall'intimo legame che egli intuisce intercorrere tra Gesù e i discepoli; è un legame tale da consentire di operare la guarigione. Per il padre, l'attesa riposa sulla comunione di vita che stringe Gesù e i suoi.

Per il lettore del vangelo, l'attesa del padre è altresì fondata su un dato che la narrazione ha già offerto in precedenza: la partecipazione del potere di esorcismo e di guarigione offerta da Gesù ai dodici. Si legge, infatti, in Mt 10,1: "chiamati a sé i dodici discepoli, diede loro il potere di scacciare gli spiriti immondi e di guarire ogni sorta di malattie e infermità" (da notare la presenza dei verbi ἐκβάλλω e θεραπεύω presenti, in ordine inverso, in 17,16.18 e 17,19). Secondo questo testo, i discepoli ricevono in dono la capacità di rendere presente Colui che li ha inviati; Gesù conferisce loro la capacità di continuare, per grazia (10,8) la sua opera[30]. Inoltre, occorre tenere presente un altro aspetto significativo: il "potere" ricevuto, secondo l'intenzione di Gesù, *deve* essere esercitato. Infatti, in Mt 10,8 compare una serie di imperativi che intimano ai discepoli di mettere in azione l'ἐξουσία che hanno ricevuto, come manifestazione concreta dell'avvento del regno dei cieli (10,7). Tra questi imperativi, appunto, si segnalano la guarigione dei malati e l'espulsione dei demoni (ἀσθενοῦντας θεραπεύετε [...] δαιμόνια ἐκβάλλετε).

Di conseguenza, la mancata guarigione segnalata in 17,16 si presenta come un dato problematico[31]. Il padre – e il lettore – si attende-

---

[29] Cf. le altre ricorrenze: 2,11; 5,23.24; 8,4;18,24; 19,13; 22,19; 25,20.

[30] Cf. W. GRUNDMANN, "δύναμαι, δύναμις", 1473-1556; in particolare 1537-1545: "La δύναμις del discepolo".

[31] J. GNILKA, *Matteo*, II, 162 segnala il *topos* letterario dell'apprendista o scolaro incapace, che ha riscontro anche nell'AT (2Re 4,29-31). Tuttavia, per la trama del vangelo non è una spiegazione sufficiente – come anch'egli precisa.

vano, dai discepoli, lo sprigionarsi di una δύναμις che in realtà non c'è stata (οὐκ ἠδυνήθησαν): non hanno dimostrato alcun potere terapeutico (θεραπεῦσαι). Tutto, nel testo, offriva le premesse per un esito favorevole. L'insuccesso segnala una qualche difficoltà nel rapporto tra Gesù e i discepoli: se la potenza taumaturgica non si è manifestata, qualcosa non sta "funzionando" in questo rapporto poiché essi non sono stati in grado di esercitare un'autorità che di fatto possedevano[32].

La presenza di una mancata guarigione da parte dei discepoli – una novità nella serie dei racconti di miracolo – offre l'opportunità per approfondire la qualità del rapporto tra Gesù e i suoi, per indagare sulla loro relazione, relazione che prende il nome di fede. Il "centro" del miracolo risulta essere più la cura dei seguaci di Gesù che non la guarigione in quanto tale[33].

2.1.3 Il lamento e l'ordine di Gesù (v. 17)

Come risposta a quanto ha ascoltato (ἀποκριθείς senza alcun pronome al dativo), Gesù prorompe, dapprima, in un accorato lamento che allarga la prospettiva dell'episodio (17,17ab), cui fa seguito un ordine circostanziato, attinente alla richiesta del padre (17,17c).

Il lamento si apre con l'apostrofe "o generazione incredula e perversa"[34]. Notiamo la presenza della particella ὦ per introdurre il vocativo. E' un segnale linguistico molto raro nel vangelo: Matteo lo ha utilizzato, poco prima, per esaltare la fede della donna Cananea (cf. 15,28). Sono le due sole ricorrenze in tutto il vangelo. Come in quella occasione il vocativo serviva a mettere in luce la fede della donna, così, in questa circostanza, esso rimarca una situazione totalmente opposta.

L'espressione "generazione incredula e perversa" (γενεὰ ἄπιστος καὶ διεστραμμένη) sembra alludere, con buona probabilità, al testo di Dt 32, 5 (LXX: γενεὰ σκολιὰ καὶ διεστραμμένη)[35] collocato in un capitolo contrassegnato dalla cosiddetta "teologia dell'alleanza"[36]. La

---

[32] Cf. W.D. DAVIES – D.C. ALLISON, *Matthew*, II, 723.
[33] Cf. W. TRILLING, *Matteo*, 305.
[34] Identica formulazione in Lc 9,41; Mc 9,19 presenta la formula: ὦ γενεὰ ἄπιστος.
[35] Circa la divergenza con il testo della LXX, cf. W.D. DAVIES – D.C. ALLISON, *Matthew*, II, 723: "In Mt 17,17 ἄπιστος – often used of heathen – has replaced σκολιά (cf. Acts 2,40; Phil 2,15) because the subject of the pericope is faith. Perhaps Deut 32,20 has played a rôle in the change also, for there the "perverse generation" is said to have no πίστις".
[36] J. GNILKA, *Matteo*, II, 163.

pagina di Dt 32 esalta la cura paterna di Dio che si esprime nella creazione, nell'elezione e nella custodia benefica di Israele ricolmato di doni sovrabbondanti; per converso, emerge nitida l'immagine di un popolo ingrato e smemorato. Nei confronti di esso, si manifesta la paternità correttiva di Dio che non consiste esclusivamente nel comminare una pena pari alla colpa bensì nel sollecitare una nuova relazione: la paternità divina si rivela sempre salvifica[37]. La generazione qui apostrofata non è in grado, come l'antico popolo, di fare tesoro dei doni ricevuti. E Gesù, come Mosè, si fa autorevole voce di un rimprovero che sigla, indissolubilmente insieme, incredulità e "perdita della strada giusta" (cf. διαστρέφω)[38].

Inoltre, giova ricordare che il sostantivo γενεά è già comparso nel corso del vangelo con una doppia aggettivazione negativa: in 12,39 e in 16,4, di fronte alla richiesta di un segno da parte di scribi e farisei, prima (12,38) e di farisei e sadducei, poi (16,1), Gesù ha bollato la "generazione" come πονηρά καὶ μοιχαλίς (cf. anche 12,45)[39]. Il termine γενεά si connota, dunque, nel corso della narrazione, in modo pesantemente negativo e viene ad identificare il fronte della non disponibilità verso Gesù e del conseguente rifiuto, cocciuto e malevolo.

Anche nel nostro testo, il tenore dell'espressione è fortemente polemico e pressante. E' un nuovo appello alla generazione attuale del popolo d'Israele, che con la comparsa di Gesù è chiamata a prendere una decisione[40]. Ci sembra non conforme alla prospettiva di Matteo l'attribuzione o l'estensione di una simile espressione ai discepoli[41]

---

[37] Cf. P. BOVATI, "Paternità di Dio", 324-337.

[38] Secondo P. BONNARD, *Matthieu*, 260, nell'espressione γενεὰ ἄπιστος καὶ διεστραμμένη, il καὶ ha valore esplicativo: "cette perversion consiste à ne pas croire". Cf. anche A. SAND, *Matteo*, II, 538.

[39] Cf. le altre ricorrenze di γενεά: 11,16; 12,41.42; 23,36; 24,34.

[40] Questo è l'esplicito parere di J. GNILKA, *Matteo*, II, 163; nella stessa direzione, cf. A. PLUMMER, *Matthew*, 241; F. BÜCHSEL, "γενεά", 392; P. BONNARD, *Matthieu*, 260; E. SCHWEIZER, *Matteo*, 328; J.P. MEIER, *The Vision*, 124; F.W. BEARE, *Matteo*, 413; D. HARE, *Matthew*, 202; R.H. GUNDRY, *Matthew*, 350; I. G. WALLIS, *The Faith*, 34, n.46; cf. già J. MALDONADO, *Commentarii*, I, 234.

[41] Parecchi studiosi sono invece di questo parere: X. LÉON-DUFOUR, "L'episodio", 258; H.J. HELD, "Matthew as Interpreter", 192; F.V. FILSON, *Matthew*, 194; H. VAN DER LOSS, *The Miracles*, 399; W. TRILLING, *Matteo*, 305; J. ZUMSTEIN, *La condition*, 439; A. SAND, *Matteo*, II, 538; W.D. DAVIES – D.C. ALLISON, *Matthew*, II, 724; A. STOCK, *The Method*, 280; A. MELLO, *Matteo*, 311; per S. GRASSO, *Matteo*, 428, i discepoli "mai, se non qui" (?) vengono equiparati alla "generazione"; V. FUSCO, "L'incredulità", 138 è più sfumato: "la taccia d'incredulità *sembra* toccare

perché mai, nel vangelo, sono chiamati "questa generazione" e perchè
– in modo più determinante – il nostro testo parla esplicitamente della
"poca fede" dei discepoli in 17,20[42]: e l'ὀλιγοπιστία è diversa dall'ἀπιστία (cf. 13,58)[43].

Tuttavia, siamo consapevoli dell'effetto che un'espressione così
forte, centrata sulla fede, produce anche sulla condizione dei discepoli
in termini di forte avvertimento[44]. Di conseguenza, non è superfluo
indugiare nell'analisi di queste espressioni, convinti della luce che esse,
per contrasto, possono gettare anche sul tema della poca fede che stiamo esplorando.

Dopo l'apostrofe, segue il lamento, composto da due espressioni
con verbo al futuro introdotte dalla ripetizione anaforica dell'*incipit*:
"fino a quando...?" (ἕως πότε).

Le parole di Gesù risultano, di primo acchito, ostiche e di non facile ed univoca comprensione. Esse sono da collocarsi, anzitutto, all'interno dell'opera di rivelazione che egli sta compiendo in parole e gesti:
Gesù è colui che manifesta il Padre perché gli uomini lo accolgano
(11,25-27). L'episodio della trasfigurazione, appena narrato (17,1-8)
non solo ha ribadito la qualifica di Figlio che appartiene di diritto a
Gesù ma ha esaltato anche l'imperativo dell'ascolto di lui (17,5). Gli
accorati interrogativi vanno quindi letti, globalmente, come un nuovo,
incalzante e drammatico appello da parte di Gesù perché il popolo si
apra, mediante la sua persona, alla presenza di Dio. Non è questione di
disgusto per la razza umana[45].

Inserita nella linea del lamento profetico, l'espressione "fino a
quando"[46] lascia intendere una scadenza e determina un tempo duran-

---

anche i discepoli, sebbene non presi distintamente ma accomunati alla massa
umana"; anche D.A. HAGNER, *Matthew 14-28*, 504.

[42] Sono le motivazioni che offre U. LUZ, *Matthew 8-20*, 408, il quale applica
anch'egli l'espressione "to Jesus' Jewish contemporaries, that is, to the crowd".

[43] Spesso, nell'identificare i discepoli con la "generazione", gli autori non prestano la dovuta attenzione a tale differenza.

[44] Ci sembra questa la posizione di R. FABRIS, *Matteo*, 384 che parla di "pericolo, reale per i discepoli e per la chiesa di Matteo, di essere coinvolti nella situazione di incredulità che ha radici storiche nella vicenda d'Israele ed esplode nel rifiuto di Gesù".

[45] Come, a ragione, fa notare P. BONNARD, *Matthieu*, 260, che ascrive, invece, un simile atteggiamento allo stoicismo.

[46] E' uno stilema molto attestato nei Salmi (cf., ad es., Sal 6,4b; 13,2s; 37,17, ecc.); per il NT, significativo è Ap 6,10. Cf. D.J. HARRINGTON, *Matthew*, 258.

te il quale chi ascolta è chiamato a compiere scelte decisive; dopo, sarà troppo tardi.

"Fino a quando sarò *con voi?*" ammicca alla tipica presentazione di Gesù come l'Emmanuele, il Dio-con-noi[47]. La sua persona rende presente Dio in mezzo al suo popolo[48]. E' lui il grande segno che occorre decifrare con celerità e con gli occhi della fede. Il lamento di Gesù non esprime solo un desiderio di andarsene "lassù"[49] ma mette in luce la sua sofferenza di fronte all'incapacità della "generazione" di aderire a Lui. Forse si potrebbe parafrasare l'espressione in questo modo: "Fino a quando sarò "fisicamente" con voi e non comprenderete il mistero della mia persona?"[50] C'è un "oggi" da non lasciarsi sfuggire perché, secondo questa modalità storica, esso avrà un termine[51]. L'incredulità si consuma nel misconoscimento della persona salvifica di Gesù; di converso, la fede si gioca in questa penetrante comprensione e adesione.

La seconda espressione ("Fino a quando vi sopporterò?")[52] esprime anch'essa, forse con maggior *pathos*, il rammarico e la delusione di Gesù per il comportamento dei suoi ascoltatori[53]. Egli non sopporta più la loro incredulità mentre continua la richiesta di miracoli.

Il ministero di Gesù è giunto ad uno snodo: dopo la fase galilaica, durante la quale le sue opere di potenza sono state cospicue (cf. i cap. 8-9) a servizio della manifestazione messianica (11,2-6), Gesù ha intra-

---

[47] Istruttivo il confronto sinottico: in Mt compare l'espressione μεθ' ὑμῶν mentre in Mc 9,19 e Lc 9,41 πρὸς ὑμᾶς.

[48] Cf. J. GNILKA, *Matteo*, II, 163: "Mt ha sottolineato nel lamento l'aspetto riguardante la teologia dell'alleanza introducendo la formula dell'alleanza: "con voi", importante per la sua teologia (cfr Dt 5,2; 23,15; Es 33,3)"; così R.H. GUNDRY, *Matthew*, 351; S. GRASSO, *Matteo*, 428; di parere diverso, W.D. DAVIES – D.C. ALLISON, *Matthew*, II, 724.

[49] Cf. X. LÉON-DUFOUR, "L'episodio", 258: "colui che è "con loro", l'Emmanuele, è stanco di abitare tra essi. [...] Gesù si erge, solo, nella luce del suo essere che, attraversando questo mondo pervertito, aspira al ritorno di lassù".

[50] In questa direzione – ci pare – si orientino anche gli autori che suggeriscono di accostare il nostro testo a Gv 14,9: "Da tanto tempo sono con voi e tu non mi hai conosciuto...": cf. J. MALDONADO, *Commentarii*, I, 234; P. BONNARD, *Matthieu*, 260; W.D. DAVIES – D.C. ALLISON, *Matthew*, II, 724; D.A. HAGNER, *Matthew 14-28*, 504. In modo esplicito, J. RADERMAKERS, *Matthieu*, 226 scrive: "L'Emmanuel n'a pas été reconnu".

[51] A. OGAWA, *L'histoire*, 270.

[52] Sull'uso del verbo "sopportare" (ἀνέχομαι), cf. H. SCHLIER, "ἀνέχω", 965-968.

[53] Per W. TRILLING, *Matteo*, 305 "è il tratto profondamente umano di Gesù che viene alla luce".

preso (cf. 16,21) una più precisa opera di rivelazione della sua identità di Figlio dell'uomo, sofferente e destinato alla risurrezione. In questa nuova cornice, scandita dalla tre predizioni (16,21; 17,22-23; 20,17-19) i miracoli sono destinati a scomparire[54]; i segni necessari sono ormai stati posti; ora c'è spazio solo per l'accoglienza o il rifiuto. Non è più tempo di chiedere conferme esterne, con azioni prodigiose; è tempo di aderire a colui che propone un progetto che include la croce (cf. 16,24).

Nelle parole di Gesù (17,17b) è possibile, inoltre, avvertire l'eco suggestivo di alcune pagine dell'AT: la loro rievocazione consente di completare il suo ritratto. Ci sembrano illuminanti due testi che appartengono alle "tradizioni del deserto". Il primo è contenuto in Nm 11,11-15[55]. E' la dichiarazione amareggiata del profeta affaticato dal suo compito di guida: il popolo recalcitra, Mosè confessa davanti a Dio il suo disagio. L'esperienza di Gesù – messa in luce in particolare dalla seconda espressione – si sovrappone a quella di Mosè: è l'esperienza di chi è tutto rivolto verso il popolo, chiamato a sostenerlo mentre esso non ascolta e non ubbidisce.

Il secondo riferimento compare nel testo di Nm 14. Significativamente, lì è Dio stesso a parlare: "*Fino a quando* mi disprezzerà questo popolo? E *fino a quando* non avranno fede in me, dopo tutti i miracoli che ho fatti in mezzo a loro? (14,11) Fino a quando sopporterò io questa comunità malvagia che mormora contro di me?" (14,27) Nelle parole di Gesù risuona lo sdegno di JHWH, contristato da un popolo ingrato, ribelle e cieco dinanzi ai benefici ricevuti. Gesù, dunque, attualizza alcuni tratti del ministero di Mosè, dei profeti e – ciò che è più interessante – di JHWH stesso. E' l'appello, schietto e rammaricato, del Figlio per l'occasione salvifica che il popolo sta perdendo. E tuttavia non è lo sdegno ad avere l'ultima parola.

Il rimprovero c'è ed è chiaro; ma il rimprovero non arresta l'azione benefica di Gesù. Nel testo di 17,17, lamento e guarigione vanno insieme. La denuncia dell'incredulità della "generazione" non gli impedisce di esaudire la richiesta del padre. Infatti imparte celermente un ordine: "portatemelo qua" (17,17c). Dopo la pausa dell'"invettiva profetica" –

---

[54] L'episodio dei due ciechi di Gerico (Mt 20,29-34), nella trama del vangelo, ormai "alle porte" di Gerusalemme, è un miracolo *sui generis*, con palesi connotazioni simboliche.

[55] Nm 11, 11.14: "Perché non ho trovato grazia ai tuoi occhi, tanto che tu mi *hai messo addosso il carico* di tutto questo popolo? [...] Io non posso da solo *portare il peso* di tutto questo popolo".

che ha rallentato il racconto e lo ha arricchito in profondità – riprende l'azione. E' Gesù ancora in primo piano (μοι): a lui va condotto il ragazzo. L'imperativo φέρετε pronunciato da Gesù fa da *pendant* con προσήνεγκα αὐτόν del padre in 17,16: ciò che i discepoli non sono riusciti a fare, Gesù lo compie immediatamente[56]. E' pure richiesta la collaborazione dei presenti[57]: c'è un imperativo in seconda persona plurale (φέρετε). L'avverbio di luogo "qua" (ὧδε) rimarca la presa di contatto con Gesù. Nel capitolo precedente, si è notato come Matteo associ spesso tale avverbio alla sua persona[58]. C'è un luogo che non è geografico ma relazionale: "qua" è l'esserci di Gesù. Il suo comando lascia supporre un esito positivo della vicenda.

2.1.4 La guarigione ad opera di Gesù (v.18)

Con questo versetto siamo posti di fronte all'esaudimento della richiesta del padre, richiesta che ha dato origine al racconto; il ragazzo passa dallo stato di malattia alla perfetta guarigione: "Gesù gli parlò severamente e il demonio uscì da lui e da quel momento il ragazzo fu guarito" (17,18)[59]. E' interessante notare come il versetto si articoli in tre brevi frasi, ciascuna con tre soggetti diversi: Gesù, il demonio e il ragazzo. Gesù è protagonista dall'inizio della narrazione; il demonio fa la sua comparsa solo a questo punto come pure il ragazzo (ὁ παῖς) in quanto soggetto di un'azione[60].

La dinamica della scena è molto lineare e sobria[61]; tre sono i rapidi movimenti del testo: una minaccia, l'esecuzione di essa, la guarigione. Prendiamo in esame succintamente le tre articolazioni.

In primo piano e determinante, si colloca l'azione potente e sovra-

---

[56] Cf. J. ZUMSTEIN, *La condition du croyant*, 440.

[57] Anche Mc 9,19 presenta la stessa logica (unica variante: πρός με in luogo di ὧδε). In Lc 9,41 il comando è rivolto al padre ("conducimi qui tuo figlio").

[58] Cf. Mt 12,6.41.42; 14,18.

[59] Un rapido confronto sinottico (da inserire nel quadro dei tre racconti differenti sopra segnalato) consente di apprezzare le diverse prospettive. Così, di Mc 9,25-27, ci preme sottolineare: a) la minaccia contro "lo spirito immondo" con un intervento verbale di Gesù (25b); b) l'uscita del demonio tra grida e contorsioni (26a); c) la morte apparente del ragazzo (26b-27). Per Lc 9,42 segnaliamo: a) l'azione del demonio prima della minaccia di Gesù (42a); b) la "consegna" del figlio al padre (42c). I confronti dettagliati saranno evidenziati di seguito; questa griglia di lettura sarà presupposta.

[60] E' scontato osservare che in precedenza già si è parlato di lui ma in quanto "figlio", da parte del padre (17,15), e quindi in modo non autonomo.

na di Gesù: "lo minacciò"[62] (ἐπετίμησεν αὐτῷ[63]). Sua, e solo sua, è l'azione risolutiva. Il verbo ἐπιτιμάω[64] è quello utilizzato in modo preponderante, anche se non esclusivo, nel caso dell'espulsione dei demoni. La guarigione, quindi, assume la modalità di un esorcismo[65]. La forza di Gesù si manifesta con la sola parola, una parola sovrana[66] e di minaccia; non una parola dotata di potere incantatorio, come nei racconti magici di miracoli, bensì la parola potente del Figlio[67]. Gesù mostra di stare in tutto e per tutto dalla parte di Dio che, secondo l'AT, è l'unico che può vincere le potenze che gli sono nemiche. Attraverso la sottomissione dei demoni, comincia ad affermarsi il regno di Dio (12,25-28).

Infatti si afferma esplicitamente che, grazie alla parola, "il demonio (δαιμόνιον)[68] uscì da lui"[69]. Il demonio non può resistere alla potenza di Dio che agisce in Gesù. La sua fuga attesta sia la forza della sua parola che l'irruzione del Regno. Inoltre, nel legame che si instaura tra espulsione e conseguente guarigione, si viene a sapere – per la prima volta, in modo esplicito – dell'origine della malattia del ragazzo: l'azione del demonio. Ci si ricollega, così, alla diagnosi primitiva della medicina popolare che imputava le malattie all'opera dei demoni e del loro "principe", Satana[70]. La vera lotta che Gesù combatte è quella contro le forze del male.

La vittoria sul demonio è attestata dalla pronta guarigione: "e da quel momento il ragazzo fu guarito"[71]. Il testo non indugia sulle moda-

---

[61] Questo si evince dal confronto sinottico: cf. P. BONNARD, *Matthieu*, 260; A. SAND, *Matteo*, II, 538-539.

[62] Identico verbo in Lc 9,42; Mc 9,25 ha, invece, ἐπιτάσσω.

[63] Il pronome αὐτῷ è ambiguo: potrebbe essere maschile o neutro e, di conseguenza, riferirsi o al ragazzo e al demonio. Secondo D.A. HAGNER, *Matthew 14-28*, 504, il pronome si applicherebbe al demonio: cf. il parallelo con Mc 9,25 ove, esplicitamente, si parla di minaccia "allo spirito immondo". Così L. MORRIS, *Matthew*, 447.

[64] E. STAUFFER, "ἐπιτιμάω", 797-808; H. GIESEN, "ἐπιτιμάω", 1352-1354.

[65] J. GNILKA, *Matteo*, II, 164; D.J. HARRINGTON, *Matthew*, 258; R. FABRIS, *Matteo*, 384.

[66] P. BONNARD, *Matthieu*, 261; F.W. BEARE, *Matteo*, 413; S. GRASSO, *Matteo*, 428.

[67] Cf. E. STAUFFER, "ἐπιτιμάω", 805.

[68] Cf. W. FOERSTER, "δαίμων", 741-792; in particolare, 781-790; O. BÖCHER, "δαιμόνιον, δαίμων", 713-722.

[69] Identico verbo in Mc 9,26; Lc sorvola su questo aspetto.

[70] Cf. W. FOERSTER, "δαίμων", 787; cf. anche J. GNILKA, *Matteo*, II, 164.

[71] Lc 9,42 presenta il verbo ἰάομαι. In Mc 9,26b-27 la risoluzione è resa più complicata dal fatto che, dopo l'espulsione, il ragazzo "divenne come morto". E' necessario un successivo intervento di Gesù che "faccia alzare" il giovane.

lità ma semplicemente sul fatto in sé. Si realizza, alla lettera, quanto non hanno potuto compiere i discepoli (cf. l'aggancio terminologico di ἐθεραπεύθη con le parole del padre: οὐκ ἠδυνήθησαν αὐτὸν θεραπεῦσαι). L'indicazione cronologica "da quel momento" (ἀπὸ τῆς ὥρας ἐκείνης)[72] mette in risalto, ancor di più, la potenza straordinaria di Gesù[73], secondo lo schematismo frequente "detto/fatto".

A questo punto, si potrebbe ritenere concluso l'episodio: ciò che costituiva una oggettiva situazione di difficoltà (un ragazzo gravemente malato) si è risolta in una condizione positiva (guarigione). E tuttavia resta ancora irrisolto un interrogativo che si è insinuato nelle righe del testo e che colpisce l'ascoltatore: il motivo in base al quale tale guarigione non si è potuta realizzare per opera dei discepoli. Il secondo movimento del testo (17,19-20) risponde a questa domanda.

2.2 Il dialogo tra i discepoli e Gesù (v. 19-20)

La seconda scena mette a diretto confronto i discepoli (v.19) con Gesù (v.20). Il dialogo è brevissimo ma è il vertice del brano. Esso fornisce spunti interessanti per il percorso intrapreso.

2.2.1 La domanda dei discepoli (v. 19)

Dopo aver curato il ragazzo, resta da curare il fallimento dei discepoli, che è come restato sospeso nei versetti precedenti. Infatti i v. 19-20 assolvono questo compito. Recita il testo: "Allora i discepoli si avvicinarono a Gesù, in disparte, e gli chiesero: "Perché noi non siamo riusciti a scacciarlo"?"[74] (17,19). Notiamo, anzitutto, che sono i discepoli (οἱ μαθηταί) a prendere l'iniziativa e a sollecitare una spiegazione: per la prima volta essi compaiono come soggetti. "Si accostano a Gesù" (προσελθόντες [...] τῷ Ἰησοῦ): il verbo è familiare per Matteo (cf. 17,14) mentre è posto in risalto il complemento di termine con il nome proprio "Gesù"; si compie un forte *vis-à-vis* tra i discepoli e Gesù. Poco prima (17,14) è stato il padre ad accostarsi nello stesso modo (προσῆλθεν) a Gesù. Là si trattava di una richiesta di guarigione, qui di una richiesta di chiarimento. Là contavano i fatti, qui le parole.

---

[72] Cf. anche Mt 9,22; 15,28. Simile anche Mt 8,13. Cf. U. Luz, *Matthew 8-20*, 407; D.A. HAGNER, *Matthew 14-28*, 504.

[73] R.H. GUNDRY, *Matthew*, 351.

[74] Dal confronto sinottico, apprendiamo che Lc non presenta questa seconda scena; Mc 9,28 enfatizza il carattere privato con la menzione della casa (εἰς οἶκον).

Interessante è l'annotazione "in disparte"[75] (κατ' ἰδίαν): non è solo questione di luogo – lontano dalla folla, per vincere l'imbarazzo[76] (!); ai discepoli è offerta la possibilità di stare soli con Gesù cioè di avere con lui un particolare rapporto. Si determina una oggettiva differenza di legame e di intimità tra Gesù e i suoi discepoli rispetto alle folle o ad altri personaggi che fanno una saltuaria comparsa sulla scena (cf. 13,36; 15,12). L'evangelista ha già utilizzato questa locuzione sia per indicare la solitudine che Gesù ricerca (14,13.23) che per far risaltare la predilezione di tre apostoli durante la trasfigurazione (17,1). Nella continuazione del racconto, la stessa indicazione di separazione contrassegnerà la terza predizione (20,17) e l'inizio del discorso escatologico (24,3). Si tratta di un prezioso indizio che segnala la presenza di un insegnamento destinato a chi, più da vicino, è chiamato a seguire Gesù. Quindi il discepolo – di allora e di ora – è sollecitato a prendere in seria considerazione quanto verrà qui affermato: è una parola che, di fatto, si presenta come appositamente indirizzata a lui.

I discepoli si esprimono[77] con una domanda precisa: "Perché noi non abbiamo potuto scacciarlo?"[78]. I discepoli chiedono conto del loro fallimento. Il confronto è con l'opera efficace di Gesù: *lui* è stato capace, *essi* hanno mancato (cf. il soggetto in posizione enfatica: ἡμεῖς). Una tale domanda, per un verso, evidenzia e amplifica il loro insuccesso: si ribadisce un'informazione già apparsa nel testo nelle parole del padre. Ritorna il medesimo verbo δύναμαι (ἠδυνήθημεν; cf. 17,16: ἠδυνήθησαν). E' un'incapacità che fa problema.

D'altro canto, l'interrogativo fa capire che i discepoli non si arrestano di fronte ad un simile scacco: vogliono conoscerne le cause. Questo di per sé è positivo: non ci si limita a constatare l'accaduto. Con i discepoli, anche i lettori vogliono conoscere.

E tuttavia la domanda rivela ancora un'incomprensione circa la missione ricevuta[79]: non potevano i discepoli scoprire, da se stessi, la ragione dell'esito fallimentare della loro azione? Non era stata offerta, di fatto, la possibilità di ἐκβάλλειν τὰ δαιμόνια (10,8)?[80] Anche in questo emerge la fatica dei discepoli.

---

[75] Anche Mc 9,28 presenta la stessa espressione.

[76] D.A. HAGNER, *Matthew 14-28*, 504.

[77] Mt 17,19 presenta il generico verbo λέγω all'aoristo (εἶπον); Mc 9,28 preferisce il verbo tecnico delle interrogazioni ἐπερωτάω all'imperfetto (ἐπηρώτων).

[78] Anche in Mc 9,28 compare l'identica espressione: ἐκβαλεῖν αὐτό.

[79] Cf. B.L. MELBOURNE, *Slow to Understand*, 69.

[80] E' da notare il fatto che i discepoli si esprimano in termini di espulsione e non

2.2.2 La risposta di Gesù (v. 20)

La risposta di Gesù è immediata e precisa. E' introdotta dal verbo λέγω al presente[81] in parallelo con lo stesso verbo, all'aoristo (εἶπον) assegnato, nel versetto precedente (v. 19), ai discepoli. La parola di Gesù è una parola che è sempre "presente" e che continua a risuonare. E' importante ricordare che in due testi già visti (cf. 8,26; 14,31) lo stesso verbo λέγει ha introdotto il rimprovero di Gesù sulla poca fede.

La risposta di Gesù si compone di due parti, strettamente connesse (cf. l'uso di γάρ): in una battuta, egli espone ai discepoli il motivo del loro fallimento e, in secondo luogo, pronuncia un detto sulla potenza paradossale della fede[82].

Ai discepoli che si erano rivolti a lui con un "perché" (διὰ τί), Gesù risponde con un altro "perché" (διά): la ripresa dello stesso termine indica la precisione della risposta che non dà adito ad ambiguità o fraintendimenti. La ragione del loro scacco è detta in un termine cioè la "vostra poca fede" (ὀλιγοπιστία ὑμῶν).

"Per la vostra poca fede" (v. 20a)

Per la prima e unica volta all'interno del NT compare il sostantivo ὀλιγοπιστία. I discepoli (e il lettore) sono pronti ad accogliere un tale *hapax* perché preparati dalla narrazione evangelica che già ha fatto risuonare l'aggettivo corrispondente (6,30; 8,26; 14,31; 16,8). Di conseguenza, manifesta una vistosa incomprensione della prospettiva di Matteo il tentativo di "correzione" di chi trasforma l'ὀλιγοπιστία in ἀπιστία. Ciò si è verificato già nella trasmissione del testo ad opera dei copisti[83]; ciò si verifica anche nell'interpretazione di qualche commentatore[84] il quale – di fatto – tratta l'espressione come fosse semplice-

---

di guarigione come in precedenza il padre: cf. le due differenti espressioni: 17,19: οὐκ ἠδυνήθημεν ἐκβαλεῖν αὐτό; e 17,16: οὐκ ἠδυνήθησαν αὐτὸν θεραπεῦσαι. Forse è presente una sfumatura ironica.

[81] A. SAND, *Matteo*, II, 539; R.H. GUNDRY, *Matthew*, 352.

[82] Cf. J. ZUMSTEIN, *La condition du croyant*, 441.

[83] Il termine ἀπιστία figura in C D L W. Riteniamo questa lezione come una sostituzione sulla scorta di 17,17 come argomenta B.M. METZGER, *A Textual Commentary*, 43; cf. anche W.C. ALLEN, *Matthew*, 190. La *Vulgata* presenta la lezione "propter incredulitatem vestram" mentre la *Nova Vulgata* "propter modicam fidem vestram". Diversamente, secondo M.-J. LAGRANGE, *Matthieu*, 340, si è passati da ἀπιστία a ὀλιγοπιστία ad opera di Origene per "rivalutare" i discepoli.

[84] Esemplare ci sembra il caso del commento – peraltro assai pregevole – di P. BONNARD, *Matthieu*, che traduce "parce que vous ne croyez pas" (258) e così spiega

mente un sinonimo di ἀπιστία. Riteniamo che il percorso fin qui condotto ci abbia resi persuasi – almeno in questo! – che le accentuazioni sono diverse.

Si tratterà, allora, di tentare di illustrare, con una certa precisione, il contenuto della "poca fede" qui menzionata. In questa sede, raccogliamo l'essenziale, riservandoci di ritornare sulla questione nella parte finale con più ampia bibliografia. A livello generale, possiamo affermare anzitutto, sulla scorta di quanto detto sopra, che l'ὀλιγοπιστία non indica la mancanza totale di fede; una "qualche fede" c'è, anche se insufficiente, non ancora matura né interiorizzata[85].

Per connotare in modo corretto la "poca fede" – almeno in questa prima parte della risposta di Gesù – riteniamo necessario considerare insieme alcuni dati peculiari di questo brano. In primo luogo, quanto Gesù afferma riguarda un atteggiamento che i discepoli hanno assunto durante una sua esplicita assenza. E' l'unico caso – tra quelli finora analizzati – nel quale i discepoli manifestano la loro ὀλιγοπιστία mentre Gesù non è "fisicamente" con loro. In secondo luogo, è da notare che l'ὀλιγοπιστία è emersa di fronte ad un'azione – una guarigione/esorcismo – che essi non sono stati in grado di realizzare. In altri termini, la "poca fede" si misura in relazione ad un "ostacolo" da vincere – e che, invece, li ha vinti. Infine, occorre rammentare – ed è un aspetto nuovo – che i discepoli, in quanto "dodici", erano stati esplicitamente incaricati e abilitati per quell'azione nella quale falliscono (cf. 10,1.8).

A partire dall'ultima affermazione, ci sembra che la prima e qualificante accentuazione della "poca fede", nel brano in questione, si possa configurare come la mancanza di fiducia dei discepoli nella missione ricevuta da Gesù[86]. La relazione con lui non è così viva e forte da consentire loro di operare ciò per cui erano stati inviati. La missione non si realizza perché salta una comunione vitale con Gesù. Manca una esistenziale perseveranza in merito all'incarico ricevuto.

Il testo, poi, mette giustamente in rilievo il fatto che una tale comunione si sarebbe dovuta realizzare nonostante l'assenza di Gesù. Il

---

il termine: "il ne désigne pas un degré minime de foi mais une défaillance, une absence de foi" (261). Tra gli altri, cf., ad es., F.V. FILSON, *Matthew*, 194; H. VAN DER LOOS, *The Miracles*, 399.401 ("unbelief"); L. MALEVEZ, "Foi existentielle", 140.

[85] Cf. S. GRASSO, *Matteo*, 428.
[86] X. LÉON-DUFOUR, "L'episodio", 260: "non hanno la fede viva che, attraverso gli atti che il loro mandato esige, scoprirebbe continuamente la presenza attiva del Signore".

discepolo non è stato capace di vivere la presenza di Gesù nella sua assenza materiale. Non v'è chi non veda come questo aspetto rimandi, in trasparenza, a quella che sarà l'esperienza postpasquale.

Di conseguenza, agli occhi dei discepoli la malattia appare più forte del loro potere di guarigione[87]. La malattia detta legge più della fede, come in precedenza la paura (8,26) o il vento (14,30).

Anche il contesto, che ha messo in risalto la prima predizione della passione e risurrezione e l'incipiente crisi tra Gesù e i suoi (16,21-23) contribuisce a qualificare la poca fede[88].

Da quanto detto, ci sembra di scorgere, nella "poca fede", non solo una generica mancanza di fiducia in Dio; in gioco, ancora una volta, è anche la qualità della relazione con Gesù (il quale – è ovvio – rende possibile anche una determinata relazione con Dio, il Padre).

Come un granello di senape per compiere l'impossibile (v. 17bc)

La fede dei discepoli è "piccola/poca" eppure Gesù non si limita a registrare impietosamente il fallimento dei suoi ma allarga l'orizzonte verso il futuro per assicurare ai discepoli che restano ancora aperte, per loro, nuove possibilità[89]. Tutto si gioca in paradossale contrasto tra la situazione che i discepoli stanno vivendo (la "poca fede") e la richiesta di quel "meno del minimo" che essi sono chiamati ad offrire.

Il detto è introdotto in modo solenne attraverso la formula stereotipata: ἀμὴν λέγω ὑμῖν. Tale formulazione – oltre che ad esprimere una asserzione energica – mette in risalto la coscienza che Gesù possiede della sua autorità unica[90]. Quanto Gesù sta per affermare, quindi, è da accogliere con attenzione. Da notare la presenza della congiunzione γάρ: come nelle altre tre ricorrenze matteane (5,18; 10,23; 13,17), la frase introdotta da γάρ serve per far luce o per rafforzare quanto affermato in precedenza. Nel nostro caso, serve a mettere a confronto quanto i discepoli sono e quanto dovrebbero (o potrebbero) essere. La loro "poca fede" fa da contrasto con la condizione "minima" di credenti alla quale sono chiamati.

---

[87] Cf. J. ZUMSTEIN, *La condition du croyant*, 441.

[88] A questo spunto, saranno dedicate dettagliate osservazioni più avanti.

[89] C.L. BLOMBERG, *Matthew*, 267: "Jesus balances his rebuke with a measure of optimism".

[90] Sul significato di ἀμήν, cf. H. SCHLIER, "ἀμήν", 909-916. Con enfasi egli scrive (916): "nell'ἀμήν è contenuta *in nuce* tutta la cristologia". Inoltre, spunti utili in W.D. DAVIES – D.C. ALLISON, *Matthew*, I, 489-490; R.H. GUNDRY, *Matthew*, 79.

Il *loghion* si compone di tre parti: condizione, promessa[91] e conclusione:
1) *una condizione*: "se avrete fede pari a un granellino di senape";
2) *una promessa:* che risulta articolata in tre momenti: a) "direte a questo monte: b) "spostati da qui a là"; c) "ed esso si sposterà";
3) *una conclusione*: "e nulla vi sarà impossibile".

Il genere letterario è quello dell'avvertimento profetico che, di norma, è costruito con l'enunciazione di una condizione (il tema dell'esortazione), seguita da un'assicurazione che è una promessa o una minaccia (tema dell'oracolo). L'analogia con il retroterra profetico dà al detto di Gesù il sapore di una parola forte come la parola di Dio, lo assimila agli appelli rivolti al popolo di Dio mentre vive la sua storia di salvezza e si presenta come una possibilità offerta agli uditori di decidersi pro o contro la fedeltà all'alleanza[92]. Nei sinottici, in altre tre occasioni compaiono detti simili sulla fede: in Mt 21,21, Mc 11,22-23 e Lc 17,6[93].

Anzitutto, esaminiamo la condizione: ai discepoli si chiede una fede pari ad un granello di senape. La costruzione del verbo ἔχω con il sostantivo all'accusativo πίστιν ricorre, nel vangelo di Matteo[94], qui e in 21,21 (testo molto simile che sarà commentato in seguito). Inoltre, sia Mt 17,20 che 21,21 rappresentano le uniche due ricorrenze, tra le 8 di Matteo, nelle quali il sostantivo πίστις ha a che fare con i discepoli. Negli altri personaggi la fede è constatata (8,10; 9,2.22.29; 15,28), nei discepoli è "intimata": probabilmente, la qualità della fede non è la stessa. Infine, non è chiaro il destinatario della fede: è fede in Dio, *tout-court*, oppure è sottesa una dinamica più complessa? La domanda sarà ripresa più avanti.

La fede da avere è "come un granello di senape". Il "come" (ὡς) apre la porta e lascia spazio non ad un'univoca equivalenza ma alla potenza di un'immagine. Il "granello di senape" (κόκκος σινάπεως) dice una misura davvero minuscola. Nella tradizione sinottica, il termi-

---

[91] Dal punto di vista grammaticale, siamo di fronte alla "classica" combinazione di protasi (εἰ + cong. pres.) e apodosi (futuro).

[92] Così J. DUPLACY, "La foi qui déplace", 281-282.

[93] Sul rapporto tra i testi della tradizione sinottica e Paolo, in specie 1Cor 13,2, rimandiamo al percorso (basato su una cronologia dei testi molto opinabile) offerto da CH.-B. AMPHOUX, ""Toute la foi, jusqu'à déplacer les montagnes" (1Cor 13,2)", 333-355.

[94] Così nel resto del NT: Mc 4,40; 11,22; Lc 17,6; At 14,9; Rm 14,22; 1Cor 13,2; 1Tm 1,19; Fm 5; Gc 2,1.14.18.

ne κόκκος è sempre associato a σίναπι (cf. Mt 13,31 e i paralleli in Mc 4,31; Lc 13,19; qui e Lc 17,6) e, nel mondo giudeo palestinese, assume una valenza quasi proverbiale per indicare il più piccolo di tutti i semi (cf. 13,32)[95]. Da questo punto di vista, si realizza un'opposizione degna di attenzione nel testo: la fede dei discepoli è detta piccola/poca (17,20a) e tuttavia ne basterebbe davvero poca, come un granello di senape, per essere efficace. E' l'aspetto paradossale della fede. Sulla "paradossalità" si fonda anche la miniparabola di Mt 13,31-32, tutta giocata sul contrasto tra la piccolezza del seme e la grandiosità dell'albero. C'è una oggettiva (e gratuita) sproporzione tra il punto di partenza e l'esito finale: la logica di Gesù appare come paradossale sia quando si riferisce al Regno (13,31) che alla fede – come dice la prosecuzione del detto.

Inoltre, c'è da aggiungere che, secondo qualche autore, la similitudine, sempre confrontata con la parabola, potrebbe alludere anche alla necessità della "crescita" della fede: come il granello di senape, inizialmente, è realtà infinitesima ma realtà in continuo sviluppo, fino a diventare un grande albero, così anche la fede dei discepoli è necessario che sia una realtà dinamica, in progressione costante[96]. C'è persino (!) chi vede in questo paragone l'origine "divina" della fede: essa è "seminata" gratuitamente nel cuore dell'uomo[97].

Il possesso di una fede pari a un granello di senape offre al discepolo un'inaudita possibilità: pronunciare una parola in grado di "spostare le montagne". La promessa di Gesù – come più sopra si registrava – si compone di un comando ("spostati") e della sua immediata attuazione ("si sposterà"). Registriamo l'enfasi accordata alla sola parola: si mette in risalto un *verbum dicendi* (ἐρεῖτε) seguito da un discorso diretto che riporta un imperativo (μετάβα). La notizia dell'esecuzione del comando (μεταβήσεται) rimarca la potenza della parola mossa dalla fede. Il ministero pubblico di Gesù si è svolto attraverso l'esercizio della parola, parola predicata (ad es. Mt 5-7) e parola-azio-

---

[95] O. MICHEL, "κόκκος", 725-731; J. ZUMSTEIN, *La condition du croyant*, 442.

[96] Cf. A. MELLO, *Matteo*, 312; cf. anche W.D. DAVIES – D.C. ALLISON, *Matthew*, II, 726.

[97] E' un suggerimento di X. LÉON-DUFOUR, "L'episodio", 263: "Parlare di seme significa affermare il carattere non naturale della fede: essa è data come un seme, e non al termine dello sforzo dell'uomo". Raccogliamo, infine, la sintesi di TOMMASO D'AQUINO, *Lectura,* 1469 che, nell'immagine del seme, riscontra, della fede, "fervorem, foeconditatem, parvitatem vel humilitatem".

ne (ad es. Mt 8-9); ora, la nuda forza della parola è offerta come efficace e potente anche per il discepolo che vive nell'ambito della fede. Questo "poter dire" è già partecipare alla grandezza di Gesù.

La promessa di Gesù ("spostare le montagne") si presenta come un'efficace iperbole attinente l'ambito della natura inanimata – e non il dominio della malattia, come, forse, ci si aspetterebbe dal contesto. Siamo di fronte ad un'espressione proverbiale, negli scritti rabbinici, per indicare l'impossibile o l'improbabile dal punto di vista umano[98]. L'AT segnala quest'azione come un'azione propria di Dio (Is 40,4; 49,11; 54,10)[99]; essa appartiene al suo agire escatologico che comporta la trasformazione del mondo[100] e la soppressione di ogni ostacolo che si erge contro il popolo di Dio[101]. La metafora ha ricevuto, già dai primi padri, un'interpretazione allegorica[102].

La conclusione di Gesù (17,20c) apre verso il futuro (cf. il tempo del verbo ἀδυνατέω): anche se i discepoli hanno fallito nel presente, non devono limitarsi a constatare questo scacco ma aprirsi a nuove possibilità: "nulla sarà impossibile". Il tema "potere/non potere" ha attraversato il passo a cominciare dalle parole del padre (17,16) per focalizzarsi nella domanda dei discepoli (17,19): ora, nelle ultime parole di

---

[98] Cf. J. DUPLACY, "La foi qui déplace", 277; E. SCHWEIZER, Matteo, 329; J.M. VAN CANGH, "Évolution", 570-571; per le indicazioni bibliografiche extrabibliche, cf. W.D. DAVIES – D.C. ALLISON, Matthew, II, 727. Sul detto nella tradizione sinottica, cf. anche W.R. TELFORD, The Barren Temple, 95-127. Ulteriori suggestioni sul tema si possono trovare in J.D.M. DERRETT, "Moving Mountains", 231-244. Infine, è da segnalare la posizione di G. SCHWARZ, "Πίστιν ὡς κόκκον σινάπεως", 27-35; attraverso il confronto sinottico, egli sostiene che "monte" e "sicomoro" sono metafore per indicare i dotti oppositori incontrati dai discepoli.

[99] S. GRASSO, Matteo, 429, n. 106 richiama altri testi: Ez 38,20; Abc 3,6; Sir 16,19; 43,16; Bar 5,7. Per amore di precisione, sarà utile notare – come fa U. LUZ, Matthew 8-20, 409 – che l'immaginario biblico parla non tanto di "spostamento" quanto di "livellamento" o "scuotimento" dei monti.

[100] Cf. J. GNILKA, Matteo, II, 166 che rimanda a F. HAHN, "Jesu Wort", 157.165-167; inoltre X. LÉON-DUFOUR, "L'episodio", 263: "per la loro fede i discepoli partecipano dell'onnipotenza divina nei tempi escatologici che essi vivono con Gesù"; J. DUPLACY, "La foi qui déplace", 283.

[101] Cf. P. BONNARD, Matthieu, 261.

[102] Così ORIGENE, PG 13, 1112, intende l'immagine come capacità di compiere l'esorcismo; simile GEROLAMO, PL 26, 130. Una sintesi è offerta da TOMMASO D'AQUINO, Lectura, 1470 e da J. MALDONADO, Commentarii, I, 234; quest'ultimo scrive: "Hieronymus et Beda et D. Augustinus, allegorice explicarunt, qui superbiam humanam, quam Apostoli transtulerunt atque superarunt, per montem intelligunt".

Gesù, siamo ad uno sbocco inaspettato. Ai discepoli è offerto un "potere" che sembra essere senza limiti[103]. Notiamo, inoltre, che la sentenza si chiude con il pronome personale "a voi" (ὑμῖν). I discepoli risaltano come destinatari privilegiati. Suggestivo il legame che si crea nel testo tra la loro domanda in 17,19 (ove il pronome ἡμεῖς era collocato in posizione enfatica) e la risposta di 17,20 che si chiude anch'essa sul pronome "voi" (ὑμῖν). Gesù cura, in primo luogo e in maniera esemplare, la fede dei discepoli.

Per completare la spiegazione di questo versetto, affrontiamo due aspetti tra loro intimamente connessi: anzitutto, è necessario chiarire la qualità del "potere" offerto da Gesù ai suoi; in secondo luogo, è utile puntualizzare quale sfumatura assuma la "fede" qui richiesta ("se avrete fede...").

Per quanto riguarda il primo punto, è comune, tra gli autori, affermare che sia il detto iperbolico (17,20b) che il suo ampliamento (17,20c) servano per rimarcare la "potenza della fede"[104]. Tuttavia, se non si vuole essere ingenui o generici né – peggio ancora – cadere nel fideismo o nel fatalismo[105], è importante precisare meglio il contenuto di un tale "potere". Esso è da collocare all'interno della trama di tutto il vangelo e, in particolare, nel contesto del rapporto che i discepoli intessono con Gesù[106]. Il riferimento più esplicito e pertinente, dunque, riguarda l'attuazione dei segni del Regno commissionati nel cap. 10[107]. Non si tratta, dunque, di una sorta di onnipotenza magica: la fede abilita il discepolo a compiere in modo adeguato la sua missione di azione e di annuncio che rende presente colui che manda, entro i limiti della volontà e dello spirito di colui che manda[108]. Ai discepoli, in quanto configurati come gruppo dei "dodici apostoli" (10,2), è offerta la possibilità di rifare le stesse opere di Gesù, così come attesta – del resto – il libro degli Atti.

---

[103] A proposito della disposizione dei v. 19-20, W. KAHL, *New Testament Miracle*, 199-200, segnala una struttura chiastica: A. ἡμεῖς οὐκ ἠδυνήθημεν (19); B. διὰ τὴν ὀλιγοπιστίαν (20a); B'. ἐὰν ἔχητε πίστιν (20b); A'. οὐδὲν ἀδυνατήσει ὑμῖν (20c).

[104] Ad es. R. FABRIS, *Matteo*, 384

[105] O. DA SPINETOLI, *Matteo*, 486.

[106] W. GRUNDMANN, "δύναμαι", 1538: "la δύναμις concessa ai discepoli è la potenza stessa di Dio e presuppone la fede ossia un rapporto personale con Gesù".

[107] C.L. BLOMBERG, *Matthew*, 268; D.A. HAGNER, *Matthew 14-28*, 505.

[108] Cf. A. DURAND, *Matteo*, 357: "nell'ambito e per il fine della missione"; J. DUPLACY, "La foi qui déplace", 287 che aggiunge: "cette puissance ne fait donc pas des disciples de quelconques magiciens".

Tuttavia, oltre questo specifico e gratuito potere, legato ad un gruppo preciso, il detto potrebbe esprimere, per tutti, la certezza della possibilità di vivere la realtà quotidiana in modo nuovo, secondo quell'orizzonte particolare che la fede dischiude, in conformità alla volontà di Dio. Per chi vive un rapporto stretto e personale con Gesù, cambia il modo di stare di fronte alla realtà. E' dato un "modo d'essere" radicalmente nuovo nel quale il discepolo può affrontare la storia con una sicurezza assoluta: la fede lo colloca già al di là del tempo che passa (1Cor 7,29ss); la fede fa già di lui un vincitore del mondo (1Gv 5,4)[109].

Per quanto riguarda il secondo aspetto, la questione può essere posta nei seguenti termini: la fede che Gesù chiede di avere (ἐὰν ἔχητε πίστιν) si presenta univocamente come fiducia assoluta in Dio oppure, nel contesto, si carica di un "sovrappiù" per la presenza di Gesù? E' evidente che Dio è il destinatario primo e adeguato della fede nel retroterra religioso del vangelo. Aver fede è quella ferma fiducia nella potenza di Dio, al quale tutto è possibile[110].

Tuttavia non è da sottovalutare – come si è più volte rilevato – il legame tra la situazione di fallimento che i discepoli sperimentano e l'incarico in precedenza ricevuto. Se hanno fallito a motivo della scarsa fede nella missione ricevuta, si potrebbe allora ritenere – dal contesto – che la fede che Gesù domanda qui ai suoi è la fede nella sua parola, nel potere che questa parola ha loro dato, e, in definitiva, la fede in lui e nella sua misteriosa autorità. Inoltre, la fede richiesta esige di essere declinata nell'orizzonte del volto di Gesù, Messia sofferente, emerso già nella prima predizione (16,21). E' di certo questione di "fiducia in Dio" ma non solo: è in gioco un'adesione assoluta alle parole di Gesù. La fede in Dio, quindi, implica, nel contesto immediato, anche la fede in Gesù[111]. La nozione di fede ci sembra, in questo caso, complessa e insieme coerente con l'aspetto di relazione alla persona di Gesù spesso messo in risalto. Così interpretate, quelle di Gesù sono parole di fiducia e di speranza. La constatazione della poca fede del discepolo non arresta la sua opera: al discepolo è sempre offerta una

---

[109] E' la prospettiva conclusiva dell'articolo di J. DUPLACY, "La foi qui déplace", 287.
[110] Cf. B. LIPERI, "La fede", 101.
[111] Così J. DUPLACY, "La foi qui déplace", 286. Questo autore suffraga la sua posizione con il rimando a Nm 20,1-13. E' il caso di Mosè che riceve l'incarico di far scaturire l'acqua dalla roccia e, per un istante, non crede. Fallisce – come i discepoli – nell'incarico ricevuto: "en ne croyant pas à la parole de Dieu et à la puissance qu'elle lui donnait, c'est à Dieu et à sa puissance qu'il n'a pas cru".

chance per avanzare nel rapporto con lui. Questo sta a cuore a Gesù: che il discepolo cresca nella relazione fiduciale con lui e, mediante la sua persona, con Dio che è il Padre[112].

Come si può verificare dalla spiegazione appena svolta, il testo di Mt 17,14-20 offre una trama di complesse e variegate accentuazioni riguardo al tema della fede. Sul *presente*, grava il lamento di Gesù che accusa i suoi contemporanei di ἀπιστία (17,17): è l'atteggiamento di chi si pone "contro" Gesù senza riconoscere la sua identità di Messia che porta a compimento le speranze di Israele; sul recente *passato*, si stende la constatazione della ὀλιγοπιστία dei discepoli (17,20a) che non compiono la missione ricevuta e non accolgono Gesù incamminato verso la croce; sul *futuro* si apre la promessa fatta, ancora una volta, ai discepoli (17,20bc) sulla potenza della qualità (e non quantità!) della fede "come un granello di senape". Si può visualizzare in questa tabella:

Vocabolario della fede	Riferito a:	Tempo
ἀπιστία	Contemporanei	presente
ὀλιγοπιστία	Discepoli	passato
πίστις ὡς κόκκος	Discepoli	futuro

Queste tre diverse sfumature della fede, nelle loro reciproche intersezioni, saranno riprese nella sintesi finale, con particolare attenzione alla "poca fede".

3. Il fico senza frutti e il detto sulla fede (Mt 21,18-22)

Prima di procedere all'analisi della collocazione di Mt 17,14-20 nel contesto e di raccogliere gli spunti sintetici circa lo sviluppo del tema, è utile richiamare la presenza, nella trama di Matteo, di un successivo testo sulla fede che presenta ragguardevoli affinità contenutistiche con il passo appena spiegato: si tratta dell'insegnamento di Gesù collocato nel contesto dell'episodio del fico senza frutti (21,18-22). Matteo è l'unico – tra i sinottici – che reduplica il detto sulla potenza della fede.

---

[112] La risposta di Mc 9,29 rimanda alla forza della preghiera per scacciare questo genere di demoni. L'accento cade più sui "mezzi" per vincere il fallimento che non sulla ragione del medesimo. Attraverso questo confronto, risalta ancor più la prospettiva tipica di Matteo che affida al tema della fede un ruolo centrale.

Mt 21,18-22[113] si compone di un gesto di Gesù (v. 18-19) cui fa seguito una domanda dei discepoli (v. 20) che ottiene pronta risposta da parte di Gesù stesso nei v. 21-22[114]. Ci proponiamo di commentare brevemente il testo indugiando sui versetti finali (v. 21-22), per evidenti motivi tematici.

3.1 *Il fico seccato (v. 18-19)*

Con il capitolo 21 ci si inoltra nell'ultima parte del dramma di Gesù, dramma che ha come teatro la città di Gerusalemme. Gesù vi entra come re mansueto (21,1-11) e, nel tempio, protesta contro un culto ridotto a commercio, opera guarigioni e discute con sommi sacerdoti e scribi (21,12-16); in seguito si reca a Betania per pernottare (21,17). A questo punto della narrazione si inserisce il brano in questione.

Esso si apre con l'annuncio del rientro di Gesù in città, di mattina, e con la notizia della sua fame (21,18). Questo bisogno elementare lo spinge verso un fico (συκῆ) ma su di esso non trova[115] altro che foglie. Pronuncia[116] di seguito una severa parola di condanna ("Non nasca mai più frutto[117] da te") che ha un effetto immediato ("subito il fico si seccò": 21,19).

Il significato del gesto è, con ogni evidenza, simbolico e il retroterra per penetrare nel suo significato ci è offerto dall'AT e dal contesto prossimo di Matteo[118]. Stupisce e orienta, di conseguenza, verso un'in-

---

[113] Il parallelo sinottico è offerto da Mc 11,12-14.20-24. La differenza macroscopica è costituita dalla divisione dell'episodio in due tempi; in mezzo, Marco colloca la cacciata dei venditori dal tempio (11,15-19). Il testo sarà tenuto sullo sfondo senza un confronto dettagliato se non in alcuni punti utili per il tema.

[114] Presentano una triplice scansione: W.D. DAVIES – D.C. ALLISON, *Matthew*, III, 147; R. FABRIS, *Matteo*, 447. R.H. GUNDRY, *Matthew*, 415 fa iniziare il passo con il v. 17.

[115] Gesù è soggetto del verbo εὑρίσκω anche in 8,10 ove si parla della fede rinvenuta in un pagano più che in Israele. La tematica è affine al nostro testo.

[116] Da notare l'uso di λέγω al presente, come in 17,20.

[117] E' interessante notare come in Matteo il termine καρπός assuma molto spesso un significato metaforico (cf. 3,8.10; 7,16.17.18.19.20; 12,33; 13,8; 13,26; 21,34.41.43).

[118] Ci sembra trascuri totalmente tale contesto la posizione tanto suggestiva quanto fantasiosa di J.G. KAHN, "La parabole", 38-45, che vede nel fico un simbolo del rifiuto del creato alla grazia divina, come già fecero "gli alberi ricalcitranti" in Gn 1,11-12 secondo l'interpretazione rabbinica. Così pure non ci persuade la posizione di D. ELLUL, "Dérives", 69-76 con il suo riferimento a Gen 3 e alla presentazione di Gesù nuovo Adamo.

terpretazione simbolica, anche il fatto che Gesù si rivolga al fico con un discorso diretto, come se stesse parlando ad una persona.

Nell'AT il fico è segno di fertilità e di abbondanza (cf. Dt 8,8; 2Re 18,31), alla pari della vigna. Quando è senza foglie e frutti diventa anche il simbolo del popolo che viene meno all'alleanza (cfr Is 34,4; Ger 8,13; 24,1; 29,17; Os 2,14; 9,10.16; Mic 7,1-2; Gl 1,7.12; Ab 3,17; Ag 2,19)[119]. Il fico sterile diventa l'emblema di Gerusalemme/Israele che ostinatamente rifiutano Gesù e non offrono i frutti della conversione e dell'accoglienza[120].

Anche il contesto prossimo di Matteo orienta, in modo più mirato, in questa direzione: il gesto di Gesù si colloca tra lo scontro del giorno precedente con i sommi sacerdoti e gli scribi che rifiutavano l'accoglienza a lui riservata nell'ingresso in città (21,15-17) e quella sezione (21,23-45) ove, attraverso dibattiti e parabole, si fa sempre più chiaro il giudizio di Gesù (21,43) e l'ostilità che conduce alla morte da parte dei capi (21,45). La maledizione del fico è la ratifica di un comportamento di ostinata chiusura; è un gesto profetico "esagerato" che vuole attirare l'attenzione sul giudizio che incombe.

3.2 La domanda dei discepoli (v. 20)

La reazione dei discepoli (21,20) si qualifica come "stupore" (θαυμάζω) derivante dal fatto che il fico si sia seccato *subito* (παραχρῆμα). E' istruttivo il fatto che, nella domanda, i discepoli riprendano il finale – e solo quello – del gesto di Gesù[121] e pongano enfaticamente all'inizio della loro interrogazione l'avverbio ("come *subito*... πῶς παραχρῆμα"). Non penetrano nell'enigmaticità del gesto che spinge ad andare oltre sé; sono colpiti unicamente dal compimento immediato della parola di Gesù. E' la forza suggestiva di questa parola a balzare in primo piano.

E non a caso – ci sembra – nella sua ripresa (21,21), Gesù amplifica il tema della forza della parola in riferimento ai discepoli ("*direte* a questo monte..."): anch'essi saranno abilitati a pronunciare una parola efficace, a patto che si mantengano nell'orizzonte della fede. Ed è sulla

---

[119] S. GRASSO, *Matteo*, 497.
[120] J. GNILKA, *Matteo*, II, 316; R. FABRIS, *Matteo*, 448. Per un inventario completo di varie posizioni, cf. W.D. DAVIES – D.C. ALLISON, *Matthew*, III, 151-152.
[121] Basti paragonare la fine di 21,19 (ἐξηράνθη παραχρῆμα ἡ συκῆ con la domanda di 21,20 (πῶς παραχρῆμα ἐξηράνθη ἡ συκῆ) per appurare l'identità di vocabolario.

fede che cade l'attenzione finale (cf. πίστις in 21,21 e πιστεύω in 21,22).

E' interessante notare, dal confronto sinottico, come, laddove Marco fa intervenire Pietro (11,21), Matteo presenti la domanda come posta dai discepoli nel loro insieme. Il testo ottiene l'effetto di porre il gruppo in particolare risalto: la domanda viene da tutti, la risposta è per tutti[122]. Come in 17,19-20, il detto sulla fede è, dunque, preceduto da una domanda dei discepoli. Sulle loro labbra, la domanda – così ci pare – è sintomo di incomprensione e insieme desiderio di chiarimento[123].

3.3 La risposta di Gesù (v. 21-22)

Ai discepoli stupefatti per il fico seccato immediatamente, Gesù offre un insegnamento che è, al contempo, un'esortazione: "In verità vi dico: se avrete fede e non dubiterete, non solo potrete fare ciò che è accaduto a questo fico, ma anche se direte a questo monte: Levati di lì e gettati nel mare, ciò avverrà. E tutto quello che chiederete con fede nella preghiera, lo otterrete" (21,21-22).

Le parole di Gesù in 21,21-22 – come si è notato sopra – presentano vistose analogie formali e contenutistiche con le parole registrate in 17,20 e lì già commentate. In questa sede, pertanto, non ci si preoccuperà di un'esegesi dettagliata dei versetti 21-22[124] ma si cercherà di mettere a fuoco unicamente le eventuali differenze che possano servire come completamento ed eventuale approfondimento al tema della fede.

3.3.1 La fede, il dubbio e la realizzazione dell'impossibile (v. 21)

Per quanto riguarda il versetto 21[125], si potrà facilmente notare un'articolazione testuale simile a 17,20: una formula introduttiva identica (ἀμὴν λέγω ὑμῖν) seguita da una protasi + apodosi:

---

[122] Altre spiegazioni si possono trovare in W.D. DAVIES – D.C. ALLISON, *Matthew*, III, 152; R.H. GUNDRY, *Matthew*, 417.

[123] Segnaliamo un particolare, forse non privo di interesse. L'espressione ἐθαύμασαν λέγοντες è già apparsa in 8,27. I soggetti, a nostro giudizio, sono i medesimi. Uno stesso comportamento sembra legare i discepoli in maniera "coerente" in tutto l'itinerario.

[124] Un saggio esegetico dettagliato su tali versetti si può utilmente trovare, ad es., in J. CABA, *La oración*, 97-190.

[125] Anche Mc 11,23 enfatizza la necessità di non dubitare e aver fede: "καὶ μὴ διακριθῇ ἐν τῇ καρδίᾳ αὐτοῦ ἀλλὰ πιστεύῃ ὅτι ὃ λαλεῖ γίνεται".

17,20: ἐὰν ἔχητε πίστιν ὡυ κόκκον σινάπεως,
21,21: ἐὰν ἔχητε πίστιν καὶ μὴ διακριθῆτε,

17,20: ἐρεῖτε τῷ ὄρει τούτῳ, Μετάβα ἔνθεν ἐκεῖ, καὶ μεταβήσεται:
21,21: οὐ μόνον τὸ τῆς συκῆς ποιήσετε, ἀλλὰ κἂν τῷ ὄρει τούτῳ εἴπητε ἄρθητι καὶ βλήθητι εἰς τὴν θάλασσαν, γενήσεται.

La protasi (v. 21a)

In 21,21 siamo in presenza di una "protasi in forma amplificata"[126]. Mentre la prima parte è identica a 17,20, l'amplificazione è costituita dall'espressione verbale "e non dubiterete" (μὴ διακριθῆτε). Il verbo διακρίνω è presente in Mt nel testo in esame (alla forma media) e in 16,3 (alla forma attiva) ove, però, assume il significato di "discernere, interpretare"[127]. L'uso di διακρίνω col significato di "dubitare" è dunque un *hapax* per Matteo.

Non è agevole interpretare in modo univoco il senso del dubbio in 21,21. Il testo presenta una forte coordinazione tra ἐὰν ἔχητε πίστιν e μὴ διακριθῆτε. Si potrebbe forse pensare ad una sorta di parallelismo antitetico: aver fede significa non dubitare; fede e dubbio appaiono così come due realtà opposte. Il καὶ presente nel testo assumerebbe una sfumatura esplicativa[128]. Se così fosse, l'atto di dubitare descritto con διακρίνομαι si avvicinerebbe più all'"incredulità" (cf. Rm 4,20?) che non a quell'esitazione presente anche nell'esperienza credente espressa con il caratteristico verbo di Matteo διστάζω (14,31; 28,17). Questo significato "forte" del dubbio si adatterebbe anche al contesto di questa sezione finale del vangelo, ove è in gioco la decisione, *in extremis* e drammatica, pro o contro Gesù. Le parole, rivolte ai discepoli cioè a coloro che sono già con Gesù, acquistano il sapore di un monito in vista di una sequela sempre più aderente. I discepoli, infatti, sono messi in guardia dal rischio di "questo" dubbio mentre dell'"altro", cioè del dubbio espresso con διστάζω, si dice che essi ne sono, di fatto, già preda. Anche per questo, forse, si può scorgere una sottile differenza tra le due esperienze.

Tuttavia – ribadiamo – l'interpretazione è probabile ma non stringente. Per questo, non si può escludere l'opinione di chi vede nell'uso

---

[126] J. CABA, *La oración* 131.
[127] Cf. F. BÜCHSEL, "διακρίνω", 1090-1098. Inoltre G. DAUTZENBERG, "διακρίνω", 805-811.
[128] Cf. P. BONNARD, *Matthieu*, 309.

di διακρίνομαι il senso più comune di un'interiore divisione, di chi si fida e non si fida. Si richiama, in questo senso, il testo di Gc 1,6 che descrive, plasticamente, l'orante διακρινόμενος: egli non si attiene saldamente alla promessa di Dio, ma oscilla senza appiglio come l'onda del mare; è "doppio d'anima" (δίψυχος) e incerto in tutta la sua condotta (v.8)[129].

In un senso o nell'altro, il richiamo al dubbio da vincere evidenzia, con energia, la necessità di un'incondizionata "fede". Il testo non dice in modo esplicito a chi o – eventualmente – a cosa si riferisca un tale atto di fede. E' istruttivo, sotto questo aspetto, il parallelo con Mc 11,22-23 che presenta una formulazione diversa e meno ambigua. Si può notare, infatti, come in Mc 11,22-23 l'evangelista precisi in modo più lampante un differente contenuto della fede attraverso la doppia ripresa del vocabolario attinente[130]: in 11,22 compare l'espressione ἔχετε πίστιν θεοῦ che orienta la fede verso Dio come premessa; diversamente, in 11,23, nel detto sullo spostamento della montagna, compare prima il riferimento al dubbio e, in seguito, quello alla fede che ha come oggetto, in questa seconda occorrenza, ὅτι ὃ λαλεῖ γίνεται. In Marco, dunque, il testo presenta la "fede" secondo una duplice e distinta accezione: dapprima come rivolta a Dio e, in secondo luogo, come rivolta a ciò che si vuole ottenere. Dal confronto, si evince come in Matteo il testo presenti un orientamento più generico: non compare nessun riferimento esplicito né a Dio né all'oggetto della domanda; l'"oggetto" dell'"avere fede" non è identificabile in modo univoco. Tuttavia, ci sembra che il richiamo alla fede e l'assenza del dubbio costituiscano, in 21,21, la necessaria condizione per realizzare l'impossibile nella stessa linea formulata, in modo esplicito, da Marco in 11,22; sicché ci orientiamo nel dare al termine "fede" un significato fortemente religioso, in linea con l'AT, avente come referente Dio. Inoltre, non è forse improbabile, seppur in maniera secondaria, vedere nel testo un richiamo alla forza della parola di Gesù alla quale va la fede dei discepoli[131].

L'apodosi (v. 21b)

L'espressione contenuta in 21,21b riprende – a livello contenutistico – il messaggio di 17,20b. Le variazioni lessicali derivanti dal conte-

---

[129] Cf. F. BÜCHSEL, "διακρίνω", 1091-1092.
[130] Diversamente da Mt 21,21 ove il vocabolario della fede appare una sola volta.
[131] R. FABRIS, *Matteo*, 448.

sto¹³² non variano, nella sostanza, il senso del testo che appare così una solenne duplicazione del messaggio espresso in 17,20. Rimandiamo alla spiegazione offerta in precedenza per collocare l'espressione all'interno del suo retroterra pertinente, in particolare per quanto concerne l'immagine dello "spostamento delle montagne"¹³³.

Il riferimento all'episodio del fico seccato rimarca "visibilmente" l'energia della parola di Gesù; il discepolo, se si fida di lui, potrà far risuonare e rendere attuale la sua parola. Matteo trasforma l'agire di Gesù in un paradigma della fede dei discepoli¹³⁴. Il discepolo è chiamato, dunque, ad essere con Gesù perché egli agisca in lui. Se "il discepolo è come il maestro e il servo come il suo padrone" (cf. 10,24-25) potrà compiere le sue opere. E' questione di stretto legame basato su un'incondizionata fiducia che scaturisce dalla percezione di una presenza salvifica.

3.3.2 La preghiera con fede (v. 22)

Mentre in 17,20, dopo il detto sulla potenza della fede, troviamo un'espressione che amplifica e ribadisce quanto detto in precedenza in ordine al "potere" offerto ai discepoli (οὐδὲν ἀδυνατήσει), in 21,22 appare un aspetto nuovo cioè la presenza della *preghiera di domanda* come manifestazione della fede (cf. il parallelo in Mc 11,24¹³⁵).

Compare il vocabolario della preghiera: il verbo αἰτέω e il sostantivo προσευχή. Il verbo αἰτέω è usato in Matteo per esprimere una richiesta che ottiene l'effetto desiderato¹³⁶. Il sostantivo προσευχή è raro nel vangelo¹³⁷: il motivo della preghiera, frequente, è normalmen-

---

¹³² J. CABA, *La oración*, 114-115, segnala tre influssi del contesto sul loghion: 1) l'allusione al fico seccato; 2) i verbi impiegati per indicare lo spostamento del monte (αἴρω e βάλλω) si ricollegano all'ambito della natura (cf. Gv 15,2.6); 3) il verbo finale γενήσεται si riallaccia alla parola di giudizio di Gesù secondo 21,19.

¹³³ Si può forse aggiungere un particolare circa l'identificazione del "monte". Si chiede J. GNILKA, *Matteo*, II, 317: "in questo caso Mt pensa forse concretamente al Monte degli Ulivi, al quale già nell'AT viene attribuita una significazione escatologica (Zc 14,4)?". Cf. anche W.D. DAVIES – D.C. ALLISON, *Matthew*, III, 153. Contrario all'identificazione D.A. HAGNER, *Matthew 14-28*, 606.

¹³⁴ A. SAND, *Matteo*, II, 643.

¹³⁵ Mc 11,24 presenta una vistosa similitudine di lessico: προσεύχομαι, αἰτέω, πιστεύω e λαμβάνω.

¹³⁶ Cf. Mt 5,42; 6,8; 7,7.8.9.10.11; 14,7; 18,19; 20,22; 27,20.58. L'unica eccezione sembra essere 20,20.

¹³⁷ Qui e in 21,13 ove si definisce il tempio come "casa di preghiera".

te espresso con il verbo corrispondente προσεύχομαι (15x). Il contenuto della richiesta, così come suona – πάντα ὅσα – sembra essere illimitato: in seguito offriremo qualche precisazione in merito.

Il verbo πιστεύω ricorre in Matteo 11x con accezioni diverse: oltre al testo in esame, esso appare in due racconti di miracoli (8,13; 9,28), in riferimento alla persona di Giovanni Battista (21,25.32: 3x), nell'avvertimento per i tempi della fine (24,23.26) e come sfida a Gesù sulla croce (27,42). In 18,6 compare l'unico testo ove Gesù appare come oggetto *esplicito* della fede. Per quanto riguarda il verbo λαμβάνω, è interessante rilevare che, nella forma futura quale si presenta nel versetto in esame, esso è presente nel corso del vangelo altre 4x con una precisa sfumatura: si tratta di ricevere una realtà che non è nelle possibilità dell'uomo ma che giunge come regalo divino (cf. 10,41: 2x; 19,29; 20,10).

Il versetto, nella sua globalità, è un'assicurazione di esaurimento della preghiera laddove essa sia sostenuta totalmente dalla fede.

Sono evidenti i legami tematici con i testi di Mt 7,7-11[138] e 18,19. A livello globale, si riconosce la medesima dinamica di richiesta e di sicuro esaudimento. Tuttavia, non mancano le differenze. In 7,7-11 l'accento cade sull'insistenza e la perseveranza nella preghiera; in 18,19 in primo piano sta la consonanza (συμφωνέω) di due oranti; in 21,22 ciò che qualifica l'orazione è il fatto manifestato dal participio πιστεύοντες. Non è espresso il destinatario della fede; in particolare, a differenza dei testi appena richiamati, non si menziona esplicitamente il "Padre che è nei cieli (vostro: 7,11; mio: 18,19)". A motivo del contesto prossimo (21,21) e diversamente da Mc 11,22-23, riteniamo che Matteo abbia voluto connotare il detto in senso "religioso" per offrire un approfondimento al tema della fede in Dio, coerentemente con i testi sopra segnalati[139]. La fede richiesta è, allora, la fiducia – da acquistare e da rafforzare nella preghiera – che Dio, il Padre, verrà in aiuto di fronte a ben precise difficoltà[140]. L'intervento di Dio sarà secondo la misura della sua libertà. La fede, dunque, non indica l'egocentrica convinzione che i desideri di chi prega saranno realizzati "alla lettera", come se l'esaudimento fosse una conseguenza automatica della preghiera[141]. Occorre guardarsi da un'interpre-

---

[138] Cf. la spiegazione di questi versetti al cap. I.
[139] A. SAND, *Matteo*, II, 644 sottolinea la cura di Matteo per la fede della sua comunità contro il pericolo del dubbio.
[140] J. SCHNIEWIND, *Matteo*, 374.
[141] P. BONNARD, *Matthieu*, 309.

tazione semplicistica dell'affermazione di Gesù che vedrebbe cadere i discepoli in una sorta di "delirio di onnipotenza"[142]. Al contrario, quanto più chi chiede crescerà nella fede fiduciosa, tanto più lascerà fare a Dio e soprattutto saprà vivere nell'orizzonte della volontà del Padre (cf. 6,10)[143] senza confidare nelle proprie capacità[144].

Tuttavia, a motivo del versetto precedente, non è da escludere che nell'espressione della "fede" sia contenuto anche un riferimento alla parola di Gesù: si chiede con fede anche in quello che Gesù ha detto. E' certamente – questa – una minima sfumatura, che non vuole contestare il senso generale di cui sopra (fiducia nel Padre) ma – semmai – allargarlo.

Il testo di Mt 21,21-22 offre, dunque, ulteriori spunti per l'approfondimento del tema della fede che saranno raccolti al termine del capitolo.

4. Il testo nel contesto e lo sviluppo del tema

Per concludere l'analisi di Mt 17,14-20 – dopo l'esegesi del testo affine di Mt 21,18-22 – è necessario collocare il passo nel suo contesto (4.1). In seguito, si offrirà una sintesi del messaggio del brano in ordine al tema che si sta perlustrando tenuto conto dei testi precedenti sulla poca fede (4.2). In questa sede, si terranno presenti anche i risultati del commento di Mt 21,18-22.

4.1 *Mt 17,14-20 nel contesto remoto (Mt 10) e prossimo (Mt 16,21-17,23)*

Il testo di Mt 17,14-20 riceve luce dal contesto immediatamente precedente (16,21-17,13) e seguente (17,22-23). Ampio spazio sarà dato a questa sezione, dopo aver rimarcato – in modo telegrafico – il legame che il passo in esame intrattiene con il discorso missionario (Mt 10).

4.1.1 Il rapporto di 17,14-20 con il contesto remoto: Mt 10

L'episodio narrato in Mt 17,14-20 mette in luce la mancata capacità di azione dei discepoli durante l'assenza di Gesù nonostante gli speciali "poteri" offerti nel discorso del cap. 10.

---

[142] Cf. D.A. HAGNER, *Matthew 14-28*, 606.
[143] Cf. J. GNILKA, *Matteo*, II, 317-319.
[144] W. TRILLING, *Matteo*, 369.

Nel vangelo di Matteo – a differenza di quanto possiamo leggere in Mc 6,30 e Lc 9,10[145] – non si racconta dell'esecuzione della missione da parte degli inviati[146]: in questo modo il discorso resta "aperto" e con una validità permanente[147].

Di fatto, nella trama di Matteo, possiamo considerare il fallimentare esorcismo in Mt 17,14-20 come l'unico caso in cui viene data la possibilità ai discepoli di mettere in pratica quanto è stato loro offerto prima della missione universale sancita da Mt 28,16-20. E la loro risposta è quanto mai deludente a motivo della loro "poca fede". L'anticipo della situazione postpasquale (assenza fisica di Gesù) diventa un prezioso avvertimento: la missione alla quale coloro che seguono Gesù sono abilitati, si potrà esercitare solo nell'ambito della fede cioè nell'acquisita ed operante consapevolezza che nel discepolo opera quella potenza che si sprigiona dalla garantita presenza di Gesù (28,20).

4.1.2 Il testo nel contesto di Mt 16,21-17,23

Contesto precedente (16,21-17,13)

In Mt 16,21 si incontra una significativa cesura all'interno del vangelo (ἀπὸ τότε ἤρξατο ὁ Ἰησοῦς) che segnala l'apertura di una nuova parte: la descrizione del cammino di Gesù verso Gerusalemme per compiere il suo mistero pasquale. In 16,21-28 si possono individuare tre nuclei contenutistici: anzitutto (16,21) Gesù "mostra" (δεικνύειν) con precisione il proprio destino di morte e risurrezione; segue la reazione negativa di Pietro contestata da Gesù (16,22-23) e, infine, è ancora Gesù a prendere la parola per istruire i suoi (16,24-28). Tutto "comincia" con la manifestazione della sorte del Figlio dell'uomo: questo è il vero volto del "Cristo, il Figlio del Dio vivente" (16,16). Il Messia è incamminato verso la sofferenza e la risurrezione. Per i discepoli, che "vogliono" vivere una comunione con Gesù (cf. in 16,24 il verbo θέλω e l'espressione ὀπίσω μου che rimanda a 4,19) è prospettata la stessa sorte; Gesù è causa e modello di ogni sequela. L'intervento di Pietro (16,22) mette in risalto una forte divergenza di

---

[145] Ancora più esplicito, circa il contenuto dell'azione compiuta, in questo caso, dai 72 discepoli, è il grido di gioia di Lc 10,17: "Signore, anche i demoni si sottomettono a noi nel tuo nome".

[146] Questo è un dato comunemente registrato dagli autori con varie interpretazioni: cf., ad esempio, J.D. KINGSBURY, *Matteo*, 88; M. GRILLI, *Comunità e missione*, 174; U. LUZ, *La storia di Gesù*, 96.

[147] K. STOCK, *La missione*, 30-33.

opinioni. Si presenta, così, l'inizio di una crisi tra Gesù e i suoi che si consumerà, drammaticamente, nei giorni della passione (cf. cap. 26-27, *passim*). Ed anche sul testo di Mt 17,14-20 si stende questa incipiente incomprensione, resa evidente dal rapporto disturbato tra Gesù e i discepoli impotenti. La fede alla quale i discepoli sono chiamati è fede che si gioca nell'adesione al Messia paziente e sofferente. Se manca l'obbedienza a Gesù, che si mostra con queste caratteristiche, è in agguato il fallimento, come di fatto si verifica nell'episodio in esame. Strettamente connessi con il passo di 16,21-28[148], si collocano i fatti che accadono sia sul "monte altissimo (17,1)" che al momento della discesa da esso (17,9): vale a dire la "trasfigurazione" (17,1-9) e il successivo dialogo circa il ritorno di Elia (17,10-13)[149]. Di tutto ciò, spettatori e interlocutori sono tre discepoli privilegiati: Pietro, Giacomo, Giovanni. Questo è l'episodio che più direttamente precede il testo in esame: su di esso ci si soffermerà con maggior precisione.

Matteo ci offre una pagina densa di messaggi[150]. La metamorfosi di Gesù (17,2: μετεμορφώθη) anticipa l'esito finale del suo mistero pasquale e lascia intuire la sua appartenenza al mondo divino. La comparsa di Mosè e Elia, mediante la connotazione simbolico-riassuntiva di questi ultimi (la Legge e i Profeti), attesta la confluenza di una lunga storia di alleanza nella persona di Gesù (17,3). Ma è soprattutto la voce che proviene dalla nube luminosa (17,5) a ribadire (cf. il momento del battesimo: 3,17) l'identità di Gesù come il Figlio, oggetto della benevolenza del Padre. I tre discepoli e il lettore si presentano all'appuntamento di 17,14-20 ricchi di questa superiore conoscenza della persona di Gesù. E forte risalta il contrasto tra questa pagina, così impregnata di rivelazione, e il lamento, prima (17,17), e l'accusa di poca fede, poi (17,20), da parte di Gesù.

Rispetto alla dichiarazione pronunciata in 3,17, la voce di 17,5 aggiunge un imperativo: "ascoltatelo! (ἀκούετε αὐτοῦ)". E' un particolare da non trascurare. Non si tratta solo dell'attuazione della promessa della comparsa del Profeta secondo Dt 18,15 – come il retroter-

---

[148] Cf. l'*incipit* di 17,1: καὶ μεθ' ἡμέρας ἕξ.
[149] Sul testo della trasfigurazione, cf. la recente monografia di J.P. HEIL, *The Transfiguration of Jesus*.
[150] Le immagini sono fortemente allusive, mutuate dallo schema delle teofanie (Es 19; 24; 34,29-35) e delle visioni apocalittiche (in particolare Dan 10,4-12; 12,4.9): il monte, il volto luminoso, le vesti, la nube, la voce divina, la reazione di paura e la visione sigillata con una precisa scadenza: cf. R. FABRIS, *Matteo*, 378-382.

ra anticotestamentario permette di affermare. E' l'autorevole, divina conferma della necessità dell'"ascolto-accoglienza" di quanto Gesù ha appena detto circa il suo destino prossimo (cf. 16,21-28) e di quanto, sempre sulla sua sorte futura, dirà poco innanzi (17,12.22-23a). La poca fede cresce nell'ascolto obbediente del Figlio del Padre, cresce nell'ascolto del Figlio dell'Uomo incamminato verso la morte e la gloria. Gesù chiede una fiducia senza condizioni in lui e nel suo "scandaloso" progetto di donazione.

Inoltre, se ci collochiamo all'interno del brano di Mt 17,14-20, l'ascolto che la voce dalla nube comanda, verte anche su quanto Gesù, in modo solenne (ἀμὴν λέγω ὑμῖν), insegna in 17,20 circa la "potenza" della fede. Il Padre ratifica l'insegnamento del Figlio e gli conferisce autorevolezza piena.

Il "guadagno" più cospicuo che il contesto immediatamente precedente all'episodio in esame procura, ci sembra essere, dunque, l'enfasi da accordarsi all'ascolto senza obiezioni di Gesù, di cui si scopre sempre meglio l'identità (è *il* Figlio amato) e quindi l'affidabilità. La fede è chiamata a nutrirsi precisamente di un siffatto ascolto per poter superare la crisi della croce.

Prima di procedere oltre, non è da trascurare un ulteriore suggestione proveniente dai v.10-13 che raccolgono un dialogo tra i discepoli e Gesù. Ancora una volta siamo posti di fronte a quella dinamica di iniziale incomprensione che sfocia, in seguito, in comprensione piena. I discepoli non sanno rispondere alla questione degli scribi circa la venuta di Elia (17,10).

La domanda mette ironicamente in tensione Gesù e i discepoli: egli si è appena espresso sulla necessità (δεῖ) della sua morte e risurrezione (16,21) ed essi spostano l'attenzione sulla necessità (δεῖ) della venuta di Elia (cf. Mal 3,23; Sir 48,10). In più, ironico[151] risulta essere, nel contesto, il richiamo agli scribi (γραμματεῖς) come a voci autorevoli: essi sono stati profetizzati come causa di sofferenza per Gesù insieme agli anziani e ai sommi sacerdoti (16,21) e Mt 7,28-29 ha già segnalato che Gesù insegna "con autorità e non come gli scribi".

Gesù risponde additando Giovanni Battista come l'Elia atteso: se i discepoli hanno bisogno della spiegazione di Gesù, significa che anch'essi – a loro modo - "non l'hanno riconosciuto" (17,12). Non sono stati capaci di custodire la parola di Gesù (11,14: "se lo volete

---

[151] Così J.P. HEIL, *The Transfiguration of Jesus*, 226.

accettare, egli è quell'Elia che deve venire") né di leggere in profondità (e in modo autonomo) i fatti a lui capitati (cf. 14,3-12). Ma alla fine la comprensione arriva (17,13: τότε συνῆκαν): fatica e grandezza accompagnano ogni discepolo, anche quelli "privilegiati". Questa è l'immediata "atmosfera" (17,10-13) – per alcuni versi simile a 16,5-12[152] – che precede immediatamente il nostro testo.

Contesto successivo (17,22-23)

Per quanto concerne, invece, il contesto successivo (17,22-23), esso registra la seconda predizione di Gesù circa la sua consegna, morte e risurrezione e la conseguente reazione dei discepoli ("una grande tristezza"). Le parole di Gesù ribadiscono la sua consapevolezza in ordine al destino che lo attende. Questo è il volto del Figlio (cf. 17,5) che i discepoli – non a caso ri-convocati insieme (συστρεφομένων αὐτῶν) – devono riconoscere e seguire. Sarà unicamente la fede a renderli capaci non solo di guarire, come ha fatto Gesù, ma anche di seguirlo su una tale via di sofferenza, morte e risurrezione (16,21.24-27; 17,9.11) per raggiungerlo nella gloria del cielo anticipata dalla trasfigurazione[153].

La fede, nella sua pochezza, è chiamata a misurarsi e crescere secondo il progetto di Gesù (17,22). "Nulla sarà impossibile" – secondo 17,20 – ma all'ombra e nella logica della croce: la promessa di Gesù (v. 20) acquista, nelle parole della seconda predizione, preciso contenuto ed estensione[154].

Eloquente è la reazione dei discepoli: "furono molto rattristati" (17,23a: ἐλυπήθησαν σφόδρα). Non c'è traccia dell'incomprensione della parola detta da Gesù – come traspare, con chiarezza in Mc 9,32 (ἀγνοέω) e, con ancor maggior enfasi, in Lc 9,45. Quella dei discepoli è una reazione emotiva di tristezza[155], suggestivamente amplificata (σφόδρα), che segnala una chiusura su di sé ed un'implicita presa di distanza da un progetto del quale non si scorge la positività. Il Padre ha intimato di ascoltare il Figlio (17,5); questo ascolto non genera gioia

---

[152] Identica – e tipica di Matteo – è l'espressione τότε συνῆκαν (Mt 16,12; 17,13)

[153] J.P. HEIL, *The Transfiguration of Jesus*, 231.

[154] C.L. BLOMBERG, *Matthew*, 268; C.S. KEENER, *Matthew*, 281-282.

[155] Sia il verbo λυπέω che l'avverbio σφόδρα sono termini particolarmente favoriti da Matteo (cf. W.D. DAVIES – D.C. ALLISON, *Matthew*, II, 734). Per il primo 6x: Mt 14,9; 17,23; 18,31; 19,22; 26,22.37; per il secondo 7x: 2,10; 17,6.23; 18,31; 19,25; 26,22; 27,54.

ma intristisce. Inoltre, Gesù ha appena esaltato il potere della fede (17,20) che include l'accoglienza della persona di Gesù nel suo benevolo rivelarsi; la prima reazione dei discepoli di fronte alla sua promessa, unita alla prospettiva della croce e della risurrezione, è solo la "tristezza". Siamo ancora nell'ambito di una fede che è poca[156].

4.2 *Lo sviluppo del tema*

In questo paragrafo, ordiniamo i dati principali emersi dall'analisi, in ordine al tema della "poca fede". Saranno tenuti presenti, in quanto si riterrà opportuno, sia i testi precedenti (6,25-34; 8,23-27; 14,22-33; 16,5-12) che il testo di Mt 21,18-22 studiato sopra.

4.2.1 Il raffronto con i testi precedenti attinenti la poca fede

Mt 17,14-20 è il quinto ed ultimo testo nel quale ricorre esplicitamente il vocabolario della "poca fede". A confronto con i testi precedenti, si registrano alcune significative differenze.

Una prima differenza riguarda una vistosa variazione nella formulazione del vocabolario. In 17,20 ricorre – come *hapax* all'interno di tutto il NT – il sostantivo ὀλιγοπιστία mentre in 6,30; 8,26; 14,31; 16,8 compare l'aggettivo sostantivato ὀλιγόπιστος/ὀλιγόπιστοι. Ancora dal punto di vista stilistico, si può osservare come il termine non ricorra in una interrogazione, sotto forma di domanda, come accade nei contesti precedenti (6,30; 8,26; 14,31; 16,8), bensì appaia come una risposta[157].

Inoltre, nei passi precedenti, la "poca fede" determina la situazione degli stessi interpellati: essi sono affannati (6,30; 16,8), paurosi (8,26; 14,31), rosi dal dubbio (14,31). In 17,20 la situazione è diversa: qui la poca fede non rende possibile l'esercizio di un preciso potere ricevuto in precedenza da Gesù (10,1.8): è una condizione che non qualifica tanto l'"essere" del discepolo quanto il suo "operare".

Sotto quest'ultima angolatura, è possibile registrare un'ulteriore peculiarità del testo in esame: mentre le situazioni anteriori sono "generiche" e applicabili ad ogni seguace di Gesù, ciò che si determina in

---

[156] J.P. HEIL, *The Transfiguration of Jesus*, 233: "the disciples' great sadness [...] confirms their "little faith" (17:20), their failure to share the firm faith of Jesus himself in God's power to raise him from the dead".

[157] Per queste ragioni, il tenore del testo sembrerebbe più didattico e generale: cf. V. FUSCO, "L'incredulità", 137; anche J. GNILKA, *Matteo*, II, 158, parla di "dialogo *didattico* sulla fede".

17,14-20 riguarda un compito specifico ricevuto dai discepoli come "dodici". All'interno della narrazione di Matteo, i "dodici" sono "discepoli" (10,1) che assumono i tratti dell'esemplarità per i discepoli di tutti i tempi ma, insieme, possiedono dei tratti propri, originali, che assicurano loro una qualificazione non estendibile a tutti (cf. 10,2 ove si parla di "dodici apostoli")[158]. Nel contesto in esame, i discepoli sono chiamati ad agire secondo la loro caratterizzazione *apostolica*. Ciò è esclusivo della pericope in esame rispetto alle altre.

Infine, resta da notare come, in 17,20, la poca fede si riferisca ad un momento di assenza di Gesù; altrove, sia per l'avvertimento di 6,30 o per i rimproveri di 8,26; 14,31; 16,8, Gesù era al fianco dei suoi (anche se spesso non riconosciuto nella sua identità salvifica). Quest'ultimo aspetto sarà presto ripreso.

4.2.2 La poca fede nell'incarico ricevuto dal Messia incamminato verso la croce

Nell'intento di illustrare la caratterizzazione della "poca fede" in Mt 17,14-20, occorre raccogliere in sintesi gli elementi emersi nel corso della spiegazione; insieme a questi, si terranno presenti anche alcune indicazioni provenienti dal contesto di Mt 16,21-17,23 appena esplorato. Sarà possibile rendersi conto di come la poca fede e, in positivo, la qualità della fede richiesta, presentino molteplici sfaccettature.

In primo luogo, poca è la fede dei discepoli in quanto non ripongono sufficiente fiducia nell'incarico ricevuto da Gesù (il potere di compiere, alla lettera, esorcismi e guarigioni: 10,1.8)[159], potere che si

---

[158] L'argomento è impostato e trattato con essenzialità e chiarezza, ad es., in M. GRILLI, *Comunità e missione*, 192-201. L'autore parla, in riferimento alla seconda caratterizzazione, de "i dodici come collegio di garanti" (195).

[159] Cf. W.C. ALLEN, *Matthew*, 189; H.J. HELD, "Matthew as Interpreter", 188-192; 288-291. Per P. BONNARD, *Matthieu*, 444 "les disciples doutent que le temps de la guérison des maladies soit vraiment arrivé avec Jésus". U. LUZ, *Matthew 8-20*, 409-410 intravede la presenza di una comunità nella quale i miracoli accadevano a stento. L'evangelista richiama, per l'integrità della fede, la *necessità* che essi si ripetano. Appartengono di diritto alla vita di fede. Cf. in precedenza E. SCHWEIZER, *Matteo*, 329 "per Matteo la fede include il potere di compiere guarigioni carismatiche".

Su questo punto, W.D. DAVIES – D.C. ALLISON, *Matthew*, II, 725 scrivono: "we should postulate behind Matthew two competing notions of faith – the one being *saving faith* (whose antithesis is unbelief), the other the *special faith* required to perform great miracles. If so, the disciples have the former but not the latter". Contrario a ciò D.A. HAGNER, *Matthew 14-28*, 505.

dovrebbe appoggiare alla sua parola efficace[160]. Come Gesù agisce in quanto inviato dal Padre, così i discepoli erano tenuti ad agire come inviati di Gesù[161].

E' solo la fede che affranca il "potere" offerto ai discepoli (in questo caso di guarigione/esorcismo) da ogni venatura magica e lo libera dalla riduttiva interpretazione di chi lo assimila ad una sorta di trasmissione di un'arte, sganciata da chi la dona. Il potere si può ricevere ed esercitare solo nell'ambito di una relazione[162]. Come in 13,58 l'ἀπιστία degli abitanti di Nazaret aveva limitato il potere di guarigione di Gesù, così l'ὀλιγοπιστία rende qui incapaci i discepoli[163]. Là si trattava di accogliere una presenza, qui, per i discepoli, di rendere attuale, attraverso il proprio incarico, la medesima presenza. Nessuna magia né alcun automatismo sono tollerati.

La fede fortemente richiesta si caratterizza, dunque, come fede *apostolica*, intesa come fiducia incondizionata in colui che li ha inviati; ed è precisamente una tale fiducia che risulta essere, al contrario, deficitaria. Quando Gesù è assente[164], i suoi non sono in grado di tenere viva una comunione con lui capace di renderlo presente secondo quelle modalità da lui ricevute come dono[165] (cf. cap.10). I discepoli non sono in grado di accogliere come operante nelle loro esistenze la promessa dell'essere-con di Gesù, che qualifica in modo così caratteristico il vangelo di Matteo[166], e di obbedire, nella prassi, alla parola/comando ricevuti[167]. L'assenza di Gesù – l'unica occorrenza tra gli episodi commentati – anticipa, tra l'altro, quella che sarà la tipica situazione post-

---

[160] X. LÉON-DUFOUR, "L'episodio", 260; J. GNILKA, *Matteo*, II, 165.

[161] G.W. BUCHANAN, *Matthew*, 721.

[162] G. SEGALLA, "La cristologia nella tradizione sinottica", 60.

[163] Notiamo la medesima formulazione con il complemento di causa: 13,58: διὰ τὴν ἀπιστίαν αὐτῶν e 17,20: διὰ τὴν ὀλιγοπιστίαν ὑμῶν .

[164] D. PATTE, *Matthew*, 240: "they [disciples] do not believe in Jesus' power when he is not physically present ". In precedenza cf. A. PLUMMER, *Matthew*, 242.

[165] S. FREYNE, *The Twelve*, 204: "insufficient confidence in the effective presence of the Master"; cf. anche A. PLUMMER, *Matthew*, 242; J.P. MEIER, *The Vision*, 124. W. HENDRIKSEN, *Matthew*, 675 attribuisce l'incapacità dei discepoli ad un fatto: "and not persisted in prayer".

[166] Scrive infatti D.D. KUPP, *Matthew's Emmanuel*, 84: "only when their faith grew to encompass this deeper sense of his messianic "witness" would they be ready to carry out their mission, detached from Jesus' immediate physical activity".

[167] J. GNILKA, *Matteo*, II, 165 sostiene che "la poca fede equivale ad una trasgressione etica". Per A. MELLO, *Matteo*, 312: "ogni mancanza di fede, da parte dei discepoli, è dovuta a scarsa obbedienza nei confronti di Gesù".

pasquale. L'episodio si offre, in nitida trasparenza, come messaggio alla comunità di sempre[168].

Oltre che nella dimensione apostolica della fede, coloro che lo stanno seguendo falliscono nel loro statuto discepolare *tout-court* perché ora, nei fatti di 17,14-20, rendono manifesto quella crisi che si è innescata a partire da 16,21-23 al momento della rivelazione della sorte di Gesù. Di fatto, il rapporto Gesù-discepoli inizia ad essere perturbato allorquando egli comincia a parlare di sofferenza e di morte (16,21); il discepolo non riesce a riconoscere un Messia segnato dalla debolezza e dalla vergogna della croce. La fiducia va in crisi, come la reazione di Pietro mette in luce con efficace eloquenza (16,22). La "poca fede" di 17,20 è connessa con la sfiducia in colui che li precede, dopo che egli si è mostrato (δεικνύειν: 16,21) così debole. La fede, al contrario, per superare l'impasse, ha bisogno di un'unione incondizionata con chi precede. Se non si accoglie Gesù come Messia incamminato verso la croce, se si dubita della via da lui scelta come rivelatrice di Dio e della sua volontà salvifica, si è esposti al fallimento. Ed è quanto il testo ha posto (ironicamente) in risalto: da un lato, Gesù, al quale i discepoli oppongono un rifiuto per la sua stupefacente debolezza, in realtà risulta essere potente (infatti scaccia il demonio: 17,18); dall'altro, i discepoli, nella loro forte opposizione, si rivelano impotenti.

Due sono, in sintesi, le qualifiche della poca fede che balzano all'occhio: manca una forte coscienza sia di quanto signif006hi essere *veri apostoli* (10,2) che di quanto significhi essere *veri discepoli*.

Vasta è, quindi, la gamma delle qualifiche "morali" che una siffatta "poca fede" può ricevere: si parla di fede debole e inefficace[169], timida, non consolidata, non pervenuta alla sua pienezza[170], incapace di perseveranza[171], oscillante[172]. La fede è vinta da un ostacolo (la presenza del

---

[168] Già il primo commentatore latino di Matteo, ILARIO, *PL* 9, 1015-1016, annotava: "docet eos nihil salutis afferre posse qui medio evangeliorum et iterati adventus sui tempore a fide tamquam Domino absente decesserint". Si richiede una fede che sappia misurarsi con una "presenza diversa" di Gesù. Diversamente, si ricade nell'infedeltà antica ("absente se, antiquae infidelitatis consuetudo subrepserat": *PL* 9, 1015).

[169] W.D. DAVIES – D.C. ALLISON, *Matthew*, II, 725; R.B. GARDNER, *Matthew*, 268; D. HARE, *Matthew*, 203.

[170] W. TRILLING, *Matteo*, 306; S. GRASSO, *Matteo*, 428.

[171] Cf. R. FABRIS, *Matteo*, 385; B. LIPERI, "La fede", 100.

[172] J. SCHNIEWIND, *Matteo*, 341.

male che si manifesta come possessione) di fronte al quale i discepoli si manifestano come deboli vittime[173].

Infine, ci si rende conto di come il destinatario della fede non sia univocamente Dio, il Padre, dal quale ogni potere discende, ma di come il percorso acquisti – anche in questa ricorrenza – una traiettoria cristologica[174]: è nella persona di Gesù che si incontra la potenza e la misericordia di Dio[175].

La condizione dei discepoli si mostra, ancora una volta, ambivalente, letteralmente un "miscuglio": non credono a sufficienza eppure continuano a seguire.

4.2.3 Paradossalità e potenzialità della fede

Mt 17,14-20 non si limita a registrare l'impietoso fallimento dei discepoli: offre una esplicita[176] pista per sanare la poca fede attraverso l'avvertimento/insegnamento di 17,20bc. In esso si fa notare di cosa, una fede autentica, potrebbe essere capace. E' costante la cura di Gesù per condurre i discepoli ad una fede matura sotto ogni aspetto, conoscitivo e morale. La fede, per Matteo, non è mai concessa una volta per tutte: è da far crescere, quasi "da apprendere", non in senso intellettualistico ma esistenziale[177]. Qui sta un motivo di incoraggiamento per i lettori[178]; l'incoraggiamento, tuttavia, non è mai disgiunto – come si vedrà meglio nel punto successivo – dall'ammonimento.

Siamo posti, anzitutto, di fronte ad una vistosa tensione: da un lato, i discepoli sono accusati perché la loro fede è "piccola" (cf. ὀλιγοπιστία); d'altro canto, si esige da essi una fede come un granello di senape – quindi piccolissima[179]. Qui sta il paradosso: di fede ne basta poca – come un granello – per non essere "poca fede". Non è que-

---

[173] Cf. J. ZUMSTEIN, *La condition du croyant*, 441

[174] Trasparente l'affermazione di E. SCHWEIZER, *Matteo*, 329: "Si pretende dal discepolo una fede tale che, per quanto piccola possa essere, guardi semplicemente e solo verso Gesù e si aspetti tutto da lui". Cf. anche X. LÉON-DUFOUR, "L'episodio", 260; C.L. BLOMBERG, *Matthew*, 268.

[175] Cf. L. MALEVEZ, "Foi existentielle", 140.

[176] Si intende "esplicita" una parola che riprende esplicitamente il tema della fede. Tuttavia, anche nei testi precedenti Gesù ha implicitamente sanato la poca fede.

[177] J.A. OVERMAN, *Church and Community*, 254.

[178] Cf. D.J. HARRINGTON, *Matthew*, 260.

[179] Cf. D. HARE, *Matthew*, 203; T.G. LONG, *Matthew*, 197-198. Già A.H. MCNEILE, *Matthew*, 256 parlava di un aspetto "paradoxical".

stione di "quantità": la pochezza o la grandezza si misurano esclusivamente su una reale capacità di affidamento[180], all'interno della sovrana e, sovente, misteriosa volontà di Dio[181]. La fede come un granello di senape è quella che grida a Dio perché lo riconosce come Padre amorevole e ricco di grazia e conta su di lui[182]. E' la fede di chi riconosce in Gesù l'inviato dal Padre e ne accoglie, per eseguirla, la parola. E tuttavia un tale affidamento è chiamato a crescere in modo libero e consapevole per passare, da una fede "poca", non ad una fede "grande" ma, semplicemente, ad una fede che meriti questo nome. Azione divina e risposta dell'uomo si intersecano.

Da qui scaturisce una nuova e sorprendente capacità operativa: "nulla vi sarà impossibile" (17,20c). Il detto di Gesù sopporta due interpretazioni sostanziali, che si possono utilmente completare reciprocamente[183].

Si può intendere, in primo luogo, il "potere" offerto come potere di operare prodigi, in senso letterale. Si parla di fede "carismatica": è quel particolare genere di fede che la tradizione ha spesso espresso con il termine di *fides miraculorum*[184]. Ed è interessante notare come, già nel discorso della montagna (7,22-23), si registri una forte critica nei confronti di chi, come carismatico entusiasta, antepone le proprie miracolose guarigioni alla prassi ordinaria della carità (cf. anche 25,31-46). La fede, quando è vera, si esprime in una coerente prassi. Anche nel tempo della Chiesa il miracolo può essere ambiguo se si limita ad essere una forma di autogiustificazione ed autoesaltazione di chi lo compie[185].

In secondo luogo, è possibile intendere l'espressione di Gesù in un

---

[180] Cf. J. ZUMSTEIN, *La condition du croyant*, 442; R.T. FRANCE, *Matthew*, 266: "a practical reliance on a living God"; B. LIPERI, "La fede", 101.

[181] D.A. HAGNER, *Matthew 14-28*, 506.

[182] W. CARTER, *Matthew*, 355.

[183] Occorre, inoltre, tenere presente quanto sopra si è scritto in merito al carattere "apostolico" di un tale potere. Questa dimensione è presupposta.

[184] E' un aspetto presente nella riflessione cattolica, di impronta dogmatica; la "fides miracolorum" è un grado eccellente della fede teologale ordinaria, che si accompagna con la convinzione di poter fare o ottenere il miracolo: CORNELIUS A LAPIDE, *In SS. Matthaeum et Marcum*, 393, con dettagliata spiegazione; J. KNABENBAUER, *In Matthaeum*, II, 101; A. DURAND, *Matteo*, 358; L. SABOURIN, *Matteo*, II, 806. Riportiamo l'interpretazione di TOMMASO D'AQUINO, *Lectura,* 1467: "miracolorum operatio est ab omnipotentia, quia fides innititur omnipotentiae unde ubi est infirmitas fidei, est defectus miracolorum". E' – di certo – una lettura pertinente, anche se non l'unica.

[185] G. SEGALLA, "La cristologia soteriologica", 149-151.

senso più vasto e generale. Chi ha fede non trova ostacoli insuperabili perché, riconoscendosi impotente, affida tutto a Dio che in Gesù fa sentire la sua voce e si rende presente. La fede può tutto se si rinuncia a tutto[186]: in tal modo Dio entra nel mondo del credente in modo fresco e sorprendente[187] e trasforma l'esistenza[188] di colui che ha afferrato l'unica cosa necessaria (6,33)[189].

4.2.4 Lo sfondo nero dell'incredulità

La questione della poca fede si pone, in Mt 17,14-20, in un contesto particolarmente cupo, striato dal lamento di Gesù rivolto alla "generazione incredula e perversa" (17,17).

Il tema della fede è centrale non solo nel detto di 17,20 ma nella dinamica dell'intero passo. In un unico racconto, si intersecano tre possibili "reazioni di fede"[190] di fronte alla persona di Gesù: la positiva disposizione del padre, dettata dal bisogno (17,14-15); la poca fede dei discepoli (17,20); l'incredulità della "generazione" (17,17) che in modo ostinato si chiude a lui e non sa cogliere l'"oggi" della presenza del Dio-con-noi.

Nella spiegazione, si è preferito ritenere il lamento profetico di Gesù come non coinvolgente direttamente i discepoli. Tuttavia, pur tenendo ferma questa linea interpretativa, non è da trascurare il fatto evidente che un tale lamento è occasionato proprio dal fallimento dei discepoli. Ciò suona quasi a mo' di avvertimento: neanche i discepoli possono sentirsi sicuri di fronte al giudizio di Dio[191]. Il rischio di fatiche, pericoli o regressioni nell'itinerario di fede è sempre in agguato[192];

---

186 J. RADERMAKERS, *Matthieu*, 226.
187 W.D. DAVIES – D.C. ALLISON, *Matthew*, II, 727.
188 A. DURAND, *Matteo*, 358: "trasporta una montagna colui che con la virtù divina riesce là dove non bastano le forze umane"; J. GNILKA, *Matteo*, II, 168.
189 W. TRILLING, *Matteo*, 306-307. Una lettura psicologica della fede nel suo aspetto di "forza" si può trovare in K. BERGER, *Psicologia storica*, 243-247.
190 Utilizziamo il termine "fede" in senso ampio e non applicabile univocamente alle tre categorie. Un conto la "fede" del padre, un conto la "poca fede" dei discepoli. Cf. J.P. MEIER, *The Vision*, 124.
191 J. GNILKA, *Matteo*, II, 167. Siamo nella linea tipica di Matteo: cf., ad es., 7,21-23; 13,36-43; 18,21-35; 22,11-14; 24,32-25,46. Sul tema, cf. l'opera monografica di D. MARGUERAT, *Le jugement*; annotazioni stimolanti anche in U. LUZ, *La storia di Gesù*, 155-159.
192 Cf. E. SCHWEIZER, *Matteo*, 329; D.E. GARLAND, *Reading Matthew*, 184; D. SENIOR, *Matthew*, 200. A. SAND, *Matteo*, II, 539-540 parla di superbia e indifferenza che hanno inficiato la comunità.

anche la "poca fede" è un atteggiamento da superare[193].

4.2.5 Approfondimenti da Mt 21,18-22

Il tema della fede si approfondisce con il testo di Mt 21,18-22. Sigliamo gli spunti originali, rispetto a Mt 17,14-20, emersi nel corso della spiegazione.

In primo luogo, ricordiamo che, tra i sinottici[194], solo il vangelo di Matteo presenta una duplicazione del detto sulla potenza della fede. E' interessante ricordare che, dei due (17,20; 21,21-22), è il primo a non avere confronto nei testi paralleli. Qui si fa palese la prospettiva di Matteo. L'interesse per la cura della fede dei discepoli risulta essere particolarmente rimarcato nell'opera matteana: la duplicazione – del resto molto ricorrente nel Primo Vangelo[195] – ottiene un efficace effetto di ridondanza.

In secondo luogo, Mt 21,21-22 contiene una rimarcata opposizione tra πίστις e διακρίνομαι (21,21). Se l'accezione di quest'ultimo ci pare orienti nella direzione forte di "incredulità"[196], il testo suggerisce un ulteriore, forte avvertimento perché il discepolo viva radicalmente il suo affidamento, consapevole della inconciliabilità delle due alternative.

In terzo luogo, nei versetti in questione il tema della fede si sposa con quello della preghiera (21,22). La fede anima la richiesta e, insieme, nella richiesta si esprime la fede. Fede e preghiera dicono la consapevolezza dell'importanza della relazione con Dio, qualificante per l'uomo. Nella preghiera che sgorga dalla fede si rende evidente la paternità di Dio e la vicinanza di Gesù, Dio-con-noi. La preghiera è il caso serio della fede. E' questa una sottolineatura di Matteo che ha collocato, al centro del discorso della montagna, come suo cuore, l'*oratio dominica*, il "Padre nostro" (6,9-13). La fede si rende evidente spesso come "una fede in preghiera"[197], vale a dire una fede che si connota anzitutto come una viva relazione.

---

[193] A. STOCK, *The Method*, 280.

[194] In Marco si trova un solo detto nel parallelo dell'episodio del fico seccato in 11,23-24. In Luca il detto appare in 17,6, in un contesto diverso rispetto a Matteo e Marco.

[195] Cf. lo studio di J.C. ANDERSON, "Double and Triple Stories",71-89, che, però, si riferisce ai racconti mentre i due detti ci sembrano trascurati.

[196] E' quindi il caso di dire che c'è dubbio e dubbio per Matteo. Διακρίνομαι e διστάζω non si equivalgono del tutto.

[197] U. LUZ, *La storia di Gesù*, 185. Inoltre cf. 62-69.

Infine, è già emerso come la fede trovi il suo referente sia in Dio, che in quanto Padre previene e ascolta, secondo la sua volontà, le richieste degli oranti, che in Gesù e nella sua parola, che meritano incondizionata fiducia[198].

---

[198] Ci sembra riassuma bene questi due aspetti J. RADERMAKERS, *Matthieu*, 272: "se trouver face à Jésus comme un petit, dans une attitude de foi, c'est entrer dans sa prière et sa fidélité au Père; c'est aussi recevoir le don de Dieu en surabondance".

CAPITOLO VI

IL CONGEDO DEI DISCEPOLI (Mt 28,17)

Nell'episodio del cammino di Pietro sulle acque (14,22-33), il rimprovero di Gesù ha messo in luce uno stretto legame tra la "poca fede" e il "dubbio": "uomo di poca fede, perché hai dubitato?" (14,31). La poca fede genera il dubbio: ὀλιγοπιστία e διστάζω sono qui intimamente connessi. Il verbo impiegato in 14,31 ricorre ancora una sola volta nel corso dell'opera matteana per descrivere l'ultima azione del gruppo dei discepoli in 28,17 all'interno della pericope finale dell'intero vangelo (28,16-20). Per questo motivo – ossia per la feconda parentela tra poca fede e dubbio alla quale il testo rimanda – riteniamo opportuno concludere il nostro itinerario testuale con l'analisi anche di questo brano. E' evidente che il criterio del lessico non ci sorregge (in quanto non appare esplicitamente il vocabolario della "poca fede"); tuttavia l'esperienza dei discepoli descritta in 28,17 si può, in modo proficuo, allineare con il tema in esame così da coglierlo nella sua totalità[1].

Non è nelle nostre intenzioni offrire un'esegesi dettagliata ed esaustiva sotto ogni aspetto di uno dei testi più complessi e commentati del-

---

[1] E' l'opinione della maggioranza degli autori; cf., a titolo esemplificativo: C.H. GIBLIN, "A Note", 72; J. ZUMSTEIN, *La condition du croyant*, 97; J.P. MEIER, *The Vision*, 212; O. DA SPINETOLI, *Matteo*, 775; A. SAND, *Matteo*, II, 907; J.D. KINGSBURY, *Matteo*, 111; R.B. GARDNER, *Matthew*, 401; D.E. GARLAND, *Reading Matthew*, 266; K.H. REEVES, "They Worshipped", 349; R.H. GUNDRY, *Matthew*, 594; R. FABRIS, *Matteo*, 587; S. GRASSO, *Matteo*, 680; M. GRILLI, "Vangelo secondo Matteo", 2365-2366; D.D. KUPP, *Matthew's Emmanuel*, 206; D. SENIOR, *Matthew*, 345; U. LUZ, *Matthäus*, IV, 440. Contrari sono X . LÉON-DUFOUR, "Présence", 198; J. GNILKA, *Matteo*, II, 739.

l'intero vangelo² (cf. bibliografia) bensì proporre quelle osservazioni (essenziali) che aiutino a collocare Mt 28,16-20 come un possibile approdo finale del percorso della "poca fede".

1. Questioni introduttive

Scopo di questo paragrafo è presentare la delimitazione del testo e la sua articolazione interna.

1.1 *La delimitazione del testo*

Nella delimitazione della pericope di Mt 28,16-20, non è faticoso segnalarne la conclusione in quanto con questo testo si chiude l'intero racconto (sic!). Agevole è pure individuarne l'*incipit* con l'applicazione dei tradizionali criteri di luogo, personaggi, azione. Quanto al luogo, il v. 16 segnala di un viaggio verso la Galilea a differenza della scena precedente (28,11-15) che si svolge "in città" (28,11). Cambiano i personaggi: entrano in scena gli "undici discepoli" (28,16); scompaiono le donne (28,9-10), le guardie e i capi (28,11-15). Infine, l'azione, dopo una stringata introduzione narrativa (28,16-18a), è focalizzata sul discorso del Risorto agli undici (28,18b-20) come, in un suggestivo contrasto, i v. 11-15 hanno messo in scena il dialogo tra le guardie e i capi.

1.2 *L'articolazione del testo*

Percorriamo, in modo veloce, il testo alla ricerca della sua strutturazione prima di dedicarci alla sua spiegazione.

La pericope di Mt 28,16-20 presenta, in primo luogo, le ultime azioni dei discepoli (v. 16-17) all'interno del vangelo. Tre sono i verbi principali, dal punto di vista grammaticale, presenti nei v. 16-17: essi segnalano lo spostamento (ἐπορεύθησαν), l'adorazione (προσεκύνησαν) e il dubbio (ἐδίστασαν). Gli "undici discepoli" si recano in un

---

² Non entriamo, ad esempio, nell'intrica e "deprimente" – al dire di J. GNILKA, *Matteo*, II, 731 – questione del "genere letterario". Ci sembra che i vari tentativi vogliano costringere in uno schema, unico e troppo stretto, un testo *sui generis*. Si possono utilmente consultare, come eccellente *status quaestionis*: G. FRIEDRICH, "Die formale Struktur", 137-183; P. BOLOGNESI, "Matteo 28,16-20 e la sua struttura", 129-137. Cf. anche J.P. MEIER, "Two disputed questions", 416-424.

luogo fissato da Gesù; il loro movimento obbedisce ad un ordine e si configura come obbedienza: chi si muove sono i discepoli ma chi comanda (dunque il vero regista dell'impresa) è Gesù. Da notare, la collocazione – ai due estremi del v. 16 – dei sostantivi "gli undici discepoli" e "Gesù". Precisa è la localizzazione ("in Galilea, sul monte che aveva loro fissato"): con lo scenario finale del monte, Matteo recupera suggestioni disseminate nell'opera.

La prostrazione e il dubbio – nella loro paradossale tensione, comunque si risolva l'annosa questione di traduzione di οἱ δέ – offrono l'ultimo fotogramma di coloro che seguono Gesù; questo è il congedo dai lettori del vangelo. La "visione" di Gesù risorto resta sullo sfondo e tutto spinge in direzione del suo messaggio.

Dal v. 18 entra in scena Gesù e solo resta fino alla fine. La prima parte del v. 18 serve ad introdurre il personaggio; è lui che si avvicina e soprattutto è lui che parla. Le parole che Gesù pronuncia si possono collocare su tre assi temporali: passato, futuro, presente.

Passato (v.18b)	Ἐδόθη
Futuro (v. 19)	μαθητεύσατε
Presente (v. 20b)	ἐγὼ μεθ' ὑμῶν εἰμι

Gesù afferma di possedere un'autorità assoluta, ricevuta come dono (18b). E' il suo stato definitivo, l'esito della sua storia di morte e di risurrezione, il frutto del passato. Da questa condizione gloriosa, comanda ai suoi di "rendere discepoli" (μαθητεύσατε) tutti i popoli (v. 19): è l'apertura al futuro. Il verbo principale è completato da tre participi che dicono uno stile ("mentre andate") e che specificano, nel dettaglio, come si arrivi al discepolato: attraverso il battesimo e l'osservanza della parola di Gesù. Il versetto finale (v. 20) assicura la presenza perenne di Gesù in mezzo ai suoi: è un presente che continua in modo ininterrotto. L'ultima parola del vangelo di Matteo dice quanto "fa" Gesù.

E' interessante notare come una tale accentuazione della priorità di Gesù emerga dall'insieme dei v. 18-20.

La persona di Gesù (v. 18b)	Ἐδόθη μοι	
Il compito dei discepoli (v. 19)		μαθητεύσατε
La persona di Gesù (v. 20b)	ἐγὼ μεθ' ὑμῶν εἰμι	

Si parte con una parola che riguarda Gesù (la sua ἐξουσία in 28,18b) e si chiude con una parola che sottolinea la sua presenza (28,20). Anche il pronome di prima persona singolare attira l'attenzione (18b: μοι; 20: ἐγώ). Il comando, al centro, di "rendere discepoli" si giustifica e si sostiene perché, "attorno", tutto esalta la centralità di Gesù. Non è questione di un semplice sforzo umano né di buona volontà o di zelo apostolico: è, piuttosto, accoglienza di una Presenza che tutti muove alla missione.

Il testo sottolinea, insieme, l'aspetto relazionale tra Gesù e i discepoli: Gesù è rivolto ai suoi discepoli mentre li manda a "tutte le nazioni" e i suoi discepoli dicono riferimento a lui. L'autorità che Gesù afferma di aver ricevuto e la presenza che egli assicura non hanno valore per se stesse bensì in relazione a coloro in mezzo ai quali Gesù sceglie di rimanere (28,20: "con voi"). Viceversa, quanto i discepoli sono chiamati a compiere, sinteticamente espresso dall'imperativo μαθητεύσατε, dice totale riferimento alla persona di Gesù: il discepolato altro non è che una speciale e definitiva appartenenza all'unico "Maestro". Esiste, dunque, nel testo una preminenza di Gesù e, insieme, una feconda circolarità di rapporti.

Ancora un'ultima annotazione circa queste parole finali di Gesù: si collocano sotto il segno della "totalità" e fanno, di questa scena, una scena senza confini. La totalità si riferisce all'estensione del potere (18b: *πᾶσα ἐξουσία*), ai popoli (19: *πάντα τὰ ἔθνη*), all'insegnamento (20a: *πάντα ὅσα ἐνετειλάμην*), al tempo (20b: *πάσας τὰς ἡμέρας*).

A questo punto, possiamo proporre la seguente strutturazione binaria del testo[3]:

I. Incontro degli Undici con Gesù: v. 16-17

I.1 spostamento degli Undici sul monte galilaico
Οἱ δὲ ἕνδεκα μαθηταὶ ἐπορεύθησαν εἰς τὴν Γαλιλαίαν εἰς τὸ ὄρος οὗ ἐτάξατο αὐτοῖς ὁ Ἰησοῦς [v. 16]

---

[3] Così R. FABRIS, *Matteo*, 584-585; M. GRILLI, "El testamento", 78. Per altre proposte di struttura cf. S. GRASSO, *Gesù e i suoi fratelli*, 170, nota 2. Inoltre, D.D. KUPP, *Matthew's Emmanuel*, 203: "narrative preambule" (16-18a) e "Jesus' discourse (18b-20); così D.J. HARRINGTON, *Matthew*, 415; cf. diversamente D.A. HAGNER, *Matthew 14-28*, 882 (che separa 16 e 17) e D. SENIOR, *Matthew*, 345 (che presenta due scene: 16-18 e 19-20). Infine W.D. DAVIES – D.C. ALLISON, *Matthew*, III, 677: setting (16); appearance (17); response (17); commissioning (18-20a); promise of succour (20b).

I.2 reazioni alla vista di Gesù
Καὶ ἰδόντες αὐτὸν προσεκύνησαν οἱ δὲ ἐδίστασαν [v. 17]

II. Ultime parole di Gesù: v. 18-20

II.1 introduzione narrativa
Καὶ προσελθὼν ὁ 'Ιησοῦς ἐλάλησεν αὐτοῖς λέγων [v. 18a]

II.2 parole di Gesù

II.2.1 l'autorità
'Εδόθη μοι πᾶσα ἐξουσία ἐν οὐρανῷ καὶ ἐπὶ τῆς γῆς [v. 18b]

II.2.2 l'invio missionario
Πορευθέντες οὖν μαθητεύσατε πάντα τὰ ἔθνη,
βαπτίζοντες αὐτοὺς εἰς τὸ ὄνομα τοῦ πατρὸς καὶ τοῦ υἱοῦ καὶ τοῦ ἁγίου πνεύματος,
διδάσκοντες αὐτοὺς τηρεῖν πάντα ὅσα ἐνετειλάμην ὑμῖν [v. 19-20a]

II.2.3 l'assicurazione della presenza permanente
καὶ ἰδοὺ ἐγὼ μεθ'ὑμῶν εἰμι πάσας τὰς ἡμέρας ἕως τῆς συντελείας τοῦ αἰῶνος [v. 20b]

2. Spiegazione del testo

Affrontiamo la spiegazione delle due scene (16-17; 18-20) per raccogliere le indicazioni finali circa il comportamento dei discepoli e la conseguente reazione di Gesù.

2.1 *L'incontro degli Undici con il Risorto (v. 16-17)*

Questi versetti raccontano le ultime azioni dei discepoli nel vangelo di Matteo. Narrano dell'incontro con il Risorto e sono, in una certa misura, il culmine del loro itinerario. La descrizione è rigorosamente sobria e scarna. Si mettono in risalto tre azioni (con il verbo all'aoristo): il cammino, la prostrazione e il dubbio.

2.1.1 Verso il monte, in Galilea (v. 16)

Notiamo, anzitutto, che la scena di 28,16-20 non è introdotta da alcuna precisazione di carattere temporale (cf. 28,1) né da collegamenti verbali con quanto precede (cf. 28,11). Ciò serve a conferire all'episodio un carattere "aperto": ognuno è facilmente agevolato ad identificarsi con i discepoli[4].

I soggetti di queste azioni sono qualificati come οἱ ἕνδεκα μαθηταί. L'espressione rievoca la designazione οἱ δώδεκα μαθηταί che qualifica coloro che seguono Gesù più da vicino (cf. 10,1-11,1; 20,17; 26,20). Tuttavia, il termine "undici" (e non "dodici") richiama il tradimento di Giuda (detto – non a caso – "uno dei dodici": 26,14.47): è da uno dei suoi che Gesù subisce la "consegna", non da estranei. Ma il comportamento di Giuda, cui segue la sua morte drammatica[5], non può non evocare anche il fatto che, se uno ha tradito, tutti hanno abbandonato Gesù (26,56). Sono questi discepoli infedeli ad essere riconvocati. Gesù non ne cerca di nuovi. I discepoli passano, così, dalla fuga ingloriosa al luogo di un nuovo ritrovo: il fatto di essere in cammino verso il Signore Risorto è un segno di riconciliazione e di perdono[6].

L'appuntamento è "in Galilea, sul monte che Gesù aveva loro fissato". Non c'è, nel vangelo, un comando esplicito di Gesù in ordine ad un luogo preciso ove ritrovarsi. Può essere questo un indizio a ricercare, nel "monte" in questione, non solo un luogo geografico ma teologico, ritornando a quei "monti" che hanno segnato il ministero di Gesù[7].

Il testo evangelico ha semplicemente registrato una promessa fatta da Gesù ai discepoli mentre si dirigono al monte degli Ulivi: "dopo la mia risurrezione, vi precederò in Galilea" (26,32). Ma è soprattutto nei testi pasquali (28,1-10) che risuonano due indicazioni precise in questo senso. La prima è offerta dall'angelo che incarica le donne di portare ai discepoli questo messaggio: "E' risuscitato dai morti e ora vi precede in Galilea" (28,7); la seconda è offerta da Gesù stesso che alle donne dice: "Andate ad annunziare ai miei fratelli che vadano in Galilea e là mi vedranno" (28,10). Nelle parole di Gesù, a differenza dell'angelo, si parla esplicitamente anche di "visione". Inoltre, si passa dalla designazione di "discepoli" (28,7) a quella così ricca di "fratelli" (28,10). Il cammino che i discepoli stanno compiendo si connota come un gesto di obbedienza ad un messaggio ricevuto dalle donne. Si mostrano come persone che hanno fiducia in una parola che li ha raggiunti attraverso una mediazione: la parola di chi li chiama fratelli e li sta cercando per

---

[4] K.H. REEVES, *The Resurrection*, 68.

[5] Matteo è il solo – tra gli evangelisti – a raccontare in dettaglio la fine di Giuda: Mt 27,3-10.

[6] K. STOCK, *La missione*, 44. Anche J.D. KINGSBURY, *Matteo*, 111; 168.

[7] Così suggerisce D. PATTE, *Matthew*, 398.

un incontro. I discepoli, se si muovono, si muovono perché prestano fede a quanto hanno ascoltato. Essi che, nella passione, hanno disobbedito, tornano ad obbedire. Il discepolato si sposa con l'obbedienza e si ripropone nella sua concreta modalità di cammino (ἐπορεύθησαν). La sezione finale del vangelo è scandita da eloquenti "movimenti" che acquistano progressivamente dimensioni sempre più vaste: verso il sepolcro (27,65.66), verso i discepoli (28,7.10.11), verso la Galilea (28,16), verso tutti i popoli (28,19).

L'incontro deve avvenire *in Galilea* e sul *monte* (τὸ ὄρος, con l'articolo)[8].

La Galilea richiama gli inizi dell'annuncio del Regno (4,17) e del discepolato (4,18-22) ed è l'ambito prediletto dell'attività didattica e taumaturgica di Gesù (4,17-16,20). Gli Undici ritornano al punto di partenza ma con la possibilità di rileggere il ministero di Gesù alla luce della risurrezione, che tutto cambia[9]. Inoltre, non è da trascurare il fatto che, quasi all'inizio dell'opera, l'evangelista abbia presentato il "ritiro" (ἀνεχώρησεν) di Gesù "in Galilea" (4,12)[10] come compimento della profezia di Is 8,23-9,1 ed abbia visto in Gesù colui che è luce per la "Galilea delle genti" (4,15). L'apertura universalistica, alla quale si allude in questo contesto, è chiamata ad essere una caratteristica anche dei discepoli per il futuro (28,19).

Evocativo è il fatto che l'incontro deve avvenire "sul monte". Il monte richiama, anzitutto, quello del primo discorso di Gesù (5-7)[11], discorso paradigmatico per la condizione dei discepoli di ogni tempo. In quanto chiamati per andare al monte, i discepoli devono recarsi al luogo dell'inizio della loro comune relazione con Gesù, e, prima di incontrare Gesù risorto, devono quasi rifare tutte le tappe che hanno percorso con il Gesù terreno. Nel luogo in cui hanno ricevuto la prima grande istruzione di Gesù, vedranno il loro maestro risorto e riceveranno la sua ultima disposizione[12].

---

[8] L'espressione εἰς τὸ ὄρος è presente in 5,1; 8,1; 14,23; 15,29; 28,16. Significativi risultano essere anche 4,8 e 17,1 (εἰς ὄρος ὑψηλόν). Sul tema, cf. il classico T.L. DONALDSON, *Jesus on Mountain* e V. MORA, *La symbolique de la création*, 19-124.

[9] K. STOCK, *La missione*, 46.

[10] Identica espressione con moto a luogo (εἰς) di 28,16. Dalla Galilea inizia la missione di Gesù a Israele, dalla Galilea il Risorto con i suoi discepoli dà inizio all'evangelizzazione dei popoli: M. GRILLI, "Vangelo di Matteo", 2365-2366.

[11] P. BONNARD, *Matthieu*, 417, come voce fuori dal coro, sostiene che questa identificazione non si impone.

[12] K. STOCK, *La missione*, 47.

E' significativo notare che proprio nel discorso sul monte, per la prima volta, avevano ricevuto l'appellativo di "uomini di poca fede (6,30)". Nello stesso luogo, anche alla fine della storia, pare che la loro situazione non sia mutata (28,17).

Inoltre, una tale montagna assomiglia a quella della trasfigurazione (17,1) e a quella della tentazione (4,8). Dopo la scena della trasfigurazione, i testimoni avevano ricevuto l'ordine di non parlare della visione prima della risurrezione; ora, al contrario, inizia il tempo dell'annuncio senza confini (28,19). Nella scena della tentazione, il diavolo aveva promesso a Gesù di donargli tutti i regni e la gloria in cambio dell'adorazione (4,8-9); ora, Gesù si mostra come colui che dispone di ogni potere ma perché l'ha ricevuto in dono dal Padre (28,18)[13]. Ed è lui, ora, che viene adorato dagli undici discepoli.

2.1.2 Incontro e reazioni (v. 17)

Il versetto 17 registra la visione da parte degli undici e le due reazioni conseguenti, adorazione e dubbio. La visione è espressa, in modo molto sobrio, tramite un participio aoristo con un complemento oggetto: ἰδόντες αὐτόν. A confronto con i v. 28,7.10, la visione si realizza ma, nello stesso tempo, è significativamente ridimensionata. Nessuna indicazione di particolari come, in precedenza, si è verificato per l'apparizione dell'angelo (28,2-3) o come per la trasfigurazione di Gesù stesso (17,2). Sembra che l'accento cada più sulle due reazioni successive e, in seguito, più sulle parole di Gesù che non sulla sua apparizione. E' più importante ascoltare che vedere o – se vi vuole – il mostrarsi di Gesù è tutto finalizzato al farsi ascoltare.

La prima reazione degli undici è l'adorazione (προσεκύνησαν)[14]. Matteo è l'unico evangelista che usa il verbo nei racconti di apparizione[15]. Insieme a 14,33, sono le due occorrenze nelle quali i soggetti del verbo siano i discepoli. Con il loro gesto, dicono di riconoscere l'identità di colui che appartiene al mondo di Dio e, in questo senso, ad una sfera diversa da quella umana[16]. Il gesto ha lo stesso significato nei due passi.

Insieme ad esso, se ne registra un altro descritto con il verbo διστάζω. E' lo stesso verbo che, nelle parole di Gesù, descrive l'atteg-

---

[13] R. MEYNET, *La Pasqua*, 380-381; cf anche U. LUZ, *La storia di Gesù*, 167.
[14] Sull'uso del verbo, cf. la spiegazione di 14,33 al cap. III.
[15] D.D. KUPP, *Matthew's Emmanuel*, 205.
[16] S. GRASSO, *Gesù e i suoi fratelli*, 172.

giamento di Pietro mentre affonda (14,31): ὀλιγόπιστε, εἰς τί ἐδίστασας. In esso appare lo stretto legame tra dubbio e poca fede: la poca fede genera il dubbio.

L'espressione οἱ δὲ ἐδίστασαν è di difficile interpretazione perché non è immediatamente perspicuo chi siano i soggetti di questa azione: se tutti i discepoli o alcuni di loro o altri (non i discepoli). Secondo alcuni autori, la particella δέ introduce un cambiamento rispetto a quanto affermato in precedenza e presenterebbe un senso partitivo; di conseguenza, in Mt 28,17, οἱ δέ non può significare *tutti* i discepoli; potrebbe indicarne alcuni di essi, solo una parte. Da qui si ricaverebbe la seguente traduzione: "alcuni, però, dubitavano"[17]. Tuttavia la costruzione senza cambiamenti di persona è provata, anche se raramente, nel greco classico e potrebbe essere questo il caso di un *hapax*[18]. Siamo, in questo caso, nella possibilità di un'altra resa, quella di chi vede il dubbio come esperienza di tutto il gruppo: "essi però dubitarono"[19].

E' difficile operare una scelta; l'espressione è originalmente ambigua e forse entrambe interpretazioni sono possibili[20]. Semmai qualche lume in più potrebbe provenire dalla presentazione globale del gruppo dei discepoli così come è emersa dall'insieme del testo evangelico[21].

---

[17] E' la resa della CEI 1971; così *TOB*: "mais quelques-uns eurent des doutes" e già la *Vulgata*: "quidam autem dubitaverunt". Cf. F.V. FILSON, *Matthew*, 304; B. RIGAUX, *Dieu l'a ressuscité*, 254; K.L. MCKAY, "The Use", 71-72; P.W. VAN DER HORST, "Once More", 29; S. SABUGAL, *Anástasis*, 526; R.H. GUNDRY, *Matthew*, 594; A. MELLO, *Matteo*, 491; W.D. DAVIES – D.C. ALLISON, *Matthew*, III, 682; G.W. BUCHANAN, *Matthew*, 1023; W. WIEFEL, *Matthäus*, 493; U. LUZ, *Matthäus*, IV, 428.

[18] Così si esprime R. MEYNET, *La Pasqua*, 378.

[19] E' istruttivo notare che la versione CEI '97 *ad experimentum* ha adottato questa versione, diversamente dalla precedente. Dello stesso parere, cf. W. GRUNDMANN, *Matthäus*, 572; J. RADERMAKERS, *Matthieu*, 364; C.H. GIBLIN, "A Note", 75; R. PIETRANTONIO, "Duda y adoración", 241; K. GRAYSTON, "The Translation", 105-109; A. SAND, *Matteo*, II, 907; D. PATTE, *Matthew*, 398; K.H. REEVES, "They Worshipped", 348; R. FABRIS, *Matteo*, 585; S. GRASSO, *Matteo*, 676; D.A. HAGNER, *Matthew 14-28*, 880; D.D. KUPP, *Matthew's Emmanuel*, 207.

Qualche autore propone questa soluzione: "alcuni di essi si prostrano, altri dubitano": è un'alternativa proposta da P.W. VAN DER HORST, "Once More", 29 e accolta da J. GNILKA, *Matteo*, II, 738 e D.J. HARRINGTON, *Matthew*, 414.

[20] K. STOCK, *La missione*, 48; M. GRILLI, "El testamento", 82.

[21] Che si possa trattare di "altri", fuori dal gruppo dei discepoli, è escluso dal contesto. In questa scena finale, non c'è nessun altro all'infuori degli Undici ed è soltanto a loro che viene indirizzato il discorso. Tale posizione appare in alcuni manoscritti della *Vetus Latina*, secondo quanto affermato in P.W. VAN DER HORST, "Once More", 29, nota 4. E' la prima posizione riportata da CORNELIUS A LAPIDE, *In SS.*

Per quanto riguarda il contenuto del dubbio, ci sembra che sia in gioco la difficoltà a riconoscere la persona di Gesù – come nei testi precedenti. Ma ci permettiamo di rimandare, per evitare ripetizioni, alla parte finale del capitolo, per un'analisi dettagliata dell'espressione.

2.2 *Il discorso di Gesù (v. 18-20)*

Gli ultimi versetti del vangelo di Matteo mettono in scena Gesù solo. Dopo una breve introduzione narrativa (18a), si registrano le sue parole: la dichiarazione della sua piena autorità (18b), l'incarico della missione universale (19-20a) e l'assicurazione della sua permanente presenza (20b).

2.2.1 L'introduzione (v. 18a)

L'introduzione focalizza l'attenzione su due aspetti: l'avvicinamento e la presa di parola di Gesù. L'azione è descritta con un participio del verbo προσέρχομαι. I discepoli convengono nel luogo designato ma è di Gesù il primo passo, una volta posti di fronte. Il movimento di Gesù non è unicamente uno spostamento materiale ma designa l'offerta di una nuova relazione e la ripresa di quel contatto drammaticamente interrotto durante la passione: il suo avvicinamento dimostra, in modo plastico, la fiducia in coloro che, un giorno, ha chiamato. Ed è suggestivo notare come l'avvicinamento sia l'ultimo gesto (nello spazio) compiuto da Gesù, descritto dall'evangelista Matteo: in questo modo, egli ci consegna la figura di colui che è sempre rivolto benignamente verso i suoi.

Matteo – è risaputo – fa un uso abbondante del verbo προσέρχομαι[22] ma solo in due occorrenze tale verbo presenta Gesù come soggetto: nel nostro caso e in 17,7, nell'episodio della trasfigurazione. Nella scena sul monte, i discepoli reagiscono cadendo a terra impauriti (17,6) dinanzi alla manifestazione celeste di Gesù ed egli deve avvicinarsi per toglierli da questa *impasse*; la sua azione è incoraggiamen-

---

Matthaeum et Marcum, 656. Inoltre, tra i moderni, sostengono questa posizione W.C. ALLEN, *Matthew*, 305; A. PLUMMER, *Matthew*, 427; A.H. MCNEILE, *Matthew*, 434; E. KLOSTERMANN, *Matthäus*, 231. C'è persino chi suggerisce di leggere in modo diverso il testo: invece di οἱ δὲ ἐδίστασαν propone διέστησαν: W.D. MORRIS, "Matthew 28,17", 142: "but they stood apart".

[22] Cf. l'articolo di J.R. EDWARDS, "The Use", 65-74 e le annotazioni stese circa questo verbo nel corso della spiegazione di 8,23-27.

to e invito a proseguire nel loro cammino. Così anche il gesto di Gesù in 28,18 affronta una situazione di disagio che i discepoli stanno sperimentando (presi dal dubbio) e apre loro gli illimitati orizzonti dell'incarico missionario.

Gesù va loro incontro e rivolge la parola. L'espressione ἐλάλησεν λέγων ricorre 4x nel vangelo: 13,3; 14,27; 23,1; 28,18. In due occorrenze (13,3; 23,1) serve a segnalare l'apertura di ampi discorsi mentre in 14,27 (nel contesto del cammino di Pietro sulle acque) introduce una parola di auotopresentazione e di incoraggiamento per i discepoli. L'analogia con il testo di 28,18 è evidente. A fronte del dubbio e come sua terapia, sta la parola rasserenante di Gesù.

2.2.2 L'autorità di Gesù (v. 18b)

La prima parola di Gesù riguarda la sua persona: "Mi è stato dato ogni potere in cielo e in terra". Il primo modo per mettere in fuga il dubbio è presentarsi con chiarezza.

Compare, in primo piano, il verbo δίδωμι, all'aoristo passivo. La prima caratterizzazione di Gesù è quella di chi ha ricevuto un dono. L'aoristo segnala che questo fatto come già accaduto: non è una realtà da attendere per il futuro. La risurrezione è il fatto appena compiuto. Il passivo è un cosiddetto "passivo divino" che segnala un'azione di Dio. Coerente con la presentazione globale di Gesù, Matteo lo mostra – fino alla fine – in intima relazione con Dio, il Padre, e in sua totale dipendenza. Se quanto possiede "gli è stato dato", Gesù è – in senso proprio ed esclusivo – il *Figlio*. Essere figli consiste, infatti, nell'avere tutto ricevuto. In filigrana, sembra di riascoltare l'affermazione di Mt 11,27: "Tutto mi è stato dato dal Padre mio". Gesù è il Figlio esaltato; incontrare lui è incontrare la sorgente del dono, il Padre. Tuttavia, mentre quanto Gesù ha ricevuto, in 11,27, è il fondamento della sua appropriata capacità di rivelare il Padre, in 28,18 è il fondamento della missione[23].

Dio, il Padre, ha consegnato a Gesù una speciale ἐξουσία[24]. E' la pienezza della potestà divina[25]. Durante il ministero pubblico, il termi-

---

[23] M. GRILLI, "El testamento", 84.
[24] W. FOERSTER, "ἐξουσία", 630-668; I. BROER, "ἐξουσία", 1261-1267.
[25] Vari commentatori hanno visto una dipendenza dal testo di Dn 7,13-14. Cf. le annotazioni critiche di W. TRILLING, "Il contenuto", 30-32. I contatti letterali sono evidenti ma diverso l'orientamento. Può darsi che Matteo abbia rielaborato il testo secondo i propri fini: così M. GRILLI, "El testamento", 84.

ne ha indicato la qualità dell'insegnamento di Gesù (7,29), il suo potere di guarigione e di perdono (9,6) che viene anche conferito ai dodici (10,1). Essa è contestata, con durezza, dagli avversari (21,23-27), i quali chiedono esplicitamente "con quale autorità fai questo? chi ti ha dato (ἔδωκεν) questa autorità?" (21,23). Le domande di sommi sacerdoti e anziani del popolo si presentano come un giudizio sull'intera opera di Gesù. E in questa occasione, Gesù non si pronuncia perché gli interlocutori sono insinceri. Al contrario, in 28,18b (con lo stesso verbo δίδωμι di 21,23), la questione dell'origine dell'autorità di Gesù, che sconfina nella questione della sua identità, trova un'inequivocabile risposta ed è offerta a chi si pone in modo positivo di fronte a lui, gli undici. Gesù possiede un'autorità-dono, un'autorità che si radica nella sua figliolanza e che colloca Gesù allo stesso livello del Padre.

Ciò si evince anche dalla specificazione di detta autorità. Essa è totale in senso intensivo – πᾶσα – ed estensivo – ἐν οὐρανῷ καὶ ἐπὶ τῆς γῆς. Gesù, in forza della sua relazione con Dio che lo ha fatto risorgere (28,6-7), possiede un potere illimitato come quello del "Padre, Signore del cielo e della terra" (11,25). La sua è un'autorità esclusiva e inglobante[26]: niente e nessuno sono esclusi dalla sua sfera di benefica influenza[27].

E' perché possiede in pienezza tale autorità che Gesù può comunicare l'incarico missionario ed assicurare la sua presenza permanente[28].

2.2.3 L'incarico missionario (v. 19-20a)

La seconda affermazione di Gesù si connette, anzitutto, con la presentazione precedente e ne deriva come conseguenza: questo è il senso della congiunzione οὖν. L'accoglienza della persona di Gesù nel modo in cui egli si è presentato è premessa per l'incipiente incarico missionario.

L'imperativo aoristo μαθητεύσατε regge l'intera costruzione e ne costituisce il centro. Esso è preceduto e seguito da una serie di participi che specificano e approfondiscono il significato del comando, attraverso la prescrizione dell'atteggiamento che i missionari devono assu-

---

[26] L. SABOURIN, *Matteo*, II, 1069; P. BOLOGNESI, "Matteo 28,16-20 e il suo contenuto", 29.

[27] Spiega in modo telegrafico P. BONNARD, *Matthieu*, 418: "dans le ciel sur les puissances célestes quelles qu'elles soient, sur la terre sur tous les hommes".

[28] O. MICHEL, "The Conclusion", 43.

mere (πορευθέντες) e mettendo in luce due contenuti specifici per la missione: il battesimo (βαπτίζοντες) e l'insegnamento (διδάσκοντες).

a) rendere discepoli

Il compito che Gesù affida ai μαθηταί è, sinteticamente, quello di "rendere discepoli" (μαθητεύσατε) tutti i popoli. E' caratteristico di Matteo l'impiego del verbo μαθητεύω; nel NT, infatti, se ci esclude la ricorrenza di At 14,21, esso compare 3x in questo vangelo. Oltre a 28,19, è presente in 13,52 per descrivere la "conversione" dello scriba e in 27,57 per indicare l'appartenenza al gruppo di Gesù di Giuseppe d'Arimatea. In entrambi i casi, il verbo è al passivo. Stupisce, perciò, l'uso del verbo all'attivo (è l'unico caso) in 28,19: i discepoli sono chiamati in gioco in modo diretto e sono sollecitati in vista di una responsabilità personale.

Si tratta di estendere quel tipo di esperienza che essi, in quanto discepoli "storici", hanno vissuto con Gesù. Non è un privilegio, il loro. Al contrario, la loro storia diventa esemplare per tutti i discepoli futuri. Si tratta di portare i popoli a vivere un rapporto di affidamento incondizionato in Gesù, unico maestro[29]. Non è, prima di tutto, questione di precetti o di insegnamenti bensì è questione di comunione di vita con colui che si è fatto conoscere come il perfetto rivelatore del Padre e della sua salvifica volontà e, insieme, come il legislatore escatologico. Sotto questo punto di vista, ci sembra emerga anche l'originalità del rapporto Gesù-discepoli: la persona di Gesù si colloca con quella autorevolezza che solo la *Torah* poteva rivendicare nel dinamica maestro-discepolo del giudaismo[30].

L'orizzonte che si spalanca dinanzi agli undici è un orizzonte illimitato: "tutti i popoli" (πάντα τὰ ἔθνη). Nessuno è escluso: tutti sono potenziali destinatari di questo incontro. Non si vogliono qui opporre giudei e pagani; al contrario, l'espressione "tutti i popoli" (cf. 24,9.14; 25,32) include anche Israele in un una missione senza confini[31]. In que-

---

[29] Così K. STOCK, *La missione*, 55. X . LÉON-DUFOUR, *Résurrection*, 196 parlava di "lien intime avec Jésus". Cf. anche C.H. RENGSTORF, "μαθητής", 1198.1200.1208.

[30] Sul rapporto maestro-discepolo nel contesto storico: cf. R. NEUDECKER, "Master-Disciple", 245-261.

[31] Cf. W. TRILLING, "Il contenuto", 36-38; cfr. anche J.P. MEIER, "Nations or Gentiles", 94-102; L. SABOURIN, *Matteo*, II, 1070; R.T. FRANCE, *Matthew*, 414; A. SAND, *Matteo*, II, 908; J. GNILKA, *Matteo*, II, 741; S. SABUGAL, *Anástasis*, 434; W.D. DAVIES – D.C. ALLISON, *Matthew*, III, 684. Sostengono la posizione a favore dei

sto senso, l'apertura universalistica di Mt 28,19 infrange la limitazione intimata in 10,5-6, in parte praticata anche da Gesù (cf. 15,24 nel contesto, però, di una guarigione a favore della donna cananea: 15,21-28), e porta alla sua massima fioritura alcuni semi di universalità[32] depositati qua e là nella trama del vangelo (ad es. 2,1-12; 4,12-16; 8,11-12; 12,18-21; 21,43; 25,32, oltre all'allusione ad Abramo in 1,1). Del resto, già la scena della chiamata adombrava una futura attività illimitata (cf. 4,18-22): i discepoli sono chiamati "pescatori di uomini", senza alcuna restrizione[33].

b) in viaggio

Il primo participio del testo (πορευθέντες), che illumina da vicino l'imperativo, mette in risalto lo "stile" di coloro che hanno il compito di rendere discepoli tutti i popoli: devono mettersi in movimento. Anche nel discorso missionario (10,7) movimento e annuncio erano legati insieme.

Il movimento dice il desiderio di porsi in ricerca attiva degli altri; l'esempio è quello di Gesù che, per primo, è andato alla ricerca dei suoi discepoli.

Si tratta di una condizione permanente: non è possibile fare discepoli se non si coltiva una costante sollecitudine ad andare. Non si può vivere la missione se ci si appesantisce o ci si attacca a posti o a cose: il discepolo che è inviato sa vivere un supremo distacco per essere tutto libero per il suo incarico (8,18-22; 10,9-10). La verità del "fare discepoli" si misura nella disponibilità ad "essere in movimento".

Suggestivo è l'intreccio che il verbo πορεύομαι realizza nel testo in esame (28,16-20). In 28,16 sono i discepoli che vanno all'appuntamento dato loro da Gesù; in 28,19 da Gesù stesso sono mandati a tutti i popoli, dopo che egli si è fatto loro vicino (28,18a). Il cammino del "missionario" presuppone un andare verso Gesù (che, in realtà è preceduto dall'andare di Gesù verso di lui: 4,18-22): ma un simile incontro non rinchiude ma dilata verso tutti.

"Gentili": D.R. A. HARE – D.J. HARRINGTON, "Make Disciples of All the Gentiles", 359-369; S. HRE KIO, ""Nations"", 230-238; D.J. HARRINGTON, *Matthew*, 414-417.

[32] Cf. la puntuale monografia di G. TISERA, *Universalism according to the Gospel of Matthew*.

[33] K. STOCK, *La missione*, 55.

c) il battesimo

Per diventare discepoli è indispensabile, in primo luogo, essere immersi nel mistero del Dio Trino: è questo il senso del gesto del battesimo che i discepoli sono chiamati ad amministrare[34]. Il discepolo risulta essere un battezzato[35].

E' un aspetto singolare del testo. Nel vangelo, Gesù o i suoi discepoli non sono mai stati presentati come battezzatori. Il verbo βαπτίζω ha fatto la sua comparsa in relazione all'opera di Giovanni per definire la sua missione (3,6.11: un battesimo d'acqua in vista della conversione) e la missione di chi verrà dopo di lui (3,11) e in relazione al battesimo di Gesù (3,13.14.16). Ricompare poi, curiosamente, solo in 28,19. Di battesimo si parlerà con una certa frequenza nel libro degli Atti (ad es. At 2,38; 8,16; 10,48; 19,5) ma "nel nome di Gesù"; è solo di Matteo la formulazione connessa con il Padre, il Figlio e lo Spirito Santo[36].

Il "nome" dice l'identità di una persona in quanto si rivela facendosi conoscere all'altro. Il "nome" – quando è "di Dio" – dice la sua realtà misteriosa e salvifica che si volge, benigna, verso l'uomo[37]. I discepoli futuri devono essere inseriti in una nuova vita di relazione[38], devono essere condotti "verso, dentro"[39] un tale "nome" che è mistero di salvezza. E tale mistero si manifesta come Padre, Figlio e Spirito[40]. Un solo Dio – come al singolare è ὄνομα – ma che è comunione intima di persone, che viene incontro all'uomo e lo cerca con il suo amore[41]. Questo è il nome del Dio dei discepoli che Matteo, attraverso sobri ma incisivi accenni, ha fatto trasparire[42] nella sua opera (cf. 1-2; 3,16-17; 11,27; 16,16-17; 17,5). Il Figlio, Gesù, ha fatto conoscere definitivamente il Padre (11,25-27); le sue azioni e le sue parole sono avvenute nello Spirito. Colui che è chiamato ad essere discepolo deve incontrare il mistero del Dio vivo.

---

[34] Sul battesimo in Matteo, cf. E. COTHENET, "Le baptême", 23-40.

[35] M. GRILLI, "El testamento", 86.

[36] Diversa anche dalla prospettiva paolina di partecipazione alla morte e risurrezione di Gesù: cf. Rm 6. Sul significato della Triade, cf. J. SCHABERG, *The Father, the Son and the Holy Spirit*.

[37] H. BIETENHARD, "ὄνομα", 762.

[38] S. GRASSO, *Matteo*, 682.

[39] Questo è il senso della preposizione εἰς che esprime movimento, direzione, dinamismo. Cf. I. GOMÁ CIVIT, *Mateo*, II, 718.

[40] La formula appare anche in *Didaché*, 7,1-4.

[41] E. SCHWEIZER, *Matteo*, 493-494.

[42] E' di E. MANICARDI, "Dio Padre", 196-200, l'espressione "trasparenza trinitaria".

Il battesimo indica, attraverso l'immagine dell'immersione, la completa appartenenza a Dio, Trinità Santa[43]. E il fatto che il battesimo preceda l'osservanza dei comandamenti richiama una costante dinamica della storia della salvezza: l'azione di Dio precede e fonda la risposta dell'uomo. Dal momento che si è "immersi" nel mondo di Dio, si è abilitati a rispondergli in modo adeguato. Il battezzato diviene proprietà di Dio[44].

Inoltre, il gesto del battesimo mette in risalto la dimensione ecclesiale del discepolato che prende avvio dalla pasqua[45]; i battezzati si connotano non solo per un comune riferimento alla Trinità ma anche per la reciproca comunione che il gesto battesimale realizza.

d) l'insegnamento

I discepoli sono incaricati non solo di battezzare ma anche di insegnare affinché i popoli osservino tutto ciò che è stato loro comandato.

Per la prima volta, il verbo διδάσκω ha come soggetto i discepoli[46]. Infatti, nel vangelo, l'azione di insegnamento compete per antonomasia a Gesù. E' uno dei tratti più qualificanti del suo ministero (cf. 4,23; 9,35; 11,1; 13,54) che si estende per tutto il suo svolgimento (4,23; 26,55). Di solito, dell'insegnamento di Gesù non si specifica il contenuto[47]: è qualificante il semplice fatto che egli insegni.

Nella finale del vangelo, l'insegnamento passa ai discepoli; tuttavia la loro attività non si configura come indipendente. Resta vero che "uno solo è il maestro" (cf 23,8.10) e che i discepoli sono chiamati a far risuonare solo la parola di Gesù. La prima caratteristica del loro insegnamento è la fedeltà (cf. anche 5,17-20).

Si fa esplicita menzione del contenuto della loro opera: τηρεῖν πάντα ὅσα ἐνετειλάμην ὑμῖν.

L'insegnamento deve portare ad "osservare" (τηρεῖν). Il verbo può

---

[43] O. MICHEL, "The Conclusion", 47.

[44] J. SCHMID, *Matteo*, 505.

[45] J. GNILKA, *Matteo*, II, 741; K.H. REEVES, *The Resurrection*, 80; R. FABRIS, *Matteo*, 588; D. SENIOR, *Matthew*, 347.

[46] Queste le 14 ricorrenze del verbo: 4,23; 5,2.19.19; 7,29; 9,35; 11,1; 13,54; 15,9; 21,23; 22,16; 26,55; 28,15.20. Gesù è soggetto tranne 5,19; 15,9; 28,15.20. Anche il termine διδάσκαλος si applica a Gesù: 8,19; 9,11; 10,24.25; 12,38; 17,24; 19,16; 22, 16.24.36; 23,8; 26,18. Occorre tuttavia ricordare che il termine non è mai posto in bocca ai discepoli.

[47] Significativa eccezione è il discorso della montagna (5-7) introdotto dall'espressione ἐδίδασκεν λέγων (5,2) e 22,16: "insegni la via di Dio".

assumere il senso tecnico di "mettere in pratica" (cf. 19,17; 23,3)[48]. Quanto i discepoli sono chiamati ad annunciare mira ad una ricezione che modifichi la prassi e non si limiti ad un'adesione meramente intellettuale.

Ed è necessario che si insegni a mettere in pratica tutto "ciò che è stato comandato" (ἐνετειλάμην). Il verbo ἐντέλλομαι si trova, in Mt, 4x e presenta come soggetti Dio (4,6), Gesù (17,9; 28,20) e Mosè (19,7). Quanto Gesù comanda si impone con un'autorevolezza fortissima, maggiore di quella di Mosè (cf. 17,5) e sullo stesso piano degli ordini di Dio. Quanto Gesù ha insegnato si configura, attraverso l'uso del verbo ἐντέλλομαι, come "comandamento" (ἐντολή); sulla scorta di una possibile allusione alla predicazione deuteronomica[49], le parole di Gesù si presenterebbero, ora, come l'autentica interpretazione e attuazione della volontà di Dio riassunta nel duplice comandamento dell'amore (Mt 22,40)[50].

"Tutto ciò che vi ho comandato" è quanto Gesù ha detto, specie nei discorsi. I discepoli sono stati i suoi interlocutori privilegiati (5,1; 10,1; 11,1; 13,10.36; 18,1; 23,1; 24,1.3 per i discorsi; cf. anche 15,12.15; 19,10). Quanto hanno ascoltato, resta valido per sempre. Il vangelo si chiude con una parola di Gesù che impone di riprendere – e tenere vive per viverle – le sue parole.

Ma non si tratta solo delle parole: Gesù ha insegnato con le parole e con le sue scelte; tutta la vita di Gesù è rivelazione. Tutto il suo ministero terreno – parole e fatti – diventa imperativo[51].

La prassi, che scaturisce dall'adesione a questo vasto "comandamento", si impone come criterio di appartenenza; non conta tanto la possibilità di fare miracoli quanto la realizzazione della volontà del Padre (7,21) che Gesù manifesta e incarna.

2.2.4 La certezza di una presenza (v. 20b)

Il discorso di Gesù si chiude con l'assicurazione di una perenne presenza. La formulazione introduttiva καὶ ἰδού è ricorrente in Matteo

---

[48] In 27,36.54; 28,4 il senso è quello di "fare la guardia" a Gesù o al suo sepolcro. Nell'AT, esso è usato in relazione ai comandamenti (Sir 29,1) e alla legge (Tb 14,9).

[49] Cf. I. GOMÁ CIVIT, *Mateo*, II, 719 che richiama i seguenti passi dai primi undici capitoli del Dt: 1,3.18.19.41; 2,37; 3,18.21; 4,2.5.13.14.40; 5,12.16.32.33; 6,1.2.6.17.20.24.25; 7,11; 8,1.11; 9,12.16; 10,5.13; 11,8.13.32.27.28.

[50] G. BORNKAMM, "The Risen Lord", 224; R. FABRIS, *Matteo*, 589; M. GRILLI, "El testamento", 88.

[51] Così suggeriscono – e ci sembra in modo pertinente - W.D. DAVIES – D.C. ALLISON, *Matthew*, III, 686: "the earthly ministry as a whole is an imperative".

(28x) ed è spesso usata per segnalare un evento singolare, tale da suscitare sorpresa e meraviglia[52]; nel capitolo 28 è già apparsa nei v. 2.7.9.

Attira l'attenzione l'uso enfatico del pronome ἐγώ: è la persona di Gesù in primo piano[53], prima – e più – che un insegnamento o una morale. E la persona di Gesù assicura una perenne e indefettibile comunione. Questo dice l'uso del complemento di compagnia (μετά + genitivo). Nel corso del vangelo, Gesù è stato sovente descritto come "colui che è con"[54], a partire da quel nome – Emmanuele – che, sulla scorta della profezia di Is 7,14, è stato interpretato come "Dio con noi". La presenza del Risorto porta a compimento la promessa e tutta intera la Scrittura[55].

E' degno di nota registrare come il maggior numero delle ricorrenze che hanno come tema "l'essere-con" di Gesù compaia nel capitolo 26, dove l'evangelista racconta l'inizio della passione. Si fa sempre più evidente il desiderio di Gesù di essere con i suoi: per mangiare la Pasqua (26,18.20) in attesa del ricongiungimento escatologico (26,29), per vivere insieme la preghiera come veglia (26,36). Eppure, proprio in questo contesto di intimità fortemente ricercata, si consuma l'abbandono (26,56) che è il contrario esatto della comunione. L'offerta di comunione viene, nei fatti, respinta.

Sorprende, in modo positivo, la promessa di Gesù in 28,20 che riallaccia, in totale gratuità, la relazione infranta. E' il superamento di ogni tradimento[56] e la perenne garanzia di un rapporto offerto da colui che possiede ogni potere in cielo e in terra. Da notare il verbo εἰμί all'indicativo: Gesù assicura una presenza stabile e duratura.

Il versetto offre, inoltre, una preziosa indicazione temporale: "tutti i giorni fino alla fine del mondo". "Tutti i giorni" allarga la presenza di Gesù ad un orizzonte cronologico senza confini: mai i discepoli saranno soli. Spesso il termine ἡμέρα appare in riferimento ad un momento preciso (ad es. "quel giorno": 7,22 oppure "il giorno del giudizio": 10,15); solo qui, al contrario, indica il susseguirsi ininterrotto di giorni.

---

[52] Per il nostro percorso, cf. 8,24. In quella sede, si offrono ulteriori indicazioni.

[53] Sull'uso di ἐγώ avente come soggetto Gesù, cf. 5,22.28.32.34.39.44; 8,7; 10,16; 12,27; 14,27; 20,22; 21,27; 23,34; 26,39; 28,20.

[54] Questo l'elenco delle ricorrenze: 1,23; 9,11.15; 16,27; 17,17; 26,18.20.29.36; 28,20.

[55] Su questa tematica, cf. la tesi, più volte citata, di D.D. KUPP, *Matthew's Emmanuel*.

[56] K.H. REEVES, *The Resurrection*, 83-86.

La precisazione ἕως τῆς συντελείας τοῦ αἰῶνος allude al ritorno di Gesù. Non è un'indicazione sulla fine ma sul fine (τέλος) del tempo[57]. Esplicito, in questo senso, il testo di Mt 24,3 che associa παρουσία e συντελεία τοῦ αἰῶνος. Il tempo presente (αἰών) si compirà con la venuta gloriosa di Gesù. Egli è con i suoi ogni giorno finché tornerà, glorioso, a dare compimento alla storia[58]. La presenza di Gesù nell'oggi è certa e consolante – anche se velata – in vista dell'incontro definitivo che porrà fine all'attesa. I discepoli sono resi certi dell'assistenza di Gesù e, insieme, sollecitati a tenere fisso lo sguardo sul suo ritorno.

L'assicurazione dell'assistenza divina a favore di chi è chiamato per un incarico speciale appartiene ad alcune scene significative dell'AT di invio o di missione[59]. Di fronte al compito per il quale è destinato, l'eletto avverte la propria inadeguatezza: Dio garantisce di stargli vicino perché possa affrontare con coraggio gli ostacoli e eseguire il proprio compito.

Nel testo di Matteo, a parlare è Gesù risorto. L'autorità ricevuta (28,18b) lo colloca sullo stesso piano di Dio e, in questa posizione, può conferire il mandato e garantire la sua presenza. La presenza del Κύριος non è da intendersi in senso statico, come *shekinà*, ma come assistenza attiva nell'operare storico[60]. L'assistenza di Gesù è garanzia di efficacia e stimolo per un'umile audacia[61]. Di più: la presenza di Gesù, garantita da questa finale parola, non si limita al lavoro missionario ma si estende ad ogni momento dell'esistenza credente ed ecclesiale[62].

---

[57] Per l'uso di συντελεία nel NT, cf. anche Mt 13,39.40.49 e Eb 9,26.
[58] D.A. HAGNER, *Matthew 14-28*, 889.
[59] Ad esempio Gn 28,15; Es 3,12; 4,15; Dt 20,1; 31,23; Gs 1, 5.9; Gdc 6,12.16; 1Sam 20,13; 1Re 1,37; Sal 46,8.12; Is 41,10; 43,2.5; Am 5,14: cf. S. GRASSO, *Matteo*, 683; anche, in precedenza, W. TRILLING, "Il contenuto", 53-54..
[60] W. TRILLING, "Il contenuto", 65. Secondo A. MELLO, *Matteo*, 493 "Gesù risorto e assiso alla destra del Padre è la *Shekinà* di Dio nella storia del mondo".
[61] L'originalità della prospettiva di Matteo – come è noto – emerge anche dal fatto che egli, unico tra i sinottici, non accenni per nulla all'ascensione (cf. Lc 24,51; anche la finale lunga di Mc 16,9-20, posteriore al vangelo, raccoglie questo dato in 16,19).
[62] Sul rapporto tra la presenza offerta ai soli missionari e una presenza più globale, cf. le note sintetiche ed efficaci di L. LEGRAND, *Le Dieu qui vient*, 106-112.

3. Il testo nel contesto e lo sviluppo del tema

Il paragrafo conclusivo è dedicato, dapprima, alla perlustrazione del legame di Mt 28,16-20 con quanto precede (3.1); in seguito, si raccoglieranno alcune annotazioni in ordine all'ultima azione dei discepoli (28,17) a confronto con quanto fa e dice Gesù (3.2).

3.1 *Funzione nel contesto*

Affrontiamo, in questo paragrafo, i legami che il testo di Mt 28,16-20 intrattiene con il contesto prossimo (28,1-15), con il discorso missionario (Mt 10) e con la totalità del vangelo.

3.1.1 Contesto prossimo (28,1-20)

La pericope di Mt 28,16-20 si presenta come un denso *climax* rispetto a quanto precede nel cap. 28.

Per un verso, sia l'apparizione dell'angelo alle donne (28,1-8) che l'incontro del Risorto con le stesse (28,9-10) orientano verso il brano di 28,16-20. Infatti, sia l'angelo (28,7) che Gesù (28,10) indirizzano all'appuntamento in Galilea. Lì devono risuonare le ultime e risolutive parole di Gesù ai suoi. L'annuncio di Gesù (28,10), rispetto a quello dell'angelo (28,5-7), non si attarda sulla risurrezione ma rinvia unicamente all'incontro con quelli che sono chiamati – in modo suggestivo – "fratelli". Sia l'insistenza sul ricongiungimento che l'appellativo "fratelli" lascia intuire che, per Gesù, più forte del tradimento, resta la sua fedeltà.

Interessante può essere anche il confronto che il testo sembra offrire, in modo acuto, tra il comportamento delle donne (28,9-10) e quello dei discepoli (28,16-17). Identico è il gesto dell'adorazione (προσκυνέω: 28,9.17) e tuttavia nulla si dice di un "dubbio" delle donne. Da parte loro, l'accoglienza del Risorto è totale. Ancora una volta (cf. 27,55-56.61; 28,1), le donne sono presentate come le fedeli discepole, senza ombra ... di dubbio[63].

D'altro canto, la pericope di Mt 28,11-15 mette in scena la partenza di un altro messaggio, opposto a quello che risuonerà in 28,16-20. Le guardie, corrotte dai sommi sacerdoti e dagli anziani, sono istruite

---

[63] D. PATTE, *Matthew*, 398. Di parere opposto F. NEIRYNCK, "Les femmes", 180, per il quale διστάζω e φοβεῖσθαι sono equivalenti.

(ἐδιδάχθησαν) perché diffondano una menzogna (28,15) cioè la diceria del trafugamento del cadavere da parte dei discepoli. Tuttavia, il lettore sa che i discepoli non si sono mai avvicinati al sepolcro; sono scomparsi dalla scena durante la passione (26,56). Sono attesi in un luogo, la Galilea, ove, lontano dalla tomba, incontreranno, per grazia, Gesù risorto. I discepoli non sono così attivi come li immaginano i capi dei Giudei. Infatti, prima di 28,16-17 non sono mai stati soggetti di un'azione nel cap. 28. Una tale "passività" dei discepoli fa risaltare – ancor di più – la precedenza e la sovrabbondanza dell'azione di Gesù. Inoltre, è interessante notare come entrambi i brani si chiudano con una annotazione temporale: il primo (28,15) rileva che la diceria del trafugamento si è diffusa "fino ad oggi"; il secondo (28,20) attesta la permanenza di Gesù "fino alla fine del mondo". La menzogna persiste, senza limite di tempo. Secondo Mt 13,39-40, la zizzania perdura sino alla "fine del mondo", come la presenza di Gesù in 28,20.

I due quadri di 28,11-15 e 28,16-20, in sintesi, mettono in scena due missioni opposte[64]: da una parte, la missione affidata dai capi ad alcuni pagani per diffondere la menzogna tra il popolo d'Israele; dall'altra, la missione di diffondere la buona notizia al mondo intero consegnata da Gesù ai discepoli.

3.1.2 Un nuovo incarico missionario

Gesù risorto invia gli undici a rendere discepoli tutti i popoli (28,19). Già in precedenza, nel corso del vangelo, i dodici sono stati oggetto di invio (cf. 10,5: ἀπέστειλεν). Tuttavia, dal confronto dei due incarichi missionari, emergono significative differenze. Tra queste, ci limitiamo a segnalare la più vistosa ossia il cambiamento dei destinatari dell'invio: non si tratta più unicamente delle pecore perdute della casa d'Israele (10,6) ma di "tutti i popoli".

Riteniamo che la tensione presente nel testo[65] si possa comporre analizzando, in una prospettiva storico-salvifica, il ministero di Gesù e dei discepoli attraverso la cesura della Pasqua. Gesù, durante la sua vita

---

[64] R. MEYNET, *La Pasqua*, 383.

[65] Per alcuni autori, una tale tensione, mal composta dall'evangelista, è tutta da imputare alla situazione interna alla comunità di Matteo: cf. i dati del problema – che esula dalla nostra ricerca – ben esposti in M. GRILLI, "El testamento", 97-100, con relativa bibliografia. Condividiamo e adottiamo di seguito la sua posizione. In questa linea, D. SENIOR – C. STUHLMUELLER, *I fondamenti*, 323-353; G. SEGALLA, *Evangelo*, 107-108; R. FABRIS, *Matteo*, 588;.

terrena, si presenta come il Messia che opera a favore di Israele. Dopo l'evento della sua morte e risurrezione – evento escatologico che fa irrompere "gli ultimi tempi" (cf. 27,51-53; 28,2) – i suoi discepoli sono chiamati a realizzare, con la sua assistenza, le prospettive universalistiche predette dai profeti[66].

3.1.3 La ripresa dei discorsi

L'indicazione finale di "osservare tutto ciò che vi ho comandato" rimanda alla precedente attività di Gesù, specie a quella contenuta nei discorsi, e ne attesta la perenne validità. Gesù risorto rimanda alla sua storia che deve essere assimilata e alla quale per sempre occorrerà conformarsi. La storia di Gesù non è una storia morta, relegata nel passato; torna ad essere viva per chiunque desideri essere discepolo. Le modalità che Gesù storicamente ha assunto per rivelare il Padre – dal Padre stesso solennemente approvate con il conferimento della suprema autorità (28,18) – sono quelle che vanno riprese per ogni sequela che voglia meritarsi il titolo di "evangelica". Il Risorto è identico al Gesù terreno; nell'incontro con il Gesù terreno si incontra il Signore risorto. E la condizione del discepolo storico, al quale Gesù affida il suo insegnamento, si rivela essere il paradigma della condizione del credente. Quest'ultima osservazione è assai preziosa per il nostro percorso: il vangelo si presenta come la storia della relazione tra Gesù e i suoi, storia della fede o, piuttosto, storia che fonda la fede[67]. Specchiarsi nei discepoli di allora è "d'obbligo" per i discepoli di sempre[68].

3.2 *Sviluppo del tema*

Valutiamo, in sede conclusiva, il comportamento dei discepoli,

---

[66] Cf. Is 2,2-5; 19,16-25; 42,6; 49,6; Mic 4,1-5. Cf anche F. HAHN, *Mission in the New Testament*, 127, che parla di una missione a cerchi concentrici a partire da Israele – che non è affatto trascurato – verso tutti.

[67] E' la posizione suggerita da J. ZUMSTEIN, "Matthieu 28:16-20", *Miettes exégétiques*,108-112, al termine di un articolo molto stimolante. Cf. lo studio di G. BORNKAMM, "The Risen Lord", 219.223; inoltre S. SABUGAL, *Anástasis*, 431; D.A. HAGNER, *Matthew 14-28*, 888.

[68] Si colloca a questo livello la cosiddetta "trasparenza" del racconto evangelico: nella storia di Gesù e dei discepoli, i lettori sono "contemporanei". Cf. le chiare annotazioni di U. LUZ, *La storia di Gesù*, 22; 47-50. M. GRILLI, "El testamento", 90-91 (con abbondante bibliografia), parla di "modello di identificazione" dei discepoli storici per i discepoli di tutti i tempi

descritto in 28,17, in ordine al contenuto del dubbio, al legame con il testo di Mt 14,22-33 e al rapporto che esso viene ad intessere, in quanto ultima azione dei discepoli, con le parole finali di Gesù (28,18-20).

3.2.1 Il contenuto del dubbio

Il dubbio è di casa nel gruppo degli undici; tuttavia, il commento a 28,17 ci ha resi edotti circa la difficoltà a determinare, in modo apodittico, l'esatta portata di οἱ δέ. Il dubbio entra nel gruppo sia che coinvolga solo una parte di esso – come farebbe intendere la grammatica[69] – sia che coinvolga la totalità – come potrebbe far intendere l'economia generale del racconto. Entrambe le interpretazioni sono possibili; non nascondiamo una preferenza per la seconda, anche in forza dell'itinerario percorso. Ma il punto capitale non ci sembra questo. Capitale è il διστάζειν, sia esso di qualcuno come di tutti: suggestivo è, anzitutto, *il fatto in sé*, il fatto di "ἐδίστασαν"[70].

Avventurosa, invece, risulta essere la precisa decifrazione del contenuto[71] di tale διστάζω: la rarità del verbo (solo in 14,31 e 28,17 in tutto il NT) e la cesura pasquale, che marca uno snodo nel racconto, rendono la spiegazione complessa.

Sono molti gli autori che connettono il dubbio dei discepoli con la manifestazione di Gesù risorto e con la conseguente fatica ad accogliere la realtà della risurrezione[72]: è l'insorgere dell'"evidenza mondana"

---

[69] Cf. la classica posizione in F. BLASS – A. DEBRUNNER, *Grammatica*, § 250¹.

[70] Per questo, riteniamo che i tentativi di rendere l'aoristo ἐδίστασαν come un piuccheperfetto, attribuendo il dubbio ad un tempo anteriore, non colgano nel segno la logica matteana pur con l'intenzione di offrire un ritratto edificante dei discepoli. Tra questi CORNELIUS A LAPIDE, *In SS. Matthaeum et Marcum*, 656 (riporta anche l'opinione di THEOPHYLACTUS: "adoraverunt in Galilea, primum dubitaverunt in Jerusalem"); nella stessa linea: M.-J. LAGRANGE, *Matthieu*, 543; A. DURAND, *Matteo*, 581. Per X. LÉON-DUFOUR, "Présence", 197-199 il dubbio riguarderebbe il messaggio ricevuto dalle donne su Gesù vivo e l'ordine di andare al monte.

[71] H. HENDRICKX, *The Resurrection*, 57 afferma, categorico,: "its sense remain unclear" e W.D. DAVIES – D.C. ALLISON, *Matthew*, III, 682: "Why some doubt is unexplained".

[72] A mo' di esempio, possiamo ricordare: J. KNABENBAUER, *In Matthaeum*, II, 569; J. SCHMID, *Matteo*, 503; F.V. FILSON, *Matthew*, 305; J. SCHNIEWIND, *Matteo*, 475; P. BONNARD, *Matthieu*, 418; B. RIGAUX, *Dieu l'a ressuscité*, 255; D. WENHAM, "The Resurrection", 36; B.J. HUBBARD, *The Matthean Redaction*, 77; F.W. BEARE, *Matteo*, 607: D. HILL, *Matthew*, 361; A. SAND, *Matteo*, II, 908 (in parte); D. PATTE, *Matthew*, 398; G. GHIBERTI, ""Fate discepole tutte le genti"", 156; V. MORA, *La symbolique de*

dell'impossibilità della risurrezione che prende piede sulla fiducia della promessa di Gesù (cfr 26,32) e sulla realtà della sua apparizione[73]. I discepoli non hanno interiorizzato l'insegnamento offerto nelle tre predizioni (16,21; 17,22-23; 20,17-19).

E' costante, nella tradizione sinottica e giovannea, la presenza di una siffatta difficoltà che può assumere una variegata mappa di atteggiamenti: paura e timore (Mc 16,5.8; Lc 24,5.37), turbamento (Lc 24,38), incertezza (Lc 24,4), dubbio (Lc 24,38), incapacità a riconoscere Gesù (Lc 24,16; Gv 20,14; 21,4), stupore (Lc 24,12.37.41), gioia (Lc 24,32.41; Gv 20,20b). La risurrezione coglie i discepoli impreparati: risulta essere una reale novità. Le loro reazioni mettono in luce questo. Tuttavia, più importante delle reazioni è la radice dalla quale esse fioriscono che è l'incredulità (cf. Lc 24,11.41)[74].

Pur non negando la pertinenza di una simile posizione che allinea Matteo nella vasta tradizione evangelica e facendola nostra, tuttavia ci sembra anche importante non perdere di vista l'originalità di questo evangelista che rende, quanto meno, più complessa la spiegazione; in Matteo, c'è la tradizione ma anche altro.

Occorre anzitutto notare come, dopo il dubbio dei discepoli, non compaia – come in Lc 24,36-43; Gv 20, 24-29; 21,1-14 – nessun gesto di Gesù (ad esempio, consumare un pasto) che abbia come scopo quello di garantire, in modo apologetico, la realtà della risurrezione[75]. Il caso di Mt 28,18-20 è palesemente differente e sobrio: in primo piano stanno non solo il gesto di avvicinarsi del Risorto ma soprattutto le sue parole[76].

---

la création, 104; L. MORRIS, *Matthew*, 745; D. HARE, *Matthew*, 332; S. GRASSO, *Gesù e i suoi fratelli*, 173; A. MELLO, *Matteo*, 491; C.S. KEENER, *Matthew*, 399; H. KESSLER, *La risurrezione*, 119. Alcuni autori, poi, secondo una nota metodologia, interpretano tale atteggiamento come specchio della vicenda della comunità: tra essi: G. BORNKAMM, "The Risen Lord", 204; O. DA SPINETOLI, *Matteo*, 775; U. LUZ, *La storia di Gesù*, 167; H. KESSLER, *La risurrezione*, 172.

[73] Così J. ZUMSTEIN, "Matthieu 28:16-20", *Miettes exégétiques*, 101.

[74] La finale lunga (e tardiva) di Marco (16,9-20) riprenderà lo stesso vocabolario in 16,11.13.14.16. Al contrario, un simile vocabolario è del tutto assente nei racconti pasquali di Matteo.

[75] R.H. GUNDRY, *Matthew*, 594.

[76] C'è chi interpreta il dubbio dei discepoli come funzionale a quanto segue (28,18-20): come in un gioco di chiaroscuro, il comportamento dei discepoli attira l'attenzione su un diverso modo di accertare la risurrezione cioè un accertamento che avviene tramite le parole ossia il kerygma. E' la nota posizione che risale a O. MICHEL, "The Conclusion", 42, ripresa, tra gli altri, da G. BORNKAMM, "The Risen

Tuttavia, ciò che più colpisce in 28,17 è la stretta vicinanza di prostrazione/dubbio: una presentazione più "coerente" sembrerebbe esigere un gesto di adorazione dopo che il dubbio è fugato. Anche se si ammette che il dubbio appartiene solo ad alcuni, il dato suscita ugualmente interrogativi[77]. Ma è precisamente una simile tensione tra adorazione e dubbio che fornisce la peculiarità di Matteo. Se si attribuisce al verbo προσκυνέω il significato forte di consapevole riconoscimento dell'identità di Gesù (come appare in 14,33), il "dubitare" fa emergere la reale possibilità della negazione di quanto si è riconosciuto. Sono questi due atteggiamenti, opposti ma così compresenti nella vita, che mettono in risalto quella esistenziale tensione che ha attraversato tutta l'opera[78]. Il verbo διστάζω segnala, anche a livello etimologico (cf. δίς che indica una polarità, un "doppio"), un simile stato di divisione all'interno del pensiero e delle convinzioni di una persona[79].

Nel dubbio dei discepoli si avverte, in sostanza, la medesima fatica a riconoscere cioé a continuare a conoscere in Gesù il Dio-con-noi come Risorto, fatica già comparsa in precedenza nei racconti della "poca fede"[80].

Lord", 204-205 e, nei commentatori, da J. GNILKA, *Matteo*, II, 738. In questo senso, il testo veicolerebbe la tesi della preminenza del kerygma sull'ὅραμα. E' più opportuno legare il dubbio a quanto precede che non a quanto segue.

[77] Per spiegare "ragionevolmente" questo atteggiamento, c'è chi attribuisce alla prostrazione non il valore di adorazione bensì quello di una normale reazione di fronte ad una manifestazione soprannaturale: M. GOGUEL, *La foi*, 280.

[78] J.P. MEIER, *The Vision*, 211-212 scrive opportunamente: "the tension between worshiping belief and hesitant smallness of faith is the very structure of discipleship in this present age". Cf. anche P. PERKINS, *Resurrection*, 133; J.P. HEIL, *The Death and Resurrection*, 105; D.E. GARLAND, *Reading Matthew*, 266. In questa linea ci sembra si muova anche K.H. REEVES, "They Worshipped", 348-349, che vede l'atteggiamento dei discepoli come la riproposta, coerente e terminale, del tema della poca fede.

[79] Cf. H.G. LIDDELL – R.SCOTT, *A Greek – English Lexicon*, 437; L. ROCCI, *Vocabolario*, 494.

[80] Elenchiamo altre spiegazioni offerte da autori che si sono cimentati da vicino, in alcuni articoli, con il versetto in questione. Per L.G. JR. PARKHURST, "Matthew 28:16-20 Reconsidered", 180, i dubbi dei discepoli sono da mettere in collegamento "about the justifiability of worshipping him"!. Curiosa la proposta di R. PIETRANTONIO, "Duda y adoración", 241: così descrive il dubbio: "una hesitación sobre decidirse acerca de la adoración del Jesús resucitado como se adora al Padre". Per K. GRAYSTON, "The Translation", 108 i discepoli, nel loro primo incontro con Gesù dopo il tradimento, si sottomettono a lui (la *proskunesis*) ma "they doubted whether even total submission would save them". Già R.J. KWIK, "Some Doubted", 181, aveva attirato l'attenzione sulla paura dei discepoli, a motivo dell'abbandono, circa "the reception they would get from Jesus".

3.2.2 Il confronto con Mt 14,22-33

Nuove luci nell'interpretazione di Mt 28,17 possono giungere dal confronto con l'unico altro testo del vangelo nel quale si presenta il verbo διστάζω. Si tratta dell'esperienza vissuta da Pietro (14,28-32) nel contesto più vasto del cammino sulle acque da parte di Gesù (14,22-33).

Entrambi i testi sono accomunati da una particolare manifestazione di Gesù capace, in modo sorprendente e inatteso, di dominare le forze del mare/male e della morte[81].

Nel primo caso (14,31), l'uso del verbo διστάζω serve a Gesù per dare un nome all'atteggiamento di Pietro (dunque si applica a un singolo) e appare nella forma interrogativa, a mo' di rimprovero, combinato con la preposizione εἰς; in 28,17 è utilizzato dall'evangelista per descrivere il comportamento di una parte (o di tutti) i discepoli (dunque è per un gruppo) sotto forma di semplice descrizione e non come rimprovero.

Per quanto riguarda l'andamento dei due racconti, notiamo – per il primo – che il dubbio di Pietro viene segnalato dopo una serie di atteggiamenti altalenanti (slancio iniziale, capacità di stare in piedi, sguardo al vento, paura, sprofondamento, grido)[82] ed è "sanato" dal gesto benevolo di Gesù; lo sbocco è costituito da una corale confessione di fede (14,33 con il verbo προσκυνέω). Il rimprovero di Gesù non giunge inaspettato se si considera quanto è accaduto prima; inoltre, esso viene "recuperato" dall'adorazione finale.

Nel secondo testo, ci sembra che l'urto per il comportamento dei discepoli sia maggiore. Infatti, nella sequenza dei v. 16-17, due verbi descrivono comportamenti positivi nei confronti di Gesù: l'andare verso l'incontro con lui, in obbedienza a un comando, e l'adorazione; il terzo verbo, διστάζω, sigilla, in modo meno idilliaco (e più vero) il rapporto con il Risorto. Il racconto lascia il discepolo in una posizione non adeguata di fronte a Gesù. Risulta essere significativo, nel parallelo con 14,31-33, l'esatta inversione dei verbi διστάζω e προσκυνέω: in 14,31-33 si trova la sequenza ἐδίστασας (14,31) / προσεκύνησαν (14,33) mentre in 28,17 προσεκύνησαν / ἐδίστασαν.

---

[81] Si possono riscontrare altri due elementi che rendono "paralleli" i due testi: in primo luogo, il gesto di avvicinamento di Gesù ai discepoli descritto in modo simile (ἦλθεν πρὸς αὐτούς in 14,25 e προσελθών in 28,18); in secondo luogo la formula ἐλάλησεν αὐτοῖς λέγων per introdurre le parole di Gesù (14,27; 28,18).

[82] Rinviamo al cap. III per i dettagli.

Ma l'originalità di Mt 28,16-20 è data dal fatto che, ancora una volta e in modo perenne, è Gesù ad avere – letteralmente – l'ultima parola. E' fuori discussione il fatto che le parole e la presenza di Gesù come "terapia" per sconfiggere il dubbio siano determinanti in entrambi i testi (cf., per 14,22-33, la solenne dichiarazione di Gesù in 14,27 dove l'enfasi è accordata, anche lì, all'"esser*ci*" di Gesù). Nel secondo caso, tuttavia, a motivo della dinamica della scena che pone le parole di Gesù come elemento conclusivo del brano e di tutto il vangelo, ci sembra ancora più enfatizzato questa prospettiva: solo la promessa di comunione da parte di Gesù è garanzia del futuro dei discepoli.

Possiamo visualizzare queste due dinamiche narrative così:

Gesù/Pietro (14,28-32)	Gesù a Pietro (14,31)	Discepoli (14,33)
Discepoli (28,16)	Discepoli (28,17)	Gesù (28,18-20)

Circa il contenuto del dubbio, si è avuto modo di affermare, più sopra, quanto il dubbio di Pietro sia legato, primariamente, alla modalità della presenza di Gesù in quanto capace di *essere-con* il suo discepolo, attivo nella sua potenza; non è immediatamente perspicua, nella fatica, l'identità salvifica di Gesù. Un simile contenuto serve – forse – anche ad illuminare 28,17, insieme al legame con il gesto di adorazione: riconoscimento dell'identità e sua possibile negazione si consumano nello spazio di un versetto.

Riprendiamo ora il nostro testo per approfondire ulteriori aspetti.

3.2.3 L'ultima azione e azione aperta

E' molto suggestivo il fatto che l'ultima azione ascritta ai discepoli nel vangelo di Matteo sia l'azione del "dubitare". Sembra conforme alla logica di questo vangelo il fatto che il dubbio abbia assalito l'insieme degli undici discepoli e non li abbia più lasciati[83]: è il fotogramma che si imprime per sempre. La fede è poca sino alla fine. In questo senso, l'azione resta aperta ed è rilanciata al lettore. Anch'egli è chiamato a misurarsi con un tale dubbio.

Dal punto di vista del coinvolgimento, il vangelo di Matteo si presenta, nella sua chiusura, con un espediente di grande fascino, non solo per quanto riguarda la presentazione di Gesù ma anche per quanto

---

[83] R. MEYNET, *La Pasqua*, 380. Questa osservazione ha la sua validità anche nel caso in cui, a dubitare, sia soltanto una parte.

riguarda il discepolo[84]. Il testo, che registra il "dubbio", non registra nulla riguardo al suo superamento[85]. Il prosieguo del brano riporta unicamente le parole del Risorto le quali non escludono – anzi enfatizzano – il gioco della libertà del credente e di ogni lettore. Per superare il dubbio, i discepoli sono chiamati – liberamente – ad accogliere e ad obbedire: in questo senso, la fede rimane una decisione e non il risultato di un sillogismo[86].

3.2.4 Non rimprovero ma parole di mandato e di assistenza

Manca, nel testo, qualsiasi genere di domanda, come in casi precedenti, che suoni come rimprovero. Ora è il tempo dell'incarico e della promessa di assistenza. Stupisce (e incoraggia il lettore) l'incarico affidato a gente che non solo ha tradito ma che tuttora dubita[87]. Esso si staglia come segno di totale fiducia e generosa gratuità; essi, che per primi non hanno "osservato", nella prassi, quanto Gesù ha detto e fatto nel corso della sua vita, sono rimandati a far osservare *tutto* quanto. Gesù si fida di chi ancora non si fida. Il primato è suo.

Coloro che sono stati chiamati "fratelli" (28,10) non si comportano secondo la qualità della relazione che Gesù offre loro. Devono ancora maturare e accogliere questa opportunità che si offre non come stabile possesso ma come possibilità donata[88]. E tuttavia, sono proprio i discepoli – e non altri – coloro che sono chiamati a continuare l'opera di Gesù.

E' solo in forza della vittoria di Gesù, il quale rivela ai suoi la propria autorità (28,18), che essi possono – e devono – dedicarsi alla mis-

---

[84] Scrive a questo proposito J.-N. ALETTI, *Gesù Cristo,* 169: "il narratore non chiude l'episodio; il risorto – mi si perdoni l'espressione – ha ancora la bocca aperta; Matteo non segnala alcuna reazione degli undici, ciò che probabilmente hanno detto e fatto in seguito, ecc. L'effetto stilistico è ugualmente sorprendente, perché, non fermando il discorso di Gesù, lo lascia nell'atto dell'enunciare, mentre si rivolge agli undici e a chiunque lo ascolta nel presente della lettura". W.D. DAVIES – D.C. ALLISON, *Matthew,* III, 688 parlano di "open-ended ending".

[85] E' quanto segnala anche U. LUZ, *Matthäus,* IV, 440. La stessa dinamica si può forse rinvenire nella quarta scena della parabola del padre e dei due figli (Lc 15,11-32) laddove (15,28b-32) il testo, dopo aver riportato l'invito del padre al figlio maggiore perché partecipi alla sua gioia, nulla dice circa l'accoglienza di un simile invito da parte del figlio: il lettore è lasciato in sospeso.

[86] H. HENDRICKX, *The Resurrection,* 58.

[87] Gerolamo, *PL* 26,226, ha sfruttato questo aspetto per un monito moralistico: "dubitatio eorum nostram augeat fidem".

[88] S. GRASSO, *Gesù e i suoi fratelli,* 173.

sione. E la missione è sostenuta dalla presenza di Gesù (28,20): il primato della grazia è ben attestato anche da Matteo, secondo la propria prospettiva[89].

Si noterà – tra parentesi – che è la medesima logica proposta dal Risorto nel "rendere discepoli" tutti i popoli, logica che manifesta la qualità del discepolato stesso: battesimo e osservanza di "tutto ciò che vi ha comandato" (28,19-20). La "grazia" del battesimo è in primo piano e consente l'obbedienza[90].

L'azione conclusiva di Gesù è una parola, non nuove apparizioni, a differenza degli altri evangelisti (Lc 24,41-43; Gv 20,27); è la parola che si offre per sanare la poca fede[91], dei discepoli di ieri e di sempre[92].

Ma questa parola rimanda, in modo suggestivo e finale, ad una Presenza, misteriosamente viva ed efficace: Gesù risorto. La fede dei discepoli è chiamata ora, al termine del racconto, a misurarsi ancora con Gesù nella novità del suo essere il Dio-con-noi.

3.2.5 La fede e "il nome del Padre e del Figlio e dello Spirito Santo"

Abbiamo una solenne confessione di fede nelle ultime parole del Risorto. Il vangelo si chiude con la manifestazione della signoria cosmica del Risorto e con l'incarico di ammettere tutti i popoli nella comunione della vita trinitaria: Il battesimo introduce nel dialogo trinitario. "Padre" è il volto del Dio rivelato da Gesù ed è il volto al quale ognuno può rivolgersi con disarmante libertà, come ha messo in risalto in discorso della montagna (5-7) e in esso, il "Padre nostro" (6,9-13). "Figlio" è l'identità profonda di Gesù ed è – per partecipazione – l'identità peculiare di ogni discepolo. "Spirito Santo" è il soffio benefico che ha guidato Gesù e che guida la vita di ogni cristiano[93]. Dal punto

---

[89] Rimandiamo al recente articolo di CH.H. TALBERT, "Indicative", 515-538, che affronta l'annosa questione del rapporto tra indicativo e imperativo nell'opera di Matteo. L'Autore coglie quattro tecniche usate dall'evangelista per suggerire la preminenza dell'indicativo: 1) "io sono con voi/in mezzo a voi"; 2) l'invocazione del nome divino; 3) "ciò è stato rivelato/ a voi è dato a conoscere"; 4) essere con Gesù e conclude affermando che la soteriologia di Matteo "is by grace from start to finish" (538). Cf. anche J.-N. ALETTI, *Gesù Cristo*, 210.

[90] É. CUVILLIER, "Le baptême", 172-173.

[91] M. GRILLI, "El testamento", 102; D. HARE, *Matthew*, 333.

[92] B. RIGAUX, *Dieu l'a ressuscité*, 255 sostiene che Matteo insegna che: "la foi à la Résurrection peut renoncer à toute expérience physique et que la parole du Ressuscité est la lumière qui dissipe toute hésitation".

[93] B. MAGGIONI, "La Trinità", 29.

di vista del "contenuto" della fede, il vangelo si chiude con una pagina di chiara e alta rivelazione. La fede, per Matteo, non è l'atteggiamento di chi si pone in modo passivo di fronte a una generica divinità. Al contrario, la fede richiede e si esprime in un preciso contenuto. Nell'accoglienza di Gesù, Figlio di Dio[94] e presenza attiva del Padre nella forza dello Spirito, si misura la qualità della fede.

Gesù resta perennemente con i suoi come il *Crocifisso* risorto (28,5-6). Ai discepoli, che hanno scartato la via della croce dal suo primo annuncio (16,21) fino alla sua attuazione (cap. 26-27), Gesù mostra come sia vittoriosa l'adesione filiale alla volontà del Padre, che dalla morte porta alla vita. Il discepolo che accoglie il Dio-con-noi, accoglie la vittoria della croce, evento inaudito; la fede dei discepoli si dovrà sempre misurare con una Presenza che sa offrire una vita attraverso la morte. Solo attraverso la risposta a questo dono che si offre, il discepolo riuscirà a liberarsi, progressivamente, da quella "preoccupazione ansiosa" dalla quale era stato messo in guardia da Gesù, nel suo primo monito contro la "poca fede" (6,25-34).

---

[94] E' di J.D. KINGSBURY, "The composition", 579-584, la forte (e forse un po' unilaterale) sottolineatura della cristologia del Figlio di Dio.

CONCLUSIONE

A conclusione della ricerca, il tema si percepisce nella sua ricchezza: attraversa tutto il vangelo, coinvolge il gruppo dei discepoli – gruppo decisivo nella trama di Matteo – nel loro rapporto con Dio Padre e Gesù. Conduce al centro del messaggio dell'evangelista e si offre come itinerario per i discepoli di tutti i tempi

Offriamo una breve sintesi dei dati raccolti. Essa sarà articolata attorno a tre nuclei maggiori: 1) l'analisi della collocazione dei brani nell'opera di Matteo; 2) l'esposizione del contenuto della "poca fede" e, per capovolgimento, la figura di fede emergente in queste ricorrenze; 3) un possibile itinerario di crescita nella fede così come si potrebbe configurare mediante l'unificazione dei vari indizi che i testi comunicano da questa angolatura. Concluderemo con uno sguardo alla pericope finale di Mt 28,16-20[1].

1. Il cammino della poca fede nel testo di Matteo: la distribuzione delle ricorrenze

Come in una visione dall'alto, ci accingiamo a considerare la distribuzione dei riferimenti alla poca fede nella trama di Matteo.

Non è questa la sede per discutere, neppure per sommi capi, della questione della struttura del vangelo, una questione – a tutt'oggi – non risolta[2]. Da parte nostra, riteniamo che le due espressioni ἀπο τότε ἤρξατο presenti in 4,17 e 16,21 possano offrire una significativa scan-

---

[1] Le note di questa parte sono ridottissime. Per qualsiasi riferimento bibliografico, come pure per la chiarificazione di qualche aspetto, velocemente segnalato in questa sede, rinviamo a quanto è stato scritto *ad locum* nei capitoli precedenti.

[2] Rimandiamo, come orientamento sintetico, a D.R. BAUER, *The Structure*.

sione del vangelo. In 4,17 Gesù inizia il suo ministero pubblico in Galilea, con la predicazione che annuncia la presenza del Regno; a partire da 16,21 Gesù dichiara ai suoi discepoli che lo attende un destino di morte e di risurrezione: prevede la sua sorte, nell'itinerario verso Gerusalemme, e la compie, nella città santa.

Di conseguenza, si può abbozzare la seguente partitura del vangelo: Matteo inizia il suo racconto con la presentazione di Gesù in 1,1-4,16. Segue un'ampia sezione che presenta l'attività di Gesù in Galilea (4,17-16,20), variamente suddivisa dagli autori. Infine, in 16,21 inizia una nuova sezione che comprende il resto del testo fino a 28,20. Al suo interno, si possono notare alcune articolazioni maggiori: il viaggio (16,21-20,34) e la presenza di Gesù a Gerusalemme (21,1-28,20). A sua volta, questa parte finale si muove secondo una duplice scansione: Gesù nella zona del tempio (21-25) e gli ultimi eventi drammatici (26-28).

La prima ricorrenza del termine ὀλιγόπιστος si registra in 6,30 all'interno della pericope di 6,25-34. Siamo nel contesto del vasto discorso della montagna (5-7), discorso che serve a definire lo statuto dei discepoli, sullo sfondo della presenza delle folle. E' un testo "fondativo". Fin dal primo discorso, i discepoli vengono collocati nella categoria di "gente di poca fede" senza che, per il momento, nessuna azione da loro compiuta possa far "meritare" l'attribuzione di un simile appellativo. Sono di "poca fede" da subito e in modo prolettico: questo sembra essere il loro nome (cf. l'uso, insolito e, in un certo senso, *sui generis*, del vocativo). Infatti, nella sua formulazione, la parola di Gesù suona più come una constatazione che come un rimprovero o – se si vuole – come un velato avvertimento che si appoggia su di una constatazione.

I discepoli, chiamati a misurarsi con le responsabilità di una "giustizia maggiore" (5,20) devono fare i conti, anzitutto, con la loro fede. Le esigenze dell'annuncio evangelico, distribuite nel corso del discorso della montagna, non reclamano unicamente uno sforzo volontaristico ma, in eguale misura, un abbandono filiale in colui che è Padre di tutti (5,43-48).

Seguono tre episodi (8,23-27; 14,22-33; 16,5-12) collocati nell'ampia sezione che narra dell'attività di Gesù potente non solo in parole ma anche in opere, parole e opere che vengono progressivamente o accolte o rifiutate dai vari schieramenti.

Sono tre episodi che registrano una particolare situazione di *intimità* tra Gesù e i suoi discepoli: non è un caso che l'ambiente sia la barca ove Gesù si trova con i suoi (8,23-27; 16,5-12) o dove cerca di raggiungerli (14,22-33). Si tratta di un'intimità fortemente ricercata (8,18; 14,22) e insieme, problematica. Infatti, è Gesù che chiede ai suoi discepoli una separazione da tutti ma, nello stesso tempo, una tale separazione si rivela difficile da gestire. In particolare, in 8,23-27 e 14,22-33 si profila un'altra realtà che fa da antagonista a Gesù: la grande "tempesta" (8,24) o il vento che ostacola la traversata notturna (14,24). Sotto questo profilo, il testo di 16,5-12 si differenzia dagli altri in quanto la poca fede si manifesta in una situazione più ordinaria e banale.

Infine, in tutti e tre gli episodi le parole di Gesù suonano come amaro *rimprovero*, sotto forma di interrogativo ("perché?"). Gesù registra, si rammarica, vuole spingere ad un cambiamento. La sua parola rischiara il senso della sua presenza e mira a sanare la poca fede. E' interessante indicare anche i destinatari del rimprovero nei tre testi: tutti i discepoli (8,26) – Pietro (14,31) – ancora tutti i discepoli (16,8). Pietro – unico personaggio a ricevere personalmente il rimprovero – acquista un carattere di esemplarità. In lui, si può specchiare ogni uomo di poca fede.

Per un verso, il susseguirsi dei tre episodi (8,23-27; 14,22-33; 16,5-12) produce un effetto ridondante: sembra che dall'intervento di Gesù in 8,26 i discepoli non siano in grado di trarre i necessari atteggiamenti per il futuro se è vero che il rimprovero continua a risuonare come un ritornello e in contesti – come sopra si notava – di particolare intimità. Sebbene vicini, i suoi non si lasciano condurre ad un progressivo e totale affidamento. Questa impressione si conferma ancora di più se si prende in considerazione anche il richiamo del testo di 6,30 che, in modo suggestivo, si scontra con la situazione descritta in 16,5-12 a motivo della comune tematica dell'affanno.

D'altra parte, è pure vero che diverse sono le reazioni nei tre testi: interrogativo (8,27), professione di fede (14,33), comprensione (16,12). Il discepolo sembra bloccato e in progresso simultaneamente: la tensione tipica della vita credente. La fede, di volta in volta, è chiamata a fare i conti con la paura (8,26), con un'innata duplicità interiore (14,31), con una memoria da attivare (16,9).

E' suggestivo che la terza pericope (16,5-12) conduca sulla soglia della solenne professione di fede di Pietro (16,13-20): ancora una volta, la fede è poca e non lo è, nello spazio di pochi versetti.

E' significativo il fatto che la maggioranza delle ricorrenze sia collocata in quella parte di vangelo (4,17-16,20) laddove il confronto con la folla e gli avversari è più serrato e laddove si definiscono meglio le diverse posizioni di fronte a Gesù: la "poca fede" risulta essere una ricorrente modalità di stare davanti a Gesù da parte dei discepoli.

A partire da 16,21 – come si è detto sopra – Gesù profetizza la sorte che lo attende e la allarga anche ai suoi discepoli. Il brano di 17,14-20 (con l'unica ricorrenza di ὀλιγοπιστία: 17,20) si inquadra tra la cosiddetta prima predizione della passione, morte e risurrezione (16,21) e la seconda (17,22-23). E' la prima volta che i discepoli si trovano senza Gesù ed è la prima azione che compiono dopo la prima predizione: sulla loro poca fede si stende l'ombra dell'assenza di Gesù e, soprattutto, l'ombra della croce appena evocata. In questo caso, sono i discepoli a chiedere (17,19) ed è Gesù a rispondere (17,20), circa la radice del loro fallimento. Invitati ad agire in sua assenza (17,16), la loro fede fa fatica a misurarsi con colui che si è appena rivelato nella sua disarmante debolezza che lo condurrà alla morte. Se queste sono le premesse, i fatti che accadono durante la passione ne sono la logica conseguenza.

Anche il finale del vangelo (28,16-20) – come cercheremo di approfondire nell'ultimo paragrafo – fotografa ancora i discepoli "divisi" tra adorazione e dubbio (28,17): un'interiore tensione li accompagna "coerentemente" (!) fino alla fine.

In sintesi, da questa veloce scorsa alla distribuzione dei testi nell'opera, prendiamo atto di come la fede dei discepoli sia "poca" dall'inizio alla fine, in mezzo a conquiste e fallimenti; costante è la cura di Gesù che non si accontenta di appurare la situazione ma spinge sempre oltre: la fede è poca ma, sollecitato dalle domande di Gesù, ogni discepolo deve chiedersi "perché?" e lasciarsi condurre progressivamente in avanti.

2. Il contenuto della "poca fede" e i suoi destinatari

In questo paragrafo, cercheremo di raccogliere, in una stringata sintesi, i dati disseminati nel corso della ricerca circa il contenuto della "poca fede" allo scopo di far emergere, in positivo, quale sia la *qualità* della fede richiesta al discepolo. Ci muoveremo, dunque, con libertà su questi due versanti, uno negativo e l'altro positivo, con una preferenza accordata al secondo; non si tratta di aggiungere dati nuovi a quelli già offerti durante il cammino ma unicamente di metterli in ordine. Il percorso è scandito, come è ovvio, dallo svolgimento del vangelo. La "qualità" della fede è quella che emerge dai testi esaminati e non dall'intero vangelo, che sarà da tenere presente nella sua globalità qualora si desideri completare il percorso della fede secondo Matteo.

2.1 *Il Padre di Gesù che ha cura (6,30)*

Il primo riferimento circa la fede ha una chiara attinenza con il Padre (6,30). In gioco è la fede/fiducia non nell'esistenza di un Dio "generico" bensì in colui che mostra cura e provvidenza per le sue creature. Più chiaramente, è in gioco la qualità di una fede che è chiamata a misurarsi con la *paternità* di Dio (5,43-48; 6,1-18; 7,7-11), così come Gesù non solo la insegna ma la rende trasparente nella sua esistenza di Figlio. Si potrebbe così esprimere il contenuto della fede: si crede in Dio presentato da Gesù come Padre, ove i due termini (Padre e Gesù), nella loro feconda e illuminante relazione, dicono la novità della proposta evangelica. Gesù è il rivelatore del Padre nel suo manifestarsi come icona luminosa di incondizionata dedizione a Lui. Poca è la fede che non si lascia plasmare dalla vitale relazione che Gesù ha con il Padre e che egli comunica ai suoi discepoli. Credere nel Padre è credere nella sua azione in favore dell'uomo. Paternità e intervento fattivo nella vita del credente sono i tratti qualificanti di questa esperienza. E' questione di fiducia che ha a che fare con contenuto preciso: aspetto fiduciale e aspetto cognitivo non sono dissociati.

2.2 *Gesù, attivo mentre dorme (8,26)*

Rispetto al brano precedente, la più macroscopica differenza nell'episodio della tempesta sedata (8,23-27) riguarda il destinatario della fede: si passa dal Padre a Gesù. La fede si qualifica, a partire da questo passo, come una speciale relazione con Gesù: non si dà fede che non sia rapporto vitale con lui, riconosciuto secondo la sua peculiare identità.

Ma i discepoli sono "vili, codardi" (δειλοί: 8,26) e quella che doveva segnalarsi come una relazione stretta e forte si presenta, al contrario, come una relazione infranta. Salta la fiducia – questo è palese. La fiducia salta perché si dà più importanza alla tempesta che alla presenza di Gesù (8,25); al discepolo non basta l'"essere-con" di Gesù – tematica sottesa a tutto il vangelo. Ma si può andare oltre: la fiducia viene meno non solo per l'insorgere di un fattore esterno, al quale si dà più credito, ma anche perché Gesù è sì presente ma in modo inattivo e quindi apparentemente inefficace: sta dormendo (8,24). La fede, dunque, in positivo, si mostra come la capacità di dare credito a Gesù non unicamente perché lo si riconosce come capace di essere più forte della tempesta ma perché lo si accoglie secondo la sua modalità *sorprendente* di manifestarsi, una modalità che travolge ogni attesa. La fede non può avere altro contenuto che il mistero di Gesù nella debolezza del suo dono fino alla morte che qui, sia pure allusivamente, si prefigura. La misura della poca fede si colma quando si è pronti a riconoscere un Gesù diverso dai parametri umani o genericamente religiosi. Non è un caso che questo sia il primo testo con i discepoli in azione: l'azione del discepolo è proficua quando, nella calma e senza paura, si fida della divina passività.

2.3 *Gesù o il vento: dei due, uno (14,31)*

Nel terzo episodio (14,22-33), la "poca fede" – strettamente parlando – è di un singolo, Pietro. Il rimprovero di Gesù (14,31) matura al termine di una serie di azioni (14,28-30) che rendono il racconto particolarmente vivace.

La fede si configura come una sorta di *vis-à-vis* tra Gesù e il discepolo. Ci sembra che il punto di forza della prospettiva di Matteo sia dato dall'"essere-con" di Gesù affermato con enfasi nella sua apparizione sulle acque (14,27). Gesù apertamente segnala la sua salvifica presenza: riconoscerla e accoglierla è la fede. Ed è precisamente a partire da una simile accoglienza – accoglienza non puramente concettuale ma esistenziale – che si aprono due possibilità. Se riconosci e accogli Gesù che *c'è*, anche in mezzo al vento contrario, ti è data la grazia di fare quanto ha fatto lui (14,29) cioè l'umanamente impossibile; se, di fatto, questa presenza non ti basta e si dà più credito al vento, non si può che affondare (14,30). Dunque, fede è a) accogliere l'essere di Gesù con i discepoli, b) a dispetto di tutte le apparenze contrarie, c) superando ogni interiore divisione (διστάζω).

Anche in questa occorrenza ci pare di riconoscere la cura che Matteo pone per mostrare come il discepolato si sposi con l'assunzione della sua tesi cristologica (1,23; 18,20; 28,20); la fede è poca perché non si riconosce la presenza salvifica di Gesù.

2.4 *Gesù e l'affanno per i pani (16,8)*

Gesù e i discepoli sono ancora insieme sulla barca: è questo lo sfondo del quarto episodio (16,5-12). Gesù è fisicamente "con" i suoi eppure essi sono distanti: vicinissimi nello spazio, lontanissimi nei punti di vista. Siccome sono unicamente preoccupati di sé e delle proprie necessità materiali, non sono in grado di riconoscerne la presenza: sono ciechi. Non scorgono in Gesù il pastore che ha saziato le folle (14,13-21; 15,32-39) e che possiede, dunque, il potere di saziare coloro che lo seguono: manca la fiducia nella potenza di colui che è al loro fianco. Sono preda di quell'affanno dal quale erano stati esortati a guardarsi in

6,25-34. Né la certezza della cura del Padre né la sollecitudine di Gesù sono in grado di distoglierli dal loro timore.

La pericope di 16,5-12 possiede una sua originalità: ci fa comprendere come la fede si manifesti come "poca" non solo in occasioni straordinarie – drammatiche o misteriose (come in 8,23-27 o 14,22-33) bensì anche in circostanze più banali: basta poco (qualche pane dimenticato) perché venga meno quella fiducia che, al contrario, dovrebbe sgorgare dal riconoscimento dell'esserci, benefico e salvifico, di Gesù.

Infine, il contesto (16,1-4) invita a vigilare perché il contenuto della fede non sia intaccato dal pernicioso influsso degli avversari. Solo il ricordo vivo e penetrante dell'esperienza fatta può salvare da una simile deriva, come si dirà anche più sotto.

2.5 *Gesù incamminato verso la croce, nel tempo dell'assenza*

L'episodio della mancata guarigione del fanciullo epilettico (17,14-20) registra una nuova sfumatura nella presentazione della "poca fede" a motivo della situazione, diversa dalle precedenti, nella quale si trovano ad agire i discepoli, vale a dire l'assenza di Gesù. Poca è quella fede che, in assenza di Gesù, non è in grado di mantenere viva una comunione con lui così da poter operare secondo l'incarico apostolico ricevuto (10,1.8). La fede, in questo caso, è fiducia nella missione ricevuta e acquista i tratti dell'obbedienza. Il discepolo non risulta essere come il Maestro (cf. 10,24). La relazione si è infranta clamorosamente.

Inoltre, è il primo racconto nel quale i discepoli sono chiamati ad agire dopo aver ascoltato della sorte che attende Gesù (16,21). La fede si deve misurare con un contenuto che fa fatica ad essere accettato e assimilato dal gruppo: si è discepoli di un Messia debole agli occhi degli uomini e i discepoli sono deboli di fronte alla sua rivelazione. Le parole di Gesù sulla potenza della fede (17,20bc) aprono nuovi orizzonti.

2.6 *Punti sintetici*

Da questa carrellata dei cinque testi, investigati dal punto di vista del destinatario o dell'"oggetto" della poca fede (e, per converso, della fede), raccogliamo quattro punti riassuntivi.

a) C'è una sorta di dialettica nei testi esaminati. Si parte da una richiesta di fede in Dio di cui si esalta la sollecita paternità (6,30); si continua focalizzando l'attenzione su Gesù e – come vedremo subito – sulla modalità della sua presenza (8,26; 14,31; 16,8; 17,20a); si rilancia il discorso, in modo enigmatico, nella sentenza della fede come granello di senape (17,20bc). Si registra, dunque, una trama di relazioni molto mosse: dal Padre a Gesù e da Gesù al Padre. La fede è fede nel Padre e insieme fede in Gesù. La dinamica espressa dal loghion di 11,27 ci sembra ben tessuta nel vangelo: il Figlio è colui che svela il Padre e il Padre conferma il Figlio. La qualità della fede si misura nell'accoglienza di questa misteriosa relazione.

b) Riguardo alla persona di Gesù, ci sembra che un ruolo affascinante sia giocato dalla *modalità* della sua presenza: in 8,23-27 c'è ma dorme; in 14,22-33 c'è ma non si riconosce subito e fa compiere azioni impossibili; in 16,5-12 è presente ma con un altro punto di vista rispetto ai discepoli; in 17,14-20 non c'è e i discepoli falliscono. La poca fede, dunque, in questi testi, evidenzia la fatica del discepolo a riconoscere l'"essere-con" di Gesù.

In modo speculare, la fede è riconoscere Gesù nella modalità con cui egli decide di manifestarsi. Non basta riconoscere Gesù come il Figlio di Dio ma occorre accogliere la modalità entro la quale tale Figlio si rende presente. E Gesù si manifesta in modo inatteso e sorprendente.

A mo' di battuta sintetica: se l'"essere-con" è il *cantus firmus* (non esclusivo) della presentazione di Gesù secondo Matteo, si può affermare, in una certa misura, che la "poca fede" ne costituisce il *controcanto* sul versante del discepolo.

c) Come conseguenza di quanto poc'anzi affermato, deriva che la poca fede non è riducibile esclusivamente a "poca fiducia". Questo è assodato ma non ci sembra sufficiente. La poca fiducia, caratteristica qualificante, nasce da una non completa ed esauriente comprensione del *mistero* di Gesù (che è più ampio del solo insegnamento). La poca fede è fallimento anche di una certa qual dimensione cognitiva.

In positivo, ci sembra di poter affermare che la fede, anche per Matteo, sebbene in maniera diversa (sic!) da Paolo, Giovanni e Marco, possiede una componente noetica che *condivide* con la tematica, tipicamente matteana, del "comprendere" (συνιέναι). Non riteniamo del tutto pertinente, quindi, la posizione di chi sostiene che il "comprendere", per Matteo, esaurisce e assorbe in sé l'aspetto cognitivo della fede[3]. La fede di Matteo è questione di *affidamento* che sorga da una

---

[3] E' la posizione radicale di G. BARTH, "Matthew's Understanding", 105-116 che esclude ogni elemento concettuale dalla "fede". Più sfumata la posizione di U. LUZ, "The Disciples", 121, per il quale la fede è diretta alla persona di Gesù mentre la comprensione è relativa al suo insegnamento.

conoscenza; non ha in sé solo una dimensione "morale". Resta vero, tuttavia, che non è sufficiente conoscere per affidarsi e vivere nella logica di un tale affidamento; la fede ha bisogno di rendersi "visibile" in un percorso – come più sotto illustreremo.

d) Accenniamo ad un aspetto che meriterebbe ben più ampia trattazione: il problema del rapporto tra indicativo (salvifico) e imperativo (etico) nell'opera matteana[4]. Si è spesso sostenuto che il vangelo di Matteo presenti una deformazione moralistica e legalistica del messaggio di Gesù, una "rigiudaizzazione" dell'Evangelo[5]. Al contrario, ci sembra che l'analisi fin qui condotta orienti in un'altra direzione: il rimprovero per la "poca fede" dei discepoli ci conferma che anche per Matteo quello che si chiede a chi segue Gesù non sono solo le opere ma anzitutto la fede[6].

3. La "pratica" della fede: un itinerario per la comunità

Gli episodi nei quali si menziona la poca fede non solo offrono la possibilità di riflettere, in positivo, sul contenuto della fede; offrono anche ricchi spunti per costruire un affascinante *itinerario di fede*, vale a dire mettono in luce una serie di modalità che contribuiscono a "praticare" la fede, condizioni che la sorreggono o la intralciano, esperienze che la intersecano e la rendono complessa. Ripercorriamo di nuovo i testi per raccogliere, sotto questa angolatura di carattere più morale, ulteriori dati.

3.1 *La fede tra affanno e ricerca*

Nel brano parenetico di 6,25-34 la dimensione esistenziale della fede è posta in contrasto con una vita segnata dall'affanno. L'affanno è la controfigura della fede; chi si affanna agisce come se tutto dipendesse dalle proprie forze, forze impiegate per raggiungere quei beni che vengono assolutizzati e che si rivelano, poi, inconsistenti. L'affanno tradisce una certa immagine di Dio che non è il Padre sollecito per i suoi figli; l'affanno è roba da "pagani", da gente, cioè, che ancora non

---

[4] Recentemente, è intervenuto sul tema CH.H. TALBERT, "Indicative and Imperative", 515-538 in un articolo esaustivo, già segnalato in precedenza.

[5] Cf. lo *status quaestionis* in CH.H. TALBERT, "Indicative and Imperative", 515-520.

[6] V. FUSCO, "Il "vissuto" della Chiesa", 18.

si è imbattuta nel Dio di Gesù Cristo. Resta vero, tuttavia, che una vita di fede dovrà sempre lottare contro l'affanno risorgente: non si dà – se non con fatica e vigilanza – una vita di fede "allo stato puro". La fede, qui e altrove, è offerta *in statu viatoris*.

In positivo, secondo 6,33, una corretta vita di fede si sposa con la ricerca del Regno e della giustizia. Al credente non è consentita alcuna passività. In una dinamica di relazione – quale è la fede – il discepolo deve fare la sua parte: ζητεῖν. La "ricerca" che qui viene comandata presenta alcune caratteristiche: una corretta priorità (il Regno e la giustizia di Dio); una capacità critica di distacco da altre proposte (ciò che fanno i pagani); la lucida consapevolezza della precedenza dell'agire del Padre (cf. il legame con 7,7-11).

Di poca fede è la vita di chi si affanna stoltamente e di chi trascura di orientarsi verso una "giustizia più abbondante" (5,20).

3.2 *La fede nella tempesta alle prese con la paura*

Il σεισμός che fa cornice al brano di 8,23-27 illumina, in modo plastico, una dimensione che attraversa l'esperienza di fede: la dimensione della "tribolazione". La fede trova la propria esistenziale verifica nella sua effettiva capacità di saper resistere quando infuria la tempesta. La fede è sempre messa alla prova, da fattori esterni o – in modo più sottile – dal tarlo interno di una certa presenza di Gesù che sorprende. L'affacciarsi della tribolazione dovrebbe far scattare la virtù della perseveranza della fede.

Quando questo non avviene – ed è realistico constatare come spesso questo non avvenga, come è successo ai discepoli – fa la sua comparsa la paura. La paura disegna il ritratto della poca fede. Il discepolo vive in un costante stato altalenante: dalla fede alla paura e dalla paura alla fede. Solo un vero affidamento, sempre rinnovato, sgombra il campo dalla paura, in particolare dalla paura della morte – paura primordiale che si rifrange a generare ogni altro tipo di paura. E questo si verifica solo quando ci si affida a chi si percepisce essere capace di vincere la morte, come sa vincere le forze del mare (cf. anche 8,28-34; 9,18-26). La vittoria sulla paura va di pari passo con l'accettazione, nella vita e non solo nella mente, di Gesù presente, in modo misterioso, al proprio fianco. Dimensione fiduciale, cognitiva e morale si intersecano.

3.3 *Compiere l'impossibile o gridare*

Il racconto di 14,22-33 presenta Pietro come significativo rappresentante della "poca fede". A documentare la pregnanza del testo, valgano le note stese in precedenza. In questa sede, puntualizziamo ciò che può servire per arricchire l'itinerario di fede che ci siamo proposti di descrivere. Il nostro punto di vista è quello di chi si preoccupa di investigare *a cosa* conduca la vita di fede e quali siano le *avvertenze* da salvaguardare.

Pietro sulle acque rende visibile, in modo eclatante, l'inaudita possibilità offerta al credente: chi crede, cioé, compie l'umanamente impossibile. Tuttavia, non è solo questione di spettacolarità: Pietro sta facendo, in forza di un comando ricevuto e a mo' di obbedienza, quanto ha fatto Gesù: pur assumendo l'espressione con la dovuta ponderatezza, si può dire che lo sta "imitando". La fede si configura, quindi, come la reale possibilità di una perfetta adesione a Gesù, fermo restando la precedenza dell'azione di quest'ultimo sul discepolo e la mai adeguata sovrapposizione delle due "figure".

Le qualità morali richieste, sul versante umano, da questa narrazione, ci sembrano tre: saper osare, saper ubbidire, saper perseverare. Osare e ubbidire fanno riferimento alla potenza della parola di Gesù, più energica di ogni umana apparenza; perseverare dice un'umile fermezza, quando dall'intorno sembrano pervenire smentite alla autorevolezza della parola/persona di Gesù. C'è sempre un vento contrario contro il quale resistere.

Possiamo aggiungere uno spunto sul finale, quando Pietro inizia ad affondare. Campeggia, nel testo, una efficace tensione: da un lato il grido dell'apostolo, dall'altro la mano di Gesù unita al suo rimprovero. Si può scorgere, in questa sequenza, un'altra icona della vita di fede: essa sarà sempre in bilico tra un'invocazione di salvezza e la certezza di una mano rassicurante, mai disgiunta da una parola di biasimo che ha, come scopo, di far progredire in un libero e più convinto affidamento.

3.4 *Il ricordo come alimento della fede*

La scena della discussione sul lievito e i pani in 16,5-12 arricchisce il cammino di un elemento nuovo: la fede, secondo la migliore tradizione copiosamente attestata nell'AT, si nutre di memoria. Per sconfiggere la poca fede, occorre riportare alla coscienza credente il ricordo di quanto Gesù ha già compiuto. E non si tratta soltanto di rievocare dei fatti fermandosi alla scorza della cronaca; al contrario, i fatti vanno rievocati perché se ne possa dischiudere il senso. I fatti – in questo caso le due moltiplicazioni (14,13-21; 15,32-39) – dicono qualcosa del mistero di Gesù-pastore. Chi vuol vivere di fede, deve avere buona memoria.

La memoria genera così la speranza per il futuro: in forza dell'agire di Gesù sperimentato in precedenza, si può essere certi, forti della sua fedeltà, non solo e non tanto della ripetibilità dei suoi gesti quanto, più profondamente, dell'assicurazione della sua salvifica presenza.

3.5 *La fede come un granello di senape*

Il detto di Gesù (17,20bc) che sigilla la guarigione del ragazzo epilettico (17,14-20) attira l'attenzione sulla paradossalità della fede e sulla sua potenzialità.

In primo luogo, la paradossalità. Il paragone del granello di senape dice che il cammino di fede non si misura, per così dire, sulla "quantità" della fede ma sua "qualità". E tale qualità si evince dall'intero percorso che il vangelo presenta e al quale educa. Da un certo punto di vista, si può forse dire che la fede non cresce per accumulo ma – paradossalmente – per sottrazione: la sottrazione di chi ritira il proprio io per fare posto a Dio, di chi dà più "peso" al Padre e a Gesù che lo rivela di quanto non lo dia a se stesso.

In secondo luogo, la potenzialità della fede. La vita di fede è una vita aperta all'impossibile. Non si tratta di un delirio di onnipotenza ma del riconoscimento di un reale cambiamento che si determina nell'esistenza aperta al Mistero e che spinge a vivere in un modo ritenuto "impossibile". Anche nel suo stile e nelle sue scelte operative, la vita di fede si presenta come un'alternativa al pensiero degli uomini (cf. 16,23). Come si deduce dalla paradossalità del detto sullo spostamento della montagna, è paradossale la stessa vita credente.

Infine, richiamiamo, dal detto di 21,21-22, la sottolineatura della preghiera. L'accenno alla preghiera – per quanto esso richiama all'interno del vangelo – ridice la dimensione relazionale, dipendente e confidente della fede. La preghiera esprime il volto della fede che si rivolge, esplicitamente, al Padre e a lui si consegna nella propria povertà infantile.

In conclusione, anche la rilettura dei testi dal punto di vista della "pratica della fede" rivela un suo fascino anche per il discepolo di tutti i tempi. Questa linea di lettura si sposa con la tematica ecclesiologica, fortemente rimarcata nel vangelo. Inoltre, la dinamica interna dei testi, con slanci e involuzioni, ci pone di fronte ad un esistenziale paradosso: da un lato la fede dei discepoli sarà sempre "poca", dall'altro essa è tenacemente sollecitata a crescere[7]; è il misterioso intreccio tra grazia e responsabilità.

---

[7] E' la conclusione dello studio di V. Fusco, "L'incredulità", 139-141.

4. In conclusione/in apertura (Mt 28,17)

Il percorso della poca fede ha un originale epilogo nell'ultima azione che Matteo attribuisce ai discepoli (28,17) nel testo finale del vangelo (28,16-20). Non ricorre il vocabolario che abbiamo perlustrato finora – ecco il motivo di una collocazione "a parte" nel presente itinerario – eppure l'esperienza lì narrata ci sembra possa offrire, per i motivi detti nel precedente capitolo, una congrua e stimolante conclusione.

I discepoli – non è determinante se tutti o alcuni – sono "dubbiosi". In gioco è la realtà di Gesù risorto; in profondità, la mai placata difficoltà a riconoscere la presenza di Gesù al proprio fianco.

I discepoli si congedano dal lettore del vangelo con questo tratto molto realistico, che li ha sempre accompagnati; la fede è poca fino alla fine. Inoltre, si è già registrato come non ci sia menzione di una loro evoluzione; l'azione è lasciata aperta come scommessa di libertà. Potrà essere sanata – se si vorrà – unicamente mediante la parola e la presenza di Gesù, di Gesù che, a differenza dei testi precedenti, non redarguisce più ma soltanto incarica e rassicura. La grandezza di chi è chiamato ad essere discepolo sta tutta nella fedeltà di Gesù: l'incarico a coloro che l'hanno "lasciato" e "sono fuggiti" (26,56; cf. 26,31-32) dice quanto possa essere forte la capacità di riconciliazione di Gesù.

E l'affanno, con il quale si è partiti sulla montagna (6,25-34), è sanato alla radice dalla presenza rassicurante di Gesù, Figlio di Dio che svela il Padre nello Spirito (28,19): egli, di nuovo sul monte, afferma di "essere con" i suoi per sempre (28,20); la pena di ogni giorno (cf. 6,34) è resa lieve da colui che resta "tutti i giorni" (28,20) come il Crocifisso Risorto.

E' l'icona della vittoria della croce offerta all'adesione libera dell'incerta fede dei discepoli di sempre.

SIGLE E ABBREVIAZIONI

ABR	*Biblical Review*
AJBI	*Annual of the Japanese Biblical Institute*
al.	*Alii*
AnBib	Analecta Biblica
AncB	Anchor Bible
Asp.	*Asprenas*
Aseign	*Assemblées du Seigneur*
BeO	Bibbia e Oriente
BEThL	Bibliotheca Ephemeridum Theologicarum Lovaniensium
Bib	*Biblica*
BiLe	*Bibel und Leben*
BiTod	*Bible Today*
BiTr	*Bible Translator*
BLE	Bulletin de Littérature Ecclésiastique
BN	Biblische Notizen
BNTC	Black's New Testament Commentaries
BTB	*Biblical Theology Bulletin*
BVC	*Bible et vie chrétienne*
CBQ	*Catholic Biblical Quarterly*
cf.	confrontare
CivCatt	*La Civiltà Cattolica*
CNEB	Cambridge Bible Commentary on the New English Bible
CNT	Commentaire du Nouveau Testament
CSS	Cursus Scripturae Sacrae
CuaB	*Cuadernos biblicos*
DBS	Dictionnaire de la Bible. Supplément
DCBNT	Dizionario dei concetti biblici del Nuovo Testamento
DENT	Dizionario esegetico del Nuovo Testamento
DownR	*Downside Review*
DTAT	Dizionario Teologico dell'Antico Testamento
ed.	editore (= a cura di)
EKKNT	Evangelisch-Katolischer Kommentar zum Neuen Testament

es.	esempio
EstB	*Estudios Bíblicos*
ET	*Expository Times*
EtB	Études bibliques
EthL	*Ephemerides Theologicae Lovaniensis*
ETR	*Études théologiques et religieuses*
EvTh	*Evangelische Theologie*
Fs.	Festschrift (= studi in onore di)
FV	*Foi et Vie*
GGNT	*Grammatica del Greco del Nuovo Testamento*
GLNT	*Grande Lessico del Nuovo Testamento*
Greg	*Gregorianum*
HNT	Handbuch zum Neuen Testament
HThKNT	Herder's theologischer Kommentar zum Neuen Testament
HThR	*Harvard Theological Review*
ICC	International Critical Commentary
Id.	IDEM
Interp	*Interpretation*
JBL	*Journal of Biblical Literature*
JETS	*Journal of the Evangelical Theological Society*
JSNT	*Journal for the Study of the New Testament*
JSNTSS	*Journal for the Study of the New Testament Supplement Series*
JThS	*Journal of Theological Studies*
KuD	Kerygma und Dogma
KEK	Kritisch-exegetischer Kommentar über das Neue Testament
LeDiv	Lectio Divina
LXX	Settanta
MBC	The Mellen Biblical Commentary
MSSNTS	Monograph Series. Society for New Testament Studies
NatGrac	*Naturaleza y gracia*
NCeB	New Century Bible
NEBNT	Neue Echter Bibel – Neues Testament
Neotest.	*Neotestamentica*
NIBC	New International Biblical Commentary
NRTh	*La nouvelle revue théologique*
NT	*Novum Testamentum*
NTD	Das Neue Testament Deutsch
NT.S	Novum Testamentum Supplements
NTS	*New Testament Studies*
OBO	Orbis Biblicus et Orientalis
PSV	*Parole Spirito e Vita*
PaVi	*Parole di Vita*
PIB	Pontificio Istituto Biblico

RB	*Revue Biblique*
RevistB	*Revista Bíblica*
RHPhR	*Revue d'Histoire et de Philosophie Religieuses*
RivBib	*Rivista Biblica*
RNT	Regensburger Neues Testament
RTL	*Revue théologique de Louvain*
RSR	*Recherches de Science Religeuse*
RStB	*Ricerche Storico Bibliche*
RThPh	*Revue de Théologie et Philosophie*
SBFA	Studii Biblici Franciscani Analecta
SBL	*Society of Biblical Literature*
ScC	*La Scuola Cattolica*
ScEs	*Science et Esprit*
SémBib	*Sémiotique et Bible*
ST	Studia theologica
SNTU	Studien zum Neuen Testament und seiner Umwelt
Teol	*Teologia*
TG.ST	Tesi Gregoriana. Serie Teologia
ThHKNT	Theologischer Handkommentar zum Neuen Testament
ThZ	*Theologische Zeitschrift*
TynB	*Tyndale Bulletin*
WBC	Word Biblical Commentary
VJTR	*Vidyajyoti*
ZNW	Zeitschrift für Neutestamentliche Wissenschaft
ZTK	Zeitschrift für Theologie und Kirche

BIBLIOGRAFIA

van AARDE, A.G., "Matthew's Portrayal of the Disciples and the Structure of Matthew 13.53-17.27", *Neotest.* 16 (1982) 21-34
ACHTEMEIER, P.J., "Person and Deed", *Interp* 16 (1962) 169-176
AGUIRRE MONASTERIO, R., ed., *Pedro el la Iglesia primitiva*, Estella 1991
AICHINGER, H., "Zur Traditionsgeschichte der Epileptiker-Perikope Mk 9,14-29 par Mt 17,14-21 par Lk 9,37-43a", *SNTU* 3 (1978) 114-143
ALBRIGHT, W.F. – MANN, C.S., *Matthew. Introduction, Translation, and Notes*, AncB 26, Garden City NY 1971
ALEGRE, X., "La tempesta apaivagada (Mc 4,35-41; Mt 8,18-27; Lc 8,22-25)", *Butlletí de l'Associació Bíblica de Catalunya* 34 (1988) 13-21
ALETTI, J.-N., *Gesù Cristo: unità del Nuovo Testamento?*, Roma 1995; orig. francese, *Jésus-Christ fait-il l'unité du Nouveau Testament?*, Paris 1994
ALLEN, W.C., *A Critical and Exegetical Commentary on the Gospel According to St. Matthew*, ICC 22, Edinburgh 1907[2]
ALLISON, D.C., JR., "The Structure of the Sermon on the Mount", *JBL* 106 (1987) 423-445
———, *The New Moses. A Matthean Typology*, Minneapolis, MN 1993
ALONSO DÍAZ, J., "Pasaje de la calma de la tormenta en el Evangelio según Mateo", *CuaB* 20 (1963) 149-157
AMPHOUX, CH.-B., ""Toute la foi, jusqu'à déplacer les montagnes" (1Cor 13,2): une parole de Jésus citée par Paul?", in A. MARCHADOUR, ed., *L'Évangile exploré*, LeDiv 166, Paris 1996, 333-355
ANDERSON, J.C., "Double and Triple Stories, the Implied Reader and the Redundancy in Matthew", *Semeia* 31 (1985) 71-89
———, J.C., *Matthew's Narrative Web: Over, and Over, and Over Again*, JSNTSS 91, Sheffield 1994
ANTOINE, P., "Foi", *DBS* III, 276-310
ARASAKUMAR, R., "Insecurity vs. Faith. Meaning and Purpose of Mt 8:18-27", *VJTR* 61 (1997) 243-258
ARGYLE, A.W., *The Gospel according to Matthew*, CNEB, Cambridge 1963
AUZOU, G., *Dalla servitù al servizio. Il libro dell'Esodo*, Bologna 1975; orig. francese, *De la servitude au service. Étude du livre de l'Exode*, Paris 1961

BALZ, H., "φοβέω, φόβος", *GLNT* XV, 47-132
———,"ταράσσω", *DENT* II, 1571
BALZ, H., "φόβος", *DENT* II, 1814-1819
BARTELS, K.H., "μιμνήσκομαι", *DCBNT*, 990-996
BARTH, G., "Matthew's Understanding of the Law", in G. BORNKAMM – G. BARTH – H.J. HELD, *Tradition and Interpretation in Matthew*, London 1963, 58-164; orig. tedesco, "Das Gesetzesverständnis des Evangelisten Matthäus", in G. BORNKAMM – G. BARTH – H. J. HELD, *Überlieferung und Auslegung im Matthäusevangelium*, Neukirchen 1959, 54-154
———,"Glaube und Zweifel in den synoptischen Evangelien", *ZTK* 72 (1975) 269-292;
———,"ὀλιγοπιστία/ὀλιγόπιστος", *DENT* II, 581-582
———,"πίστις/πιστεύω", *DENT* II, 941-957
BARTOLOMÉ, J.J., "Los pájaros y los lirios. Una aproximación a la cuestión ecológica desde Mt 6,25-34" *EstB* 49 (1991) 165-190
BASSET, J.-C., "Dernières paroles du Réssuscité et mission de l'église aujourd'hui (A propos de Mt 28,18-20 et parallèles)", *RThPh* 114 (1982) 349-367
BATTO, B. F., "The Sleeping God: An Ancient Near Eastern Motif of Divine Sovereignty", *Bib* 68 (1987) 153-177
BAUDOZ, J.-F., *Les miettes de la table*, EtB, Paris 1995
BAUER, D.R., *The Structure of Matthew's Gospel*, Sheffield 1989
BEARE, D.W., *Il vangelo secondo Matteo*, Roma 1990; orig. inglese, *The Gospel according to Matthew. A Commentary*, Oxford 1981
BEASLEY-MURRAY, G.R., "Matthew 6,33: the Kingdom of God and the Ethics of Jesus; "seek first the Kingdom and Righteousness, and all these Things will be added to you"", in H. MERKLEIN, ed., *Neues Testament und Ethik*, Fs. R. Schnackenburg, Freiburg - Basel - Wien 1989, 84-98
BECK, N.A., "Reclaiming a Biblical Text: The Mark 8:14-21 Discussion about Bread in the Boat", *CBQ* 43 (1981) 49-56
BEHM J., J., "προνοέω, πρόνοια", *GLNT* VII, 1197-1220
BENOIT, P., "La foi selon les Synoptiques", in P. BENOIT, *Exégèse et théologie*, Paris 1961, I, 143-159
BERGER, K., *Psicologia storica del Nuovo Testamento*, Cinisello B. - MI 1994; orig. tedesco, *Historische Psychologie des Neuen Testament*, Stuttgart 1991
BETZ, H.D., "Cosmology and Ethics in the Sermon of the Mount", in H.D. BETZ, *Essays on the Sermon on the Mount*, Philadelphia 1985, 89-123
———,*The Sermon on the Mount*, Hermeneia, Minneapolis 1995
BEYER, H.W., "θεραπεύω", *GLNT* IV, 487-498
BIETENHARD, H., "ὄνομα", *GLNT* VIII, 681-790
BISHOP, E. F. F., "Jesus and the Lake", *CBQ* 13 (1951) 398-414
BISSOLI, C., "Le parole "forti" di Gesù: i miracoli. Per una lettura esegetica-pastorale di Mt 8-9", *PaVi* 17 (1972) 187-202

BLOMBERG, C. L., "The Miracles as Parables", in D. WENHAM – C. BLOMBERG, ed., *Gospel Perspectives. The Miracles of Jesus,* Sheffield 1986, 327-359
———, *Matthew*, New American Commentary, Nashville 1992
BÖCHER, O., "δαιμόνιον, δαίμων", *DENT* I, 713-722
BOISMARD, M.-É., *Le baptême selon le Nouveau Testament*, Paris 2001
BOLOGNESI, P., "Matteo 28,16-20 e la sua struttura", *BeO* 30 (1988) 129-137
———, P., "Matteo 28,16-20 e il suo contenuto", *Studi di Teologia* 1 (1989) 25-39
BONNARD, P., *L'Évangile selon Saint Matthieu*, CNT 1, Genève 1970²
BONORA, A., "La donna eccellente, la sapienza, il sapiente (Pr 31,10-31)", *RivBib* 36 (1988) 137-163
BORING, M.E., "Matthew", *The New Interpreter's Bible*, Nashville 1995
BORNKAMM, G., "The Stilling of the Storm in Matthew", in G. BORNKAMM – G. BARTH – H.J. HELD, *Tradition and Interpretation in Matthew*, London 1963, 52-57; orig. tedesco, "Die Sturmstillung im Matthäusevan-gelium", in G. BORNKAMM – G. BARTH – H. J. HELD, *Überlieferung und Auslegung im Matthäusevangelium*, Neukirchen 1959, 48-53
———,"The Risen Lord and the Earthly Jesus. Matthew 28.16-20" in J.M. ROBINSON, ed., *The Future of Our Religious Past*. Fs. R. Bultmann, London 1971, 203-229; orig. tedesco, "Der Auferstandene und der Irdische. Mt 28,16-20", in E. DINKLER, ed., *Zeit und Geschichte*. Fs. R. Bultmann, Tübingen 1964, 171-191
BOVATI, P., "Paternità di Dio e giustizia. Un commento al Cantico di Mosè", *CivCatt* 3574 (1999) II, 324-337
BRAUMANN, G., "Der sinkende Petrus. Matth. 14,28-31", *ThZ* 22 (1966) 403-414
BRIÈRE, J., "Salomon dans le Nouveau Testament", *DBS* XI, 480-485
BROER, I., "ἐξουσία", *DENT* I, 1261-1267
BROOKS, O.S., "Matthew XXVIII,16-20 and the Design of the First Gospel", *JSNT* 10 (1981) 2-18
BROWN, R.E. – DONFRIED, K.P. – REUMANN, J., ed., *Pietro nel Nuovo Testamento*, Roma 1988; orig. inglese, *Peter in the New Testament*, New York – Paramus – Toronto 1973
BROWN, S., "The Matthean Community and the Gentile Mission", *NT* 22 (1980) 193-221
BUCHANAN, G.W., *The Gospel of Matthew*, MBC, Lewiston – Queenston – Lampeter 1996
BÜCHSEL, F., "γενεά", *GLNT* II, 391-393
BÜCHSEL, F., "διακρίνω", *GLNT* V, 1090-1098
BULTMANN, R., "μεριμνάω", *GLNT* VII, 65-80
BULTMANN, R. – WEISER, A., "πιστεύω", *GLNT* X, 338-488
BULTMANN, R. - LÜHRMANN, D., "φαντάζω, φάντασμα", *GLNT* XIV, 846-847
BURGER, C., "Jesu Taten nach Matthäus 8 und 9", *ZTK* 70 (1973) 272-287

BYRNE, B., "The Messiah in Whose Name "the Gentiles Will Hope" (Matt 12:21): Gentile Inclusion as an Essential Element of Matthew's Christology", *ABR* 50 (2002) 55-73

BYRSKOG, S., *Jesus the Only Teacher. Didactic Authority and Transmission in Ancient Israel, Ancient Judaism and the Matthean Community*, Stockholm 1994

CABA, J., *La oración de petición*, AnBib 62, Roma 1974

———,*Cristo, mia speranza, è risorto. Studio esegetico dei "vangeli" pasquali*, Cinisello Balsamo – MI 1988; orig. spagnolo, *Resucitó, Cristo, mi esperanza. Estudio exegético*, Madrid 1986

van CANGH, J.-M., *La multiplication des pains et l'eucharistie*, LeDiv 86, Paris 1975

———,"Évolution du motif de la foi dans les miracles synoptiques, johannique et apocryphes", in C. FOCANT, ed., *The Synoptic Gospels*, BEThL 110, Leuven 1993, 566-578

CARLISLE, C.R., "Jesus' Walking on the Water: A Note on Matthew 14.22-33", *NTS* 31 (1985) 151-155

CARLSTON, C.E., "Matthew 6:24-34", *Interp* 41 (1987) 179-183

CARTER, W., ""Solomon in All His Glory": Intertextuality and Matthew 6.29", *JSNT* 65 (1997) 3-25

———,"Learning to Live as Faithful Disciples", *BiTod* 36 (1998) 287-293

———,*Matthew and the Margins. A Socio-Polical and Religious Reading*, JSNTSS 204, Sheffield 2000

CASEY, M., "The Jackals and the Son of Man", *JSNT* 12 (1985) 3-22

CATCHPOLE, D., "The ravens, the lilies and the Q hypothesis. A form-critical perspective on the source-critical problem", *SNTU* 6-7 (1981-1982) 77-87

CHARLIER, J.-P., *Signes et prodiges. Les miracles dans l'Évangile*, Paris 1987

CLAUDEL, G., *La confession de Pierre. Trajectoire d'une péricope évangélique*, EtB, Paris 1988

CONZELMANN, H., "συνίημι", *GLNT* XIII, 241-264

COOGAN, M.D., "The Storm and the Sea", *BiTod* 79 (1975) 457-464

COPE, O. L., *Matthew. A Scribe Trained for the Kingdom of Heaven*, Washington 1976

CORBON, J., "Mémoire", in X. LÉON-DUFOUR, ed., *Vocabulaire de théologie biblique*, Paris 1971², 734-737

CORNELIUS A LAPIDE, *Commentaria in Scripturam Sacram in SS. Matthaeum et Marcum*, Paris 1862, XV

COSTACURTA, B., *La vita minacciata. Il tema della paura nella Bibbia ebraica*, AnBib 119, Roma 1988

COTHENET, E., "Le baptême selon S. Matthieu", in E. COTHENET, *Exégèse et théologie*, LeDiv 133, Paris 1988, 23-40

COUSLAND, J.R.C., "The Feeding of the Four Thousand *Gentiles* in Matthew? Matthew 15: 29-39 as a Test Case", *NT* 41 (1999) 1-23

CUVILLIER, E., "Chronique matthéenne. *Nova et vetera* (Mt 13/52)", *ETR* 68 (1993) 573-584

CUVILLIER, E."Le baptême chrétien dans le Nouveau Testament: élément de réflexion", *ETR* 70 (1995) 161-177
———,"Chronique matthéenne (II). . " ... mais ce n'est pas encore la fin" (Mt 24/6b)", *ETR* 71 (1996) 81-94
———,"Chronique matthéenne (III). "... que le lecteur comprenne" (Mt 24/15)", *ETR* 72 (1997) 101-113
———,"Chronique matthéenne (IV) "Vous avez entendu qu'il a été dit ..." (Mt 5/27a)", *ETR* 73 (1998) 239-256
———,"Chronique matthéenne (V) "... jusqu'à la fin du monde" (Mt 28/20b)", *ETR* 74 (1999) 251-265
———,"Chronique matthéenne (VI) " L'un des ces plus petits de mes frères... " (Mt 25/40)", *ETR* 76 (2001) 575-598
DA SPINETOLI, O., *Matteo*, Assisi 1983[4]
DAHL, N.A., "Anamnesis", *ST* 1 (1948) 69-95
DANIÉLOU, J., *Le symboles chrétiens primitifs*, Paris 1961
DAUTZENBERG, G., "διακρίνω", *DENT* I, 805-811
DAVIES, W.D., *The Setting of the Sermon on the Mount*, Cambridge 1963
DAVIES, W.D. – ALLISON, D.C., *A Critical and Exegetical Commentary on the Gospel according to Saint Matthew*, I-III, ICC, Edinburgh 1988, 1991, 1997
———,"Matt 28.16-20: Texts behind the Text", *RHPhR* 72 (1992) 89-98
DE VIRGILIO, G., "Mt 6,19-34: provvidenza divina e realismo cristiano", *RivBib* 50 (2002) 3-29
DENIS, A.-M., "La marche de Jésus sur les eaux", in I. DE LA POTTERIE, ed., *De Jésus aux Évangiles*, FS. J. Coppens, BEThL 25, Louvain 1967, 233-247
DERMIENCE, A., "La péricope de la Cananéenne (Mt 15,21-28). Rédaction et théologie", *EThL* 58 (1982) 25-49
DERMIENCE, A., "Rédaction et théologie dans le premier évangile. Une perspective de l'exégèse matthéenne récente", *RTL* 16 (1985) 47-64
DERRETT, J.D.M., "Why and how Jesus walked on the Sea", *NT* 23 (1981) 330-348
———,"Birds of the Air and Lilies of the Field", *DownR* 105 (1987) 181-192
———,"Moving Mountains and Uprooting Trees (Mk 11:22; Mt 17:20, 21:21; Lk 17:6)", *BeO* 30 (1988) 231-244
DETTWILER, A., "La conception matthéenne de la foi (à l'exemple de Matthieu 14,22-33)", *ETR* 73 (1998) 333-347
DEVOTO, G., *Avviamento all'etimologia italiana. Dizionario etimologico*, Milano 1985[4]
DILLON, R.J., "Ravens, Lilies and the Kingdom of God (Matthew 6,25-33/Luke 12,22-31)", *CBQ* 54 (1991) 605-627
DONALDSON, T.L., *Jesus on the Mountain*, JSNTSS 8, Sheffield 1985
———,"Guiding Readers - Making Disciples: Discipleship in Matthew's Narrative Strategy", in R.N. LONGENECKER, ed., *Patterns of Discipleship in the New Testament*, Grand Rapids 1996, 30-49

DULING, D.C., "The Therapeutic Son of David: an Element in Matthew's Christological Apologetic", *NTS* 24 (1978) 235-252

DUMAIS, M., *Le sermon sur la montagne. État de la recerche. Interpretation. Bibliographie*, Paris 1995

DUPLACY, J., "La foi qui déplace les montagnes (Mt 17,20; 21,21 et par)", in A. BARUCQ, ed., *À la rencontre de Dieu*, Fs. A. Gelin, Lyon 1961, 273-287

——,"Et il y eut un grand calme... La tempête apaisée (Matthieu 8,23-27)", *BVC* 74 (1967) 15-28

——,"Foi (dans l'Écriture)", in X. LÉON-DUFOUR, ed., *Vocabulaire de théologie biblique*, Paris 1971², 475-486

DUPONT, J., *Mariage et divorce dans l'Évangile. Matthieu 19,3-12 et parallèles*, Brugge 1959

——,*Les Béatitudes*, III, EtB, Paris 1973

——,""En priant ne ressemblez pas aux païens" (Mt 6,7-8)", in J. DUPONT, *Études sur les Évangiles synoptiques*, BEThL 7OB, Leuven 1985, II, 862-868

DURAND, A., *Vangelo secondo Matteo*, Roma 1955; orig. francese, *Évangile selon Saint Matthieu*, Paris 1948

EDWARDS, J.R., "The Use of προσέρχεσθαι in the Gospel of Matthew", *JBL* 106 (1987) 65-74

EDWARDS, R.A:, *Matthew's Narrative Portrait of Disciples*, Harrisburg 1997

——,"Uncertain Faith: Matthew's Portrait of the Disciples", in F. SEGOVIA, ed., *Discipleship in the New Testament*, Philadelphia 1985, 47-61

ELLIS, I.P., "But Some Doubted", *NTS* 14 (1968) 574-580

ELLUL, D., "Dérives autour d'un figuier: Matthieu 21,18-22", *FV* 91 (1992) 69-76

FABRIS, R., "Il Dio diverso nei Sinottici", in AA. VV., *Dio nella Bibbia e nelle culture ad essa contemporanee e connesse*, Torino 1980, 62-83

——,"Il Dio di Gesù Cristo nella teologia di Matteo", *ScC* 117 (1989) 121-148

——, *Matteo*, Roma 1996²

——,"Il giudaismo farisaico e la chiesa di Matteo", *RStB* 2 (1999) 107-128

FAUX, J.M., *La foi du Nouveau Testament*, Bruxelles 1977

FEILER, P.F., "The Stilling of the Storm in Matthew: A Reponse to Gunther Bornkamm", *JETS* 26 (1983) 399-406

FENDRICH, H., "κράζω", *DENT* II, 90-92

FENTON, J.C., *Saint Matthew*, Philadelphia 1978

FESTORAZZI, F., "Ecco, ora qui c'è più di Salomone!" (Mt 12,42)", in M.-I. ANGELINI - *al.*, ed., *Testimonium Christi*, Fs. J. Dupont, Brescia 1985, 193-203

FEUILLET, A., "Règne de Dieu", *DBS* X, 62-165

FILSON, F.V., *A Commentary on the Gospel according to St. Matthew*, BNTC, London 1960

FOERSTER, W., "δαίμων", *GLNT* II 741-792

——,"ἐξουσία", *GLNT* III, 630-668

FOERSTER, W. - FOHRER, G.G., "σῴζω", *GLNT* XIII, 445-552
FRANCE, R.T., *The Gospel According to Matthew: An Introduction and Commentary*, Leicester/Grand Rapids 1997
FRANKEMÖLLE, H., *Jahwebund und Kirche Christi*, Münster 1974
———, *Matthäus. Kommentar 1.2*, Düsseldorf 1994, 1997
FREYNE, S., *The Twelve: Disciples and Apostles. A Study in the Theology of the First Three Gospels*, London-Sydney 1968
FRIEDRICH, G., "Die formale Struktur von Mt 28,18-20", *ZTK* 80 (1983) 137-183
FUCHS, E., "ἐκτείνω", *GLNT* III, 353-363
FUSCO, V., "Gesù il liberatore che vive nella sua Chiesa (Mt 8,1-9,34)", *PaVi* 20 (1975) 114-126
———,"Il "vissuto" della Chiesa in Matteo. Appunti metodologici con esemplificazione da Mt 7,15-23", *Asp.* 27 (1980) 3-26
———,"L'incredulità del credente": un aspetto dell'ecclesiologia di Matteo", *PSV* 17 (1988) 118-142
———,"Matteo", in P. ROSSANO – G. RAVASI – A. GIRLANDA, ed., *Nuovo Dizionario di Teologia Biblica*, Cinisello Balsamo 1988, 930-937
———, *La casa sulla roccia*, Magnano 1994
GAIDE, G., "Jésus et Pierre marchent sur les eaux. Mt 14,22-33", *ASeign* 50 (1974) 23-31
GARDNER, R.B., *Matthew*, Scottdale 1991
GARLAND, D.E., *Reading Matthew: A Literary and Theological Commentary on the First Gospel*, New York 1993
GATZWEILER, K., "Les récits de miracles dans l'Évangile selon saint Matthieu", in M. DIDIER, ed., *L'Évangile selon Matthieu. Rédaction et théologie*, BEThL 29, Gembloux 1972, 209-220
GENDRON, PH., *Peur et foi dans l'Évangile de Matthieu*, Montréal 1997
GERHARDSSON, B., *The Mighty Acts of Jesus according to Matthew*, Lund 1979
GHIBERTI, G., ""Fate discepole tutte le genti (Mt 28,16-20)", *ParSpV* 16 (1987) 153-169
GIAVINI, G., "Abbiamo forse in Mt 6,19-7,11 il primo commento al "Pater noster"?", *RivBib* 13 (1965) 171-177
GIBLIN, C.H., "A Note on Doubt and Reassurance in Mt 28:16-20", *CBQ* 37 (1975) 68-75
———,"Structural and Thematic Correlations in the Matthean Burial-Resurrection Narratives", *NTS* 21 (1975) 406-420
GIESEN, H., "ἐπιτιμάω", *DENT* I, 1352-1354
GIRARD, M., *Les symboles dans la Bible,* Montréal – Paris 1991
GNILKA, J., *Il vangelo di Matteo*, I-II, Brescia 1990, 1991; orig. tedesco, *Das Matthäusevangelium*, I-II, HThKNT I,1-2, Freiburg – Basel – Wien 1986, 1988
GOETZMANN, J., "σύνεσις", *DCBNT*, 1496-1499
GOGUEL, M., *La foi à la Résurrection de Jésus dans le christianisme primitif*, Paris 1933

GOLDAMMER, K., "Navis Ecclesiae", *ZNW* 40 (1941) 76-86
GOMÁ CIVIT, I., *El Evangelio según S. Mateo (1-13). Traducción y commentario. El Evangelio según S. Mateo. Volumen segundo (14-28)*, Madrid 1966, 1976
GOODING, D.W., "Structure littéraire de Matthieu, XIII,53 à XVIII,35", *RB* 85 (1978) 227-252
GOPPELT, L., "ὕδωρ", *GLNT* XIV, 53-104
GRASSI, J., *Loaves and Fishes. The Gospel Feeding Narratives*, Collegeville 1991
GRASSO, S., *Gesù e i suoi fratelli. Contributo allo studio della cristologia e dell'antropologia nel vangelo di Matteo*, Bologna 1994
——, *Il vangelo di Matteo*, Roma 1995
——, *Matteo il vangelo narrato*, Milano 2000
GRAYSTON, K., "The Translation of Matthew 28.17", *JSNT* 21 (1984) 105-109
GREEN, H.B., *The Gospel according to Matthew*, New Clarendon Bible, Oxford 1975
GREEVEN, H., "ζητέω", *GLNT* III, 1529-1533
GREEVEN, H., "προσκυνέω", *GLNT* XI, 379-402
GRELOT, P., *Dans les angoisses l'espérance*, Paris 1983
——, *Dieu le Père de Jésus Christ*, Paris 1994
GRIFFITHS, J.G., "Wisdom about Tomorrow", *HThR* 53 (1960) 219-221
GRILLI, M., *Comunità e missione: le direttive di Matteo*, Frankfurt/M 1992
——, "Vangelo secondo Matteo", *La Bibbia Piemme*, Casale M. 1995, 2305-2371
——, "El testamento del Resuscitado. Análisis de Mt 28,16-20", in C. MORA PAZ – M. GRILLI – R. DILLMANN, *Lectura pragmalingüística de la Biblia. Teoría y aplicación*, Estella 1999, 77-103
GRUNDMANN, W., "δύναμαι, δύναμις", *GLNT* II, 1473-1556
——, "θαρρέω (θαρσέω)", *GLNT* IV, 207-214
——, "κράζω", *GLNT* V, 957-974
——, *Das Evangelium nach Matthäus*, ThHKNT 1, Berlin 1968
GUELICH, R.A., *The Sermon on the Mount. A Foundation for Understanding*, Dallas 1982
GUNDRY, R.H., *Matthew: A Commentary on His Handbook for a Mixed Church Under Persecution*, Grand Rapids 1994[2]
——, "On True and False Disciples in Mt 8,18-22", *NTS* 40 (1994) 433-441
HAGNER, D.A., *Matthew 1-13.Matthew 14-28*, WBC 33A/B, Dallas 1993, 1995
HAHN, F., *Mission in the New Testament*, London 1965; orig. tedesco, *Das Verständnis der Mission im Neuen Testament*, Neukirchen-Vluyn 1963
——, "Jesu Wort vom bergeversetzenden Glauben", *ZNW* 76 (1985) 149-169
——, "υἱός", *DENT* II, 1687-1713
HAMPHRIES-BROOKS, S., "Apocalyptic Paraenesis in Matthew 6,19-34", in J. MARCUS – M.L. SOARDS, ed., *Apocalyptic and the New Testament*, Fs. J.L. Martyn, Sheffield 1991, 95-112

HARE, D.R.A., *Matthew*, Interpretation, Louisville 1993
HARE, D.R.A. – HARRINGTON, D.J., "Make Disciples of All the Gentiles (Mt 28,19)", *CBQ* 37 (1975) 359-369
HARLÉ, P.-A., "La tempête apaisée. Notes exégétiques sur cette péricope synoptique à trois témoins", *FV* 65 (1966) 3-16
HARRINGTON, D.J., *The Gospel of Matthew*, Sacra Pagina Series 1, Collegeville 1991
HEAD, P.M., *Christology and the Synoptic Problem. An Argument for Markan Priority*, MSSNTS 94, Cambridge 1997
HEALY, J.F., "Models of Behavior: Matt 6,26 (=Luke 12,24) and Prov 6,5-8", *JBL* 108 (1989) 497-498
HEIL, J.P., *Jesus' Walking on the Sea. Meaning and Gospel Functions of Matt 14,22-33, Mark 6,45-52 and John 6,15b-21*, AnBib 87, Roma 1981
———, "The Narrative Structure of Matthew 27:55 – 28:20", *JBL* 110 (1991) 419-438
———, *The Death and Resurrection of Jesus. A Narrative-Critical Reading of Matthew 26-28*, Minneapolis 1991
———, "Ezekiel 34 and the Narrative Strategy of the Shepherd and Sheep Metaphor in Matthew", *CBQ* 55 (1993) 698-708
———, *The Transfiguration of Jesus: Narrative Meaning and Function of Mark 9:2-8, Matt 17:1-8 and Luke 9:28-36*, AnBib 144, Roma 2000
HEISING, A., *La moltiplicazione dei pani*, Brescia 1970; orig. tedesco, *Die Botschaft der Brotvermehrung*, Stuttgart 1966
HELD, H.J., "Matthew as Interpreter of the Miracle Stories", G. BORNKAMM – G. BARTH – H.J. HELD, *Tradition and Interpretation in Matthew*, London 1963, 165-299; orig. tedesco, "Matthäus als Interpret der Wundergeschichten", in G. BORNKAMM – G. BARTH – HJ. HELD, *Überlieferung und Auslegung im Matthäusevangelium*, Neukirchen 1959, 155-287
HENDRICKX, H., *The Resurrection Narratives of the Synoptic Gospels*, Manila 1978
———, *The sermon on the Mount*, London 1984
———, *The Miracle Stories of the Synoptic Gospels*, London 1987
HENDRIKSEN, W., *The Gospel of Matthew*, Edinburgh 1989
HENGEL, M., *Sequela e carisma*, Brescia 1990; orig. tedesco, *Nachfolge und Charisma*, Berlin 1968
HILGERT, E., *The Ship and Related Symbols in the New Testament*, Assen 1962
HILL, D., *The Gospel of Matthew*, NCeB, Grand Rapids-London 1984
HOEHNER, H. W., *Herod Antipas*, MSSNTS 17, Cambridge 1972, 211-213
HOFFMANN, P., "Der Q-Text der Sprüche vom Sorgen. Mt 6,25-33/Lc 12,22-31. Ein Rekonstruktionversuch", in L. SCHENKE, ed., *Studien zum Matthäusevangelium*, Stuttgart 1988, 47-77
van der HORST, P.W., "Once More: The Translation of οἱ δέ in Matthew 28.17" *JSNT* 27 (1986) 27-30

HRE KIO, S., ""Nations" in Matthew", *BiTr* 4 (1990) 230-238
HUBBARD, B.J., *The Matthean Redaction of a Primitive Apostolic Commissioning: An Exegesis of Matthew 28:16-20,* Missoula 1974
HULL, J. M., *Hellenistic Magic and the Synoptic Tradition*, London 1974
van IERSEL, B.M.F. – LINMANS, A.J.M., "The Storm in the Lake", in T. BAARDA – A.F.J. KLIJN – W.C. UNNIK, ed., *Miscellanea Neotestamentica II*, NT.S 48, Leiden 1978, 17-48
IRWIN, M.E., "Considering the Lilies", *McMaster Journal of Theology* 2 (1991) 20-28
ITTEL, G.W., *Jesus und die Jünger*, Gütersloh 1970
JACOBS, P. – KRIENKE, H., "Provvidenza", *DCBNT*, 1465-1472
JACQUEMIN, P.-E., "Les options du chrétien", *ASeign* 39 (1972) 18-27
JEREMIAS, J., "'Ιωνᾶς", *GLNT* IV, 1237-1248
KAHL, W., *New Testament Miracle Stories in their Religious-Historical Setting*, Göttingen 1994
KAHN, J.G., "La parabole du figuier stérile et les arbres récalcitrants de la Genése", *NT* 13 (1971) 38-45
KEENER, C.S., *Matthew*, Downers Grove 1997
KESSLER, H., *La risurrezione di Gesù Cristo. Studio biblico, teologico-fondamentale e sistematico*, Brescia 1999; orig. tedesco, *Sucht den Lebenden nicht bei den Toten. Die Auferstehung Jesu Christi in biblischer, fundamentaltheologischer und systematischer Sicht. Neuausgabe mit ausführlicher Erörterung der aktuellen Fragen*, Würzburg 1995[2]
KINGSBURY, J.D., "The composition and Christology of Matt 28:16-20", *JBL* 93 (1974) 573-584
———, *Matthew: Structure, Christology, Kingdom*, Minneapolis 1975
———, "The Verb *Akolouthein* ("To Follow") as an Index of Matthew's View of His Community", *JBL* 97 (1978) 56-73.
———, "Observations on the 'Miracle Chapters' of Matthew 8-9", *CBQ* 40 (1978) 559-573
———, "The Figure of Peter in Matthew's Gospel as a Theological Problem", *JBL* 98 (1979) 67-83
———, *Matteo. Un racconto*, Brescia 1998; orig. inglese, *Matthew as Story*, Philadelphia 1986
———, "On Following Jesus: The 'Eager' Scribe and the 'Reluctant' Disciple (Matthew 8.18-22)", *NTS* 34 (1988) 45-59
———, "The Stilling of the Storm (Matthew 8:23-27)", in A. J. HULTGREN, – D. H. JUEL, - KINGSBURY, J. D. *All Things New. Essays in Honor of Roy A. Harrisville* (St. Paul, MN 1992) 101-108
KITTEL, G., "ἀκολουθέω", *GLNT* I, 567-582
KLEIN, H., "Das Glaubensverständnis im Matthäusevangelium", in F. HAHN – H. KLEIN, ed., *Glaube im Neuen Testament*, Neukirchen 1982, 29-42;
KLOSTERMANN, E., *Das Matthäusevangelium*, HNT 4, Tübingen 1927[2]

KNABENBAUER, J., *Commentarius in Evangelium secundum Matthaeum*, I-II, CSS III/1-2, Paris 1922³

KRATZ, R., "Der Seewandel des Petrus", *BiLe* 15 (1974) 86-101

KRATZ, R., *Rettungswunder. Motiv-, traditions- und formkritische Aufarbeitung einer biblischen Gattung*, Frankfurt/M – Bern 1979

KUPP, D.D., *Matthew's Emmanuel*, MSSNTS 90, Cambridge 1996

KWIK, R.J., "Some Doubted", *ET* 77 (1966) 181

LAFON, G., "La gratuité de Dieu", *RSR* 76 (1988) 485-497

LAGRAND, J., *The Earliest Mission to "All Nations" in the Light of Matthew's Gospel*, Atlanta 1995

LAGRANGE, M.-J., *Évangile selon Saint Matthieu*, EtB, Paris 1927⁴

LAMBRECHT, J., "Eh bien! Moi je vous dis". *Le discours-programme de Jésus (Mt 5-7; Lc 6,20-49)*, LeDiv 125, Paris 1986

LANGE, J., *Das Erscheinen des Auferstandenen im Evangelium nach Matthäus*, Würzburg 1973

LARSSON, E., "ζητέω", *DENT* I, 1511-1514

LATOURELLE, R., *Miracoli di Gesù e teologia del miracolo*, Assisi 1987; orig. francese, *Miracles de Jésus et théologie du miracle*, Montréal 1986

LÉGASSE, S., "L'épisode de la Cananéenne d'après Mt 15,21-28", *BLE* 73 (1972) 21-40

———, "I miracoli di Gesù secondo Matteo", in X. LÉON-DUFOUR, ed., *I miracoli di Gesù*, Brescia 1980, 185-200; orig. francese, *Les miracles de Jésus selon le Nouveau Testament*, Paris 1977

———, *Naissance du baptême*, LeDiv 153, Paris 1993

LEGRAND, L., *Le Dieu qui vient. La mission dans la Bible*, Paris 1988

LEIVESTAD, R., "μιμνήσκομαι", "μνημονεύω", *DENT* II, 390-393; 404-406

LEJEUNE, C., "Les oiseaux et les lis. Lecture 'écologique' de Matthieu 6,25-34", *Hokhma* 44 (1990) 3-20

LÉON-DUFOUR, X., "L'episodio del fanciullo epilettico", in X. LÉON-DUFOUR, *Studi sul Vangelo*, Cinisello B.- MI 1974, 241-300; orig. francese, "L'episode de l'enfant épileptique", *La formation des évangiles*, Bruges 1957, 94-100

———, "La tempête apaisée", in X. LÉON-DUFOUR, *Études d'Évangile*, Paris 1965, 149-182

———, "Vers l'annonce de l'Église", in X. LÉON-DUFOUR, *Études d'Évangile*, Paris 1965, 231-254

———, *Résurrection de Jésus et message pascal*, Paris 1971

———, "Présence du Seigneur Ressuscité (Mt 28,16-20)", in F. REFOULÉ, ed., *À cause de l'Évangile*. Fs. J. Dupont, LeDiv 123, Paris 1985, 195-209

LINTON, O., "The Demand of Sign from Heaven (Mk 8,11-12 and Parallels), *ST* 19 (1965) 112-129

LIPERI, B., "La fede nei vangeli sinottici", in S.A. PANIMOLLE, ed., *La fede nella Bibbia. Dizionario di Spiritualità Biblico-Patristica 21*, Roma 1998, 83-114

LOHMEYER, E. – SCHMAUCH, W., *Das Evangelium des Matthäus*, KEK, Göttingen 1956
LONG, T.G., *Matthew*, Louisville 1997
LOSADA, D., "Jésus camina sobre las aquas. Un relato apocalíptico", *RevBib* 38 (1976) 311-319
van der LOSS, H., *The Miracles of Jesus*, NT.S 9, Leiden 1965
LOUW, J.P., "The Structure of Mt 8:1 - 9:35", *Neotest.* 11 (1977) 91-97
LÖVESTAM, E., "Wunder und Symbolhandlung: Eine Studie über Matthäus 14,28-31", *KuD* 8 (1962) 124-135
LÜHRMANN, D., "Faith – New Testament", in D.N. FREEDMANN, ed., *The Anchor Bible Dictionary*, New York 1992, II, 749-758
LURKER, M., "Fiori", "Giglio", in M. LURKER, *Dizionario delle immagini e dei simboli biblici*, Cinisello Balsamo MI 1990, 83-84; 96-97; orig. tedesco, *Wörterbuch biblischer Bilder und Symbole*, München 1987[3]
LUZ, U., "The Disciples in the Gospel according to Matthew", in G. STANTON, ed., *The Interpretation of Matthew*, Edinburgh 1995[2], 115-148; orig. tedesco, "Die Jünger im Matthäusevangelium", *ZNW* 62 (1971) 141-171
———, *Matthew 1-7*, Edinburgh 1990; *Matthew 8-20*, Minneapolis 2001; orig. tedesco, *Das Evangelium nach Matthäus*, I-IV, EKKNT I/1-4, Zürich - Neukirchen 1985, 1990, 1997, 2002
———, *La storia di Gesù in Matteo*, Brescia 2002; orig. tedesco, *Die Jesusgeschichte des Matthäus*, Neukirchen-Vluyn 1993
MADDEN, P.-J., *Jesus' Walking on the Sea*, Berlin-New York 1997
MAGGIONI, B., "La Trinità nel Nuovo Testamento", *ScC* 118 (1990) 7-30
———, *Padre nostro*, Milano 1995
———, "Gesù e i malati nel vangelo di Matteo", *PSV* 40 (1999) 77-87
MAILLOT, A., "Fede", in CENTRE INFORMATIQUE ET BIBLE – ABBAYE DE MAREDSOUS, dir., *Dizionario enciclopedico della Bibbia*, Roma 1997, 535-549; orig. francese, *Dictionnaire Encyclopédique de la Bible*, Turnhout 1987
MALDONADO, J., *Commentarii in Quattuor Evangelistas*, Moguntiae 1862, I
MALEVEZ, L., "Foi existentielle et foi doctrinale", *NRTh* 90 (1968) 137-154
MALINA, B., "The Literary Structure and Form of Matt. xxviii, 16-20", *NTS* 17 (1970-1971) 87-103
MANICARDI, E., "Dio Padre nella prospettiva del vangelo secondo Matteo", *Rivista di Teologia dell'Evangelizzazione* 4 (1998) 195-215
———, "La paternità di Dio nel discorso della Montagna secondo Matteo", *PSV* 39 (1999) 101-118
MARCONCINI, B., "Fede", in P. ROSSANO – G. RAVASI – A. GIRLANDA, ed., *Nuovo Dizionario di Teologia Biblica*, Cinisello Balsamo 1988, 536-552
MAREČEK, P. *La preghiera di Gesù nel vangelo di Matteo*, TG.ST 67, Roma 2000
MARGUERAT, D., *Le jugement dans l'Evangile de Matthieu*, Le monde de la Bible 6, Genève 1995[2]

MARTIN, F., "The Image of Shepherd in the Gospel of Saint Matthew", *ScEs* 27 (1975) 261-301
MARTIN, R.P., "First His Kingdom", *ET* 92 (1981) 372-374
MASSON, C., "Des pains oubliés au levain des Pharisiens (Marc 8:14-21; Matthieu 16:5-12), in C. MASSON, *Vers les Sources d'Eau Vive*, Lausanne 1961, 70-86
MCKAY, K.L., "The Use of οἱ δέ in Matthew 28.17. A Response to K. Grayston", *JSNT* 24 (1985) 71-72
MCNEILE, A.H., *The Gospel according to St. Matthew. The Greek Text with Introduction, Notes and Indices*, London 1915
MEIER, J.P., "Nations or Gentiles in Matthew 28,19?", *CBQ* 39 (1977) 94-102
———, "Two disputed questions in Mt 28:16-20", *JBL* 96 (1977) 407-424
———, *The Vision of Matthew: Christ, Church and Morality in the First Gospel*, New York 1979
———, *Matthew*, Dublin 1984[4]
MELBOURNE, B.L., *Slow to Understand: the Disciples in Synoptic Perspective*, New York 1988
MERKLEIN, H., *La signoria di Dio nell'annuncio di Gesù* Brescia 1994; orig. tedesco, *Jesu Botschaft von der Gottesherrschaft. Eine Skizze*, Stuttgart 1983
MERLI, D., *Fiducia e fede nei miracoli evangelici*, Genova 1973
MEYNET, R., *"E ora, scrivete per voi questo cantico". Introduzione pratica all'analisi retorica. 1 Detti e proverbi*, Roma 1996
———, *La Pasqua del Signore. Testamento, processo, esecuzione e risurrezione di Gesù nei vangeli sinottici*, Bologna 2002, 279-389; orig. francese, *Jésus passe. Testament, procès, exécution et résurrection du Seigneur Jésus dans les évangiles synoptiques*, Rome – Paris 1999
MICHEL, O., "The Conclusion of Matthew's Gospel", in G. STANTON, ed., *The Interpretation of Matthew*, Edinburgh 1995[2], 39-51; orig. tedesco, "Der Abschluss des Matthäusevangeliums", *EvTh* 10 (1950) 16-26
———, "κόκκος", *GLNT* V, 725-731
———, "μιμνήσκομαι", "μνημονεύω", *GLNT* VII, 299-308; 318-322
———, "Fede", *DCBNT*, 619-637
MITTON, C.L., "Leaven", *ET* 84 (1973) 339-343
MOISER, J., "The Structure of Matthew 8-9: A Suggestion", *ZNW* 76 (1985) 117-118
MOLONEY, F.J., *A Body Broken for a Broken People. Eucharist in the New Testament*, Melbourne 1990
MONTAGNINI, F., "Il comando missionario", *PaVi* 15 (1970) 12-28
MONTANARI, F., *Vocabolario della lingua greca*, Torino 1995
MONTERO, D., "Para una mejor comprensión de Mt 14,22-33", *NatGrac* 25 (1978) 251-269
MORA, V., *Le signe de Jonas*, Paris 1983

———, *La symbolique de la création dans l'évangile de Matthieu*, LeDiv 144, Paris 1991
———, *La symbolique de Matthieu. II. Les groupes*, LeDiv 187, Paris 2001
MORRIS, L., *The Gospel according to Matthew*, Grand Rapids MI 1992
MORRIS, W.D., "Matthew 28,17", *ET* 47 (1936) 142
MOUNCE, R.H., *Matthew*, NIBC, Peabody 1991
MOWERY, R.L., "From Lord to Father in Matthew 1-7", *CBQ* 59 (1997) 642-656
MUNDLE, W., "Timore", *DCBNT*, 1868-1871
MURPHY, R.E., *L'albero della vita. Una esplorazione della letteratura sapienziale biblica*, Brescia 1993; orig. inglese, *The Tree of Life. An Exploration of Biblical Wisdom Literature*, New York 1990
MURPHY-O'CONNOR, J., "The Structure of Matthew XIV-XVII", *RB* 82 (1975) 360-384
NAU, A.J., *Peter in Matthew. Discipleship, Diplomacy and Dispraise with an Assessment of Power and Privilege in the Petrine Office*, Collegeville 1992
NEGOITA A. - DANIEL, C., "L'Énigme du levain", *NT* 9 (1967) 306-314
NEIRYNCK, F., "Les femmes au tombeau: étude de la rédaction matthéenne (Mt XXXVIII, 1-10)", *NTS* 15 (1969) 168-190
NEUDECKER, R., "Master-Disciple/Disciple-Master. Relationship in Rabbinic Judaism and in the Gospels", *Greg* 80 (1999) 245-261
NISSEN, J., *New Testament and Mission. Historical and Hermeneutical Perspectives*, Frankfurt am Main 1999
NÜTZEL, J.M., "προσκυνέω", *DENT* II, 1160-1164
O'CONNOR, E.D., *Faith in the Synoptic Gospels. A Problem in the Correlation of Scripture and Theology*, Notre Dame, IN 1961
OBERLINNER, L., "διαφέρω", *DENT* I, 833.
OGAWA, A., *L'histoire de Jésus chez Matthieu,* Frankfurt/Main-Bern 1979
———, "Action-motivating Faith. The Understanding of 'Faith' in the Gospel of Matthew", *AJBI* 19 (1993) 53-86.
OLIVIER, G.H., *Jesús según San Mateo*, Pamplona 2001
OLSTHOORN, M.F., *The Jewish Background and the Synoptic Setting of Mt 6,25-33 and Lk 12,22-31*, SBFA 10, Jerusalem 1975
OVERMAN, J.A., *Matthew's Gospel and Formative Judaism. The Social World of the Matthean Community*, Minneapolis 1990
OVERMAN, J.A., *Church and Community in Crisis. The Gospel according to Matthew*, Valley Forge 1996
PANIMOLLE, S.A., "Dio Padre nel Nuovo Testamento", in S. A. PANIMOLLE, ed., *Abbà-Padre. Dizionario di Spiritualità Biblico-Patristica 1*, Roma 1992, 82-164
———, "Dio nel Nuovo Testamento", in S. A. PANIMOLLE, ed., *Dio-Signore nella Bibbia. Dizionario di Spiritualità Biblico-Patristica 13*, Roma 1996, 142-243

PARK, S.-J., "La tempête apaisée. Mt 8,23-27", *SémBib* 99 (2000) 33-51
PARKHURST, L.G. JR., "Matthew 28:16-20 Reconsidered", *ET* 90 (1979) 179-180
PATTE, D., *The Gospel according to Matthew. A Structural Commentary on Matthew's Faith*, Philadelphia 1987
———, *Discipleship according to the Sermon on the Mount*, Valley Forge, 1996
———, "The Canaanite Woman and Jesus : Surprising Models of Discipleship (Mt 15: 21-28)", in I.R. KITZBERGER, ed., *Transformative Encounters*, Leiden – Boston – Köln 2000, 33-53
PEHLKE, H., "Salomone", in G.L. PRATO, ed., *Grande Enciclopedia Illustrata della Bibbia*, III, Casale M. - Alessandria 1997, 249-252; orig. tedesco, H. BURKHARDT, ed., *Das Grosse Bibellexicon*, Wuppertal und Zürich, 1987-1989
PENNA, R., "Componenti essenziali della religiosità del mondo ellenistico", in R. PENNA, *Vangelo e inculturazione*, Cinisello B. MI 2001, 89-109
———, "I tre livelli della paternità di Dio nel NT. Natura e condizionamenti culturali", in R. PENNA, *Vangelo e inculturazione*, Cinisello B. MI 2001, 645-679
PERKINS, P., *Resurrection*, Garden City 1984
———, "Matthew 28:16-20. Resurrection, Ecclesiology and Mission", *SBL 1993 Seminar Papers* (1993) 574-588
———, *Peter. Apostle for the Whole Church*, Columbia 1994
PETZKE, G., "διαλογίζομαι, διαλογισμός", *DENT* I, 813-815.
PIETRANTONIO, R., "Duda y adoración: *hoi dè edístasan* (Mt 28,17)", *RevistB* 44 (1982) 233-242
PLASTARAS, J., *Il Dio dell'Esodo*, Casale Monferrato 1977; orig. inglese, *The God of Exodus*, Milwaukee 1966
PLUMMER, A., *An Exegetical Commentary on the Gospel according to S. Matthew*, London 1909
POPKES, W., "ζύμη", *DENT* I, 1517-1520
POWELL, J.E., "Those "Lilies of the Field" Again", *JThS* 33 (1982) 490-492
POWELL, M. A., "A Typology of Worship in the Gospel of Matthew", *JSNT* 57 (1995) 3-17
POWELL, M. A., "Characterization on the Phraseological Plane in the Gospel of Matthew", in D.R. BAUER – M.A. POWELL, ed., *Treasures New and Old*, Atlanta 1996, 161-177
QUESNEL, M., *Jésus Christ selon Saint Matthieu*, Paris 1991
RADERMAKERS, J., *Au fil de l'Évangile selon Saint Matthieu. 1. Texte. 2. Lecture continue* , Heverlée-Leuvain 1974[2]
RADL, W., "προνοέω", *DENT* II, 1121.
RAHNER, H., *L'ecclesiologia dei Padri. Simboli della Chiesa*, Roma 1971; orig. tedesco, *Symbole der Kirche*, Salzburg 1954

REALE, G., *Storia della filosofia antica. III. I sistemi dell'età ellenistica*, Milano 1980³

REEVES, K.H., *The Resurrection Narrative in Matthew: A Literary-critical Examination*, Lewiston 1993

———, "They Worshipped Him, and They Doubted: Matthew 28.17", *BiTr* 49 (1998) 344-349

RENGSTORF, C.H., "μαθητής", *GLNT* VI, 1121-1238

RENNER, R., *Die Wunder Jesu in Theologie und Unterricht*, Lahr/Schwarzwald 1966

RIGAUX, B., *Dieu l'a ressuscité*, Gembloux 1973

RIST, J. M., *On the Independence of Matthew and Mark*, MSSNTS 32, Cambridge 1978

ROUSSEAU, J.J., "Jesus, an Exorcist of a Kind", *SBL 1993 Seminar Papers*, 129-153

RUNACHER, C. *Croyants incrédules. La guérison de l'épileptique*, LeDiv 157, Paris 1994

SABOURIN, L., *Il vangelo di Matteo. Teologia ed esegesi*, I- II, Marino 1975, 1977

———, "The Miracles of Jesus (III). Healings, Resuscitations, Nature Miracles", *BTB* 5 (1975) 146-200

———, *The Divine Miracles Discussed and Defended*, Roma 1977

———, *Évangile selon Saint Matthieu et ses principaux parallèles*, Roma 1978

SABUGAL, S., *Anástasis. Resucitó y resucitremos*, Madrid 1993

SACCHI, P., ed., *Apocrifi dell'Antico Testamento*, Torino 1989

SAND, A., *Il vangelo secondo Matteo*, I-II, Brescia 1992; orig. tedesco, *Das Evangelium nach Matthäus*, RNT 1, Regensburg 1986

SCHABERG, J., *The Father, the Son and the Holy Spirit. The Triadic Phrase in Matthew 28:19b*, Chico 1982

SCHLATTER, A., *Das Evangelium nach Matthäus*, Stuttgart 1961

SCHLIER, H., "ἀμήν", *GLNT* I, 909-916

———, "ἀνέχω", *GLNT* I, 965-968

SCHLIER, H., "γόνυ, γονυπετέω", *GLNT* II, 593-600

SCHLOSSER, J., *Le règne de Dieu dans les dits de Jésus*, EtB, Paris 1980

———, *Le Dieu de Jésus*, LeDiv 129, Paris 1987

SCHMID, J., *L'evangelo secondo Matteo*, Brescia 1976⁴; orig. tedesco, *Das Evangelium nach Matthäus*, RNT 1, Regensburg 1956

SCHMIDT, K.L., "ἔθνος, ἐθνικός", *GLNT* III, 110-120

SCHNACKENBURG, R., *Signoria e Regno di Dio*, Bologna 1971; orig. tedesco, *Gottes Herrschaft und Reich. Eine biblisch-theologische Studie*, Freiburg 1959

———, *Tutto è possibile per chi crede. Discorso della montagna e Padrenostro nell'intenzione di Gesù*, Brescia 1989; orig. tedesco, *Alles kann, wer glaubt. Bergpredigt und Vaterunser in der Absicht Jesu*, Freiburg 1984

SCHNACKENBURG, R., *The Gospel of Matthew*, Grand Rapids/Cambridge 2002; orig. tedesco, *Matthäusevangelium 1,1-16,20. Matthäusevangelium 16,21-28,20*, NEBNT I/1-2, Würzburg 1985, 1987
SCHNIEWIND, J., *Il vangelo secondo Matteo*, Brescia 1977; orig. tedesco, *Das Evangelium nach Matthäus*, Göttingen 1968
SCHOTTROFF, W., "zkr, ricordare", *DTAT* I, 440-449
SCHRAMM, T.., "ἡλικία", *DENT* I, 1552
SCHRUERS, P., "La paternité divine dans Mt V,45 et VI,26-32", *EThL* 36 (1960) 593-624
SCHWARZ, G., "προσθεῖναι ἐπὶ τὴν ἡλικίαν αὐτοῦ πῆχυν ἕνα", *ZNW* 71 (1980) 244-247
———, "Πίστιν ὡς κόκκον σινάπεως", *BN* 25 (1984) 27-35
SCHWEIZER, E., *Il vangelo secondo Matteo*, Brescia 2001; orig. tedesco, *Das Evangelium nach Matthäus*, NTD 2, Göttingen 1973
SCOTT, J.M.C., "Matthew 15.21-28: A Test-Case for Jesus' Manners", *JSNT* 63 (1996) 21-44
———, "Jesus' Walking on the Sea. The Significance of Matthew 14,22-33 for the Narrative Development of the Gospel", in G.J. BROOKE – J.D. KAESTLI, ed., *Narrativity in Biblical and Related Texts*, BEThL 149, Leuven 2000, 91-104
SEGALLA, G., "La ricerca di Dio come ricerca del Regno nei sinottici", in AA. VV., *Quaerere Deum. Atti della XXV Settimana Biblica*, Brescia 1978, 213-233
———, "La cristologia nella tradizione sinottica dei miracoli", *Teol* 5 (1980) 41-66
———, "La cristologia soteriologica dei miracoli nei sinottici", *Teol* 5 (1980) 145-182
———, *Evangelo e vangeli*, Bologna 1993
———, *Un'etica per tre comunità*, Brescia 2000
SENIOR, D., *La passione di Gesù nel vangelo di Matteo*, Milano 2002[2]; orig. inglese, *The Passion of Jesus in the Gospel of Matthew*, Wilmington 1985
———, *Matthew*, Nashville 1998
SENIOR, D. – STUHLMUELLER, C., *I fondamenti biblici della missione*, Bologna 1985; orig. inglese, *The Biblical Foundations for Mission*, Maryknoll 1983
SKEAT, T.C., "The Lilies of the Field", *ZNW* 37 (1938) 211-214
SMIT SIBINGA, J., "Matthew 14:22-33 - Text and Composition", in E.J. EPP – G.D. FEE, ed., *New Testament Textual Criticism*, Fs. B.M. Metzger, Oxford 1981, 15-33
SMITH, R.H., "Matthew 28:16-20, Anticlimax or Key to the Gospel?", *SBL 1993 Seminar Papers* (1993) 589-603
SOCIETÀ BIBLICA IN ITALIA, *Vangelo secondo Matteo*, Roma 2002
SPICQ, C., "κοπιάω, κόπος", *Note di lessicografia neotestamentaria*, I, Brescia 1988, 905-914; orig. francese, *Notes de Lexicographie néotestamentaire*, I, Fribourg 1978

SPICQ, C., "πίστις", *Note di lessicografia neotestamentaria*, II, Brescia 1994, 388-395; orig. francese, *Notes de Lexicographie néo-testamentaire*, II, Fribourg 1982
STAUFFER, E., "ἐγώ", *GLNT* III, 41-94
———, "ἐπιτιμάω", *GLNT* III, 797-808
STEHLY, R., "Bouddhisme et Nouveau Testament. A propos de la marche de Pierre sur l'eau (Matthieu 14,28s)", *RHPhR* 57 (1977) 433-437
STEINHAUSER, M.G., "The Sayings on Anxieties. Matt 6:25-34 and Luke 12:22-32", *Forum* 6 (1990) 67-79
STEMBERGER, G., *Il Talmud. Introduzione, testi, commenti*, Bologna 1989; orig. tedesco, *Der Talmud. Einführung, Texte, Erläuterungen*, München 1982
STERLING., G.E., "Jesus as exorcist. An Analysis of Matthew 17,14-20; Mark 9,14-29; Luke 9,37-43a", *CBQ* 55 (1993) 467-493
STOCK, A., *The Method and Message of Matthew*, Collegeville 1994
STOCK, K., *Gesù annuncia la beatitudine*, Roma 1989; orig. tedesco, *Jesus - Künder der Seligkeit. Betrachtungen zum Matthäus-Evangelium*, Innsbruck 1986
———, "I figli sono liberi (Mt 17,26; Lc 15,11-32)", *ParSpV* 23 (1991) 145-161
———, "L'incontro con Cristo e la strada della perfezione", in G. BORGONOVO, ed., *Gesù Cristo, legge vivente e personale della Santa Chiesa*, Casale Monferrato 1996, 71-94
———, *Il discorso della montagna: Mt 5-7. Le Beatitudini*, PIB, Roma 1997[3]
———, *La missione nei vangeli sinottici*, PIB, Roma 1999
———, *La liturgia della Parola. Spiegazione dei Vangeli domenicali e festivi. Anno A (Matteo)*, Roma 2001
STRECKER, G., *The sermon on the Mount: an Exegetical Commentary*, Edinburgh 1988; orig. tedesco, *Die Bergpredigt*, Göttingen 1985
STROBEL, A., "ἀνάγκη, ἀναγκάζω", *DENT* I, 204-210
SURIANO, T., " "Who then is this?"... Jesus Masters the Sea", *BiTod* 79 (1975) 449-456
SYREENI, K., "Peter as Character and Symbol in the Gospel of Matthew", in D. RHOADS – K. SYREENI, ed., *Characterization in the Gospels*, Sheffield 1999, 106-152
TALBERT, CH.H., "Indicative and Imperative in Matthean Soteriology", *Bib* 82 (2001) 515-538
TANNEHILL, R.C., *The Sword of His Mouth*, Philadelphia 1975
TASSIN, C., "La mission selon Matthieu: deux contextes pour lire Mt 28,16-20", *Spiritus* 29 (1988) 366-385
———, *L'Évangile de Matthieu*, Paris 1991
TELFORD, W.R., *The Barren Temple and the Withered Fig Tree*, Sheffield 1980
THEISSEN, G., *The Miracle Stories of the Early Christian Tradition*, Edinburgh 1983
THIMMES, P., *Studies in the Biblical Sea-Storm Type-Scene. Convention and Invention*, San Francisco, CA 1992

THOMAS AQUINAS, *Super Evangelium S. Matthaei lectura*, Torino-Roma 1951[5]
THOMPSON, W.G., "Reflections on the Composition of Mt 8:1-9:34", *CBQ* 33 (1971) 365-388
van TILBORG, S., *The Jewish Leaders in Matthew*, Leiden 1972
TISERA, G., *Universalism according to the Gospel of Matthew*, Frankfurt/Main 1993
TRILLING, W., "Il contenuto del manifesto di 28,18-20", *Il vero Israele*, Casale Monferrato 1992, 29-66; orig. tedesco, *Das wahre Israel. Studien zur Theologie des Matthäus-Evangeliums*, Leipzig 1959
———, *Vangelo secondo Matteo*, Roma 2001; orig. tedesco, *Das Evangelium nach Matthäus*, Leipzig, Düsseldorf, 1962, 1965
TRUNK, D., *Der messianische Heiler. Eine redaktions- und religionsgeschichtliche Studie zu den Exorzismen im Matthäusevangelium*, Freiburg 1994
TURIOT, C., "Pierre dans le Nouveau Testament", *SémBib* 36 (1984) 1-14
TWELFTREE, G.H., *Jesus the Miracle Worker*, Downers Grove 1999
VAGANAY, L., "Les accords négatifs de Matthieu-Luc contre Marc. L'épisode de l'enfant épileptique (Mt 17,14-21; Mc 9,14-29; Lc 9, 37-43a)", in L. VAGANAY, *Le problème synoptique. Une hypothèse de travail*, Paris 1954, 405-425
VANHOYE, A., "Foi. Théologie biblique", in J.-Y. LACOSTE, ed., *Dictionnaire critique de théologie*, Paris 1998, 470-472
VARGAS-MUCHACA, A., "(Καί) ἰδού en el estilo narrativo de Mateo", *Bib* 50 (1969) 233-244
VERSEPUT, D.J., "The Faith of Reader and the Narrative of Matthew 13.53-16.20", *JSNT* 46 (1992) 3-24
VIVIANO, B.T., "The Gospel according to Matthew", in R.E. BROWN – J.A. FITZMEYER – R.E. MURPHY, ed., *The New Jerome Biblical Commentary*, Englewood Cliffs, New Jersey 1990, 630-674
VLEDDER, E., *Conflict in the Miracle Stories: A Social-Exegetical Study of Matthew 8 and 9*, JSNTSS 152, Sheffield 1997
WALLIS, I. G., *The Faith of Jesus in Early Christian Traditions*, MSSNTS 84, Cambridge 1995
WALTER, N., "ἔθνος,", *DENT* I, 1013-1018
WEISS, B., *Das Matthäus – Evangelium*, KEK I/1 Göttingen 1898[3]
WEISS, K., "διαφέρω", *GLNT* XIV, 989-995
WENHAM, D., "The Resurrection Narratives in Matthew's Gospel", *TynB* 24 (1973) 21-54
WIARDA, T., *Peter in the Gospels: Pattern, Personality and Relationship*, Tübingen 2000
WIEFEL, W., *Das Evangelium nach Matthäus*, ThHKNT 1, Leipzig 1998
WILKINS, M.J., *Discipleship in the Ancient World and Matthew's Gospel*, Grand Rapids 1995[2]
WILKINSON, J., "The Case of the Epileptic Boy", *ET* 79 (1967) 39-42

WILKINSON, J., *The Bible and Healing: a Medical and Theological Commentary*, Grand Rapids 1998

WINDISCH, H., "ζύμη, ζυμόω, ἄζυμος", *GLNT* III, 1555-1570

ZELLER, D., "μέριμνα, μεριμνάω", *DENT* II, 335-336

ZIMMERMANN, H., "La fede nel Nuovo Testamento", in J.B. BAUER, ed., *Dizionario di teologia biblica*, Brescia 1969, 512-532; orig. tedesco, *Bibeltheologisches Wörterbuch*, Graz-Wien-Köln, 1959

ZMIJEWSKI, J., "Der Glaube und seine Macht", in J. ZMIJEWSKI – E. NELLESSEN, ed., *Begegnung mit dem Wort*, Fs. H. Zimmermann, Bonn 1980, 81-103

ZUMSTEIN, J., "Matthieu 28:16-20", *RThPh* 22 (1972) 14-33

———, *La condition du croyant dans l'évangile selon Matthieu*, OBO 16, Göttingen 1977

———, "Matthieu 28:16-20", in J. ZUMSTEIN, *Miettes exégètiques*, Genève 1991, 91-112

INDICE DEGLI AUTORI CITATI

Aguirre: 136
Albright: 54, 90, 92
Aletti: 250, 251
Allen: 54 89, 148, 168, 192, 214, 232
Allison: 18, 23, 25, 30, 34, 35, 38, 39, 40, 41, 44, 46, 47, 48, 49, 50, 54, 55, 62, 65, 67, 68, 69, 71, 74, 78, 79, 80, 83, 84, 87, 88, 93, 100, 115, 118, 124, 125, 131, 139, 140, 147, 150, 153, 156, 160, 166, 175, 179, 181, 183, 184, 186, 194, 196, 197, 201, 202, 203, 206, 212, 214, 216, 219, 226, 231, 235, 239, 245, 250
Amphoux: 195
Anderson: 152, 220
Annen: 81
Antoine: 11
Arasakumar: 93
Auzou: 112
Balz: 76, 108, 109
Bartels: 170
Barth: 9, 11, 159, 260
Bartolomé: 22, 29, 30, 32, 35, 41, 42
Batto: 71
Baudoz: 129
Bauer: 126, 253
Beare: 18, 27, 41, 57, 75, 94, 114, 148, 160, 184, 189, 245
Behm: 55
Benoit: 11

Berger: 219
Betz: 18, 22, 29, 35, 39, 55
Bietenhard: 237
Blomberg: 136, 168, 194, 198, 212, 217
Böcher: 189
Bolognesi: 224, 234
Bonnard: 18, 27, 29, 39, 42, 54, 67, 74, 78, 80, 82, 109, 111, 144, 157, 160, 170, 184, 185, 186, 189, 192, 197, 204, 207, 214, 229, 234, 245
Bonora: 31
Bornkamm: 11, 64, 66, 67, 68, 69, 74, 79, 80, 93, 239, 244, 246
Bovati: 184
Brière: 31
Broer: 233
Brown R.E.: 134, 140
Buchanan: 175, 215, 231
Büchsel: 184, 204, 205
Bultmann: 11, 24, 109
Burger: 83
Caba: 203, 204, 206
Cangh: 163, 166, 167
Carlisle: 1134
Carlston: 56
Carter: 32, 218
Charlier: 62
Conzelmann: 159
Cope: 71
Corbon: 170

Cornelio a Lapide: 54, 92, 121, 135, 136, 148, 168, 218, 231, 245
Costacurta: 94
Cothenet: 237
Cousland: 163
Crisostomo: 54, 92, 137
Cuvillier: 251
Da Spinetoli: 18, 40, 92, 102, 104, 105, 158, 198, 223, 246
Dahl: 170
Daniel: 144
Daniélou: 69
Dautzenberg: 204
Davies: 18, 23, 25, 30, 34, 35, 38, 39, 40, 41, 46, 47, 48, 49, 50, 54, 55, 62, 65, 67, 68, 69, 71, 74, 78, 79, 80, 83, 84, 87, 88, 93, 100, 115, 118, 124, 125, 131, 139, 140, 147, 150, 153, 156, 160, 166, 175, 179, 181, 183, 184, 186, 194, 196, 197, 201, 202, 203, 206, 212, 214, 216, 219, 226, 231, 235, 239, 245, 250
De Virgilio: 18, 55, 57
Denis: 105, 109, 135
Dermience: 129
Derrett: 197
Dettwiler: 135, 137, 138, 139
Devoto: 121
Donaldson: 10, 103, 229
Duling: 89
Dumais: 19, 23, 29, 40, 41, 43, 47, 50
Duplacy: 11, 68, 73, 80, 92, 195, 197, 198, 199
Dupont: 37, 38, 39, 40, 159
Durand: 135, 160, 198, 218, 219, 245
Edwards J.R.: 72, 232
Edwards R.A.: 10
Ellul: 201
Fabris: 18, 22, 25, 29, 40, 44, 48, 54, 80, 85, 93, 100, 120, 134, 144, 152, 155, 162, 164, 166, 175, 185, 189, 198, 201, 202, 205, 210, 216, 223, 226, 231, 238, 239, 243
Faux: 11
Fendrich: 110
Fenton: 54, 93, 152
Festorazzi: 26
Feuillet: 38
Filson: 137, 144, 171, 184, 193, 231, 245
Foerster: 75, 189, 233
Fohrer: 75
France: 93, 168, 218, 235
Freyne: 215
Friedrich: 224
Fusco: 13, 75, 83, 84, 113, 117, 119, 137, 139, 148, 160, 171, 184, 213, 261, 264
Gaide: 102, 105, 113, 137
Gardner: 54, 57, 74, 80, 137, 177, 216, 223
Garland: 35, 91, 92, 135, 140, 170, 219, 223, 247
Gendron: 94
Gerhardsson: 80, 92
Gerolamo: 27, 80, 137, 140, 160, 197, 250
Ghiberti: 245
Giblin: 223, 231
Giesen: 189
Girard: 67, 79, 150
Gnilka: 18, 25, 29, 30, 32, 35, 36, 40, 46, 47, 48, 50, 54, 64, 65, 68, 69, 72, 75, 77, 80, 83, 84, 87, 88, 89, 92, 94, 105, 115, 116, 122, 124, 131, 136, 137, 139, 148, 149, 166, 169, 170, 171, 177, 180, 182, 183, 184, 186, 189, 197, 202, 206, 208, 213, 215, 219, 223, 224, 231, 235, 238, 247
Goguel: 247
Goldammer: 69

Gomá Civit: 18, 25, 32, 93, 148, 170, 175, 237, 239
Goppelt: 114
Grassi: 163, 165, 166
Grasso: 18, 39, 42, 50, 51, 56, 66, 80, 81, 92, 105, 129, 132, 134, 137, 144, 148, 166, 184, 186, 189, 193, 197, 202, 216, 223, 226, 230, 231, 237, 241, 246, 250
Grayston: 231, 247
Greeven: 38, 123
Grelot: 44, 94
Grilli: 24, 66, 208, 214, 223, 226, 229, 231, 233, 237, 239, 243, 244, 251
Grundmann: 83, 110, 111, 182, 198, 231,
Guelich: 18, 24, 25, 29, 32, 35, 38, 40, 47, 50
Gundry: 18, 23, 27, 29, 31, 68, 69, 73, 78, 80, 93, 115, 118, 135, 148, 180, 184, 186, 190, 192, 194, 201, 203, 223, 246
Hagner: 18, 23, 25, 29, 35, 39, 40, 66, 74, 79, 80, 82, 92, 100, 111, 114, 137, 140, 147, 148, 150, 160, 161, 175, 180, 185, 186, 189, 190, 191, 198, 206, 208, 214, 218, 226, 231, 241, 244,
Hahn: 12, 125, 197, 244
Hare: 56, 90, 169, 170, 184, 216, 217, 236, 246, 251,
Harrington: 18, 111, 140, 144, 185, 189, 217, 226, 231, 236
Hauck: 30
Heil: 79, 103, 104, 106, 107, 111, 116, 118, 120, 123, 124, 125, 133, 137, 165, 210, 211, 212, 213, 247
Heising: 163, 165
Held: 11, 12, 83, 121, 136, 184, 214
Hendrickx: 65, 73, 80, 93, 245, 250

Hendriksen: 215
Hill: 54, 168, 245
Hoehner: 152
Horst: 231
Hre Kio: 236
Hubbard: 245
Hull: 79
Iersel: 91
Ilario: 160, 216
Jeremias: 162
Kahl: 198
Kahn: 201
Keener: 41, 80, 90, 92, 137, 168, 212, 246
Kessler: 246
Kingsbury: 38, 64, 66, 68, 83, 91, 92, 125, 137, 152, 168, 208, 223, 228, 252
Kittel: 66
Klein: 12
Klostermann: 83, 232
Knabenbauer: 27, 70, 80, 92, 119, 136, 218, 245
Kupp: 215, 223, 226, 230, 231, 240
Kwik: 247
Lafon: 56
Lagrange: 29, 80, 135, 148, 153, 160, 192, 245
Lambrecht: 18, 38, 40, 57
Larsson: 38
Légasse: 85, 86, 89, 129
Legrand: 241
Lejeune: 27
Léon-Dufour: 62, 74, 78, 93, 175, 184, 186, 193, 196, 197, 215, 217, 223, 235, 245
Liddell: 76, 247
Linmans: 91
Linton: 161
Liperi: 11, 199, 216, 218
Long: 217

Loss: 102, 135, 180, 184, 193
Lührmann: 11, 109
Lurker: 30
Luz: 10, 18, 22, 23, 29, 30, 32, 41, 42, 56, 60, 62, 69, 80, 83, 84, 87, 88, 92, 100, 105, 114, 115, 116, 119, 122, 138, 144, 146, 147, 148, 150, 160, 162, 175, 181, 185, 190, 197, 208, 214, 219, 220, 223, 230, 244, 246, 250, 260
Madden: 103
Maggioni: 45, 86, 251
Maillot: 11
Maldonado: 184, 186, 197
Malevez: 91, 193, 217
Manicardi: 44, 45, 46, 47, 49, 237
Mann: 54, 90, 92
Marconcini: 11
Mare_ek: 103, 104
Marguerat: 219
Martin: 165
McKay: 231
McNeile: 217, 232
Meier: 34, 135, 137, 169, 184, 215, 219, 223, 224, 235, 247
Melbourne: 159, 191
Mello: 18, 31, 40, 80, 93, 105, 135, 137, 184, 196, 215, 231, 241, 246
Merklein: 38
Metzger: 19, 21, 105, 116, 174, 181, 192
Meynet: 55, 230, 231, 243, 249
Michel: 11, 170, 196, 234, 238, 246
Moiser: 83
Moloney: 163, 166
Montanari: 76
Mora: 13, 26, 152, 229, 245
Morris L.: 29, 75, 90, 92, 137, 144, 168, 189, 232, 246
Morris W.D.: 232
Mowery: 44

Mundle: 76
Murphy: 26
Negoi__: 144
Neirynck: 242
Neudecker: 235
Nützel: 123, 124
O'Connor: 11, 168
Oberlinner: 28
Ogawa: 13, 14, 186
Olsthoorn: 22, 38
Origene: 136, 192, 197
Overman: 13, 171, 217
Panimolle: 44, 45
Park: 80, 81, 93, 94
Parkhurst: 247
Pascasio Radberto: 54
Patte: 56, 57, 92, 115, 129, 136, 137, 169, 215, 228, 239, 242, 245
Pehlke: 31
Penna: 35, 44
Perkins: 247
Petzke: 152
Pietrantonio: 231. 247
Plastaras: 112
Plummer: 184, 215, 232
Popkes: 150
Powell M.A.: 123, 124
Quesnel: 74, 125, 135
Radermakers: 56, 171, 186, 219, 221, 231
Radl: 55
Rahner: 69
Reale: 55
Reeves: 223, 228, 231, 238, 240, 247
Rengstorf: 235
Rigaux: 231, 245, 251
Rocci: 247
Runacher: 177
Sabourin: 134, 151, 218, 234, 235
Sabugal: 231, 235, 244
Sacchi: 28

Sand: 18, 25, 29, 30, 36, 40, 64, 65, 69, 75, 78, 80, 82, 85, 92, 93, 100, 119, 134, 135, 137, 140, 150, 162, 171, 174, 175, 180, 184, 189, 192, 206, 207, 219, 223, 231, 235, 245
Schaberg: 237
Schlatter: 78
Schlier: 179, 186, 194
Schlosser: 38, 44, 46
Schmid: 25, 27, 32, 40, 135, 180, 238, 245
Schmidt: 34
Schnackenburg: 38, 57
Schneider: 76
Schniewind: 18, 25, 40, 41, 54, 55, 56, 80, 82, 83, 92, 109, 137, 139, 160, 161, 179, 180, 207, 216, 245
Schottroff: 170
Schramm: 29
Schruers: 44
Schwarz: 197
Schweizer: 18, 25, 29, 51, 54, 56, 67, 68, 74, 86, 93, 105, 113, 122, 134, 137, 144, 148, 160, 177, 184, 197, 214, 217, 219, 237
Scott: 76, 103, 108, 113, 116, 129, 133, 247
Segalla: 38, 39, 40, 57, 85, 215, 218, 243
Senior: 55, 56, 82, 111, 114, 125, 139, 144, 148, 219, 223, 226, 238, 243
Smit Sibinga: 100, 116
Società Biblica in Italia: 80
Spicq: 11, 30, 76, 77, 108, 111
Stauffer: 78, 111, 189
Stehly: 116
Stemberger: 20
Sterling: 177
Stock A.: 179, 184, 220
Stock K.: 38, 39, 40, 42, 44, 46, 48, 165, 208, 228, 229, 231, 235, 236
Strecker: 18, 54
Strobel: 102
Stuhlmueller: 243
Talbert: 251, 261
Tassin: 29
Telford: 197
Theophylactus: 245
Thompson: 83
Tilborg: 152
Tisera: 236
Tommaso d'Aquino: 80, 92, 161, 196, 197, 218
Trilling: 18, 25, 27, 39, 40, 42, 54, 102, 134, 137, 168, 181, 184, 186, 208, 216, 219, 233, 235, 241
Twelftree: 79, 92
Vanhoye: 11
Vargas-Muchaca: 67
Verseput: 127, 137
Wallis: 184
Walter: 34
Weiser: 11
Weiss: 28
Wenham: 245
Wiefel: 231
Wilkins: 10, 135, 136, 140
Wilkinson: 181
Windisch: 150, 151
Zeller: 24
Zerwick: 30, 34, 52, 60, 148
Zimmermann: 11
Zumstein: 10, 68, 74, 80, 92, 93, 102, 105, 107, 112, 115, 117, 118, 120, 121, 122, 124, 151, 159, 184, 188, 192,, 194, 196, 217, 218, 223, 244, 246

INDICE GENERALE

PREFAZIONE 5

PREMESSA 7

INTRODUZIONE 9
  1. Argomento 9
  2. Status quaestionis 10
  3. Percorso e metodo 15

Capitolo I
AFFIDARSI SENZA AFFANNARSI (Mt 6,25-34)

1. Questioni introduttive 17
  1.1 La delimitazione del testo 17
  1.2 L'articolazione del testo 18
2. Spiegazione del testo 23
  2.1 Sentenza introduttiva (v. 25) 24
  2.2 Gli uccelli del cielo, i gigli del campo e la cura del Padre (v. 26-30) . 25
    2.2.1 Gli uccelli del cielo (v. 26) 26
    2.2.2 L'affanno inutile (v. 27) 28
    2.2.3 I gigli del campo (v. 28) 29
    2.2.4 La gloria di Salomone (v. 29) 31
    2.2.5 L'erba e la poca fede (v. 30) 32
  2.3 Preoccupazione dei pagani e occupazione per il Regno
     e la giustizia (v. 31-33) 33
    2.3.1 Il contenuto dell'affanno (v. 31) 33
    2.3.2 I pagani preoccupati e il Padre sollecito (v. 32) 34
    2.3.3 Il Regno, la giustizia, i doni del Padre (v. 33) 37
  2.4 L'affanno per il domani (v. 34) 41

3. Il testo nel contesto e lo sviluppo del tema 42
   3.1 Mt 6,25-34 nel discorso della montagna 42
       3.1.1 Il contesto 42
       3.1.2 Il Padre 44
       3.1.3 L'identificazione dei destinatari 49
       3.1.4 Gli "uomini di poca fede" in Mt 5-7 51
   3.2 Primi spunti sulla (poca) fede 54
       3.2.1 La fede in un Dio che è il Padre 54
       3.2.2 Il contrasto fede/affanno 55
       3.2.3 Fede e ricerca 56
       3.2.4 L'azione pedagogica di Gesù 57

CAPITOLO II
DISCEPOLI NELLA TEMPESTA (Mt 8,23-27)

1. Questioni introduttive 59
   1.1 La delimitazione del testo 59
   1.2 L'articolazione del testo 60
2. Spiegazione del testo 63
   2.1 L'imbarco (v. 23) 63
       2.1.1 Lo sfondo: condizioni per la sequela (v. 19-22) 64
       2.1.2 In barca 65
   2.2 Il "sisma" e il sonno (v. 24) 67
       2.2.1 L'accadimento del grandi σεισμός 67
       2.2.2 La barca tra le onde 69
       2.2.3 "Ma lui dormiva" 70
   2.3 Il risveglio e la preghiera gridata (v. 25) 72
       2.3.1 Il risveglio 72
       2.3.2 "Signore, salva, periamo" 73
   2.4 La paura, la poca fede e la calma 76
       2.4.1 Paura e poca fede 76
       2.4.2 La calma dopo la tempesta 78
   2.5 Stupore e domanda (v. 27) 79
       2.5.1 I soggetti: uomini cioè/o discepoli 80
       2.5.2 La meraviglia e la domanda 81
3. Il testo nel contesto e lo sviluppo del tema 83
   3.1 Il testo nella sezione dei miracoli (8,1-9,34) 83
       3.1.1 una visione generale 83
       3.1.2 Il tema cristologico 85
       3.1.3 incontri di fede 86
   3.2 Lo sviluppo del tema 90

3.2.1 La poca fede in rapporto al testo precedente (6,25-34) 90
3.2.2 Gesù biasima e vince la poca fede 91
3.2.3 La poca fede: cecità dinanzi ad un tipo di presenza e sfiducia .. 91
3.2.4 La poca fede come incapacità a resistere e perseverare:
il motivo della tempesta 93
3.2.5 Una fede "complessa" 94
3.2.6 La fede per vincere la paura 94

CAPITOLO III
CAMMINARE SULLE ACQUE (Mt 14,22-33)

1. Questioni introduttive 97
  1.1 La delimitazione del testo 97
  1.2 L'articolazione del testo 98
2. Spiegazione del testo 101
  2.1 L'introduzione (v. 22-23) 102
    2.1.1 L'imbarco (v. 22) 102
    2.1.2 Solo sul monte (v. 23) 103
  2.2 Gesù e i discepoli (v. 24-27) 105
    2.2.1 La barca (v. 24) 105
    2.2.2 Sulle acque, Gesù (v. 25) 106
    2.2.3 Di fronte a gesù: l'abbaglio e l'urlo (v. 26) 108
    2.2.4 La parola che svela e rassicura (v. 27) 110
  2.3 Gesù e Pietro 112
    2.3.1 La pretesa di Pietro (v. 28) 113
    2.3.2 L'imperativo di Gesù e l'inizio del cammino di Pietro (v. 29) .. 115
    2.3.3 Il cambiamento di Pietro (v. 30) 116
    2.3.4 La mano tesa e il rimprovero (v. 31) 119
    2.3.5 La cessazione del vento (v. 32) 122
  2.4 La prostrazione e l'acclamazione corali (v. 33) 123
3. Il testo nel contesto e lo sviluppo del tema 126
  3.1 Il contesto di Mt 13,53–16,20 126
    3.1.1 Il contesto prossimo (14,13-36) 126
    3.1.2 Il cammino di Pietro 127
    3.1.3 La donna cananea (15,21-28) 129
  3.2 Lo sviluppo del tema 132
    3.2.1 La "poca fede" sul mare: 8,23-27 e 14,22-33 132
    3.2.2 Le caratteristiche della "poca fede" secondo 14,22-33 134

Capitolo IV
I PANI E IL LIEVITO (Mt 16,5-12)

1. Questioni introduttive 143
   1.1 La delimitazione del testo 143
   1.2 L'articolazione del testo 144
2. Spiegazione del testo 147
   2.1 L'esposizione della scena (v. 5-6) 148
      2.1.1 I pani dimenticati (v. 5) 148
      2.1.2 Un avvertimento enigmatico (v. 6) 149
   2.2 L'assillo vano per i pani (v. 7-10) 152
      2.2.1 I discepoli ripiegati su di sé (v. 7) 152
      2.2.2 Pani e poca fede (v. 8) 154
      2.2.3 La memoria penetrante (v. 9-10) 155
   2.3 La "risoluzione" dell'enigma del lievito (v. 11-12) 157
      2.3.1 La sollecitazione finale (v. 11) 157
      2.3.2 La comprensione finale (v. 12) 158
3. Il testo nel contesto e lo sviluppo del tema 161
   3.1 Il testo nel contesto di Mt 13,53-16,20 161
      3.1.1 Il legame con il contesto prossimo (16,1-20) 161
      3.1.2 Il segno del pane 163
   3.2 Lo sviluppo del tema 168
      3.2.1 La poca fede ossia la presenza misconosciuta 168
      3.2.2 La "ricaduta" del discepolo in rapporto a 6,25-34 169
      3.2.3 Il ricordo come antidoto alla poca fede 170
      3.2.4 L'accoglienza del segno di Giona 171

Capitolo V
I DISCEPOLI INCAPACI DI GUARIRE (Mt 17,14-20)

1. Questioni introduttive 173
   1.1 La delimitazione del testo 173
   1.2 L'articolazione del testo 174
   1.3 Per il confronto sinottico: un'avvertenza 176
2. Spiegazione del testo 178
   2.1 L'incontro tra Gesù, il padre e il ragazzo (v. 14-18) 178
      2.1.1 La presentazione e la richiesta del padre (v. 14-15) 178
      2.1.2 La guarigione mancata (v. 16) 181
      2.1.3 Il lamento e l'ordine di Gesù (v. 17) 183
      2.1.4 La guarigione ad opera di Gesù (v.18) 188
   2.2 Il dialogo tra i discepoli e Gesù (v. 19-20) 190

2.2.1 La domanda dei discepoli (v. 19) 190
2.2.2 La risposta di Gesù (v. 20) 192
3. Il fico senza frutti e il detto sulla fede (Mt 21,18-22) 200
   3.1 Il fico seccato (v. 18-19) 201
   3.2 La domanda dei discepoli (v. 20) 202
   3.3 La risposta di Gesù (v. 21-22) 203
      3.3.1 La fede, il dubbio e la realizzazione dell'impossibile (v. 21) ... 203
      3.3.2 La preghiera con la fede (v. 22) 206
4. Il testo nel contesto e lo sviluppo del tema 208
   4.1 Mt 17,14-20 nel contesto remoto (Mt 10) e
       prossimo (Mt 16,21-17,23) 208
      4.1.1 Il rapporto di 17,14-20 con il contesto remoto: Mt 10 208
      4.1.2 Il testo nel contesto di Mt 16,21-17,23 209
   4.2 Lo sviluppo del tema 213
      4.2.1 Il raffronto con i testi precedenti attinenti la poca fede 213
      4.2.2 La poca fede nell'incarico ricevuto dal Messia incamminato
            verso la croce 214
      4.2.3 Paradossalità e potenzialità della fede 217
      4.2.4 Lo sfondo nero dell'incredulità 219
      4.2.5 Approfondimenti da Mt 21,18-22 220

Capitolo VI
IL CONGEDO DEI DISCEPOLI (Mt 28,17)

1. Questioni introduttive 224
   1.1 La delimitazione del testo 224
   1.1.2 L'articolazione del testo 224
2. Spiegazione del testo 227
   2.1 L'incontro degli undici con il risorto (v. 16-17) 227
      2.1.1 Verso il monte, in Galilea (v. 16) 227
      2.1.2 Incontro e reazioni (v. 17) 230
   2.2 Il discorso di Gesù (v. 18-20) 232
      2.2.1 L'introduzione (v. 18a) 232
      2.2.2 L'autorità di Gesù (v. 18b) 233
      2.2.3 L'incarico missionario (v. 19-20a) 234
      2.2.4 La certezza di una presenza (v. 20b) 239
3. Il testo nel contesto e lo sviluppo del tema 242
   3.1 Funzione nel contesto 242
      3.1.1 Contesto prossimo (28,1-20) 242
      3.1.2 Un nuovo incarico missionario 243
      3.1.3 La ripresa dei discorsi 244

3.2 Sviluppo del tema 244
   3.2.1 Il contenuto del dubbio 245
   3.2.2 Il confronto con Mt 14,22-33 248
   3.2.3 L'ultima azione e azione aperta 249
   3.2.4 Non rimprovero ma parole di mandato e di assistenza 250
   3.2.5 La fede e "il nome del Padre e del Figlio e dello Spirito Santo" 251

Conclusione

1. Il cammino della poca fede nel testo di Matteo: la distribuzione delle ricorrenze 253
2. Il contenuto della "poca fede" e i suoi destinatari 256
   2.1 Il Padre di Gesù che ha cura (6,30) 257
   2.2 Gesù, attivo mentre dorme (8,26) 257
   2.3 Gesù o il vento: dei due, uno (14,31) 258
   2.4 Gesù e l'affanno per i pani (16,8) 258
   2.5 Gesù incamminato verso la croce, nel tempo dell'assenza 259
   2.6 Punti sintetici 259
3. La "Pratica" della fede: un itinerario per la comunità 261
   3.1 La fede tra affanno e ricerca 261
   3.2 La fede nella tempesta alle prese con la paura 262
   3.3 Compiere l'impossibile o gridare 262
   3.4 Il ricordo come alimento della fede 263
   3.5 La fede come un granello di senape 264
4. In conclusione/in apertura (Mt 28,17) 265

SIGLE E ABBREVIAZIONI 267

BIBLIOGRAFIA 271

INDICE DEGLI AUTORI CITATI 291

INDICE GENERALE 297

STAMPA: Maggio 2005

presso la tipografia
"Giovanni Olivieri" di E. Montefoschi
ROMA • tip.olivieri@libero.it